지은이 스리[Sri] M

영적 교사이자 사회개혁가이며 교육가. 1948년 11월 6일 케랄라 주 트리반드룸의 어느 무슬림 가정에서 뭄타즈 알리 칸[Mumtaz Ali Khan]이라는 이름으로 태어났다. 아홉 살 때 장차 스승이 될 마헤쉬와르나쓰 바바지를 만나 영적 변화를 겪기 시작했으며 열아홉 살에 히말라야로 떠났다. 이후 힌두교 나쓰 전통에 입문했고, 3년 반 동안 스승과 함께 전국을 여행하며 인도의 고대 문헌, 경전, 크리야 요가 수행법에 대해 배웠다. 지두 크리슈나무르티와도 밀접하게 교류했으며 현재는 삿상 재단(Satsang Foundation)을 만들어 활동 중이다.

옮긴이 배민경

1996년생. 성신여대 윤리교육과를 졸업하고 곧장 정신세계사에 입사해 다양한 영성 서적을 기획, 편집, 번역하고 있다. 내면 치유와 마스터들의 가르침에 관심이 많다. 옮긴 책으로는《나는 내 운명》,《마스터의 제자》,《베일 벗은 미스터리》,《나의 스승 레이디 마스터 펄》이 있다.
인스타그램 @reck156

디자인 변영옥

히말라야의 스승들

히말라야의 스승들

한 요기가 전해주는 인도 영성의 정수

스리 M 지음 · 배민경 옮김

APPRENTICED TO A HIMALAYAN MASTER

정신세계사

일러두기

- 작품명과 시리즈, 매체명은 〈〉, 고대 경전이나 문헌은 〔〕, 단행본 책은 《》으로 표기했습니다.
- 국내 출간된 단행본은 원서 제목을 병기하지 않았습니다.
- 원서에 나온 인도 언어는 가장 대중적인 영어 표기로 대체하여 원서의 표기와는 다를 수 있습니다.

히말라야의 스승들

스리 M 짓고, 배민경 옮긴 것을 정신세계사 김우종이 2024년 8월 23일 처음 펴내다.
이현율이 다듬고, 변영옥이 꾸미고, 한서지업사에서 종이를, 영신사에서 인쇄와 제본을,
하지혜가 책의 관리를 맡다. 정신세계사의 등록일자는 1978년 4월 25일(제2021-000333호),
주소는 03965 서울시 마포구 성산로4길 6 2층, 전화는 02-733-3134, 팩스는 02-733-3144이다.

2024년 8월 23일 펴낸 책(초판 제1쇄)

ISBN 978-89-357-0471-2 03270

- 홈페이지 mindbook.co.kr
- 인터넷 카페 cafe.naver.com/mindbooky
- 유튜브 youtube.com/innerworld
- 인스타그램 instagram.com/inner_world_publisher

차례

길을 밝혀주신 나의 구루께 이 책을 바칩니다.

감사의 말

아래 언급한 친구들에게 깊은 감사의 마음을 전한다. 이들이 없었다면 이 책도 없었을 것이다.

카이저 카라치왈라Kaizer Karachiwala는 모호한 점이 많은 나의 졸고를 섬세하게 교정해주었고, 마침내 읽어줄 만한 원고로 탈바꿈시켜주었다.

발라지Balaji와 스리다르Sreedhar는 처음부터 사심 없이 출판을 비롯한 사업적인 측면들을 도맡아주었으며 유능하게 일을 처리해주었다.

쇼바 레디Shobha Reddy는 처음부터 사진 담당을 맡았으며, 내가 진취적인 시도를 망설였음에도 불구하고 어마어마한 사진 아카이브를 구축해주었다. 그녀는 큰 관심과 헌신으로써 내가 책에 실을 사진들을 분류할 수 있도록 도왔다.

나의 아들 로샨Roshan과 나의 친구 라다 마헨드루Radha Mahendru는 특히 사진의 선별과 배치에 도움을 주었다.

비제이 바스커Vijay Bhasker는 사무 업무를 맡아주었다.

지금까지 내 삶의 알려지지 않은, 비밀스러운 시기들을 간절히 알고 싶어했던 나의 친애하는 친구들 모두는 내가 맨 처음 이 책을 집필하게 만든 원동력이었다.

여러분 모두에게 감사드린다.

— 스리 M

서문

당신을 이 모험적인 여정 속으로 데려가기 전에, 그러니까 인도 남해안에서부터 눈 덮인 신비로운 히말라야의 고지에 갔다가 다시 돌아오는 동안 비범한 인물들을 만났던 이 특별하고도 놀라운 경험들을 들려주기 전에, 당신이 이 책을 제대로 읽을 수 있도록 먼저 언급하고 싶은 게 몇 가지 있다.

지금까지, 나는 이 책에 쓴 귀중한 나의 경험 대부분을 아무에게도 말하지 않았다. 심지어 친한 친구들조차 내 의식 깊숙한 곳에 무엇이 숨겨져 있는지 힌트만 얻었을 뿐, 내가 입을 열도록 설득할 수는 없었다.

도대체 어떤 경험이길래 내가 이렇게도 비밀스러웠던 걸까? 그리고 지금, 나는 왜 이 비밀스러운 경험들을 이 책에 풀어놓는 걸까?

이 질문들에 답을 해보자면 이렇다.

나의 스승인 바바지Babaji는 내가 언젠가 자서전을 쓰게 될 거라는 힌트를 넌지시 던져주신 적이 있었다. 나는 때가 되면 그분이 자서전을 쓰라는 신호를 주시리라 생각했지만 2년 전까지만 해도 그런 신호는 전혀 없었다. 하지만 마침내 그런 신호를 받은 뒤에도 나는 6개월 이상을 정말로 신중히 생각한 다음 마지못해 글을 썼다. 이는 두 가지 이유 때문이었다.

첫 번째 이유는, 영적인 것을 진지하게 열망하는 사람은 종종 매력적인 대하소설이라는 환상에 사로잡혀 영적 여정의 실질적이고 필수적인 측면을 놓치기도 한다는 점이 걱정되었기 때문이었다.

두 번째 이유는, 이 책에 나온 이야기 중 어떤 부분은 비판적인 독자가 읽기에는 믿을 수 없을 만큼 기이해서 책 전체를 황당무계한 이야기라고 일축해버릴 수도 있기 때문이었다.

그러나 다음과 같은 것들을 고려해보니 이 자서전을 쓰는 것이 더 낫다는 생각이 들었다.

첫째로, 나는 내 경험을 책으로 쓴 다음 소수의 회의적인 독자들이 그것을 받아들이든 받아들이지 않든 그저 내버려두는 것이 곧 내가 해야 할 일임을 알게 되었다. 소수의 사람들을 두려워하느라 내 이야기를 들려주기를 주저하는 것은 대다수의 독자들에게 부당한 일이 될 것이다.

둘째로, 《어느 요기의 자서전》 이후로는 진정한 영적 자서전이 거의 출간되지 않았으며 그러한 자서전이 있다 하더라도 저자가 이미 사망해서 그와 얘기를 나눠볼 수도 없는 실정이다. 또한, 스와미 요가난다Swami Yogananda*의 자서전이 진정성이 있긴 하지만 그가 히말라야에서 지낸 시간은 그리 길지 않다. 그래서 나는 나의 경험들, 특히

---

* 《어느 요기의 자서전》의 저자. 이후 모든 각주는 역주.

내가 히말라야에서 경험한 것들을 지금 이야기하는 것이 중요하다고 생각했다. 나는 독자들이 직접 만날 수 있는 사람이니 말이다.

셋째로, 나는 바바지나 스리 구루Sri Guru 같은 위대한 스승들이 자신의 존재를 아는 이가 거의 없는데도 보이지 않는 곳에서 조용히 영적 진화의 흐름에 영향을 미치고 있음을 알리고 싶었다.

독자 여러분께 당부하고 싶은 바가 있다. 진짜라기엔 너무 말도 안 되는 것들이라고 생각되는 부분은 필요에 따라 그냥 무시하고 읽으라. 이렇게 나머지 내용들을 계속 읽어나간다면 스리 구루와 바바지의 위대한 가르침을 놓치지 않을 수 있다. 내 구루에 관해서는, 스와미 비베카난다Swami Vivekananda가 자신의 구루에 대해서 말한 바만을 말할 수 있겠다. "그분의 신성한 발에 묻은 먼지로도 비베카난다 1,000명은 만들 수 있을 것이다."

이 문장의 '비베카난다'를 나, 'M'으로 대체해서 읽어보라. 그러면 내가 무슨 말을 하는지 알 수 있을 것이다.

자, 이제 나와 함께 이 놀라운 여정을 떠나보자. 마스터들의 축복이 당신과 함께하기를.

1장 ॐ 시작

40년 전, 인도 최남단 케랄라Kerala 주에서 온 열아홉 살짜리 소년이 인도와 티베트의 경계인 바드리나쓰Badrinath 인근의 히말라야 고지에 있는 비야사Vyasa 동굴에서 깊은 명상에 빠져 있었다. 그 당시에도 10대 소년이 명상을 하러 히말라야로 떠나는 일은 흔한 일이 아니었다. 심지어 이 소년은 힌두교도로 태어난 것도 아니라서 이는 더더욱 믿기 힘든 일이었다.

이 소년이 요기가 된 이야기, 그에게 상상을 능가하는 힘과 위엄이라는, 미스터리하면서도 매혹적인 세계가 열리게 된 이 이야기가 바로 내 삶의 이야기다. 내가 이 소년이었다.

괜찮다면 맨 처음부터 이야기를 시작해볼까 한다. 우리 함께 만년설 속의 그 집으로 최대한 빨리 걸어가보자. 얼음이 덮인 히말라야 산봉우리에 둘러싸인 그곳에는 현자이자 안내자인 내 벗이 살고 있었다. — 사랑하는 내 스승이자 마스터인 그의 친절과 은총 덕분에 나는 더 높은 의식 차원들 속으로 높이 날아오르는 법을 배울 수 있었다.

그 영역들의 찬란함은 이루 말할 수 없지만, 우리가 가진 유일한 도구는 언어뿐이다. 그러니 친구여, 이 여정을 시작해보기로 하자. 우리는 깊은 숲속을 걸으면서 숲의 아름다운 전경에 관해 이야기를 나누고 있다. 부드럽게 흔들리는 예쁜 꽃들, 달콤하게 지저귀는 새들, 세차게 흘러가는 거대한 강, 고요히 서 있는 키 큰 나무들 등. 그러다 모퉁이를 돈 우리는 우뚝 솟아 있는, 눈으로 하얗게 덮인 히말라야 산맥을 우연히 마주하고는 그 모습에 경탄하여 말문이 턱 막히게 되었다. 고대의 리쉬Rishi*들이 이렇게 노래하지 않았던가. "그 찬란한 아름다움과 힘은 말로 설명할 수 없다네."(Yad vaacha na abbhyuthitham.)

당신과 마찬가지로, 나도 당신이 히말라야의 주(Lord)이신 히마반Himavan의 참한 딸 파르바티Parvati를 직접 만날 수 있길 바란다.** 하지만 어딘가를 오르기(ascent) 전에는 반드시 필수적인 짐을 몇 가지 갖춰야 한다. 그러니 이야기 전개를 위해 가장 기본적이고 필수적인 얘기들만 짧게 해보겠다.

나는 '아난타Anantha라는 뱀 위에서 잠든 주 비슈누(Lord Vishnu)의 도시', 즉 티루바난타푸람Tiruvananthapuram에서 태어났다. 여기서 아난타는

---

* 힌두교에서 현자나 성자를 지칭하는 말.

** 여러 힌두 문헌에서는 히말라야 산맥을 의인화하여 다양한 이름으로 부른다. 이러한 이름들에는 히마반(눈이 덮인), 히마바트Himavat(서리가 덮인), 히마반트Himavant(얼음이 덮인), 히마라자Himaraja(눈의 왕), 파르바테슈와라Parvateshwara(산의 신)가 있다. 파르바티는 산이라는 뜻의 파르바트Parvat에서 따온 이름으로, '산의 딸'이라는 뜻이다.

산스크리트어로 '끝없음', '무한'을 뜻하기도 한다. 티루바난타푸람은 100년간 인도를 지배했던 영국에 의해 트리반드룸Trivandrum이라는 이름으로 바뀌었다. 이곳은 해안 도시이자 케랄라의 수도이며, 인도 최남단에 위치해 있다. 1948년의 케랄라는 언덕과 강이 많았고 푸른 녹음이 무성했기 때문에 도시라기보다는 큰 마을에 가까웠다.

나는 1948년 11월 6일에 파탄인* 이민자 집안에서 태어났다. 용병이었던 우리 조상들은 케랄라로 이주해왔고, 그 당시 트라방코르Travancore**의 강력한 마하라자Maharaja***였던 마르탄다 바르마Marthanda Varma의 군에 편입되었다.

어떻게 보면 이 이야기는 이른바 '무일푼에서 벼락부자가 된 이야기'라고도 할 수 있다. 즉, 한 평범한 소년이 오로지 하나에만 열중하는 마음과 진정성을 갖춘 덕분에, 그리고 위험은 기꺼이 감수할 수 있지만 실패는 용납할 수 없다는 마음가짐 덕분에 마침내 확장된 의식이라는 히말라야 꼭대기에 다다른 이야기인 것이다.

물론, 내가 가장 중요하게 생각하는 요소가 하나 더 있긴 하다. 바로, 헤아릴 수조차 없는 사랑과 애정으로 내가 개척되지 않은 지역을 돌아다니며 여정을 떠나게끔 도왔던 위대한 스승의 안내와 축복이다. 스승님은 내가 자유로이 질문할 수 있도록 해주신 동시에, 안일해지거나 의존적인 사람이 되지 않도록 적당한 도움만을 주셨다. 또, 스승님은 나의 모든 결점과 조건화된 반응들을 자비롭게 이해해주셨

---

* Pathan. 파키스탄 북서부와 아프가니스탄 남동부에 거주하는 소수 민족.

** 인도 서남부의 옛 토후국土侯國. 1956년 주의 재편성으로 케랄라 주의 일부가 되었다.

*** 대왕이라는 뜻으로, 영국의 감독 아래 토후국을 지배하던 토후를 이르는 칭호.

다. 아버지, 어머니, 스승 그리고 좋은 벗의 역할을 전부 도맡아준 이 위대한 존재를 내가 어찌 잊을 수 있을까?

당시 아홉 살밖에 되지 않았던 나의 삶에 그분이 나타나셨던 것은 그분의 자비심 때문이었을까? 아니면 이번 생을 초월하는 어떤 연결고리가 있었던 걸까? 이 질문에 대한 답은 이야기가 끝난 후 당신이 직접 대답해보는 것이 좋겠다.

내가 스승님이라고 부르는 바바지(아버지)는 종종 이렇게 말씀하셨다. "뭐든지 간결하고 직접적이어야 한단다. 별것도 없으면서 이러쿵저러쿵 길게 말하지 말아야 해. 평범한 사람으로서 이 세상을 살아가렴. 진정 위대한 사람은 절대 그것을 광고하지 않는단다. 위대한 이의 곁에 가까이 다가간 사람들만이 그 위대함을 스스로 깨닫는 법이지. 친구나 주변 사람들에게 이 세상을 행복하게 사는 법의 표본이 되어주는 동시에, 풍요로운 에너지와 무한한 의식의 찬란함에 집중하렴."

아홉 살 생일이 6개월 정도 지났을 즘, 그러니까 자애로운 마스터께서 내 삶 속으로 걸어들어오신 그 운명의 날 이전에 일어났던 몇 가지 일들을 먼저 언급해보겠다.

1. 내게는 태어났을 때부터 한쪽 다리를 다른 한쪽 다리 위에 겹치는 습관이 있었다. 태어난 지 여섯 달밖에 안 됐을 때 찍은 내 첫 사진에서 그 자세를 볼 수 있을 것이다(490쪽 참고). 이 습관은 계속되었고, 나는 자라면서 요기들의 고전적인 가부좌 자세가 내게 가장 편한 앉은 자세임을 알게 되었다. 나는 오늘날에도 어딜 가든 상대방

이 싫다고 하지만 않는다면 식탁 의자에 가부좌 자세로 앉는 것을 좋아한다.

2. 다섯 살 때부터 열 살 때까지 나는 매번 똑같은 내용의 끔찍한 악몽을 꾸었고, 그 때문에 매우 힘들어했다. 한밤중이 되면 나는 꿈에서 반은 인간이고 반은 괴물인 거대한 존재를 보곤 했다. 그 괴물은 날카롭고 긴 송곳니와 발톱을 가지고 있었는데, 카타칼리 Kathakali* 무용수와 약간 비슷한 외모였다. 그 괴물은 나를 잡아가려고 집요하게 쫓아왔고, 육체적으로 여전히 잠들어 있던 나는 "그곳으로 가야 해"라고 소리를 지르면서 집 밖으로 뛰쳐나갔다.
부모님은 뛰어가는 나를 종종 뒤쫓아오셨는데, 트랜스trance** 상태와 비슷한 그 상태에서 나를 깨워줄 수 있는 유일한 사람이었던 아버지는 내 귀에 대고 내 이름을 크게 외쳐서 나를 깨워주시곤 했다. 하지만 그 유령들이 나를 붙잡는 데 성공한 적은 단 한 번도 없었다.
나는 부적을 쓰는 것을 포함해 여러 치료를 받아봤지만 효과가 없었다. 그러다 마스터를 만난 뒤로는 악몽이 사라졌다. 내가 무엇으로부터 도망쳤던 건지, 그리고 어디로 가고 싶어했던 건지 알게 되기까지는 정말로 오랜 시간이 걸렸다.

---

* 인도 케랄라 주에서 기원한 전통적인 연극과 춤. 주로 남자 배우들이 인도의 역사, 신화, 이야기 등 다양한 주제를 다루면서 남성, 여성, 신성한 존재 등을 연기한다. 메이크업과 복장, 움직임 등이 아주 화려하고 독특하다.

** 최면에 빠진 것과 비슷하게 의식이 거의 없는 상태를 이르는 말. 하지만 저자는 뒤의 내용에서 황홀한 무아지경의 의식에 이른 것을 트랜스 상태라고 표현하기도 한다.

3. 수피Sufi* 계보를 잇고 계셨던 우리 외할머니는 내게 매혹적인 수피 이야기를 들려주시곤 했다. 할머니가 가장 좋아하셨던 이야기는(내가 가장 좋아하는 이야기이기도 하다) 수피 성자 피르 모하메드Peer Mohammed의 생애였다. 그는 수백 년 전, 트라방코르의 옛 왕국에 속한 아주 작은 마을 투칼리Tuckaley에 살았다. 사람들에게 잘 알려져 있는 바나라스Banaras(바라나시 — 역주)의 성자 카비르 다스Kabir Das처럼, 투칼리의 피르 모하메드도 직공이었다. 그는 수직기로 베를 짤 때 신비주의적 통찰이 담겨 있는 성가를 타밀어로 노래했다. '파달Paadal'로 알려진 이 노래들은 지금도 타밀 나두Tamil Nadu 주의 수피들에게 유명하다. 시간이 지나 나이를 먹은 그는 눈이 멀었고, 그의 제자였던 소년에게 도움을 받아야만 했다.

할머니는 이 수피 성자의 삶 속에서 있었던 한 사건을 반복적으로 들려주는 것을 아주 좋아하셨는데, 나 또한 그것을 듣는 게 정말 좋았다. 그것은 이런 이야기였다. 인도 남부에 성자 같은 사람이 살고 있다는 것을 알게 된 아랍인 신학자 두 명이 그를 찾아왔다. 그들은 그 성자가 신성한 도시인 메카Mecca로 순례를 떠날 생각이 별로 없어 보인다는 사실만 제외하면 그의 모든 것이 마음에 들었다. 메카 순례는 사지 멀쩡한 무슬림이라면 종교적 의무 중 하나로 수행하는 일이었다. 투칼리의 성자는 자신이 눈이 멀어 먼 길을 떠날 수 없기 때문에 순례를 할 수 없다고 말했다. 그러면서도 자신이 이미 순례를 했으며, 그가 사는 이곳이 바로 메카라고 말했

* 수피즘 수행자. 수피즘은 금욕, 자기수행, 고행을 강조한다. '이슬람 신비주의'라고 번역되기도 한다.

다. 두 아랍인에게는 이 말이 신성 모독과도 같았지만, 그들은 그의 말을 미치광이의 헛소리라고 여겼다. 하지만 모하메드는 자신의 주장을 굽히려 하지 않았다. 그는 제자에게 점토로 만든 낡은 물그릇을 가져오라고 시킨 뒤 아랍인들에게 그 안의 물을 들여다보라고 했다. 그들은 차례로 물그릇을 들여다보았고, 거기서 메카로 향하는 순례의 모든 장면을 보게 되었다. 눈먼 직공인 그 성자와 함께 카바Kaaba 신전을 도는 자신의 모습을 보았던 것이다. 놀랄 노 자였다. 그들은 성자의 발아래에 절하며 그의 제자가 되었다.

이 성자의 무덤과 얼마 떨어지지 않은 곳에 무덤 하나가 있는데, 그것은 내 외가 쪽 조상의 무덤이며 그 역시 성자의 제자였다.

4. 다섯 살에서 아홉 살 정도 되었을 때, 나는 힌두교와 기독교를 접했다. 그 어린 나이에도 나는 한 종교에 속한 사람들이 다른 종교에 얼마나 많은 편견을 가지고 있는지를 알게 되었다. 예를 들어, 할머니는 무슬림 성인들에 대해 얘기할 때는 황홀경에 빠져 있었지만 힌두교나 힌두 신들은 혐오했다. 그러면서 내게 힌두교 이웃들의 집에 가면 음식을 가려 먹어야 한다고 말씀하셨다. 할머니가 불경하다고 생각하는 힌두 신들에게 바쳐진 음식을 내가 먹을까 봐 염려하셨던 것이다. 할머니는 힌두교도는 이교도라고 하시면서, 지금껏 인류에게 일어난 최고의 일은 이슬람교의 출현이라고 하셨다. 선한 무슬림들에게는 천국이 보장되었다.

나는 어떤 수도회 수녀들이 운영하는 엘리트 영어학교에 보내졌다. 강제까지는 아니었지만, 이 학교에서 우리는 예배당과 성모 마리아상을 지날 때마다 가슴에 성호를 긋도록 압박을 받았다. 그리고 찬송가도 많이 배웠다. 나는 여기저기 걸려 있는 그림에서 목자의 모습으로 그려진, 수염을 기른 인자한 예수 그리스도의 얼굴이 참 좋았다. 수녀 중의 한 분은 우리에게 무슬림은 태양을 숭배하는 자들이며 힌두교도는 홉고블린hobgoblin*을 숭배한다고 가르쳤는데, 나는 이 말을 듣고 깜짝 놀랐다.

우리 이웃들은 전부 힌두교도였고, 그들의 집에 놀러 가기도 했기 때문에 나는 힌두교도들이 숭배하는 신들의 다양성에 매료됐었다. 나는 항상 정통 브라만 가정의 여성이 왜 그렇게 나를 좋아하는지, 왜 내게 사탕을 먹이는 걸 좋아하는지 항상 궁금했었다.** 할머니는 그것들을 먹지 말라고 했지만 말이다. 물론, 다른 한 편에는 람잔Ramzan과 바크리 이드Bakri Id*** 때 인도 남부의 카스트 중 하나인 나이르Nair 계층 이웃들에게 나눠주기 위해 어머니가 직접 만들었던, 맛있는 양고기 비리야니biryani(고기나 해산물, 야채와 함께 볶거나 찐 쌀 요리 — 역주)를 몹시 좋아하는 힌두교 이웃들도 있었다. 하지만 나는 인도식 빵인 이

---

* 영국 민속에 등장하는, 가정집에서 발견되는 정령. 일가족이 잠들면 집안일을 해주고 그 대가로 음식을 받는다. 한때는 사람들에게 도움을 주는 정령으로 인식되었지만 기독교가 널리 퍼지고 난 뒤로는 짓궂은 존재로 여겨진다.

** 힌두교도들은 축제 날인 디왈리diwali나 홀리holi 때 가족, 친구 그리고 이웃에게 달콤한 음식을 선물하는 문화가 있다.

*** 먼저, 람잔은 흔히 라마단이라고도 한다. 이슬람 달력의 아홉 번째 달이다. 이달에는 해가 떠 있는 동안 금식해야 하며 저녁이 되면 이웃과 음식을 나누며 삶과 음식의 소중함을 되새긴다. 바크리 이드는 무슬림들의 축제다. 가족, 친구, 이웃과 함께 모여 기도를 드리고, 가장 아름답고 건강한 양 또는 염소를 희생하는 의식을 치른다. 고기 중 일부는 동물을 바친 가족이 먹고 나머지는 가난한 사람들에게 나눈다.

들리idli와 인도식 스튜인 삼바르sambhar 그리고 신선한 바나나 잎 위에 올려서 나오는 말라얄리Malayali족 전통 채식 요리가 좋았다.

이웃집에 있는 조그만 가정 제단에 모셔져 있던 신들의 이미지나 그림을 본 것을 제외한다면 내가 힌두교의 종교 수행을 처음으로 제대로 접하게 된 것은 키르탄kirtan* 그룹을 통해서였다. 이 그룹은 어느 일요일 아침, 난데없이 우리 집 앞에 있는 길에 나타났다. 그때 나는 부엌 근처에 앉아 기계 장치가 달린 장난감을 다시 조립하려 노력하고 있었다. 장난감이 어떻게 작동하는 건지 알고 싶어서 분해를 했다가 원상복구에 실패한 탓이었다. 듣기 좋게 짤랑거리는 심벌즈 소리와 함께 므리단감Mridangam(인도 전통 북)이 만들어내는, 심금을 울리는 리듬(rhythm vadishyaami**)은 내 마음을 완전히 압도해버렸다.

나는 티셔츠도 없이 반바지 하나만 입은 채로 장난감을 집어 던지고 문 쪽으로 뛰쳐나갔다. 심장이 빠르게 뛰었고, 내 눈앞에는 희한한 광경이 펼쳐지고 있었다. 중년 남성 네 명이 길에서 춤을 추며 노래를 부르고 있었고, 그중 세 명은 아랫도리를 감싸는 노란 카우핀kaupin(힌두 수도자들이 입는 인도 전통 남성 속옷 — 역주) 하나만을 입고 있었다. 나머지 한 명은 키가 크고 멀끔하게 잘생긴 남자였는데, 수염과 긴 머리를 늘어뜨리고 목에 순백색의 꽃들로 엮은 화환을 걸고 있었으며 역시 중요

---

* 힌두교와 시크교의 종교적인 음악 형식을 일컫는 말. 보통 여러 사람이 그룹으로 노래를 부르며 악기를 연주한다.

** '내가 후에 언급할 리듬' 정도로 이해하면 될 것 같다. vadishyaami는 'vadati'라는 산스크리트어 동사의 1인칭 단수 미래형으로, 미래에 말하거나 표현할 것이라는 의미다. 영어로 표현하자면 'I will speak' 또는 'I will say'. 힌두 철학 및 문학에서 산스크리트어가 신성한 언어로 여겨진다는 점과 vadishyaami라는 말이 종교적, 철학적 또는 시적 맥락에서 종종 사용된다는 점을 고려해보면 저자가 이런 표현을 한 것에는 특별한 이유가 있는 것 같다.

부위만을 겨우 가려주는 황토색 카우핀 하나만 입고 있었다.

네 사람 모두 맨발이었다. 그중 한 사람은 목에 므리단감을 걸고 양손으로 북을 치고 있었다. 그는 눈을 감은 채 이따금 황홀경에 빠져 웃음을 터뜨렸다. 다른 한 사람은 한 쌍의 작은 심벌즈를 연주하는 것에 완전히 몰두해 있는 듯했으며 좌우로 머리를 흔들고 있었다. 세 번째 사람은 집집마다 돌아다니며 문간에 서 있는 몇몇 이웃들이 크나큰 존경심으로 바치는 과일, 야채, 쌀을 받았다. 가끔은 돈을 받기도 했다.

키가 크고 잘생긴 데다 수염을 기른 마지막 네 번째 남자는 그 그룹의 리더로 보였다. 그는 선창하면서 춤을 추었고, 므리단감과 심벌즈의 아름다운 리듬에 맞춰 "하레 라마 하레 라마Hare Rama Hare Rama…" 하고 노래를 불렀다. 그의 감긴 눈에서는 눈물이 흘러 볼을 적셨다. 그는 일종의 반 의식(semi-conscious) 상태에 있었다. 나는 이웃 중 몇몇이 그에게 가까이 다가가 그의 발치에 엎드리는 모습을 보았다.

야릇한 행복의 느낌이 내 가슴을 가득 채웠고, 나 역시 웃기 시작했다. 그 액수가 얼마였는지는 이제 기억나지 않지만, 나는 집 안으로 달려가 동전을 집은 뒤 다시 문으로 뛰어갔다. 그리고 길을 건너 공양을 받는 남자가 손에 들고 있는 작은 가방에 동전을 넣었다. 바로 그때, 나를 부르는 할머니의 목소리가 들려왔다. 나는 하면 안 되는 행동을 한 게 아닐까 하는 죄책감을 느꼈다. 그래서 재빨리 집으로 돌아가면서 거의 헐벗은 채로 길에서 춤을 추고 있는 그 낯선 이를 마지막으로 뒤돌아봤다. 그는 눈을 떴고, 집으로 들어가기 전 나와 그의 눈이 잠시 마주쳤다.

키르탄 그룹이 자리를 옮기면서 음악 소리는 점차 줄어들었고 묘한 적막만이 그 자리를 대신했다. 할머니는 내가 한 행동을 좋게 보지 않으셨지만, 그저 약간의 종교적 충고만 건네고 마셨다. 많은 시간이 흐른 후에야 나는 내가 봤던 그 황홀경에 빠진 남자가 스와미 아베다난다Swami Abhedananda라는 것을 알게 되었다. 그는 내가 살던 곳과 그리 멀지 않은 곳에 위치한 아쉬람ashram*에 살고 있었다. 대학생이 되었을 때, 나는 그와 여러 차례 기분 좋은 만남을 가질 수 있었다. 이 얘기는 나중에 더 자세히 하기로 하자.

요맘때, 열정적인 사진가였던 내 어머니의 외삼촌은 이스트 포트East Fort 안쪽에서 열리는 아라투Aratu 축제에 나를 데리고 갔다. 그 오래된 요새(fort)는 마하라자들이 지은 것인데, 마하라자들의 수호신인 아난타 파드마나바 스와미Anantha Padmanabha Swamy의 웅장한 사원을 요새가 둘러싸고 있다. 앞에서 언급했듯, 트리반드룸의 원래 명칭인 티루바난타푸람은 '배꼽에서 연꽃이 자라는 자'라고 묘사되는 이 신의 이름에서 유래했다. 사원은 매해마다 장식물과 꽃, 조명 등으로 꾸며지고, 모든 힌두 신들은 실물 크기 또는 그보다 더 큰 크기의 신상에 다채로운 의상과 장신구를 걸친 형태로 전시된다. 당시 나는 그 고대 사원의 고푸람Gopuram** 탑들을 바라보고 있었는데, 무언가가 내 배꼽 안쪽을 휘젓는 듯한 느낌이 들었다. 고작 여섯 살 언저리밖에 되지 않는 나이였지만 나는 안으로 들어가고 싶다는 강한 충동에 휩싸

---

* 수행자들을 위한 수행처.

** 일반적으로 인도 남부 힌두 사원의 입구에 있는 기념비적인 탑.

였다. 사원 내부가 어떤 모습일지에 대해서는 아는 바가 전혀 없었는데도 말이다. 어머니의 외삼촌은 우리가 힌두교도가 아니기 때문에 안으로 들어갈 수는 없을 거라고 말씀하셨다.

나는 그분이 흰 글씨가 써진 안내판을 가리키면서 말라얄람어와 영어로 거기 적힌 글을 읽어주시던 그때를 선명하게 기억한다. '힌두교도 이외 출입금지.' 인간이라는 똑같은 존재들로 구성된 두 공동체 간의 차별은 나를 완전히 혼란에 빠뜨렸다. 당시의 나로서는 패배를 받아들이고 발걸음을 옮기는 것 말고는 다른 방도가 없었다. 광신도들이 종교라는 미명하에 일으켰던, 끔찍한 공동체적 분열들을 시간이 흐르고 나이가 들면서 차차 목격하게 되리라는 것을 그때의 나는 모르고 있었다.

어머니의 외삼촌은 위로의 뜻으로 박하사탕을 사주시며 나를 4킬로미터 정도 떨어져 있는 중앙사무국(Central Secretariat) 건물 남문으로 데려가셨다. 입구에서 멀리 떨어져 있지 않은 그곳에는 약간 살집이 있는, 면도도 하지 않은 백발의 남자가 기분 좋은 얼굴로 간이침대에 누워 있었다. 하반신을 가리는 케랄라식 문두mundu*를 제외하면 아무것도 입지 않은 그 남자는 부드럽게 말을 걸면서 나와 악수를 하더니 내게 사탕을 주었다. 그는 내가 빨간 반바지를 입어서 기분이 좋다고 말했다.

나중에야 나는 그가 공산주의 리더인 A. K. 고팔란Gopalan이었음을 알게 되었다. 그 당시 의회제에 대항하기 위해 죽음을 각오하고 단식

* 허리에 천을 둘러 긴 치마처럼 입는 옷. 천의 가장자리에 장식을 하는 것이 일반적이다.

투쟁을 한 그 고팔란 말이다. 좌파 성향이 강했던 어머니의 외삼촌은 자신이 매우 존경하는 공산주의 지도자를 만나는 자리에 나를 데려간 것이었다. 어쩌면 내가 대학생 시절에 카를 마르크스와《자본론》에 끌렸던 것은 고팔란 씨의 온화한 눈빛 아니면 그와의 부드러운 접촉에 어떤 마법이 숨겨져 있었기 때문은 아니었을까.

마법 얘기가 나왔으니 말인데, 나는 저녁 무렵 집 뒤뜰에 앉아 구름을 바라보며 경험했던 마법 같은 순간들을 똑똑히 기억하고 있다. 내 상상 속에서 그 구름들은 누군가에게 발견되기만을 기다리고 있는, 눈 쌓인 산봉우리들로 보였다. 시간이 많이 흐른 뒤 나는 커피 테이블에 비치된 책에 인쇄된 히말라야 사진을 보았는데, 이런 생각이 들었다. '나, 갓 여섯 살쯤 됐을 때 집 뒤뜰에 앉아 구름을 구경하면서 이 장면을 본 적이 있지 않나?'

이 장을 끝마칠 겸, 마스터께서 히말라야 산맥을 따라 내려오는 바기라티Bhagirathi 강의 한적한 둑에 나와 함께 앉아 계실 때 들려주신 이야기를 풀어보겠다. 나로서는 여정의 다음 장으로 넘어가기 전인 바로 지금 이 이야기를 들려주는 것이 의미가 있겠다는 생각이 든다. 하지만 나는 마스터께서 내게 말씀하신 바를 한 번 더 언급하고 싶다. "지금부터 내가 들려줄 이 이야기에서 너만의 결론을 도출해보렴. 그렇다고 너무 황급히 결론을 내지는 말고."

바드리나쓰의 유명한 사원 뒤쪽에 있는, 해발 4,000미터 고도의 신성한 히말라야 성지에는 크고 작은 동굴 몇 곳이 있는데, 동굴들은 접근이 거의 불가능한 절벽 꼭대기에 있다. 사원은 여름 몇 달 동안만 순례자들에게 개방되며 그 외 나머지 기간에는 이 지역 전체가 눈으로 뒤덮인다. 심지어 샹카라차리야Shankaracharya(몇백 년 전 사원을 개조한 성자이며 케랄라 출신) 때부터 성직자로서의 직무를 수행해왔던 케랄라의 남부디리Namboodiri* 신분 성직자들조차도 조쉬 무트Joshi Mutt 마을로 내려가서 다음 순례 시즌을 기다린다. 오직 소수의 비범한 존재들만이 겨우내 동굴에 기거하며 명상 수행을 계속한다.

100년 전, 비범한 요기 한 명이 이런 동굴 중 한 곳에 앉아 있었다. 그는 오직 천으로 된 샅바 하나만을 입고 자신의 내적 자아로 침잠하여 깊은 명상에 잠겨 있었다. 검은 수염과 머리카락을 늘어뜨린 이 잘생긴 남성은 두 눈을 감고 있었고, 영혼의 교감에서 우러나오는 내적 기쁨을 누리고 있는 듯 평화로운 미소가 그의 얼굴을 밝히고 있었다. 고작 열아홉 살밖에 되지 않은 이 젊은 요기는 성스러운 도시인 바라나스의 기품 있는 베다Veda** 학자 집안 출신이었다.

그의 조상들은 대대로 스리 구루 바바지Sri Guru Babaji의 제자들이었다. 바바지는 몇백 년간 젊은 육신을 유지하며 오늘날까지도 살아 있다고 여겨지는 전설적인 요기다.

역시 바바지의 제자였던 이 젊은이의 아버지는 자신의 아들을 아홉 살이라는 어린 나이에 그 위대한 요기에게 넘겨주었다. 그때부터 이 젊은이는 정해진 거처가 없는 자신의 스승과 함께 히말라야 산맥 곳곳을 돌아다니며 수행을 했다. 1년 전, 열여덟 살이었던 이 젊은이는 한 명의 요기로서 독립할 수준이 되었고, 그때부터 케다르나

---

* 인도 케랄라 주에 거주하는 말라얄리 브라만 카스트.

** 베다 시대 브라만교 및 그 후신인 힌두교의 경전이자 문헌.

쓰Kedarnath와 바드리나쓰 근처의 눈 덮인 산봉우리를 혼자 돌아다니며 수행을 이어갔다.

이 젊은이가 사마디Samadhi라 불리는 요기의 의식 상태 속에 완벽하게 머물러 있을 때, 그의 감은 눈 앞에서 이상한 드라마가 펼쳐지기 시작했다.

이 지역에서는 보기 힘든 복장을 한 노인이 가파른 바위 절벽을 올라와서는 평평한 동굴 입구 앞으로 기진맥진하여 다가왔다. 더러운 초록색 터번, 갈기갈기 찢어지고 때 묻은 로브robe, 목에 걸린 염주와 헤나henna로 물을 들인 수염은 그가 무슬림 파키르fakir*인 것을 분명히 보여주고 있었다.

노인의 팔, 다리, 몸 여기저기에는 멍과 상처가 많았고 그 상처들에서 피가 스며 나오고 있었다. 그는 추위와 허기 때문에 거의 쓰러지기 직전이었지만, 동굴에 앉아 있는 젊은 요기를 발견하자마자 고통에 일그러졌던 그의 표정이 순식간에 환희의 표정으로 뒤바뀌면서 큰 웃음소리로 이어졌다. "알라께 찬양을 드립니다." 그는 목 놓아 울었다. 그리고 깊은 한숨과 함께 자신의 모든 고통과 고난을 잊었다. 그는 명상에 잠겨 있는 요기에게로 다가가 엎드렸다. 그런 다음 노인은 힌두교도라면 꿈에라도 요기에게 하지 않을 행동을 했다. — 그는 젊은 요기를 끌어안았다.

트랜스 상태에서 거칠게 깨어난 이 요기는 눈을 떠 자신의 몸에 달라붙어 있는 노인을 떼어내버렸다. 그는 객고에 시달린 데다 피까지

---

* 탁발만으로 생계를 유지하는 수행자. 대부분 이슬람교다.

흐르고 있는 이 노인의 몸에서 나는 악취 때문에 괴롭다는 듯 콧김을 홍 내뿜더니 분노에 차서 소리쳤다. "감히 이런 짓을! 당장 내게서 떨어지세요!" 가끔은 리쉬들조차 조절하기 어렵다는 분노라는 맹독이 이 젊은 요기의 가슴에 들어간 것이다.

파키르는 애원했다. "제발 제 얘기를 한 번만 들어주십시오." 하지만 요기가 대답했다. "떠나세요. 나는 알라카난다Alakananda 강에 몸을 담그고 명상 수행을 재개해야 합니다. 고기를 먹는 야만인인 당신 같은 인간은 여기 있을 수 없어요. 저리 가세요."

파키르는 포기하지 않았다. "오, 위대한 요기시여. 제발 제 말을 들어주십시오. 저는 수피이고 나크샤반디야Naqshabandiya* 종파에 속한 위대한 수피 마스터의 수제자입니다. 6개월 전, 제 스승님은 돌아가시기 전에 이렇게 말씀하셨습니다. '친구여, 그대는 내가 지도해줄 수 있는 최대한의 영적 성취를 이루었네. 나는 곧 육체를 떠날 것이고, 이곳에는 그대를 더 높은 다음 단계로 이끌어줄 수피 스승이 없다네. 그러나 걱정하지 말게. 히말라야 바드리 근처에 젊은 요기가 한 명 살고 있으니 그를 찾아 도움을 구하게.' 당신이 바로 제 스승님이 말씀하신 그분입니다. 이제 당신만이 저를 구해주실 수 있습니다.

당신을 찾기 전, 저는 갖은 고생과 불행한 일들로 고통받으면서 지난 두 달 동안 사방을 헤매고 다녔습니다. 이제 저는 기력이 다한 탓에 곧 죽을 수도 있겠지만, 저를 제자로 받아만 주신다면 제 영혼이 평화롭게 떠날 수 있을 것 같습니다. 제발, 이렇게 간청합니다."

---

* 수피즘의 주요 수니파 교단.

젊은 요기는 여전히 분노한 채로 말했다. "나는 당신이 말한 수피 종파나 당신의 스승에 대해서는 아무것도 모르거니와, 내 스승님에게서도 그런 얘기를 들은 바가 없습니다. 그리고 나는 제자를 받지 않습니다. 저리 비키세요. 알라카난다 강에 몸을 담근 다음 당신이 무례하게 방해한 명상 수행을 재개해야 하니, 방해하지 말란 말입니다. 여기서 떠나세요!"

파키르가 말했다. "오, 위대한 요기시여. 알겠습니다. 그것이 당신의 마지막 하실 말씀이라면 저는 더 이상 살아 있고 싶지 않습니다. 제 삶의 단 한 가지 꿈은 산산조각이 났습니다. 저는 강물로 뛰어들어 목숨을 끊겠습니다. 지고하신 우주의 주님께서 저를 인도해주시기를."

"원하는 대로 하세요." 요기는 단호하게 말했다. "나는 당신을 위해 해줄 수 있는 것이 아무것도 없습니다. 내가 분노 속에서 당신을 저주하지 않은 것만으로도 행운으로 아세요. 당신은 당신의 길을 가십시오. 나는 나의 길을 갈 테니."

파키르는 요기의 발아래에 절하면서 작별을 고했는데, 눈에 눈물이 가득했다. 그는 몇 미터 아래에 있는 강가로 내려갔다. 그리고 지고하신 신께 인도를 구하는 기도를 외면서 소용돌이치는 강물에 몸을 던져 목숨을 끊었다.

젊은 요기는 자신이 옳은 일을 했다는 자신감에 차 있었었고, 그 어떤 후회도 없었다. 그는 강둑으로 걸어 내려가 좋은 곳에 자리를 잡고 정화를 위한 만트라를 외기 시작했다. 그리고 얼음장처럼 차가운, 성스러운 강물에 몸을 담갔다. 물 밖으로 나온 그는 딱 하나 있는 수건으로 물기를 닦은 다음, 바위에 앉아 자신의 몸과 마음을 정화해준 성스러운 강에 감사를 드렸다. 그가 동굴로 다시 올라가려고 하는 바로 그때, 익숙하면서도 다정한 마스터의 목소리가 그를 불렀다. "마두Madhu!"

그의 위대한 스승인 바바지가 바위 뒤에서 나타났다. 땅거미가 지면서 점차 어두워졌던 주변이 빛나는 그의 존재로 인해 갑자기 환해지는 듯했다. 바바지는 유럽인처럼 피부색이 밝았으며 갈색 머리를 길게 기르고 있었다. 수염은 별로 없었고 장신의 잘생긴 외모였는데, 겉보기에는 열여섯 살 정도로 보였다. 꾸밈없는, 탄탄한 근육질의 그 육신에는 하얀 샅바 외에는 아무것도 걸쳐져 있지 않았다. 맨발의 바바지는 아주 위엄 있고 우아하게 걸음을 옮겼다.

그는 고요함이 감도는 큰 눈으로 자신의 어린 제자 마두를 바라보았다. 그리고 부드럽게 말했다. "애야, 너무도 잔인한 일을 저질렀구나."

그러자 몇 분 전에 저질렀던 그 행위의 무게가 갑자기 젊은 요기를 번개처럼 짓눌렀다. "바바지…." 이 말밖에 할 수 없었던 젊은 요기는 눈물을 쏟으며 스승의 발아래에 엎드렸다.

"애야, 감정을 조절하거라. 너의 동굴로 같이 올라가자꾸나."

그들은 재빨리 동굴로 올라가 서로를 마주 보고 앉았다. "내가 항상 무엇을, 누구에게, 그리고 어떤 상황에서 말할지 깊이 생각해본 다음에만 말을 하라고 당부하지 않았느냐? 너는 조금 더 참을성을 가지고 그 노인이 무슨 말을 하려는 건지 주의 깊게 들어줄 수도 있었다. 성인을 겉모습으로 판단해서야 되겠느냐? 나의 훌륭한 제자 중 하나인 카비르가 말했듯, 검보다 검집을 더 중요시하면 되겠느냐? 너는 주의 큰 헌신자를 다치게 했으며, 그에게 고통을 주었다. 많은 시간 공들여왔던 엄격한 수행의 공덕을 너는 단 한 순간에 파괴해버렸구나. 100년의 엄격한 수행보다도 1분의 친절함이 더 귀중하다. 너는 이 실수를 참회하고 보상해야 한다."

그의 말을 들은 젊은 제자는 자신의 감정을 조절하여 마음을 고요히 했다. 그리고 이렇게 말했다. "마스터, 당신이 말씀하시는 것이 무엇이든 행할 준비가 되었습니다." 바바지가 말했다. "그 파키르에 대해서는, 내가 그의 영적 필요를 봐주겠다. 너는 너의 영적 성장을 아까의 그 오만한 행동으로 막아버렸다. 네가 다시 영적 성장의 길로 돌아오기 위해서는 그 파키르가 겪었던 것과 똑같은, 혹은 비슷한 고통과 궁핍을 겪어야만 한다. 완전한 케차리 무드라khechari mudra의 마지막 크리야kriya를 행할 준비를 하고, 너의 프라나prana가 아즈나 차크라(ajna center)를 통해 빠져나가도록 하여라.* 우리는 네가 그 불쌍한 노인이 겪었던 것과 비슷한 고통을 경험할 수 있는 환경으로 환생할 수 있도록 너의 영혼을 이끌 것이다. 지금 행하거라."

"바바지, 저는 언제나 당신께서 바라시는 것을 따라왔습니다. 그리고 지금 분부하시는 바 역시 그대로 따를 것입니다. 그렇지만 제게 마지막 청이 하나 있습니다."

---

* 크리야는 '행동'이라는 의미다. 크리야 요가는 신체를 정화하고 유연성을 향상시키는 동작, 명상을 통한 정신적인 정화, 호흡을 통한 에너지 관리 등 다양한 행동들을 포함하고 있으며 몸과 정신의 변형과 정화에 도움이 된다.

케차리 무드라는 이러한 크리야 요가의 한 기법이며 혀를 이용하는 요가 동작이다. 이 수행이 진전되어 혀가 목구멍까지 닿게 되면 일반적으로는 목 차크라에서 더 높은 차크라로 이동하기가 힘들었던 프라나, 즉 생명력이 이 우회로를 통해 더 높은 차크라들로 쉽게 이동할 수 있다. 목 차크라의 다음 차크라가 바로 눈썹 사이 미간에 위치한 아즈나 차크라다.

"얘야, 말해보거라." 바바지가 말했다.

깊은 감정 때문에 목이 멘 그는 기도하는 자세로 손을 모으고 이렇게 말했다. "마스터, 당신을 제 온 가슴을 다해 사랑합니다. 저를 버리지 않겠다고, 제가 세속적인 상념과 근심의 소용돌이 속에 휩쓸리지 않도록 저를 인도해주겠다고 약속해주십시오. 이렇게 간청드리오니, 부디 저를 지켜주시고 당신의 축복받은 발아래로 다시 돌아올 수 있도록 저를 이끌어주십시오."

"그러겠다고 약속하마." 위대한 스승이 말했다. 그의 빛나는 두 눈에서는 부드러운 자비심이 쏟아지고 있었다. "아직 너는 만나본 적이 없는 나의 수제자인 마헤쉬와르나쓰Maheshwarnath가 네 다음 생애의 초기에 나타날 것인데, 그가 너의 안내자가 될 것이다. 다음 생의 어느 한 시점에서 너는 나를 만나게 될 것이며 지금처럼 나와 대화하게 될 것이다. 하지만 지금이 다음 생으로 가기에 적절한 때이니 서둘러야 한다."

그때는 이미 해가 저문 상태였다. 아름다운 은빛 달은 구름을 걷어버리며 신성한 연극과도 같은 이 상황의 증인이 되어주고 있었다. 젊은 제자는 눈에 눈물이 가득한 채로 인도자의 발 앞에 다시 한번 절했다. 바바지는 제자의 머리 위에 오른손을 올려놓으며 그를 축복했고, 순식간에 사라져버렸다. 홀로 남은 마두는 연화좌를 취한 후 몇 번 숨을 깊이 들이쉬더니, 강제로 호흡을 멈추는 케차리 무드라를 행했다. 그런 뒤 눈썹 사이 미간에 집중하여 자신의 몸을 떠났다.

이것이 나의 마스터 마헤쉬와르나쓰가 내게 들려준 이야기다.

2장 ॐ 히말라야 마스터의 방문

이제, 나의 구루가 다가와 나와 다시 인연을 맺었던 그 희한한 방식에 대해 말해줄 때가 된 것 같다.

그때 나는 아홉 살이 조금 넘은 나이였다. 부모님, 여동생, 외할머니, 나 이렇게 다섯 명은 암부자빌라삼 로드Ambujavilasam Road에 있는 꽤 큰 집에 살았다. 반치유르Vanchiyoor 주변의 그곳은 큰 도로와 그리 멀지 않았음에도 조용했다. 팔리비두Palliveedu라고 불리던 그 집은 아버지가 월세 40루피에 빌린 집이었는데, 당시 이는 어마어마한 금액이었다.

도로로 통하는 대문과 현관 사이에는 공간이 별로 없었지만, 집 뒷마당은 꽤 넓었다. — 600평 정도 되는 땅이 코코넛 나무와 잭프루트jackfruit 나무, 꽃 피는 관목들로 빼곡했으니 말이다. 어머니는 안뜰에 암탉들을 기르셨는데, 어미 닭들이 분홍색으로 염색된 보송보송한 병아리들과 함께 걸어 다니는 것을 보면 큰 기쁨이 느껴졌다. 염색을 한 이유는, 솔개가 그들을 데려가지 못하게 하기 위해서였다. 또, 우리는 염소 두 마리도 키우고 있었다.

아버지는 건설업자이기도 하셨지만, 폐지와 관련한 어떤 사업도 하고 계셨다. 그래서 뒷마당 한쪽에는 인쇄소에서 수집한 폐지를 보관하기 위한 큰 창고가 세워져 있었다. 그곳은 나보다 두 살 반 어린 여동생과 내가 즐겨 찾는 곳이었다. 여기서 우리는 숨바꼭질을 하기도 하고, 마대 위에 앉아서 새로운 단어를 지어내거나 말도 안 되는 라임rhyme을 만들어내는 것을 아주 좋아했다.

뜰은 흙벽으로 둘러싸여 있었는데, 벽 높이가 겨우 90센티미터에 불과할 만큼 낮았다. 뒤뜰 중앙에는 오래된 잭프루트 나뭇가지에 걸려 있는 튼튼한 그네가 하나 있었다. 우리는 그 그네를 타는 걸 좋아했고, 종종 이웃 아이들과도 함께 놀았다. 벽이 낮았기 때문에 아이들은 우리 집으로 쉽게 넘어올 수 있었다. 뒤뜰의 오른쪽 모퉁이 맨 끝에는 또 다른 잭프루트 나무가 있었는데, 그것은 크기도 더 컸고 아마 나이도 더 많은 나무 같았다. 내 인생을 뒤바꾼 드라마가 바로 이 나무 아래에서 벌어질 예정이었다.

나와 동생은 집에서 걸어갈 수 있는 거리에 있는 성 천사 수도원(Holy Angel's Convent)에 다녔다. 집에 돌아오자마자 씻고 간식을 먹은 후, 해가 질 때까지 뒤뜰에서 노는 것이 우리의 평범한 일과였다. 그러다 해가 질 무렵이 되면 우리는 할머니와 함께 얼굴과 손, 발을 씻고 짧은 아랍어와 우르두어(Urdu)* 기도를 했다. 그런 후에는 학교 숙

---

* 주로 인도 무슬림들이 쓰는 언어.

제를 하고 저녁 식사를 했다. 가끔 할머니가 자신의 경험담이나 천일야화의 몇몇 이야기들을 얘기해주시면 그걸 듣다가 잠자리에 들기도 했다.

그러다 그날이 되었을 때, 나보다 공부를 더 잘했던 동생은 (그러니 행정 공무원이 된 것은 당연하다) 그만 놀아야겠다며 평소보다 일찍 집으로 들어갔다. 나는 딱히 뭘 하지는 않고 그저 뒤뜰을 배회하고 있었다. 해가 지고 있었고, 황혼의 햇살이 부드러운 황금색으로 변해갔다. 나는 이제 집으로 들어가서 부엌에 간식이 없나 찾아봐야겠다는 생각을 했다. 하지만 그렇게 하는 대신, 지금도 뭐라 설명할 수 없는 모종의 이유로 몸을 돌려 저 끝에 있는 잭프루트 나무를 향해 걸어갔다. 누군가가 나무 밑에 서서 이리 오라는 손짓을 하고 있었다. 보통 때의 나라면 빗장을 걸어 잠갔겠지만, 그 어떤 두려움도 느껴지지 않아 놀라웠다. 이 낯선 사람에게 가까이 다가가고 싶다는 이상한 열망이 내 가슴에 가득했다. 나는 걸음을 재촉했고, 곧 그의 앞에 섰다. 이제 나는 그를 똑똑히 볼 수 있었다. 그 낯선 이는 키가 크고 아주 아름다웠으며, 그의 탄탄한 근육질 몸에는 허리에 감아서 무릎 바로 위까지 늘어뜨린 하얀 천 말고는 아무것도 걸쳐져 있지 않았다. 발도 맨발이었다.

나는 잔뜩 엉킨 긴 흑갈색 머리카락을 마치 큰 모자처럼 머리 위로 틀어 올린 이 남자에게 호기심을 느꼈다. 그는 구리로 만든 것 같은 큰 갈색 귀걸이를 하고 있었고, 오른손에는 윤이 나는 검은색 주전자를 들고 있었다. 단연코, 그의 가장 두드러진 특징은 눈이었다. 그의 흑갈색 큰 눈은 사랑과 애정으로 넘쳐흐르면서 반짝이고 있었다. 그는 주저 없이 오른손을 내 머리 위에 올려놓았고, 부드러운 목소리로 이렇게 말했다. “쿠치 야아드 아아야?” 힌두어로 “기억나는 것이 있니?”라는 뜻이었다. 나는 그의 말을 완벽히 알아들을 수 있었다. 물론 우리 가족이 대대로 케랄라에 정착해서 살긴 했지만 우리는 힌두어와 매우 유사한, 독특한 우르드어 방언인 닥키니Dakkhini를 사용했기 때문이었다. “나이(아니요).” 내가 말했다.

그러자 그는 내 머리에서 손을 떼어 내 가슴 중앙을 쓰다듬으면서 이렇게 말했다. “바아드 메인 마알룸 호 자아예가. 압 바파스 가르 자오(나중에 알게 될 게다. 이제 집에 가거라).” 나는 여전히 그가 무슨 말을 하고자 하는 건지 알 수 없었지만 집으로 돌아가라는 그의 말을 따랐다. 서둘러 집에 돌아오니 그의 손길이 내 가슴을 한결 가볍게 해준 듯한 느낌이 들었다. 집 뒷문과 이어진 마지막 계단에 다다랐을 때, 나는 잭프루트 나무 아래의 그 남자를 보려고 뒤를 돌아봤지만 그는 사라지고 없었다. 거기에는 아무도 없었다.

날이 점점 어두워지고 있었다. 나는 아주 신이 나서 부엌으로 뛰어 들어갔다. 이 얼마나 큰 모험인가. 나는 어머니께 이 얘기를 해드리고 내 여동생을 감질나게 만들어야겠다고 생각했다. 어머니가 저녁으로 새우 카레를 요리하신 참이어서 부엌에서는 맛있는 냄새가 풍겨왔다. 나는 얘기를 시작하려고 입을 열었지만 입에서 아무 말도 나오지 않았다. 마치 누군가가 또는 무언가가 내 성대를 막아버린 것 같았다. 나는 다시 말을 하려 시도했지만 이내 포기했다. 그러고 있으니 숨쉬기가 힘들었다. “숨이 가쁘구나.” 어머니가 말씀하셨다. “무슨 일이라도 있었니? 너무 빨리 달려와서 그런 거니?” 나는 “네”라고 말하는 내 목소리를 듣고서 그 이상한 경험에 대해 이야기하려고 할 때만 말이 나오지 않는다는 것을 깨달았다.

그 후로도 몇 번 더 그 이야기를 꺼내보려고 했지만 실패했다. 어떤 미지의 힘이 그 일을 언급할 수 없게 막고 있다고 확신한 나는 모든 시도를 포기했다. 그 일에 대해 말할 수 있게 되기까지는 10년이라는 시간이 걸렸다. 내가 처음으로 그 일을 이야기한 사람은 다름 아닌, 잭프루트 나무 아래서 처음 만났던 그 낯선 사람 — 히말라야라는 완전히 다른 장소와 상황 속에서 다시 만난 나의 구루 — 이었다. 나는 그때 정식으로 그의 제자로 받아들여졌는데, 이 얘기는 나중에 다시 다룰 것이다.

겉보기에는 그 나이대의 여느 소년과 다름없었던 나지만, 잭프루트 나무 사건 이후 나의 성격에는 심오한 변화가 생겼다. 겉으로는 일상적이고 평범하게 살아가는 동시에, 내적으로는 비밀스러운 삶을 살게 된 것이다. 내게는 내적 여정이 시작되었는데, 이런 여정의 첫 신호는 내가 명상이라는 단어조차 모른 채 명상을 시작했다는 것이었다.

그것은 다음과 같은 식으로 일어났다. 비록 내가 겪었던 그 특별한 경험을 소리 내어 말로 설명할 수는 없었지만, 그의 애정 어린 눈의 이미지는 항상 내 가슴속에 남아 있었다. 어느 날 밤, 나는 언제나처럼 어머니와 동생 곁에서 다정한 눈빛의 그 남자를 생각하며 잠이 들었다. 나는 잠이 들면 누가 업어가도 모르는 편이라 아침에 일어나려면 누군가가 여러 번 깨워줘야 했다. 하지만 그날 밤은 달랐다. 자정 무렵, 나는 갑자기 깨어나 가슴 중앙에서 사랑과 지복의 기분을 느꼈다. 마치 누군가가 부드러운 깃털로 내 가슴을 간지럽히는 것 같았다. 찌르르한 느낌이 척추를 타고 천천히 올라오기 시작했다. 나는 일어나 앉고 싶었지만 그러면 어머니가 깨어나 무슨 일인지 궁금해하실 것 같다는 생각이 들었다. 그래서 나는 계속 누워서 눈을 감고 내면을 들여다보려고 했다.

처음에는 애정 어린 눈이 나타났다가 사라졌다. 그러다 차가운 은색 빛이 척추를 타고 올라와 내 가슴을 채웠다. 만약 그때의 내가 오르가슴이 어떤 느낌인지 알았더라면, 나는 그것을 성적인 의미가 없는, 가슴의 이상한 오르가슴이라고 칭했을 것이다. 하지만 그때는 그런 것들을 알기에는 너무 어렸다. 당시 내가 이해할 수 있었던 것은, 내가 지극한 행복의 느낌에 취해 있다는 것뿐이었다.

이러한 첫 번째 트랜스 경험이 얼마나 계속되었지는 모르겠다. 어느 순간 어머니의 목소리가 나를 깨웠다. "일어나렴, 아들. 이제 학교 갈 시간이란다." 어머니가 나를 가볍게 몇 번 흔드셨고, 나는 눈을 뜨고 일어나 앉았다. 지복, 빛, 찌르르한 느낌, 그 모든 것이 한순간에 사라졌다. 나는 씻으러 일어나서 아침을 먹고, 옷을 입고, 학교에 갈 준비를 했다. 오직 다정한 그 눈빛만이 여전히 나를 따라다녔다.

그 후로 매일 밤 명상이 계속되었다. 그러면서 앞으로 설명할 몇 가지 특별한 경험도 했다. 하지만 그런 특별한 경험보다 더 중요하게 생각해야 할 것은, 마치 섭리에 의한 것처럼 성자 같은 이들과 진화한 영혼들이 내 삶 속에 나타났으며 내가 읽어야 할 글들이 내 손안에 저절로 들어왔다는 점이다.

3장 ॐ 가야트리 만트라

내가 맨 처음 겪은 특별한 경험으로 이 장을 시작해보겠다.

어머니나 할머니처럼 가까운 사람들 말고는 내 성격의 변화를 아무도 눈치채지 못했다. 나는 이전보다 훨씬 더 내성적으로 변했고, 어머니는 내가 종종 잭프루트 나무 아래에 앉거나 서서 하늘을 쳐다보거나 아무것도 안 하고 있는 모습을 발견하시곤 했다. 또한 어머니는 내가 잠결에 가끔 이상한 언어로 말할 때가 있다고 말씀하셨다. 하지만 어머니는 내가 첫 장에서 언급한 이상한 병, 즉 자면서 소리를 지르고 집을 뛰쳐나가는 병에 더 이상 시달리지 않는다는 사실에 안도하셨다. 잭프루트 나무 밑에서 낯선 사람을 만난 날부터는 나를 쫓아다니면서 잡으려 하던 구울ghoul* 같은 존재들은 흔적도 없이 사

* 아랍 및 이슬람 문화에서 묘사되는, 죽은 시체를 찾아내어 먹는 괴물.

라졌다. 또, 나는 할머니에게 성인과 수피들의 이야기를 해달라고 졸라대곤 했다. 그러다 할머니가 알고 있는 이야기가 바닥나면 나는 같은 이야기를 다시 듣고 싶어했다.

나는 밤에 명상을 하면서 큰 행복을 느끼기 시작했다. 그리고 명상을 하면서 깊은 잠에 빠져 생생하고 복잡한 꿈을 꿀 때가 여러 번 있었다. 어떤 꿈은 잊어버렸지만 또 어떤 꿈은 내 마음에 깊은 인상을 남겼는데, 이는 내 영적 여정 중에 일어날 중요한 사건들을 나타내는 꿈이기도 했다. 이런 꿈은 잭프루트 나무 사건이 있은 지 3개월 후에도 꾼 적이 있었다.

꿈속에서, 나는 눈 덮인 산으로 사방이 둘러싸인 아름다운 녹색 계곡을 보았다. 이 산봉우리들 중 하나의 기슭에는 동굴이 있었다. 동굴 속에서는 내가 알아들을 수 없는 언어로 어떤 선율적인 챈팅이 들려왔다. 하지만 왠지 모르게 익숙한 소리였다. 나는 동굴 입구 쪽으로 가서 안을 들여다보았다. 꽤 큰 동굴이었다. 바닥 중앙에는 불이 피워져 있었는데, 통나무가 타오르면서 주황색 불꽃이 솟구치고 있었다. 동굴 저쪽 끝, 단상 위에는 길고 짙은 머리와 수염을 기른 중년 남자가 모닥불과 나를 마주한 채 앉아 있었다. 그의 몸 아랫부분은 갈색 나무껍질 같은 것으로 덮여 있었고, 하얀색 무명 띠 같은 것이 그의 가슴에 대각선으로 걸려 있었다.

긴 머리에 그와 비슷한 옷과 띠를 착용한 소년들 여럿이 그의 지도에 따라 챈팅을 하고 있었다. 소년들은 그와 불을 마주 보고 반원 모양으로 앉아 있었다. 챈팅에 정신이 팔린 나는 갑자기 큰 소리로 그들을 따라 챈팅하고 있었다.

챈팅 소리가 뚝 그쳤다. 단상에 있는 남자의 시선이 내게로 쏠렸다. "젊은 친구, 앞으로 나와보게나." 나는 깜짝 놀랐다. 그가 알 수 없는 언어로 말을 하는데도 그의 말을 완벽하게 이해할 수 있었기 때문이다. 나는 동굴 안으로 들어갔다. 그러자 소년들이 일제히 나를 쳐다보았다. 나는 반바지에 민소매 조끼를 입고 짧게 깎은 머리를 한 내 모습이 부끄러웠다. 소년들은 낄낄거리며 서로 귓속말을 하기 시작했다.

"조용!" 남자가 소리치자 소년들은 침묵했다. 그는 내게 고개를 돌려 이렇게 말했다. "자네, 챈팅해보게." 나는 음정이 맞지 않는다는 것을 알면서도 더듬거리며 챈팅을 했다. 소년들이 다시 낄낄대기 시작했다. "조용!" 스승이 말했다. "올바른 챈팅 방법을 잊어버렸군. 집으로 돌아가서 어떻게 하는 건지 배워오게." "하지만 어떻게요?"라고 말하기도 전에 꿈은 희미해졌고, "일어나, 일어나" 하는 어머니의 목소리가 들렸다.

나는 이게 무슨 꿈일까 궁금해하면서 잠에서 깼다. 그날은 일요일이라 학교에 갈 필요가 없어서 참 행복했다. 나는 뒤뜰을 돌아다니거나, 그림을 그려 색칠하거나, 다락방에서 오래된 시계와 장치들을 만지작거릴 수 있었다. 맛있는 아빰appam*과 감자 스튜 그리고 오믈렛으로 아침을 먹은 후, 복도에 있는 커다란 안락의자에 앉아 무엇을 할까 고민했다.

아버지는 복도 한쪽 구석을 사무실로 사용하셨다. 이 구석에는 커

---

* 코코넛 밀크와 쌀 반죽으로 만드는 팬케이크의 일종.

다란 로즈우드 책상이 있었는데, 아버지는 책상 서랍을 항상 잠가 두셨다. 나는 책상을 이리저리 구경하다가 자물쇠에 열쇠가 꽂혀 있는 것을 보았다. 그리고 속으로 "어쩌면 서랍이 열려 있을 것 같은데" 하고 생각했다. 나는 항상 서랍 안에 무엇이 숨겨져 있는지 궁금했었다. 지금은 절호의 기회였다. 아버지는 아침 일찍 건강검진을 받으러 나가셨고, 책상이 손짓하며 나를 부르고 있었다.

어느 순간, 나는 아버지의 의자에 앉아 열쇠를 만지작거리고 있었다. 그러자 서랍이 열렸고, 나는 안을 들여다보았다. 서랍 안에는 온갖 종류의 파일, 두꺼운 회계 장부, 청구서, 스탬프 패드, 오래되었지만 멋진 파커Parker 펜, 그리고 훌륭한 연필이 몇 자루 있었다. 주변에 나를 보고 있는 사람이 아무도 없다는 것을 확인한 후, 서랍 더 깊은 곳을 뒤져서 두꺼운 파일 더미 아래에 깔린 두 권의 책을 발견했다. 하나는 《자파 요가와 가야트리》(Japa Yoga and Gayatri)라는 제목의 작은 주황색 책자였고, 다른 하나는 요가에 대한 정밀한 삽화가 있는 책이었다. 책에는 다양한 자세의 남자 사진이 많이 나와 있었는데, 나는 그것이 체조라고 생각했다.

나중에 나는 그 작은 주황색 책이 유명한 베단타Vedanta* 스승인 스와미 친마야난다Swami Chinmayananda의 책이라는 것을 알게 되었다. 그러나 당시의 나는 책에 매료되어 그것들을 가지고 있을 방법을 찾아야 했고, 책이 사라진 것을 아버지가 눈치채지 못하셨기를 바랄 뿐이었다.

---

* 베단타는 고대 인도의 철학적 체계로, 힌두교의 핵심 교리 중 하나로 간주된다. 베단타는 〔베다〕에 근거하여 인간의 본성, 우주의 본질, 실재와 표현의 관계, 영혼의 목적 등 깊은 철학적 질문을 탐구한다.

이쯤에서 우리 아버지 이야기를 꺼내야 할 것 같다. 생계 수단 외에 — 아버지는 건설업자셨다 — 아버지의 주된 관심사는 보디빌딩, 칼라리파야투kalaripayattu(말라얄리 버전의 맨몸 무술이자 호신술), 힌두 철학과 영화였다. 아버지는 케랄라 대학교에서 말라얄람어 문학과 인도 철학을 공부하셨다. 또, 베단타와 다른 관련 주제에 대한 지속적인 관심을 가지고 계셨으며 유명 전문가들의 강의에도 참석하셨다. 그러나 종교적인 분은 아니셨다. 아버지의 이슬람적 뿌리를 보여주는 유일한 증거는 매년 두 번, 람잔과 바크리 이드 때 자마 모스크Jama mosque에 가서 회중에 합류하는 것이었다. 이를 제외하면 아버지는 최신 영화를 절대 놓치지 않는, 그다지 심각할 것 없는 사람이었고, 요가를 알기 전에는 담배도 많이 피우셨다. 사실, 우리 아버지는 요가를 시작하기 전에도 아침 일찍 일어나 한 시간 반 동안 격한 운동을 하시곤 했는데, 그럴 때면 가끔 나를 깨워 간단한 운동 몇 가지를 가르쳐 주시기도 했다.

아버지의 책상 서랍에서 발견한 두 권의 책 중에서 나의 흥미를 더 끌었던 것은 운동 책보다는 작은 주황색 책이었다. 하지만 두 권 다 가지고 가기로 했다. 나는 서랍을 닫고 열쇠가 처음과 똑같은 모습으로 걸려 있는지 확인하면서 자물쇠를 잠갔다. 그런 뒤 책가방이 있는 침실로 살금살금 내려가 가방에 책을 넣고 다시 복도로 나왔다. 그러고 나서 그 작은 책을 읽을 수 있을 때를 기다리며 놀면서 시간을 때웠다.

이윽고 점심을 먹은 나는 조용히 책가방에서 책을 꺼내 뒷마당으로 달려갔다. 가는 길에 여동생이 숙제를 하고 있는 모습이 보였다.

— 여동생은 아무런 문제가 되지 않았다. 잭프루트 나무에 다다른 나는 나무 밑에 자리를 잡고 책을 펼쳤다. 책에는 내가 꿈에서 들었던, 비록 불완전하긴 했지만 챈팅해보려고 애썼던 바로 그 만트라가 나와 있었다. 나는 학교에서 힌디어를 이제 막 배우기 시작했기 때문에 데바나가리Devanagari*를 잘 읽을 수 없었지만, 영어 학교에 다니는 학생이었기에 영어로 훌륭하게 번역된 문장은 쉽게 읽을 수 있었다. 그것은 다음과 같았다.

옴 부르 부바 스바하
땃 사비뚜르 바렌얌
바르고 데바샤 디마히
디요 요 나 쁘라초다얏**

전날 밤 꿈에 들었던 챈팅 소리가 머릿속에 울려 퍼졌고 나는 정확한 음정, 박자, 억양을 기억할 수 있었다. 곧 나는 꿈에 나온 동굴 속 소년들처럼 선율적으로 챈팅을 하면서 그것을 즐기고 있었다. 나는 인적이 드문 곳에 있을 때마다 연습을 계속했고, 주변에 사람들이 있으면 마음속으로 챈팅을 하곤 했다. 책에는 그 기도가 태양신에게 바치는, 지성을 밝히기(illuminate) 위한 기도라고 적혀 있었다. 그로부터

---

* 인도의 주요 언어인 힌디어, 마라티어, 네팔어, 산스크리트어 등을 포함한 여러 언어의 기록에 사용되는 문자 체계.

** Om bhur bhuvah suvah tat savitur varenyam bhargo devasya dheemahi dhiyo yo nah prachodayat. 옴 육체와 마음과 영혼 존재의 근원이신 태양을 경배합니다. 신성한 실재를 명상하오니, 진리를 깨달을 수 있도록 저희의 지성을 밝혀주소서.

오랜 시간이 지난 후, 나의 구루는 만트라를 해석해주었다. 그는 태양이 인간 의식의 핵심인 내적 자아를 뜻하는 것이며, 마지막 줄을 '내 지성을 활성화(stimulate)해주소서'라고 번역하는 것이 더 정확하다고 말했다.

두 번째 책에서 내 관심을 끈 것은 오직 파드마사나Padmasana(가부좌), 즉 다리를 겹치고 있는 자세의 사진뿐이었다. 나는 삽화가 많은 한 어린이 역사책에서 같은 자세를 한 부처의 그림을 본 적이 있었다. 이 자세를 취하는 것이 매우 쉬웠던 나는 몰래 가부좌 자세를 하고 내가 부처가 되는 상상을 하곤 했다. 어느 날, 어머니는 창고에 있는 오래된 나무 상자 위에 가부좌 자세로 앉아 있는 나를 발견하셨다. 어머니는 "누가 이런 걸 가르쳐주었니?"라고 물으셨다. 나는 "아무도 가르쳐주지 않았어요" 하고 대답했다. "그건 요가란다." 어머니는 이렇게 말씀하시면서 다시 가던 길을 가셨다.

아버지가 책 얘기를 꺼내신 적이 없었기 때문에, 나는 책을 도둑맞았다는 것을 아버지가 모르고 계실 거라고 생각했다. 그리고 이제 나는 더 이상 책이 필요하지 않아서 책을 다시 갖다 놓을 기회가 생기기만을 기다리고 있었다. 그러던 어느 날, 열쇠가 또 자물쇠에 그대로 꽂혀 있었다. 기회가 찾아온 것이다. 주위에 아무도 없는 것을 확인한 나는 조용히 서랍을 열고 안도의 한숨을 내쉬며 책들을 이전과 똑같은 곳에 다시 갖다 놓았다. 아버지가 책을 도둑맞은 것을 모르실 거라는 나의 생각은 곧 틀린 생각임이 밝혀졌다. 어느 날, 아침 식사 중에 아버지가 말씀하셨다. "네가 내 책상에서 꺼내 읽은 책들은 구루의 도움을 받아야만 이해할 수 있는 책들이란다. 적절한 지도 없이는 거기 있는 것들을 연습하지 말렴. 만약 요가를 하고 싶은 거라면 내일 아침 샤르마Sharma 씨가 내 요가 수행을 돕기 위해 이스트 포트에서 여기로 올 예정이니 함께 그를 만나보자꾸나." 나는 흥분해서 말했다. "좋고 말고요!"

다음 날, 깨끗이 면도를 한 중년의 브라만인 샤르마 씨를 만났다. 그는 나에게 요가 아사나yoga asana*와 프라나야마pranayama**를 가르쳐 주겠다고 흔쾌히 동의했다. 나는 몇 달도 되지 않아 그것들을 쉽게 수행할 수 있었다. 그러던 어느 날 샤르마 씨가 아버지에게 이렇게 말하는 것을 우연히 듣게 되었다. "이 친구, 정말 잘하고 있어요. 매일 연습한다면 큰 발전이 있을 겁니다." 나는 그 이후로 요가를 계속 연습하고 있고, 매일 최소 30분 동안 요가 아사나와 호흡 연습을 한다. 나는 나의 건강, 체력 그리고 원기 왕성함을 요가 연습 덕분이라고 생각한다.

---

* 요가 체위를 말한다.

** 호흡에 집중하는 요가 수행.

4장 ॐ 고팔라 사아미와의 만남

이제 우리 집 가까운 곳에 살았던, 대단히 진보한 영혼과의 만남에 대해 말해보겠다. 그때 나는 5학년을 마친 상태였는데, 성 천사 수도원은 5학년이 넘은 남자아이들을 받아주지 않았다. 그래서 나는 모범 고등학교(The Model High School)에 입학했다.

어느 영국인이 설립했다가 독립 후 정부에 인수된 모범 고등학교는 오래된 영국 공립학교처럼 붉은 벽돌과 화강암으로 지어졌는데, 부지가 아주 넓었다. 남학교인 우리 학교는 학업적인 우수성뿐 아니라 음악, 연극, 예술, 공예에도 능통하여 유명한 학교였다.

학교는 우리 집에서 약 3~4킬로미터 떨어져 있었고, 나는 어떤 남자아이들 무리에 속해 그 아이들과 매일 학교에 걸어 다니면서 즐거운 시간을 보냈다. 그중 나보다 나이가 많았던 두 명은 우리 집에서 500미터 떨어진 곳에 살고 있었다. 둘은 형제였고, 공부에 너무 매달리는 경향이 있긴 했지만 좋은 친구들이었다. 그들은 인접 지역인 타밀나두 주에서 온, 타밀어를 사용하는 이민자 가족에 속해 있었다.

둘의 아버지 아난타나라야나 필라Ananthanarayana Pillai는 경찰청의 말단 공무원으로 일하다 은퇴했고, 어머니 카말람마Kamalamma는 아주 다정한 분이셨다. 형제 중 나이가 더 많은 마르탄다 필라Marthanda Pillai는 집에서 페리야 탐비Periya Thambi(큰아이)라고 불렸고 그보다 좀더 어린 시바난다 필라Sivananda Pillai는 친나 탐비Chinna Thambi(작은아이)라고 불렸다. 매우 학문적이었던 마르탄다 필라는 신경과 의사가 되었고, 한때는 트리반드룸 의대와 트리반드룸 병원의 신경외과 학과장을 지내기도 했다. 현재 그는 트리반드룸 교외에 자신의 종합병원인 아난타푸리 Ananthapuri 병원을 운영하고 있다. 시바난다는 엔지니어가 되어 타밀나두 주정부의 전기 부서에서 수석 엔지니어로 일하다 은퇴했다. 집에 전기가 들어오지 않아서 둘 다 등유 램프 불빛 아래서 숙제를 했다는 점을 고려하면 이는 놀라운 일이었다.

페리야 탐비와 친나 탐비 가족은 큰 공동주택 건물의 작은 집에서 살았는데, 집 일부를 장작을 파는 가게로 개조했다. 그 당시에는 모든 집이 요리를 할 때 장작을 썼기 때문에 은퇴한 아난타나라야나 씨가 장작 가게를 연 것이다. 우리 가족은 그 가게에서 장작을 샀기 때문에 아난타나라야나 씨 가족을 알게 되었고, 나중에는 그들 가족이 타밀나두 주의 칸야쿠마리Kanyakumari 지역에서 왔다는 것도 알게 되었다. 그 지역은 나의 외할아버지가 사시던 곳이었고, 알고 보니 우리 가족과 그들 가족은 서로 친분이 있는 사이였다.

나는 거의 매일 탐비 형제의 집에 찾아가서 함께 등교했다가 하교

할 때도 같이 돌아왔기 때문에 우리의 우정은 더욱 돈독해졌다. 형제의 어머니 카말람마는 친절한 마음씨를 지닌 분이셨고, 나를 매우 좋아하셨다. 어릴 적 나는 매우 잘생겼고 뺨이 살짝 통통했었다. 아직도 기억나는 장면은, 아침에 그들의 집으로 찾아갔을 때 내 뺨이 붉어진 것을 보고 그분이 손으로 양 볼을 쓰다듬으시더니 자신의 딸에게 "이 아이 뺨 좀 보렴. 토마토처럼 빨개졌네. 가엾어라" 하고 걱정스레 말씀하셨던 장면이다.

그들은 대가족이었다. 부모님과 아들 셋(고팔Gopal이라는 막내아들도 있었다) 외에도 그 작은 집에는 두 딸, 샤말라Syamala와 탕감Thangam이 살고 있었다. 가장 나이가 많은 큰누나 샨타Shanta는 콜라수 필라Kolasu Pillai 씨와 결혼하여 수친드룸Suchindrum에 살고 있었다. 둘째 딸 샤말라는 회사에서 타자수로 일했고, 탕감은 아직 대학을 다니고 있었다. 나중에 샤말라는 수학 석사이자 케랄라 정부의 인구 조사과에서 일하는 그녀의 사촌 라마스와미Ramaswamy 씨와 결혼했다. 어떻게 보면 라마스와미 씨는 내가 고팔라 사아미Gopala Saami를 만나는 데 중요한 역할을 해주었다.

성 천사 수도원에 다니는 동안, 나는 영어, 역사, 과학은 잘했지만 수학에는 영 소질이 없었다. 그러다 새로운 학교에 들어가니 교과 과정이 점점 더 어려워져서 나는 수학 공부에 큰 어려움을 겪었다. 라마스와미 씨는 과외비 몇 푼 더 벌어보려는 마음보다도 그저 수학에 대한 애정 하나로 나의 수학 공부를 도와주겠다고 했다. 그리하여 나는 일주일에 세 번, 저녁마다 필라 씨 댁에 가기로 되어 있었다.

어느 날 저녁, 나는 책을 들고 과외를 받으러 갔는데 라마스와미 씨가 문밖에 서 있었다. 그는 다른 약속이 잡히는 바람에 오늘 수업을 취소해야 할 것 같다고 양해를 구하면서 나에게 다음 날 다시 올 수 있는지 물었다. 나는 집으로 돌아가 놀 수 있어 좋다고 생각하며 대답했다. "물론이죠. 그런데 페리야 탐비와 친나 탐비는 어디에 있나요?"

"안에서 뭘 좀 하고 있단다." 그가 대답했다. 나는 호기심이 생겼다. 집 안에서 향내가 진하게 났기 때문에 뭔가 이상한 일이 벌어지고 있는 것이 분명했다. 그때, 샤말라와 그녀의 부모님 그리고 친나 탐비가 집에서 나왔는데 모두가 조용한 목소리로 이야기하고 있었다. 나는 직접 물어봐야겠다고 생각했다. "향냄새인가? 이게 무슨 냄새야?" 침묵이 흘렀다. 그들은 서로를 쳐다보더니 마침내 어머님이 말씀하셨다. "사아미께서 오셨단다. 그분을 뵙고 싶니?"

사아미는 일반적으로 브라만들을 이를 때 쓰는 단어이다. 그 외에도 서약을 하고, 검은 옷을 입고, 사바리 언덕을 순례하는 사람들도 사아미, 더 정확히 말하면 아이야빠 사아미Ayyappa Saami*라고 알려져 있다. 나는 어떤 사아미를 말하는 건지 몰랐지만 어쨌든 보겠다고 생각하고 "네" 하고 대답했다.

아난타나라얀 씨는 "기다리렴" 하시더니 안으로 들어갔다. 몇 분 후, 그는 돌아와서 말했다. "이제 들어가도 돼." 그래서 나는 들어갔다. 작은 방 중앙에는 체격이 큰 노인이 안락의자에 앉은 채 발을 발판 위에 올려놓고 있었다. 그는 파란색과 흰색 줄무늬가 있는 반팔

---

* 아이야빤Ayyappan은 인도 남부에서 인기 있는 힌두교 신이다. 아이야빤을 모시는 사원은 많이 있지만 그중 케랄라의 사바리말라Sabarimala 언덕에 위치한 사원이 가장 유명하다.

티와 가장자리 장식이 없는 간소한 흰색 문두를 입었다. 나는 자리에 서서 그를 자세히 살펴보았다. 그의 흰머리는 아주 짧았고, 인상적인 사각턱을 갖고 있었다. 몇 주는 기른 것 같은 흰 수염이 그의 턱과 뺨, 윗입술을 뒤덮고 있었다. 강직하고 곧은, 위엄 있어 보이는 그의 자세를 제외하면 모든 것이 꽤 평범해 보였다. 다음으로는 그의 눈을 봤다. 모든 것을 꿰뚫어 보는 듯한 그런 눈은 그때까지 한 번도 본 적이 없었다.

나도 모르게 내가 옷을 잘 입고 있는지 확인했다. 마치 엑스레이 촬영을 당하고 있는 듯한 느낌이 들었기 때문이다. 그의 눈은 내 속을 훤히 꿰뚫어 보고 있었고, 나는 이런 생각을 했다. '세상에! 이 사람은 나의 모든 비밀을 알고 있잖아!' 그러자 그는 미소를 지으며 손짓했다. "이리 오렴." 목소리가 의외로 부드러웠다. 나는 가까이 가서 의자 팔걸이 옆에 바짝 섰다. 그는 계속 미소를 지으며 오른손을 뻗어 내 이마를 1초도 안 되게 짧게 터치했다.

그러자 이마에서부터 형언할 수 없는 지복의 파도가 밀려들면서 내 몸을 집어삼켰다. 내가 거의 매일 밤 경험하고 있던 그 느낌과는 또 달랐다. 바다의 요란한 파도가 갑자기 잠잠해져서 해면이 잔물결 하나 없는 호수처럼 잔잔해진 느낌이라는 것이 이 경험을 설명할 수 있는 유일한 표현이다. 그때 나는 외부의 소리를 들을 수 없었다. 내 마음속 깊은 곳에서 알아들을 수 없는 어떤 챈팅이 울려 퍼졌다. 눈에서 눈물이 흐르기 시작했다. 나는 밖으로 나가서 어딘가에 혼자 앉아 있어야만 했기에 몸을 돌려 비틀거리며 방을 나갔다. 그런데 갑자기 누군가가 "절을 해. 그분의 발을 만져"라고 말하면서 침묵이 깨졌다. 그때쯤 나는 문 근처에 있었기 때문에 다른 사람들이 하는 것을 보고 배운 대로 재빨리 문의 단(door step)을 만지고 머리를 만진 다음, 밖으로 뛰어나갔다.* 그 후로 다시는 그 남자를 보지 못했다.

나는 빨리 달려 몇 분 만에 집에 왔다. 아무도 내가 들어오는 것을 보지 못했다. 나는 울타리 옆의 통로를 지나 서둘러 잭프루트 나무로 가서 그 아래에 앉았다. 그때쯤 나의 지복감은 가라앉아 있었지만 한동안은 기이하면서도 고요한 느낌이 계속되었다. 그러다 어머니께서 뒷문에서 "무슨 일이야, 과외 안 했니?" 하고 소리치시는 바람에 그 고요도 깨져버렸다.

"아니요!" 내가 되받아 소리쳤다.

"이리 와서 뭐 좀 먹어." 어머니가 말씀하셨다.

"가요." 내가 말했다. 어머니는 나를 먹이는 것을 참 좋아하셨다.

다음 날 수업을 받으러 가자 라마스와미 씨를 비롯한 다른 이들이 전날 무슨 일이 있었는지 계속 캐물었다. 하지만 나는 아무 말도 하지 않았다. 내게 있어 그 경험은 마치 연인들끼리 공유하는 비밀과 같아서, 금이나 다이아몬드처럼 금고에 잘 봉인되어 있어야 한다는 생각이 들었다. 공익을 위해 금고에서 꺼내져야 할 적절한 시기가 올 때까지는 말이다.

나는 필라 가족으로부터 그의 이름이 고팔라 필라Gopala Pillai이며, 사람들이 존경의 뜻으로 그를 고팔라 사아미라고 부른다는 사실을 전

---

* 힌두교도들은 사원에 들어가기 전에 절을 하고 사원의 첫 번째 계단을 만지기도 한다. 이는 사원이 신의 거룩한 몸이라고 보기 때문인데, 이러한 관점에 따르면 사원에서 가장 낮은 곳은 신의 발에 해당한다.

해들었다. 수년 후, 나는 그의 가르침을 모은 책을 우연히 발견했다. 그것은 프라부Prabhu 씨가 출판한 《아룰 모지갈Arul Mozigal》(달콤한 지혜의 말)이라는 제목의 책이었다. 나는 아무 페이지나 펼쳐보았는데, 맨 처음 내 눈에 들어온 페이지에는 고팔라 사아미가 좋아하는 말이 적혀 있었다. 그가 자주 반복했던 그 말은 다음과 같다. '아난도함, 아난도함, 아찰라 파로함, 아찰라 파로함.*'

나는 그것이 6년 전 그를 만났던 날 내가 들었던 챈팅이라는 것을 깨달았다. 당시에는 그 단어들을 명확히 알아듣지 못했지만, 단어의 의미를 이해하고 나자 내가 그것을 아주 잠깐일지라도 경험한 적이 있음을 느낄 수 있었다. '아난도함, 아난도함, 아찰라 파로함, 아찰라 파로함.' '나는 지복이다, 나는 지복이다, 흐트러짐 없는(undistracted) 나다, 흐트러짐 없는 나다.'

고팔라 필라는 1900년 8월 트라방코르 남쪽의 콜렘코데Kollemkode에서 태어났다. 어머니는 쿤니 파람바 비틸 콕추 쿤잠마Kunni Paramba Veetil Kocchu Kunjamma였고, 아버지는 스리 나라야나 필라Sri Narayana Pillai였다. 그는 3남 2녀 중 막내였다. 그의 가족은 나중에 티루바난타푸람(트리반드룸)으로 이주했고, 큰형 샹카라 필라Shankara Pillai가 가족을 돌보았다.

은퇴한 교장 선생님이자 고팔라 필라의 소꿉친구인 비드환 스리바라함 E. V. 필라Vidhwan Sreevaraham E. V. Pillai의 말에 따르면, 고팔라 필라는 포트 고등학교(Fort High School) 학생일 때도 기이한 행동을 했다고 한

* Anandoham, Anandoham, Achala Paroham, Achala Paroham.

다. 그는 오랫동안 앉아서 눈을 뜨고 명상을 하다가 트랜스 상태에 빠질 때가 잦았다. 한 번은 열두 살이었던 그가 가부좌 자세로 앉아 한낮의 태양을 똑바로 바라보고 있는 것이 목격되었는데, 그때 그의 등은 활처럼 뒤로 젖혀져 있었다. 그의 형 샹카라 필라는 이 사실을 전해 듣고 이렇게 말했다. "방해하지 말라. 하고 싶은 대로 하게 놔두라."

그는 스무 살이 되었는데도 졸업 시험에 합격하지 못하고 있었다. 따라서 그의 어머니는 더 열심히 공부할 수 있도록 그를 설득하려 했다. 하지만 고팔라 사아미는 "제가 원하기만 한다면 그 시험은 쉽게 통과할 수 있습니다. 하지만 왜 그래야 하는 겁니까? 저는 돈이나 어떤 이득을 위해서 일하지 않기로 했습니다. 저를 돌봐주실 분이 따로 계십니다." 그 후 그는 학교를 그만두었다.

젊은 시절 고팔라 필라는 낯선 곳을 돌아다니는 것을 좋아했다. 그가 가장 좋아했던 장소 중 하나는 무타타라Muttathara였다. 고팔라 이전에도 스리 나라야나 구루Sri Narayana Guru와 차탐비 스와미Chattambi Swami(8장 '스리 나라야나 구루 이야기'를 보라) 역시 무타타라를 자주 드나들었다. 무타타라에서, 고팔라는 드넓은 푸른 논을 거닐었다. 논이 끝나는 지점에서부터는 해변의 순백색 모래가 사구沙丘와 함께 펼쳐졌고 이보다 더 나아가면 짙푸른 아라비아 해를 볼 수 있었다. 때로는 파도가 높이 솟아올라 해안가에서 요란하게 부서지기도 했고, 또 어떨 때는 파도가 모래 속으로 부드럽게 흘러 들어가 온갖 종류의 조개껍데기를 퇴적시키는 모습을 볼 수 있었다.

고팔라의 소중한 친구 E. V. 필라는 자신이 그와 함께 무타타라까지 여러 번 여행했다고 말한다. 둘은 논을 걸어가는 동안 베단타에 대한 많은 이야기를 나누곤 했다. 그러다 모래 언덕에 다다르면 고팔라 필라는 침묵에 잠겼다. 그는 눈을 뜬 채 비라사나Veerasana* 자세로 오랫동안 꼼짝하지 않고 앉아 있었다. 트랜스 상태에서 깨기 전에 그는 으르렁거리는 이상한 소리를 내기도 했고, 때로는 별 이유 없이 E. V. 필라가 깜짝 놀랄 만큼 크게 웃기도 했다.

E. V. 필라는 또한 무타타라 너머 푼투라Poonthura 근처에 오타파나 무두Ottapana Moodu라고 불리는, 숲이 우거지고 완전히 황폐화된 지역이 있었다고 말한다. 이곳은 한때 중앙 교도소의 집행인이 사형시킨 살인자들의 시신을 처리하기 위해 사용되었고, 국립 영안실의 썩은 시신이나 무연고자의 시신을 유기하는 장소로 사용되기도 했다. 어느 날 오후, 그는 고팔라 사아미와 그곳을 찾았다. 거기서 그들은 헝클어진 머리에 주름이 쭈글쭈글한 노인을 보았는데, 노인은 완전히 벌거벗은 채 타는 듯이 뜨거운 모래 위에 앉아 있었다. 고팔라 필라와 그 이상한 사람은 서로를 껴안았다. 고팔라는 E. V. 필라에게 타마린드 나무 그늘 아래서 기다려달라고 부탁한 후 노인과 저 멀리 야자나무 숲으로 걸어 들어갔다.

한 시간 후, 피곤한 데다 불안했던 E. V. 필라는 숲으로 들어갔다. 그리고 거기서 두 사람이 마치 깊은 잠에 빠진 것처럼 서로의 옆에 누워 있는 것을 보았다. 그가 가까이 다가가자 그들은 깜짝 놀라 벌떡 일어났다. 고팔라 필라는 E. V. 필라와 함께 집으로 돌아갔다. E. V. 필라에 따르면 고팔라 사아미와 그 낯선 노인은 꽤 자주 만났지

---

* 한쪽 다리는 무릎을 꿇고 다른 한쪽 다리는 무릎을 세운 자세. 꿇은 무릎 위에는 같은 쪽 손을 편안히 올리고 세운 무릎 위에는 팔꿈치를 올려 손으로 턱을 괸다.

만, 노인에 관해 질문하면 절대 입을 열지 않았다고 한다.

수년 후, 구도자들의 무리에 의해 고팔라 사아미라고 불리던 고팔라 필라는 한밤중에 수업을 열곤 했다. 수업은 보통 도시에 있는 동종 요법 병원에서 열렸는데, 여기서 베단타의 심오한 진리가 논의되었다. 《아룰 모지갈》은 추후 이러한 논의들이 모여 출판된 것이다.

고팔라 사아미가 자주 다녔던 또 다른 장소는 사마디 토탐Samadhi Thotam*이었다. 이곳은 트라방코르의 마하라자인 아일리암 티루날Ayilyam Thirunal의 통치 기간(1860-1880)에 잘란다르Jalandar에 살았던 요기 하리 하라 브라흐마 사스트리Yogi Hari Hara Brahma Sastri의 구루, 스리 라마다사 스와미Sri Ramadasa Swami의 무덤이다. 이 무덤은 지바 사마디Jeeva Samadhi로 여겨진다. 지바 사마디란 요기가 살아 있는 동안에 자발적으로 들어가, 그의 제자들이 스승의 지시에 따라 봉해놓은 무덤을 의미한다. 사마디 토탐은 고팔라 사아미가 마지막으로 정식 푸자puja(힌두교식 예배 — 역주)를 드린 곳이기도 하다. 그는 자신의 가까운 추종자들에게 이번이 사마디 토탐의 마지막 방문이 될 거라는 말을 했다고 한다. 다음 날 그는 심한 복통을 앓았고, 복통을 앓은 지 사흘째에 수술을 받았다. 그는 긴 설득 끝에 마지못해 수술에 동의했는데, 만약 수술을 하게 된다면 두 번이나 해야 할 것이라고 말했었다. 그리고 그의 예언대로, 외과 의사는 수술을 한 번 더 해야 한다고 말했다.

고팔라 사아미는 두 번째 수술을 기다리는 동안 침대에서 일어나 앉아 심호흡을 한 뒤 뒤로 넘어갔다고 한다. 그를 수발하는 사람들은

* 사마디는 인도에서 장례 조형물을 뜻하며, 토탐은 말라얄람어로 작은 숲을 의미한다.

그가 깊은 트랜스 상태에 빠져 있다고 생각했다. 하지만 그가 수술실에 들어갔을 때, 외과 의사와 마취과 의사는 그에게 사망선고를 내렸다. 1960년 3월 8일의 일이었다.

5장 ॐ 신에 도취된 수피

고팔라 사아미를 만난 지 한 달쯤 지났을 때, 어머니의 외삼촌과 할머니, 그리고 먼 친척인 이모가 내게 비마 팔리Beema Palli에 같이 가자고 했다.

비마 팔리는 무슬림 성녀 비마 비비Beema Bibi의 무덤인데, 트리반드룸 공항에서 그리 멀지 않은 해안가에 있다. 그곳은 엑소시즘exorcism으로 유명하다. 빙의된 것으로 추정되는 사람들은 전국 각지에서 비마 팔리로 찾아와 얼마간 그곳에서 지낸다. 그중에서도 아주 폭력적인 사람들은 바위나 나무 기둥에 사슬로 묶어두기도 한다. 보통 목요일과 금요일이 되면 불쌍한 혼령들이 광란이라고도 표현할 수 있는 트랜스 상태에 빠진다. 그들은 머리를 빙글빙글 돌리고, 눈알을 굴리고, 큰 소리로 비명을 지르며 비마 비비에게 고문하지 말아달라고 간청한다. 그러면서 자신이 잠시 점령했던 그 육체에서 나오겠다는 약속을 한다. 그들은 마침내 그 영묘靈廟의 입구 쪽 단에 머리를 부딪히고 기절한다. 이 모든 것은 빙의된 사람의 몸을 소유한 혼령의 행동이라고 여겨진다. 엑소시즘을 받은 사람은 의식을 되찾은 후 혼령에게서 벗어나 정상으로 돌아온다.

이러한 치유는 성녀 비마 비비의 직접적인 개입으로 이루어진다고 믿어진다. 전설에 따르면 성녀와 그 아들의 시신이 안치된 관이 아라비아 해의 파도에 떠밀려 현재 그녀의 무덤이 있는 해안으로 실려왔다고 한다. 이 지역 주민들은 빙의된 것으로 추정되는 사람들이 그녀의 관을 만지는 것만으로도 치유된다는 것을 발견하고 그녀를 위한 무덤을 만들었다. 이 지역의 무슬림 어부들은 비마 비비가 아랍의 이슬람 성인이었다고 믿는다. 이곳의 모스크는 다르가Dargah라고 불리는 무덤과 붙어 있다.

우리가 다르가에 도착한 것은 어느 금요일 저녁이었다. 백사장을 가로질러 다르가로 걸어가는데, 모래가 여전히 뜨거웠다. 건물 곳곳에는 병자와 간병인을 위해 조잡하게 지어진 임시 숙소들이 산재해 있었다. 코코넛 나무 몇 그루와 바위, 나무 기둥이 여기저기 흩어져 있었다. 우리는 몇몇 병자들이 나무 기둥이나 코코넛 나무에 사슬로 묶여 있는 것을 보았다. 그중 일부는 뼈만 앙상하게 남아 있었는데, 무기력한 상태에 빠져 절망적인 눈빛을 하고 있었다. 우리는 사슬에 묶여 있는 한 여자 옆을 지나갔는데, 그녀는 누런 이를 드러내고 눈을 굴리며 우리를 향해 으르렁거렸다. 이모는 비명을 지르며 반대편으로 뛰어갔다. 그러자 나만 빼고 모두가 웃었다. 물론 겁도 났지만, 두려움보다도 이 불쌍한 사람들을 보았을 때 느껴지는 깊은 슬픔이 내 가슴을 가득 채웠다.

우리는 다르가에 들어갔다. 무덤이 있는 울타리 앞 홀에는 사람들이 가득했다. 한쪽은 병자들, 다른 한쪽은 신자들을 위한 공간이었다. 우리는 무덤 쪽으로 걸어가 울타리에 나 있는 문 앞에서 기다렸다. 무덤은 밝은 초록색의 새틴으로 덮여 있었고, 양쪽에는 붉은 벨벳 커튼이 있었다. 울타리 안쪽에는 초록색과 파란색 전구가 켜져 있어서 섬뜩한 느낌이 들었다.

이슬람교에는 힌두교 사제와 비슷한 역할을 하는 물라Mulla가 있는데, 그는 우리가 공물로 가져온 바나나를 받고 〔쿠란Quran〕의 구절들을 암송했다. 우리는 그가 암송을 끝낼 때까지 머리를 천으로 가리고 서서, 기도하는 자세로 손을 모으고 "아민 아민Ameen Ameen*"이라고 말했다. 우리는 손바닥으로 얼굴을 문지른 다음, 물라로부터 축성을 받은 말린 장미 꽃잎과 설탕을 약간 받았다. 물라는 비마 비비의 축복을 전하기 위해 사용하는 공작 깃털 뭉치로 머리를 낮게 숙이고 있는 우리를 한 명씩 쓰다듬어주었다. 할머니는 헌금함에 돈을 약간 넣으셨고, 우리는 나가서 빙의되지 않은 사람들이 앉아 있는 구역에 앉았다.

옆의 모스크에서 기도 시간을 알리는 소리**가 들리자마자, 소위 빙의된 사람들 중 많은 이들이 갑자기 무언가를 해야겠다는 듯이 일어섰다. 그들은 이상한 소리를 내면서 기괴하게 움직이기 시작했다. 견디기 힘들 정도의 분위기였다.

---

* 이슬람교에서는 아민이라고 말하며 기도를 끝낸다.

** 이슬람 사원에서는 하루 다섯 번, 예배 시간을 알리는 소리가 들려온다. 예전에는 사람이 직접 고함을 쳐 알리는 것이 보통이었지만 요즘에는 녹음기나 확성기를 이용한다.

갑자기 우리 옆에 앉아 있던, 평범하다고 생각했던 중년 남자가 일어나더니 이상한 행동을 하기 시작했다. 그는 몸을 빙글빙글 돌리며 저쪽 편에 있는 사람들처럼 "후움 후움" 하는 소리를 내기 시작했다. 그러다 멈춰서 나를 돌아보더니 조롱하듯 말했다. "너! 너! 너는 나를 발견했고, 나를 불태우려 했지만 나는 가지 않을 거야." 그는 앞으로 뛰어가 울타리에 나 있는 문 쪽으로 달려갔다. 무덤이 있는 쪽이었다. 거기서 그는 입구 쪽 단에 머리를 박고 비명을 질렀다. "알았어, 갈게! 그 소년이 나를 발견했어. 비비, 갈게! 날 태우지 마! 나는 불타고 있어!" 이 말과 함께 그는 다시 오싹하게 울부짖더니 기절했다. 나는 처음으로 강한 혐오감과 두려움을 느끼고 있었다.

이런 광경은 할머니가 보시기엔 너무 과했다. 할머니는 자신의 남동생에게 속삭였다. "사브잔Saabjaan, 여기서 나가자." 우리가 그곳을 빠져나오는 동안, 할머니는 무언가가 나를 잡아챌까 봐 걱정된다는 듯 내 손을 꼭 잡고 계셨다. 밖으로 나온 우리는 이상한 광경을 또 목격했다. 검은 수염을 기른 백발의 벌거벗은 노인이 모래사장을 질주하며 우리가 서 있는 곳으로 뛰어오고 있었다. 그는 혼자 웃고 있었고, 때때로 우렁찬 웃음소리를 내며 하늘을 향해 손짓하고 있었다. 그는 머리를 계속 위아래로 휙휙 흔들었고, 몸은 모래로 덮여 있었다. 까만 몸에 하얀 모래라니!

누구든 그를 본 사람은 그가 빙의된 사람이라고 생각할 것이었지만, 남녀 몇 명이 기도하듯 손을 모으고 공손하게 그의 뒤를 따라 걸어오고 있었다. 그는 우리를 지나쳤다가 갑자기 멈추더니, 다시 우리가 있는 곳으로 돌아와 바로 내 앞에서 발걸음을 멈추었다. 잠시 그의 표정이 아주 심각해졌다. 그의 충혈된 눈이 내 얼굴을 훑었다. 그는 내가 이상하게 생겼다는 듯 다시 웃으며 타밀어로 "세리 세리 포포 아파라온 와 다"(그래. 지금은 가고 나중에 오렴, 녀석아)라고 말하고는 다시 가버렸다. 이번에는 왠지 무섭지 않았다.

물론, 나는 그를 미친 사람으로 생각했다. 광기와 종교적 황홀경 사이의 경계가 극도로 미묘하다는 것을 그때는 미처 몰랐다. 어머니의 삼촌은 나중에 나에게 그가 칼라디 마스탄Kaladi Mastan이라고 불리는, 엄청난 힘을 가진 사람이라고 말해주었다. 그는 신의 사랑에 도취되어 외부 세계를 온전히 의식하지 못했다. 어머니의 삼촌은 "성자 중에는 그런 사람들도 있다"고 하면서 마치 그 말이 모든 것을 설명해준다는 듯이 말씀하셨지만, 나는 아무것도 이해할 수 없었다. "그 사람은 왜 벌거벗은 거예요?" 내가 물었다. 그러자 그는 이렇게 대답했다. "모르지. 때로는 허리춤에 새 도티dhoti*를 감았다가 몇 분도 안 돼서 그것을 가난한 거지에게 나눠주고 다시 벌거숭이가 된 사람도 있어."

이 말을 듣자 이해가 되었다. 나는 특히 여름에 옷 입는 걸 정말 싫어했기 때문에, 옷을 가난한 거지에게 줘버리고 자유롭게 벌거벗고 다니는 편이 더 좋았다. 하지만 문명인으로서의 예의는 지켜야 했기에 그럴 수 없다는 것도 잘 알고 있었다.

노인이 내뱉었던 "그래. 나중에 오렴, 녀석아"라는 말은 몇 년 후에 현실이 되었다. 하지만 이 이야기는 다른 장에서 다시 얘기하겠다.

---

* 인도에서 남자들이 하체에 두르는 천.

6장 ॐ 수브라마냐 사원 안으로

나와 매우 친한 반 친구였던 스리니바스 라오Srinivas Rao는 내가 처음으로 힌두교 사원에 들어갈 수 있도록 중요한 역할을 해주었다.

학교에 가는 길은 두 가지였다. 학교까지의 거리는 짧지만 교통량이 많은 큰길과 학교까지의 거리는 멀지만 차가 거의 없는 바람 부는 샛길. 친구 중 몇몇과 나는 더 멀지만 조용한 길을 선호했다. 우리는 여유롭게 걷고, 바닥에 떨어진 망고에 돌을 던지면서 새로운 삶의 경험에 대한 호기심을 충족시켰다.

이 길에서 비탈길을 올라 오른쪽으로 돌면 수브라마냐 사아미Subramanya Saami 사원이 나왔다. 지붕에 타일이 깔린 이 사원은 작은 언덕 위에 케랄라 식으로 지어졌다. 사원 옆에는 커다란 녹색 연못이 있었고, 연못 사방에는 화강암으로 만들어진 계단이 이어져 있었다. 신자들은 연못에서 목욕을 하는데, 축제 날에는 신이 그 연못에서 목욕을 한다고 한다. 그 연못 가까운 곳에는 사제가 가족과 함께 거주하는, 타일이 깔린 작은 집이 있었다. 스리니바스는 사제의 아들이었기 때문에 부모님 그리고 아름다운 여동생과 함께 그 집에 살았다.

그의 아버지인 라오 사제는 카르나타카Karnataka 주 출신의 툴루 브라민Tulu Brahmin*이었다. 툴루인들은 방언을 사용하는데, 문자가 따로 없기 때문에 보통 카르나타카의 언어인 칸나다Kannada어를 쓴다. 툴루인 브라만들은 케랄라에서 포티Poti라고 불렸으며, 그들의 요리 실력은 매우 뛰어났다. '포티 식당'은 채식주의 식당과 동의어였다.

어느 날, 학교에서 터벅터벅 걸어 돌아오고 있는데 스리니바스가 나를 집으로 초대했다. 그가 말했다. "우리 집에 오면 공작새들을 볼 수 있어." 그의 가족은 초목이 우거져 있는 마당에 공작새들을 키우고 있었다. 그래서 나는 그 집으로 갔다. 스리니바스네 집 정원은 아주 아름다웠다. 초록색 물이 차 있는 연못은 멋져 보였고, 반짝이는 긴 꼬리를 가진 공작새들도 정말로 많이 있었다. 어떤 공작새들은 나무 위에 걸터앉아 있었고, 또 어떤 공작새들은 눈에 보이지 않는 무언가를 풀숲에서 쪼아대며 마당을 걷고 있었다. 다른 한 마리는 다채로운 빛깔의 꼬리를 부채처럼 펼쳐서 춤을 추고 있었다.

그때, 집 안에서 스리니바스의 아버지가 나왔다. 체격이 좋고 인상이 훤했던 그는 벌거벗은 가슴께에 신성한 실을 대각선으로 걸치고 있었으며, 크림색 실크 도티를 입고 있었다. 목 뒤로 늘어진 그의 머리카락은 검고 길었으며, 꼬아서 매듭지어져 있었다. 가장 두드러진

---

* 툴루는 카르나타카 주의 지명이다.

특징은 율리우스 카이사르의 코가 연상되는 뾰족한 매부리코였다. 날카로운 눈도 독재자 못지않게 엄격해 보였다. 솔직히 나는 조금 겁이 났다.

내 친구 스리니바스는 아버지에게 툴루어로 무슨 말을 했다. 그중 내가 알아들은 말은 내 이름뿐이었다. 그러자 그의 아버지는 험상궂은 얼굴로 나를 유심히 바라보았다. 그가 물었다. "무슬림이냐?"

"네."

"음, 공작 좋아하니?"

"네."

"수브라마냐 신은 공작새를 탄단다. 공작새를 타고 빠르게 날아다니시지."

"그분이 공작새를 타고 다니는 걸 본 적이 있으세요?"

그는 대답을 조금 망설이더니 이렇게 말했다. "그 모습을 누구나 다 볼 수는 없단다. 오직 선하고 성스러운 사람들만 볼 수 있지. 우리는 사원에서 그분의 모습을 숭배하고 있어."

"저도 그 모습을 볼 수 있을까요?"

그러자 그의 표정이 심각해졌고, 나는 그가 내 요청을 거절할지 궁금했다. 1분 후, 그는 한숨을 깊게 내쉬며 미소를 지었다. "어찌 됐든 나도 그리로 갈 참이니까 따라오렴. 하지만 지성소(sanctum sanctorum)* 바깥에 서서 봐야 해. 거기는 나 말고는 아무도 들어갈 수 없어. 알겠니?"

---

* 사원의 가장 안쪽에 위치한 공간. 신을 위한 예배와 기도가 이루어지는 곳으로 사원의 중심이라고 할 수 있다.

스리니바스는 집으로 들어갔고, 나는 사제를 따라갔다. 사제는 나를 홀에 두고 지성소 안으로 사라졌다. 잠시 후 그는 육중한 문을 열었다. 나는 서 있는 자리에서 작은 성상을 보았는데, 성상 양쪽에는 그보다 더 작은 성상이 하나씩 있었다. 내 눈이 어둑한 그곳에 익숙해지자, 공작새를 타고 있는 수브라마냐의 어리고 통통한 얼굴이 보였다. 그는 한 손에 창을 들고 다른 한 손은 들어 올려 축복을 내리고 있었고, 그의 왼쪽과 오른쪽에는 아름다운 처녀가 있었다. 내가 익숙하게 상상해왔던, 사소한 이유로 불길을 뿜어대는 언짢은 표정의 수염 기른 신과는 대조적으로, 수브라마냐가 수염 없이 깨끗하고 명랑한 얼굴을 하고 있어서 기뻤다.

"저분이 들고 있는 저 무기는 뭔가요?" 내가 물었다.

"벨vel이란다. 인류를 보호하기 위한 일종의 창 같은 거야." 그가 답했다.

"그럼 양쪽에 있는 두 여자는 누군가요?"

키 큰 사제는 눈을 반짝이며 "아내들이야"라고 말했고, 다음과 같이 덧붙였다. "무슬림과 같이, 우리의 신들에게도 아내가 많이 있지." 그의 마지막 말은 무슬림들이 한 번 이상 결혼할 수 있다는 것을 잘 모르던 나로서는 이해하기가 힘들었다. 그러나 나는 그것을 금방 잊어버리고 그가 내 손에 쥐여준 바나나를 먹었다. 그러면서 그가 베풀어준 신성한 재로 무엇을 해야 하는 건지 궁금해하고 있었다. "먹으면 된단다." 사제가 말했다. "무슬림은 그 재를 이마에 문지르면 안 돼." 나는 약간의 재를 먹었다.

밖으로 나오니 스리니바스가 커피가 든 스테인리스 텀블러를 들고 있었다. "우리 엄마가 너 주라고 만드셨어." 그가 말했다. 나는 연못 근처에 서서 감미로운 남인도 커피를 마신 후 컵을 스리니바스에게 돌려주고 다시 집으로 떠났다. 거기서 멀지 않은 곳에는 지금도 나와 친한 샨티쿠마르Shantikumar가 살고 있었다. 그는 내가 사원에서 나오는 모습을 보았다. "사원에 갔다 온 거야?" 그는 놀란 듯 내게 물었다. "응." 내가 답했다. "스리니바스가 나를 집으로 초대했거든. 그래서 나도 힌두 신을 볼 수 있었어."

그날 저녁에 나는 어머니가 차려주신 따끈한 도사dosa*와 맛있는 삼바르를 먹으며 "무슬림은 아내를 여러 명 두나요?"라고 물었다. 어머니는 "그렇단다. 무슬림은 그렇게 해도 돼"라고 말씀하신 뒤 이어서 자랑스럽게 단언하셨다. "하지만 우리 가족은 3대 동안 아무도 한 명 이상의 아내를 두지 않았어." 나는 계속 먹으면서 엄마가 둘이라면 얼마나 헷갈릴까 생각했다.

---

* 크고 바삭한 인도식 크레이프.

7장 ॐ 등반 준비

나 역시 어서 독자 여러분을 히말라야 높은 곳으로 데려가고 싶지만, 아쉽게도 아직은 내 유년기라는 산기슭에 조금 더 머물러야 할 것 같다. 이 시기는 중대한 등반을 위한 준비가 이루어진 중요한 시기였기 때문이다.

모범 고등학교 생활은 정말 재밌었고 내게 훌륭한 학습 경험도 제공해주었다. 물론, 헌신적이고 수준 높은 선생님들이 지도하는 학문적인 과목들보다도 예술, 공예, 스포츠, 게임 같은 것들이 내 관심사에 더 가깝긴 했다.

학교에는 소묘, 채색화(이 둘은 지금도 내가 가장 좋아하는 취미다), 목공에 소질을 보이는 학생들이 있었다. 학교에서 열리는 축구와 하키 경기도 아주 재밌었다. 터프해 보이고 싶은 몇몇 아이들은 모래밭에서 카바디Kabaddi*를 했다. 카바디를 할 때는 누군가와 일대일로 붙어서 밀고 당기는 일이 많았는데, 나는 칼라리파야투와 주짓수 고수인 아버지로부터 배운 근접 전투 기술을 쓰는 것을 좋아했다. 적절한 기술만 사용한다면 자신보다 덩치가 두 배나 되는 불량배를 균형을 잃게 만들어 제압할 수도 있다. 뛰어난 전투 능력 그리고 불한당으로부터 약자들을 보호하려는 나의 성향 때문에 나를 중심으로 해서 선량한 아이들의 무리가 생겨났었다.

나이를 먹음에 따라, 내 앞에 펼쳐지고 있던 새로운 세상에 대한 나의 이해도 더욱 커졌다. 오래된 미신과 틀에 박힌 생각들은 서서히 사라지고 있었다. 예를 들어, 집이 학교와 가까운 아이들을 제외한 대부분의 아이들은 점심시간마다 교실에서 멀리 떨어진, 오래전부터 버려져 있던 교실들을 드나들었다. 굳이 이름을 붙이자면 공동식당이라고 할 수 있는 그곳은 시간이 갈수록 더 남루해지고 있었다. 거기에는 전갈, 지네, 그리고 만지면 몸을 동그랗게 말아대는 거대한 애벌레 등이 살았다. 벽 곳곳에는 큰 금이 가 있고, 시멘트 바닥도 여기저기 파손되어 있었다. 의자와 테이블은 없었지만 한쪽 구석에 수도꼭지가 있었다.

우리에게 있어 점심시간은 대모험의 시간이었다. 그때만큼은 우리를 감독하는 선생님들이 없었기 때문이다. 우리는 어머니들이 싸주신 작은 알루미늄 도시락을 그곳으로 가져갔다. 우리 어머니는 나를 튼튼하고 총명하게 만들어줄 단백질을 내게 충분히 먹이시기 위

---

* 남아시아의 팀 스포츠. 공격수가 수비수를 터치한 뒤 자기 진영으로 무사히 되돌아오면 득점한다. 터치 당한 수비수가 공격수를 자기 진영까지 가지 못하도록 막아도 득점한다.

해 브레인 마살라*, 간 튀김, 콩팥 튀김, 생선 튀김, 오믈렛 같은 것들로 도시락을 가능한 한 꽉꽉 채우곤 하셨다. 영양 공급에 있어, 고기와 생선을 대체할 수 있는 식재료는 없다는 것이 우리 어머니의 신념이었다.

그 당시 나와 친했던 친구들 대부분은 팔가트 이예르Palghat Iyer, 즉 타밀 출신의 브라만이었다. 이들의 조상은 팔가트 국경 지역에 정착했다가 나중에 케랄라의 다른 지역으로 이주했다. 날카로운 지성과 지략으로 유명한 이 브라만들은 수 세대에 걸쳐 행정·문화·학문 등의 분야에서 높은 지위를 차지했는데, 자신의 문화적 정체성을 이주한 지역과 너무나 잘 융합시킨 나머지 이들이 가정에서 쓰는 타밀어조차도 말라얄람어 방언처럼 들릴 정도였다. 이들은 자신들을 말라얄리인이라고 칭하는 것에 강한 자부심을 가지고 있었다.

내 친구들인 샹카라나라야난Shankaranarayanan, 아난타나라얀Ananthanarayan, 비슈와나쓰 이예르Vishwanath Iyer, 벤카테쉬Venkatesh, 크리슈나마니Krishnamani 등은 나를 무리의 일원으로 끼워주었다. 우리는 점심시간에 도시락을 펴놓고 함께 앉아 이야기를 나누고 점심을 먹으며 즐거운 시간을 보냈다.

때때로, 이들 중 몇몇은 강한 향신료 냄새를 풍기는 내 도시락을 힐끔 들여다보곤 했지만, 그 음식이 무엇인지 설명해주면 겁에 질려 움찔했다. 여러분이 그들을 안 좋게 생각할까 봐 한 마디 더 덧붙이자면, 그렇다고 해서 이 친구들이 내게 못되게 군 것은 전혀 없었다.

---

* 염소의 뇌와 각종 향신료를 넣은 요리.

우리는 매우 친한 사이였기 때문에 그들은 나와 쭉 함께하며 자신들의 검소한 음식을 먹었다.

나는 그들의 검소한 끼니가 언제나 순수 채식이라는 점이 신기했다. 그들은 커드라이스curd-rice*, 야채, 피클, 때로는 이들리와 처트니chutney** 또는 삼바르를 싸왔다. 하지만 연례 시험 혹은 중간고사 결과가 발표되면 매일 간단한 채식 요리만 먹던 그들이 수학과 과학에서 최고 점수를 받았다. 나와 내 친구 시디크Siddique는 간신히 합격한 시험을 말이다.

어느 날 아침, 어머니가 생선 튀김, 밥, 생선 카레를 꽉꽉 채워 넣어 도시락을 싸고 계실 때 내가 말했다. "엄마, 엄마의 생각은 틀렸어요. 커드라이스와 피클은 생선과 고기만큼 지력을 길러준다고요." 물론 어머니는 전혀 납득하지 못하셨고, 내가 계속해서 따지자 우리의 파탄인 조상들은 고기를 먹었기 때문에 힘이 셌다고 덧붙이셨다.

나는 어머니의 말에 동의하지 않았고, 그때부터 식이요법에 대한 나의 생각이 바뀌기 시작했다. 물론 적절한 영양 공급은 필요하지만, 나는 채식만으로도 충분한 영양을 섭취할 수 있다고 생각한다. 고기를 먹고 싶으면 먹어도 된다. 그러나 고기가 인간의 몸에 반드시 필요하다는 생각은 어리석다.

이쯤에서 내 삶에 큰 영향을 미친 몇몇 선생님들을 꼭 언급해야겠다. 그중 가장 먼저 언급해야 할 분은 '매를 아끼면 아이를 망친다'는 격언을 믿긴 했지만 우리를 바르게 훈육해주신 타이거 쿠탄 필라

---

* 익힌 쌀에 인도 요거트인 커드와 허브 및 향신료를 넣어 만드는 남인도식 요리.

** 걸쭉한 인도식 소스. 식초, 설탕, 향신료와 함께 과일, 채소, 허브를 넣어 만든다.

Tiger Kuttan Pillai 교장 선생님이다. 그다음으로는 우리에게 영어 뉘앙스를 알려주셨던 옥스퍼드 출신의 조지George 선생님, 실제로는 과학 선생님이었지만 아직도 내 기억에 아로새겨져 있을 만큼 코넌 도일Conan Doyle이 쓴 〈바스커빌가의 개〉(The Hound of the Baskervilles)를 극적으로 연출하신 하리하라 이예르Harihara Iyer 선생님, 수학적이지 않은 내 뇌에 어떻게든 수학을 주입해주신 고팔크리슈난 이예르Gopalkrishnan Iyer 선생님, 겉보기에 어렵고 복잡한 이 삶이 단세포 유기체로부터 시작되었다는 사실에 우리가 처음 눈을 뜨게 도와주신 생물학 선생님 타르잔 다모다란 필라Tarzan Damodaran Pillai, 항상 티끌 하나 없이 하얗고 칼같이 잘 다려진 옷만 입어서 '철통(Ironbox)'이라는 별명을 얻었던, NCC* 사령관이자 사회 선생님인 마다반 나이르Madhavan Nair, 초인적인 직관으로 내 인생의 주요 관심사가 진리나 신 따위를 찾는 것이 될 거라고 예측하셨던 우리 반 담임 나야캄Nayakam 선생님.

나야캄 선생님은 담임을 맡은 첫날에 간단한 자기소개를 하셨다. 그는 우리의 첫 담임 선생님이셨는데, 이마에 재로 그린 회색 가로선이 몇 줄 그려져 있었기 때문에 그걸 본 어떤 아이들은 책상 뒤에서 낄낄거리고 있었다. 선생님은 자신이 시바 신을 믿고 있으며 재는 시바의 상징이라고 말씀하셨다. 그렇게 선생님의 얘기는 종교 쪽으로 흘러가더니, 잠시 후에는 한 명씩 일어나서 자신이 신을 믿는지 믿지 않는지 말해보라고 했다. 한 명을 제외한 모든 아이들이 신을 믿는다고 말했다. 그리고 그 한 명은 나였다. 내가 말했다. "저는 신을 믿지

---

* National Cadet Corps. 인도에서 고등학생 및 대학생들을 대상으로 군사 훈련과 사회 복무에 관한 교육을 제공하는 조직으로, 학생들의 군사적, 사회적, 국민적 역량을 개발하기 위해 설립되었다.

않습니다." 그러자 선생님께서 물으셨다. "왜?" 나는 "그러면 안 될 거 있나요, 선생님? 저는 지금까지 신을 본 적이 없고 신이 있다는 증거도 본 적이 없습니다. 만약 제가 신이나 신의 증거를 목격하게 된다면 저는 더 이상 믿을 필요가 없어질 겁니다. 사실은 믿음을 필요로 하지 않으니까요" 하고 대답했다.

침묵이 잠시 흐르다가 선생님께서 말씀하셨다. "내 학창 시절에도 신을 믿지 않는 친구가 하나 있었단다. 30년 후, 나는 그 친구가 머리를 깎고 황토색 로브를 입고 있는 모습을 보게 되었지. 친구는 라마크리슈나 수도회(Ramakrishna Order)의 수도자가 되었어. 두고 보자꾸나. 어쩌면 이것이 신을 찾는 네 여정의 시작일지도 모르잖니. 아무튼 정직해서 좋구나. 이름이 뭐니?" 내가 이름을 말하자 선생님은 당황한 표정을 보이셨다. 아마 파탄인 집안의 소년이 신을 믿지 않는다고 말하리라고는 전혀 예상하지 못하셨던 것 같다. 나는 거의 매일 밤마다 내 내면에서 일어나고 있는 일을 그에게 말하고 싶었지만 불가사의한 힘 때문에 누구와도 그 얘기를 나눌 수 없었다.

마지막으로, 우리 학교에는 사회학, 소묘, 채색화, 때로는 목공을 가르치신 쿠탄 아차리Kuttan Achari 선생님도 계셨다. 무엇보다도 쿠탄 선생님은 학교 연극단원들에게 영감을 주는 역할을 하셨다. 학교에서 열리는 영어 연극과 말라얄람어 연극은 모두 그분의 지도하에 상연되었으니 말이다. 영어 학교 학생인 우리들은 셰익스피어가 쓴 〈베니스의 상인〉의 궁정 장면을 연기했다. 나는 안토니오Antonio 역을 맡았고, 내 친구 케빈 페르난데스Kevin Fernandez는 주 청소년 축제에서 상을 받을 만큼 샤일록Shylock 역을 기가 막히게 연기했다. 케빈은 후에 군의관 의과대학(Armed Forces Medical College)에 진학했고 공군 준장으로 은퇴했다.

나는 붙임성이 좋아서 학교에 친구들이 많았는데, 그중에서도 시디크와는 특별한 관계였다. 시디크는 조상이 포르반다르Porbandar 지역의 메몬Memon인*이어서 구자라트어**를 할 줄 알았다. 트리반드룸의 찰라이 바자Chalai Bazar에서 가장 큰 직물 도매상을 운영하던 그의 할아버지 압둘라 에브라힘Abdullah Ebrahim은 길고 하얀 수염과 엄숙해 보이는 얼굴 때문에 마치 구약 성서의 선지자처럼 보였다. 시디크는 건강이 별로 좋지 않은 편이었다. 그는 마르고 허약한 소년이었는데, 어린 나이에 심각한 눈병을 앓고 있어 한쪽 눈이 거의 실명 직전이었다. 나는 시디크가 학교의 못된 아이들로부터 보호받을 필요가 있다고 생각해 그와 친하게 지냈다.

시디크는 우리 집에서 그리 멀지 않은 곳에 부모님 그리고 누나와 함께 살았다. 나는 그의 집을 자주 놀러 다니면서 그의 어머니와도 친해졌는데, 그분은 나를 배불리 먹이는 것을 참 좋아하셨다. 또, 그분은 내가 수피 성인과 치유자들의 이야기에 쉽게 매혹되는 성향이 있다는 것을 알아채셨다(물론 나는 내 내면적 삶에 대해 단 한마디도 하지 않았다).

시디크는 휴일 동안 뭄바이Mumbai로 여행을 떠날 때가 잦았고, 나는 그가 돌아오기만을 간절히 기다렸다. 현혹적인 거대 도시 뭄바이와 그곳의 금지된 쾌락에 관한 이야기를 듣기 위해서였다. 시디크는

---

* 주로 인도 구자라트 주와 파키스탄 신드Sindh 주에 거주하는 무슬림 공동체 사람들. 일반적으로 수니파 무슬림이다.

** 포르반다르가 속해 있는 구자라트Gujarat 주에서 쓰는 언어.

예술적 기교를 넣어 그러한 이야기를 풀어내는 데 도사였다. 힌디어 영화의 영웅들, 돈만 준다면 잠자리를 해주는 여성들, 거대한 타지마할 호텔과 인도 문(Gateway of India)은 그가 가장 좋아하는 주제들이었다. 이러한 이야기들은 청소년인 아난타나라얀과 나의 마음을 꽤 자극했다.

사소한 것이긴 하지만, 우리가 친해진 데는 중요한 이유가 하나 더 있었다. 시디크와 나는 둘 다 삼바르(렌틸콩과 야채로 만든)와 이들리를 좋아했다. 물론 내 어머니도 이들리와 삼바르 요리를 잘하시긴 했지만, 아난타나라얀의 어머니는 그보다 요리 실력이 더 뛰어나신데다 채식주의자셨고, 항상 우리를 좋게 대접해주셨다. 그분은 아들의 무슬림 친구인 우리들을 항상 미소로 환영해주셨고, 정통 브라만 계급인 자신의 집으로 우리를 초대해 우리가 가장 좋아하는 음식들을 배불리 먹여주셨다. 그런 다음에는 드립 커피를 내려서 스테인리스 텀블러에 가득 담아주셨다.

아난타나라얀도 뭄바이에 연이 있었다. 생명보험 공사에서 일하는 그의 아버지, 비슈와나쓰 이예르 씨가 뭄바이에 발령된 적이 있었기 때문에 아난타나라얀 역시 열두 살 때까지 뭄바이에서 공부했었다. 그러다 비슈와나쓰 씨는 가족들과 함께 다른 지부로 전근하여 이곳 트리반드룸으로 왔다. 내가 아난타나라얀의 집에 자주 들르고 싶었던 이유는 맛있는 음식 때문이었을 수도 있고, 그의 누나 수바르나 Suvarna(금이라는 뜻인데, 그녀에게 적절한 이름인 것 같다)에게 느꼈던 끌림 때문이었을 수도 있다. 아니면 둘 다였을지도 모르겠다. 아무튼 나는 브라만 가정에 대해 많은 것을 배웠다. 예를 들어, 그의 어머니는 월경 중에 부엌에 들어갈 수 없었다. 하지만 그럴 때는 더 맛있는 음식을 먹을 수 있었다. 비슈와나쓰 씨가 요리를 더 잘했기 때문이었다.

이와는 별개의 얘기로, 나중에 내 영적 삶에서 매우 중요해질 어떤 사건이 생명보험 공사의 타자수인 비슈와나쓰 씨의 그 소박한 작은 집에서 일어났다. 그 집에는 푸자 룸이라고 부르는, 예배를 위한 방이 따로 있었다. 그 방에는 힌두교 신들의 그림이 많이 있었는데, 나는 그 신들에 관한 이야기를 아주 상세하게 들을 수 있었다. 그 방에서 가장 큰 사진은 눈에 띄는 위치의 벽에 붙어 있었다. 너덜너덜하게 해진 로브를 입고 머리에 독특한 방식으로 천을 묶은, 무슬림 파키르처럼 보이는 한 남자의 사진이었다.

내가 1918년에 세상을 떠난 쉬르디Shirdi*의 사이 바바Sai Baba 사진을 두 눈으로 처음으로 본 순간이었다. 이 브라만 가정에서는 힌두교 신들에게 바치는 만큼의 존경을 그 파키르에게도 바치고 있었다. 비슈와나쓰 씨 가족은 그를 찬양하는 성가를 부르고, 종을 울리며, 아르티arti 램프**를 흔들었다. 나는 이에 흥미를 느꼈고, 쉬르디의 사이 바바에게 특별한 날인 목요일이 되면 종종 그들과 함께 노래를 불렀다. 심지어 나는 힌디어로 첫 바잔bhajan***을 쓰기도 했다. — "헤이 프라부, 헤이 사이나쓰.****" 비슈와나쓰 씨는 그의 삶에 대해 간략하게

---

* 인도 마하라쉬트라Maharashtra 주에 있는 도시 이름.

** 아르티 램프는 종교 의식인 아르티를 진행할 때 사용되는 램프다. 램프 사용법은, 기름이나 인도식 버터인 기ghee에 담근 심지를 램프에 놓고 불을 붙인 다음 램프를 약간 흔들어 불을 키우는 것이다. 이와 동시에 성가를 부르며 신에게 경의를 표하면 된다.

*** 종교적 주제나 영적 이념을 담은 성가를 일컫는 단어로, 주로 인도의 종교에서 많이 쓰는 단어다.

**** Hey prabhu, hey Sainath. '아 주님, 아 사이 바바'로 해석할 수 있다.

설명한 후 그분이 곧 신이라는 자신의 믿음을 표현했다. 나는 그의 설명을 들으며 호기심이 생겼다.

어느 날 밤, 나는 비밀스러운 명상에 자연스레 몰두하고 있었는데 내 가슴에서 으레 뿜어져 나오는 빛에서 갑자기 쉬르디 사이 바바의 모습이 나타나 내 앞에 서 있었다. 그러다 그는 잭프루트 나무 아래서 보았던 기이한 요기의 모습으로 변했다. 여느 때처럼, 나는 아무에게도 이를 말할 수가 없어서 이 경험은 나만 알고 있는 경험이 되었다. 쉬르디의 사이 바바와 나의 연결고리, 그리고 내가 쉬르디를 처음 방문하게 된 이야기는 잠시 아껴뒀다가 적절한 때가 되면 다시 이야기하겠다.

비슈와나스 씨는 또한 내가 케랄라 트리수르Thrissur 근처의 구루바유르 크리슈나Guruvayur Krishna 사원에 들어갈 수 있게 중요한 역할을 해 주셨다.

8장 ॐ 스리 나라야나 구루 이야기

나에게는 가까운 친구들이 몇몇 더 있었다. 의사가 된 나라야나 프라사드Narayana Prasad, 아버지가 전도사였던 자카리아와 그의 형제 마멘 자카리아Mammen Zakariah였다. 자카리아 역시 의사가 된 후에는 해외에 정착하여 전 미국 대통령 조지 W. 부시의 심장전문의이자 공화당을 위한 기금 모금자가 되었다. 모한다스Mohandas, 수디르Sudhir, 벤카테시Venkatesh(당시에도 과학자를 자처했다) 등도 나와 친했다. 하지만 그때 내가 특별한 유대감을 가졌던 사람은 란짓 사다시반Ranjit Sadasivan이었다.

나는 9A반이었고 란짓은 9B반이었다. 하지만 우리는 만났을 때부터 서로를 아끼고 애정하는 마음이 컸고, 이런 마음은 세월이 가면서 더욱 커졌다. 건장한 체격의 이 용감한 소년은 자신이 부당하다고 생각하는 것에 대해서는 위협에도 굴하지 않고 항상 맞서 싸울 준비가 되어 있었다. 그는 국방부 산하의 공립학교인 사이닉 스쿨Sainik School

을 다녔었는데, 나는 그를 통해 여러 친구와 친해질 수 있었다. 이런 친구들 중에는 후에 공군 준장이 된 벨라유단 나이르Velayudhan Nair, 해군 중장이 된 마다반 나이르Madhavan Nair, 공군 소장이 된 라다크리슈난Radhakrishnan, 공군 단장이 된 후로는 명예퇴직을 하고 인도 사관학교 입학을 희망하는 청년들을 위해 군사훈련학교를 설립한 모한 찬드Mohan Chand가 있다.

란짓은 150년 전까지만 해도 사회적으로 가장 낮은 지위에 있었던 에자바 공동체(Ezava community)* 출신이었다. 하지만 위대한 스리 나라야나 구루 스와미의 영감과 축복 덕분에 에자바 사람들은 낮은 지위를 탈피해 성공의 사다리를 오를 수 있었다. 내가 란짓을 만났을 시기의 에자바 사람들은 이미 부유하고 교육을 잘 받은 사람들이었으며, 사회·정치적으로 부러움을 사는 위치에 올라 있었다. 스리 나라야나 구루는 대략 1854년, 트리반드룸 외곽 쳄파잔티Chempazanthi 마을의 에자바 가문에서 태어났다. 그의 아버지 마단 아산Madan Asan은 농부였을 뿐 아니라 천문학과 아유르베다Ayurveda 의학에 조예가 깊은 학자였다. 마을 사람들은 그를 선생으로 여겼으며, 그가 〔라마야나Ramayana〕**와 〔마하바라타Mahabharata〕***를 해석해줬기 때문에 그를 아차리야Acharya****의 구어체인 아산Asan이라고 불렀다.

---

* 주로 마하라쉬트라 주와 그 근접 지역에 거주하는 사회 집단. 에자바는 인도의 계급 구조에서 낮은 계급에 속하는 집단으로 간주된다.

** 고대 인도의 힌두교 대서사시. 라마 왕의 일대기를 다루고 있다.

*** 라마나야와 더불어 인도를 대표하는 대서사시. 왕위 계승을 위한 바라타족의 전쟁을 서사하고 있다.

**** 인도에서 종교나 기타 주제에 대해 교육하는 사람을 이르는 말.

여기서 알아둬야 할 것은, 산스크리트어 학문은 당시 남부디리 브라만들에 의해 철저히 지켜지고 있었으며 브라만이 아닌 사람들은 〔베다〕를 공부할 수 없었다는 사실이다. 아유르베다 의사인 바이디야Vaidya들은 〔차라카 삼히타Charaka Samhita〕와 〔수슈루타 삼히타Sushruta Samhita〕, 즉 의학 전문서적을 공부하기 위해 산스크리트어를 배웠지만 그것 이상으로 무언가를 배울 수는 없었다.* 나라야나는 열다섯 살쯤 되었을 때 어머니를 여의었고, 아버지는 서른 살 때 세상을 떠났다. 그 무렵, 나누Nanu라고 불리던 나라야나는 나누 아산(나누 선생님)이라고 불리기 시작했다. 그는 순회 강사가 되어 사람들의 자선으로 생활을 이어나갔고, 집에는 몇 달에 한 번 정도만 들렀다.

그는 용감하게 아유르베다 연구를 넘어 〔베다〕와 베단타 문헌을 깊이 탐구했고, 심지어 자신을 찾아온 몇몇 학생들에게는 산스크리트어도 가르쳤다. 교리에 따르면 하층 카스트들은 차별적인 대우를 받아야 했지만 나누는 모든 사람을 평등하게 대하는 특이한 산스크리트어 스승을 찾아냈다. 그는 라만 필라이Raman Pillay 아산이라고 불리는 자로, 상류층 사람이었다. 곧이어 나누는 혼자서 공부한 〔우파니샤드〕** 외에도 시, 연극, 문학 비평, 수사학을 배웠다. 그는 남쪽의 칸야쿠마리에서부터 북쪽의 망갈로르mangalore에 이르기까지 도처를 떠돌면서 공부와 명상을 했고, 그렇게 자신의 의식을 탐구해나갔다.

나누에게 영향을 준 스승은 라만 말고도 두 명이 더 있다. 한 명은

---

* 인도의 전통 의학체계인 아유르베다에는 내과학을 다룬 '차라카'와 외과학을 다룬 '수슈루타'가 있다.

** 세계에서 가장 오래된 힌두교 경전인 〔베다〕를 설명한 인도 철학서. 기원전 1000~600년 크게 활약했던 힌두교 스승들과 성자들의 사상이 기록되어 있다.

차탐비 스와미Chattambi Swami로도 알려진 쿤잔 필라Kunjan Pillai인데, 그는 산스크리트어 수사학 반의 수석 학생이었다. 나중에 차탐비 스와미는 나누와 함께 곳곳을 방랑했다. 다른 한 명은 티코드 아이야부Tycaud Ayyavoo라는 타밀 출신의 남자인데, 그는 트리반드룸에 있는 영국 총독 대리의 주택 관리인이었다. 나누는 티코드로부터 타밀의 영적 전통으로 이어져왔던 비전秘傳의 요가 가르침을 배웠다. 핵심만 말하자면, 나누는 얼마 안 있어 자신의 의식 깊숙한 곳으로 침잠하여 〔우파니샤드〕에서 말하는 진정한 자아, 편재한 자아를 발견했다.

그의 내적 경험은 한편으로는 영적인 가르침으로, 다른 한편으로는 사회 개혁으로 이어졌다. 특히 아내가 잠시 병을 앓다 세상을 떠난 후(둘 사이에는 자녀가 없었다)부터 나누는 많은 추종자를 거느린, 완전한 방랑 수도자가 되었다. 사람들은 그를 스리 나라야나 구루라고 불렀다. 관례대로라면 그는 브라만들에게 성상을 놓아달라고 부탁해야 했지만, 그러지 않고 스스로 버려진 사원들을 보수하고 성상들을 배치했다. 그는 한 사원에 성상을 놓는 대신 거울을 두었는데, 그것은 베단타적 금언이자 소크라테스의 금언인 '너 자신을 알라'를 가르치기 위한 목적이었다.

그는 알와예Alwaye에 아쉬람을 세웠고, 트리반드룸에서 가까운 바닷가 마을 바칼라Varkala의 언덕 꼭대기에도 아쉬람을 하나 더 세운 뒤 그곳을 시바기리Shivagiri라고 불렀다. 시바기리 아쉬람에서는 브라만이 아닌 사람들을 비롯한 모든 사람들이 카스트에 구애받지 않고 〔베다〕를 공부할 수 있었다. 이는 케랄라 역사상 처음 있는 일이었다. (나도 도처를 방랑하던 때에 시바기리 아쉬람에서 두 달을 보낸 적이 있다.)

위대한 베단타적 진리를 단순한 언어로 표현했던 그는 "단 하나의 계급, 단 하나의 신앙, 단 하나의 신은 바로 인간이다. 인간은 모두 똑같이 자궁에서 태어나 사람의 모습으로 살아간다. 한 인간과 다른 인간 사이에는 아무런 차이점이 존재하지 않는다"고 노래했다. 그는 자신의 동지들에게 하층민이라는 딱지를 떼버리고 위로 무한히 높이 올라가라고 격려했다. 그는 1928년 9월 20일, 74세의 나이로 풍부한 영적 유산과 사회적 부를 남기고 세상을 떠났다.

다시 란짓 얘기로 돌아가보자. 나는 란짓이 친구들을 보호하는 일에 관해서라면 위험한 상황에 맞닥뜨리는 것도 마다하지 않는다는 점을 높이 샀다. 그런 그의 성격은 여러 사건들을 통해 거듭 확인된 바 있다. 대학생이었던 우리는 우발적인 길거리 싸움에 몇 번 휘말린 적이 있었는데, 대개는 반사회적 집단에게 괴롭힘을 당하고 있던 착한 친구들을 구해주기 위한 싸움이었다.

이외에도 란짓은 내게 스리 라마크리슈나 파라마한사Sri Ramakrishna Paramahansa가 '제공자(provider)'라 부르던 그런 존재가 되어주었다. 후에 내가 혼자 조용히 있을 수 있는 곳으로 떠나고 싶어했을 때, 그는 내 여행 경비를 마련해주었다. 란짓은 내가 어디에 있는지, 나와 연락하려면 어떻게 해야 하는지를 알고 있는 유일한 사람이었다. 그는 자신이 나와 연락을 주고받고 있으며, 그 어떤 긴급한 상황이 오더라도 나를 찾을 수 있다고 말하면서 내 부모님을 안심시켜드리곤 했다. 그는 언제나 나를 도울 준비가 되어 있었고, 어떤 것도 묻지 않았다. 참고로, 나는 스리 나라야나 구루의 사진을 그의 집에서 처음 보았다.

9장 ॐ 이상하면서도 시기적절한 정보들

내적 변화 과정이 시작되면서, 내 존재의 중심 깊은 곳에서는 의식이라는 강이 마침내는 거대한 대양으로 흘러들 새로운 물줄기들을 고요히 만들어내고 있었다. 그리고 이러한 내적 변화 과정을 가속화하는 데 필요한 외적 정보들은 희한한 방식으로 내 앞에 나타났다.

예를 들어, 내가 요가 수행 또는 철학이나 종교에 대해 더 자세한 설명이 필요하다고 느끼는 부분이 있으면 내가 생각했던 질문과 정확히 똑같은 주제를 논한 책들이 마법처럼 내 손안에 들어왔다. 나는 나이를 먹어감에 따라 혼자 자유로이 돌아다닐 수 있게 되었고, 트리반드룸 공공 도서관을 제집처럼 드나들기 시작했다. 그 낡은 빅토리아풍 건물은 철학, 종교, 심지어 의식 마법(ceremonial magic)에 관한 고대 자료들이 보관되어 있어 사실상 보물 창고나 다름없었다.

지금은 이름이 기억나지 않지만 그 도서관에는 머리가 길고 수염을 기른 사서가 있었다. 그는 나의 멘토를 자청했는데, 정말 놀랍게도 항상 적절한 때에 적절한 책을 추천해주었다. 이런 식으로 나는 〈스와미 비베카난다 전집〉, 《라마크리슈나 복음서》, 《베일 벗은 이시스》, 블라바츠키Blavatsky 여사의 《비밀 교의》, 〔조하르〕, 〔우파니샤드〕와 〔바가바드 기타〕, 그리스 철학자 아리스토텔레스, 플라톤의 책 등을 읽었다.*

나에게는 너무 이상해서 우연으로 치부하기 어려운 사건이 두 가지 있다. 어느 날 아침, 나는 집에서 그리 멀지 않은 영국문화원 도서관으로 걸어갔다. 〔비다아라냐의 판차다시〕(Panchadasi of Vidyaaranya)** 라는 고전적인 베단타 문헌을 읽다 마주한 어떤 모순에 대한 설명을 찾고 싶었기 때문이었다. 나는 철학과 종교 분야의 책장을 훑어봤지만 특별히 유용한 자료를 발견하지는 못하고 있었다.

그러다 라다크리슈난Radhakrishnan 박사가 번역하고 해설한 우파니샤드 책이 책장 아래쪽에 있길래 허리를 굽혀 그것을 꺼냈다. 그 순간, 책장 맨 위쪽에서 하드커버 책 세 권이 내 목 위로 떨어졌다. 나는 아픈 목을 손으로 좀 주무른 후 책들을 집었다. 한 권은 올더스 헉슬리Aldous Huxley의 《영원의 철학》이었고, 다른 두 권은 지두 크리슈나무르티Jiddu Krishnamurti의 〈삶에 대한 논고〉(The Commentaries on Living) 시리즈였다. 나는 크리슈나무르티를 이때 처음으로 알게 되었다. 비록 내가 다양한 주제에 대한 크리슈나무르티의 의견에 모두 동의하지는 않지만,

* 원서 제목은 순서대로 〈Complete Works of Swami Vivekananda〉, 《Gospel of Ramakrishna》, 《Isis Unveiled》, 《The Secret Doctrine》, 〔The Zohar〕, 〔The Upanishads〕, 〔The Bhagawad Gita〕.

** 비다아라냐가 14세기에 집필한, 간단하면서도 종합적인 아드바이타 베단타Advaita Vedanta 해설서.

〈삶에 대한 논고〉가 베단타적 난제들의 해결에 확실히 유용했다는 점은 반드시 짚고 넘어가야겠다. 아무튼 책장 근처에는 나 말고 아무도 없었기 때문에 책들이 어떻게 하다 떨어진 건지는 잘 모르겠다.

다른 한 사건은 더 이상했다. 당시 열네 살이었던 나는 요가, 신비주의, 종교, 철학 관련 서적을 많이 읽었다. 그리고 밤중에 무의식적으로 이루어지는, 내 가슴 중심에 나타난 빛에 대한 명상도 계속되고 있었다. 나는 이와 관련해 희한한 문제를 맞닥뜨리게 되었는데, 당시의 나로서는 아주 심각한 문제였다. 그것은 바로, 스승이나 문헌마다 가슴 중심의 위치를 제각기 다르게 알려준다는 점이었다. 라마나 마하리쉬Ramana Maharishi는 가슴 중심이 흉부 오른쪽에 있다고 했고, 카비르 판쓰Kabir Panth* 수행자들과 라마크리슈나 파라마한사는 흉부 왼쪽이 실제 가슴 위치에 가깝다고 말했다.

〔하타 요가 프라디피카Hatha Yoga Pradeepika〕를 포함한 많은 요가 문헌들은 가슴 중심이 흉부 중앙에 위치한다고 설명하며, 그것을 아나하타 차크라Anahata Chakra(내 안에서 무의식적으로 활성화되어온 중심이 바로 이것이었다)라고 불렀다. 여기서 당황스러웠던 것은 라마나 마하리쉬와 라마크리슈나 파라마한사처럼 영적으로 신뢰할 수 있으며 지고한 경지에 도달했다고 생각되는 사람들이 매우 중요한 영적 중심의 위치에 대해 서로 모순되는 말을 한다는 점이었다. 어느 한쪽이 맞다면, 다른 한쪽은 틀린 것이 된다. 나는 이러한 중심들이 정말로 존재하는 게 맞는 것인지 진지하게 의심하기 시작했다. 다른 사람들의 경험뿐 아

---

* 15세기 인도의 신비주의 시인이자 성자인 카비르의 길(Path of Kabir)이라는 뜻.

니라 나 자신의 경험도 전부 다 상상은 아니었을까?

이것이 내가 영적 여정 중 맞이했던 첫 번째 심각한 위기였으며, 나는 즉시 이 문제를 해결해야겠다고 결심했다. 그래서 일단 계획부터 세웠다. 그때 나의 과외 선생님이었던 라마스와미 씨는 우리 집에서 멀리 떨어진 마나카드Manacaud라는 곳으로 이사를 가서 나는 과외를 그만둔 상태였다. 어느 날 나는 그의 처남이자 같은 학교 학생인 내 친구에게, 라마스와미 씨에게 물어보고 싶은 수학 문제가 있다고 말했다. 그리고 집에 가서 부모님께도 같은 말을 했다. 그러면서 만약 그를 만난 후 시간이 너무 늦으면 거기서 자고 일요일인 다음 날 아침에 집에 올 것이라고 덧붙였다.

그날은 내가 처음으로 외박을 하는 날이 될 것이었다. 어머니는 처음에는 약간 걱정스러워하셨지만 마침내 외박을 허락해주셨다. 사실, 기하학 공부 중에 정말로 어려워서 라마스와미 씨가 도와줘야만 풀 수 있는 문제가 하나 있긴 했다. 하지만 이건 내가 그 지역에 가려는 이유 중 하나에 불과했다.

마나카드에 있는 라마스와미 씨의 집과 인접한 곳에 사마디 토탐이라 불리는, 외따로 떨어진 숲이 그곳에 가려는 또 다른 이유였다. 과외를 끝내고 집으로 돌아간다고 하면서 나간 뒤, 실제로는 사마디 토탐으로 걸어가 거기서 하룻밤을 보내겠다는 것이 나의 계획이었다. 한밤중의 모험 이야기를 계속 이어나가기 전에 먼저 사마디 토탐에 대해, 그리고 내가 왜 그곳에 가고 싶어했는지에 대해 말하고 싶다.

외지고 인적 드문 마나카드 변두리에는 들개와 자칼이 자주 출몰하는 숲이 하나 있었다. 코코넛 나무와 다른 나무들이 울창하게 자란 작은 숲이었다. 그 숲속, 고대 벵골보리수 나무 아래에는 트리반드룸의 마하라자 아일리암 티루날의 통치 기간(1860-1880) 중에 살았던 위대한 요기, 스리 라마다사 스와미의 사마디가 있었다. 앞서 언급한 바와 같이 사마디란 성자나 요기들이 자발적으로 들어갔다고 추정되는 무덤을 말한다.

그중 지바 사마디는 요기가 생전에 무덤으로 들어가 부처 자세인 가부좌 자세로 앉은 후 제자들에게 무덤을 봉하라고 지시한 것으로 믿어졌기에 더욱 특별했다. 마나카드의 그 사마디는 지바 사마디로 여겨졌고, 나는 스리 고팔라 사아미를 포함한 위대한 옛 요기들이 밤에 사마디 토탐에서 명상을 하면서 엄청난 영적 경험을 했다고 들었다. 그래서 나도 그렇게 될 수 있지 않을까, 어쩌면 나를 혼란스럽게 하는 문제에 대한 답을 얻을 수 있지 않을까 하는 생각이 들었다. 물론, 라마스와미 씨나 그의 가족들에게는 사마디 토탐에 대해 단 한마디도 하지 않았다.

버스를 타고 이스트 포트 종점에 내린 뒤 거기서부터 라마스와미 씨의 집으로 걸어갔다. 그의 집에 저녁 7시쯤 도착해 수업이 끝났을 때는 저녁 8시가 되었다. 라마스와미 씨의 가족들은 자고 가라고 말했지만, 나는 버스가 아직 있다고 용케 변명하면서 간신히 그 집을 빠져나왔다. 라마스와미 씨의 집에 전화가 없어서 정말로 다행이었다. 덕분에 부모님은 내가 그곳에서 자지 않았다는 사실을 모르실 것이었다.

내 친구 마르탄다 필라가 나를 마중하면서 같이 걸어가주었지만, 나는 간신히 그를 뿌리치고 혼자 사마디 토탐으로 갔다. 몇 번씩 길을 물어물어 마침내 그곳에 도착했다. 당시에 시계가 없었기 때문에 정확하게 말할 수는 없지만, 대략 밤 9시 30분쯤이었던 것 같다.

내 앞에는 작은 문이 열려 있었다. 정육면체 형태의 사마디 구조물 앞 기름 램프를 제외하면 안에 불빛이 하나도 없었다. 램프 불빛은 깜빡거리며 바람에 흔들렸다. 무서운 마음이 들었다. 자칼의 울음소리가 꽤 가까운 거리에서 들려왔다. 주변에 사람은 보이지 않았고, 나는 어둑한 불빛 속에서 바람에 나부끼는 나무나 덤불 사이에 이상한 동물들이 숨어 있는 것이 아닌가 하는 생각을 했다. 갑자기 강하게 불기 시작한 바람을 조금이라도 막아보려고 사마디 뒤쪽에 앉았다. 구름 사이로 반달이 서서히 모습을 드러내자 신성한 평화의 느낌이 내 존재를 감쌌다. 나는 사마디에 몸을 기대고 있다가 너무 피곤한 나머지 곧 잠이 들었다.

얼마나 잤을까, 누군가 혹은 무언가가 내 다리를 세게 흔드는 것이 느껴져 깜짝 놀라 잠에서 깼다. 일어나 앉자마자 머리가 쭈뼛 서고 온몸에 소름이 돋았다. 기괴하고 섬뜩한 존재가 내 앞에 앉아 있는 걸 보고서, 내 몸은 돌처럼 굳어버렸다. 마르다 못해 피골이 상접한 그 남자는 나체였다. 커다란 눈 주변은 움푹 파여 있었고, 얼굴이 시커멨다. 긴 머리는 헝클어져 있었고, 수염도 길었다. 씻지 않은 그의 몸에서 뿜어져 나오는 듯한 강한 향내만이 그런 그의 모습을 조금이나마 낫게 만들어주었다.

"무서워하지 않아도 돼." 그는 말라얄람어로 말하면서 손톱을 길게 기른 자신의 얇은 손가락들로 내 어깨를 두드렸다. 그러면서 누런 이빨을 보이며 섬뜩한 웃음을 터뜨렸다. "누구세요?" 나는 그의 다정한 몸짓에 용기를 내어 물었다. "나? 하하, 나는 아무도, 아무도 아니야. 그냥 연기 혹은 증기일 뿐이지." 나는 잠자코 있었다. "그래, 문제가 있는 게로구나? 그렇지? 가슴의 연꽃이 어디 있는 건지 모르는 게야. 그렇지? 그건 어디에나 있어. 여기, 저기, 어디에나! 하하, 그 중심은 사람마다 다르게 나타나는 거야. 그러니 가타부타할 것 없단다."

그는 내 가슴 한가운데를 톡톡 두드리며 이렇게 말했다. "바로 여기, 너의 아나하타에 전념하렴. 그것이 곧 바바지의 명령을 충실히 따르는 것이란다." 전에 본 적 없는 보라색 빛이 내 가슴 중심을 가득 채웠다. 눈을 떠도 느낄 수 있을 정도였다. 내가 미처 대답하기도 전에 그는 갑자기 벌떡 일어나 어둠 속으로 달려갔다. 하얀 불꽃이 저 멀리 땅에서 솟구치는 듯했다. 그것은 나의 상상이었을까? 아무튼 마지막으로 본 그의 모습은 그랬다.

나는 여전히 눈을 뜬 채로 보랏빛 광채가 주는 기쁨을 누렸다. 더 이상 무섭지 않았다. 서서히 새벽이 밝아오며 밤의 어둠도 걷히고 있었다. 그러면서 보라색 불꽃도 점차 사그라들었다. 나는 자리에서 일어났다. 주변에는 아무도 보이지 않았다. 3킬로미터쯤 걸어가자 다행히 버스가 있어서 타마린드 나무 버스 정류장 근처에 내려서 집으로 갔다.

"수업은 어땠니?" 하고 물으신 것 외에 어머니께서는 다른 말씀이 없으셨다. 나는 "괜찮았어요" 하고 답했다. "가서 씻고 아침 먹으렴. 이디야빰idiyappam*이랑 감자 카레 해놨으니까." 아침을 먹으면서도 내 마음은 여전히 지난밤의 모험에 푹 빠져 있었다.

---

* 쌀가루 반죽을 국수 모양으로 만들어 먹는 요리. 일반적으로 카레와 함께 먹는다.

10장 ॐ 마스탄의 축복

열네 살이 좀 넘었을 때, 고등학교 졸업 시험을 봤는데 9점 차이로 1등을 놓치고 말았다. 베단타에 관한 서적인 〔비다아라냐의 판차다시〕 영역본을 읽는 데 푹 빠진 바람에 수학과 힌디어 공부를 게을리 했기 때문이었다.

그때 우리 부모님은 트리반드룸 외곽 지역인 스리카리암Sreekaryam의 로욜라 대학(Loyola College)에 자식을 진학시키기로 한 부모님들 모임의 일원이셨기 때문에, 나는 같은 대학에 진학하기로 한 남자아이들과 교류하게 되었다. 그 외 다른 아이들은 국립대학인 마르 이바니오스 대학(Mar Ivanios College), 마하트마 간디 대학(Mahatma Gandhi College)에 진학했다. 이전의 몇몇 친구들과 점점 교류가 뜸해지면서 내게는 새로운 친구들이 생겼다. 친구들 중 몇 명은 로욜라 대학 기숙사에 살기도 했지만 나는 통학을 하기로 결정했다. 버스를 타고 학교에 가려면 한 시간 이상이 걸렸다. 토마스 쿠리엔Thomas Kurien, 라자 라자 베르마Raja Raja Verma, 조니 조셉Johnny Joseph, 나라야난Narayanan이 그때 사귀었던 친구들이다.

나는 이때부터 혼자 있는 시간을 가질 수 있게 되었고, 필요하다면 며칠 정도는 핑계를 대고 집에서 멀리 떨어진 곳에서 지낼 수도 있었다. 열네 살부터 열아홉 살까지의 이 시기 동안 나는 세속적인 것과 초월적인 것을 아우르는 여러 경험들을 겪고, 또 당면하게 되었다.

돌이켜보니 마음을 더 성숙하게 하고 견고히 하는 데 필요했던 모든 것들, 즉 더 높은 영적 차원으로 상승하는 데 필요했던 모든 것들이 이 5년 동안 집중적으로 내 삶 속에 나타났다는 확신이 든다. 보통의 경우에는 그 모든 것들을 겪는 데 10여 년 또는 그 이상의 세월이 걸리기도 한다.

나는 세속적인 차원에서 금지된 모든 것들을 다 해봤다. 약물, 음주 등 보통의 10대들이 그 나이 때 탐닉하는 그런 것들 말이다. 하지만 나는 아슬아슬하게 선을 지키다가 마침내 그런 것들에서 손을 떼 버렸다. 누군가가 또는 무언가가 나를 지켜주고 또 보호해주고 있었다. 나중에 내 스승님께서는 이런 시기를 탄트라적* 시기라고 부르셨다. 오늘날에도 나는 그 시기 동안 내가 이런저런 경험을 할 수 있

* 탄트라Tantra는 고대 인도의 종교적 실천법 중 하나로, 경전에 나온 기술과 인도 신화, 요가, 명상을 결합한 수행을 의미한다. 이러한 수행의 목적은 신성한 것과 세속적인 것을 연결하여 영적인 깨달음을 얻는 것이다. 탄트라 수행은 개인이 내면에서 변형과 변화를 이루어나가는 것을 강조하는데, 이를 통해 개인은 자신의 삶과 인간관계에서 실제로 경험하는 문제들을 해결할 수 있는 영적인 능력과 기술들을 계발한다.

도록 해준 모든 친구들과 지인들을 우파구루Upa-guru* 혹은 조교로 여기면서 그들에게 진심으로 감사하고 있다.

그 당시 내가 알지 못했던 것은 앞으로 술꾼, 마약 중독자, 카사노바 등 각양각색의 이상한 사람들이 도움을 구하며 나에게 다가오리라는 사실이었다. 그 5년 동안의 강렬한 경험들이 없었더라면 나는 그들을 이해할 수도, 도울 수도 없었을 것이다. 더 나쁜 경우, 나는 그들의 끔찍하고 비참한 삶의 방식을 따라가고 싶다는 유혹에 빠졌을지도 모른다.

이 책은 영적인 자서전이기 때문에 영적인 차원에서 어떤 일이 일어났었는지도 조금 더 자세히 설명해보겠다.

일단 칼라디 마스탄과의 만남에서부터 이야기를 시작해야겠다. 기억하는지 모르겠지만, 나는 바닷가에 있는 수피 성녀의 무덤 밖에서 미치광이 같은 어떤 사람을 만났다는 이야기를 5장에서 했었다. 그는 내 얼굴을 보고 웃으며 "그래. 지금은 가고 나중에 와, 녀석아" 하고 말했었다. 그때는 그 사건을 별로 중요하게 생각하지 않았지만 6~7년 후 나는 그와 다시 마주하게 되었다.

열여섯 살, 대학에서의 첫해가 거의 끝나갈 무렵 나는 국가생도부대(NCC)에 입대하여 마하트마 간디 대학 캠퍼스의 육군 부속 캠프에 선발되었다. 그런데 캠프에 참여한 지 사흘 만에 발열과 두통, 관절통 증상이 있어 병가를 신청했다. 휴가 신청이 승인되었고 나는 캠프에서 걸어 나왔다. 놀랍게도, 캠퍼스 밖으로 나오자마자 몸이 괜찮아

---

* 산스크리트어로 'Upa'는 보조라는 뜻이다. 우파구루는 실제 구루처럼 가르침을 내려주지는 않지만 구루의 가르침을 전달해주고 배움을 지원해주는 사람이다.

졌다. 가족들은 내가 일주일 후에나 돌아올 거라고 알고 있었기 때문에 시간이 많이 남았던 나는 좀 돌아다녀야겠다고 생각했다. 그래서 버스 두 대를 갈아타서 해안가에 있는 무덤, 비마 팔리 성지에 오후쯤 도착했다.

성지 입구에 서자, 한때 해안가 촌구석이었던 이곳에까지 조직화된 종교의 영향력이 스며들었다는 것을 알 수 있었다. 성지 옆에는 작은 모스크 대신 다채로운 색의 거대한 모스크가 지어져 있었다. 국외 거주자들의 기부로 지어진 모스크인 것 같았다. 그날은 금요일이었고, 성지 건물 안쪽은 빙의된 사람들 때문에 소란스러웠다. 그래서 안으로 들어가지 않기로 했다. 일단 진한 차를 한 잔 마실 필요가 있었던 나는 무거운 군용 가방을 힘겹게 든 채 모래사장을 가로질러 길을 건넜고, 주변에 찻집이 없나 살폈다.

바로 앞에 '다르가 찻집'이라는 곳이 있었다. 전면에 작은 베란다가 나 있는 초가 건물이었다. 그쪽으로 걸어가자 베란다 주위에 십여 명 정도의 사람들이 등을 보인 채 조용히 서 있었다. 사람들 틈에 껴서 보니 모두가 한 남자를 쳐다보고 있었다. 바닥에 쪼그려 앉아 혼자 웃고 있는 그 남자는 더럽고 야위었으며, 벌거벗고 있었다.

희고 짧은 머리에 잘 손질된 흰 수염이 그의 까만 얼굴을 감싸고 있었으며, 그의 매혹적인 큰 눈에는 사랑이 담겨 있었다. 사람들은 이제 나를 힐끗힐끗 쳐다보고 있었다. 순간, 한 장면이 내 마음속에 번쩍 떠올랐다. 갑자기 이 사람이 그때 그 사람이라는 것을 깨달을 수 있었다. 예언대로 내가 다시 돌아온 것이다.

그가 내 눈을 바라보며 나에게 던진 첫마디도 마찬가지였다. 그는 이렇게 말했다. "반디타안, 손나 마디리, 반디타안(내가 말한 대로 왔다)." 그리고 웃음을 터뜨렸다. 그는 계속 웃으면서 "왕도둑아, 내 보물을 훔쳐봐" 하고 말했다. 나는 충격에서 빠르게 헤어나와 정신을 바짝 차렸다. 그는 유리컵에 담긴 차를 마시며 누군가가 불을 붙여준 담배를 피우고 있었다. 그는 담배를 던져버리고 "여기 앉아" 하며 손짓했다.

나는 베란다에 가방을 내려놓고 바닥에 앉았다. 그가 타밀어로 "모두 물러가라"고 말하자 사람들이 뿔뿔이 흩어졌다. 찻집 주인이 그에게 갓 만든 차 한 잔을 내주었다. "그에게 돈을 내." 노인이 말했다. 그래서 나는 0.5루피를 냈다. 그는 차를 반쯤 마시더니 나에게 나머지를 권했다. "차 마셔." 평생 한 번도 닦은 적이 없어 보이는 그의 누런 이빨을 보고 있자니 마시기가 망설여졌다. 찻집 주인이 속삭였다. "마셔, 얼른. 너는 네가 얼마나 운이 좋은지 모를 거야. 이분은 이렇게 권하시는 법이 거의 없어." 그래서 나는 '안 될 거 없잖아?' 하면서 그의 자애로운 눈빛을 믿고 눈을 질끈 감은 채 차를 다 마셔버렸다. 어느새 날이 어두워지고 있었다. 노인은 벌떡 일어나 "이리 와, 이리로!"라고 소리치며 달리기 시작했다. 나는 가방 생각은 까맣게 잊어버리고 그의 뒤를 따라 달렸다.

곧 우리는 바닷가에 도착했다. 그는 지붕이 반쯤 날아간 채 방치되어 있는 어느 오두막 앞에 멈춰선 후, 바다를 마주하고 있는 낡아빠진 베란다에 앉았다. "앉아." 그가 말했다. 나는 그의 옆에 다리를 꼬고 앉았다. 우리는 아라비아 해를 바라보고 있었다. 노인이 말했다. "그 사람은 히말라야에서 왔어. 그렇지?"

"누구를 말하는 거죠?"

“네 머리를 만진 사람. 아주 잘생기고 머리가 엉켜 있던 그 사람.”

“맞아요.” 나는 그가 그 사실을 어떻게 알았는지 궁금해하며 대답했다.

“그래, 이제는 내가 네 머리를 만질 거야. 왕도둑, 내 보물을 훔쳐봐.”

이번엔 내가 화가 나서 말했다. “죄송한데, 저는 도둑이 아니에요. 저는 아무것도 훔친 적이 없어요.”

“칸난Kannan, 크리슈난Krishnan처럼 버터를 훔치고 고피gopi들의 마음을 훔쳐. 사랑 가득한 눈길을 훔치라고. 훔쳐! 이 왕도둑아.*”

“훔쳐서 뭐 하는데요?”

그는 “아하, 아하” 하더니 내 가슴에 가볍게 오른손을 댔다가 내 이마에도 손을 가져다 댔다.

그러자 은색 빛이 내 가슴속으로 범람해 들어왔다가 머리 안에서 폭발해버렸다. 내 이마와 가슴 사이를 왔다 갔다 하는 그 빛을 제외하고, 나는 모든 것을 잊어버렸다. 황홀경의 파도가 내 가슴을 가득 채웠고, 가슴에서부터 내 몸 전체로 가득 퍼져나갔다. 머리카락이 쭈뼛 섰고, 온 세상을 껴안고 싶었다. 내가 그곳에 얼마나 오래 앉아 있었는지, 바깥세상에 무슨 일이 일어났는지도 몰랐다.

황홀감이 어느 정도 잠잠해져 눈을 떠보니 나는 여전히 그 오두막에 앉아 있었다. 노인은 옆에 앉아서 내 머리에 모래를 들이붓고 있었다. “그만, 그만. 돌아와. 불쌍한 녀석 같으니라고.”

---

* 크리슈난이라고도 불리는 크리슈나는 타밀어로 칸난이라고 불린다. 신화에 따르면 크리슈나는 어릴 때 장난기가 많아서 양어머니 야쇼다Yashoda가 항아리에 넣어둔 버터를 훔쳐 먹은 적이 있다. 그리고 청년이 되었을 때 크리슈나는 소 치는 여성들, 즉 고피들을 반하게 만들었다.

나는 얼굴에 묻은 모래를 닦으며 자리에서 일어났는데, 내 몸에는 아무것도 걸쳐져 있지 않았다. 당황한 나는 "제 옷은 어디 있죠?" 하고 물었다.

"옷은 여기에 다 있어요. 가서 목욕이나 합시다." 내 옆에 서 있던 찻집 주인이 말했다. 그는 몸을 감쌀 수건을 주면서 목욕을 하라며 나를 자신의 집으로 데려갔다. 새벽이 밝아오고 있었다. 목욕을 하는 동안에도 여전히 가슴 중심에서 지복의 파도가 미미하게나마 느껴졌다. 내가 목욕을 마치자 찻집 주인 하미드Hamid는 세탁과 다림질까지 해서 준비해둔 내 옷을 나에게 건네주었다. 나는 옷을 입고 밖으로 나갔다.

하미드는 내가 나흘 동안 정신이 나간 채 황홀경에 빠져 있었으며, 내가 나체로 밖을 돌아다니지 못하도록 제지해야만 했다고 말했다. 노인의 지시에 따라 그는 내 주머니에 있는 돈과 내 가방을 안전하게 보관해주었다. "마스탄 사히브Mastan Sahib가 밖에서 기다리고 있어요. 어서 가봐요." 그가 말했다.

하미드가 칼라디 마스탄 사히브라고 부른 그 노인은 찻집 베란다에 앉아 있었다. 그는 가게나 집 안으로 절대 들어가지 않았다. 내 모습을 본 그는 웃음을 터뜨리며 말했다. "푸투 마아플라이(새신랑) 왕도둑이네. 이제 돌아오지 마. 보물은 없으니까. 가." 나는 허리를 굽혀 그의 더럽고 거룩한 발에 입을 맞추었다. 그는 언제나처럼 벌거벗은 몸을 일으켜 저 멀리 달려가버렸다. 그 후로는 내 상황이 칼라디 마스탄에게 갈 수 없는 상황이 되어버렸고, 마침내 몇 년 후 내가 그를 찾아갔을 때는 그의 무덤만을 만나볼 수 있었다.

하미드는 내게 아침 식사를 가져다준 뒤 자신도 칼라디 마스탄에 대해 아는 것이 거의 없다고 말했다. 그는 몇 년 전에 갑자기 갓 태어난 아이처럼 씻지도 않은 나체 상태로 나타났고, 오랫동안 미친 사람으로 오해를 받아왔다고 한다. 그러다 언제 한번은 큰 폭풍이 그 지역을 강타해 고압 전선이 끊어졌고, 그게 침수된 도로 위로 떨어졌었다고 한다. 모든 교통이 마비되었고, 아무도 길을 건널 수 없었다. 그 물과 접촉한 사람은 감전으로 죽을 것이 뻔했다. 이미 그런 식으로 두 명이 사망했고 소방대와 군, 경찰은 사람이나 가축의 사망을 방지하기 위해 장벽을 설치했다.

그런데 칼라디 마스탄은 누군가가 미처 막기도 전에 빠르게 달려가서 그 장벽을 뛰어넘었고, 무릎 깊이의 물을 헤치고 걸어갔다. 그 장면을 본 구경꾼들은 충격을 받았다. 사람들이 놀란 이유는, 그가 감전되어 죽는 대신 털끝 하나 다치지 않은 채 태연하게 바다를 향해 걸어갔기 때문이었다. 그 장면을 본 한 군인은 처음으로 그의 발을 만지고 그 앞에 엎드렸다.

그때부터 칼라디 마스탄은 현지인들 사이에서 유명해졌고, 사람들은 그가 자주 마시는 차를 그에게 바치기 시작했다. 그는 음식을 거의 먹지 않았고 때로는 담배를 피웠으며, 옷을 입히려 하면 거부했다. 발가벗고 돌아다니는 것은 이슬람 율법에 위배되기 때문에, 극단적인 정통 무슬림은 그를 멀리했다. 하지만 수피 가르침을 어느 정도 이해한 사람들은 그를 라비아Rabia*나 벌거벗은 만수르 알 할라즈

* 보통 바스라Basra의 라비아라고 불린다. 무슬림 성녀이자 수피 신비주의자였다. 본래 노비 신분이었으나 신에 대한 사랑이 너무 깊어 주인이 노예 신분에서 해방시켜주었다.

Mansoor al Hallaj*와 비교하면서 성인에게 바치는 모든 존경을 그에게 바쳤다. 힌두교도 어부들은 그를 아바두타avadhoota, 즉 모든 사회적 규범과 관습에서 벗어나 무아경에 빠진 성인으로 여겼다.

그 작은 마을의 사람들 대부분은 그에게 먹을 것을 주면 행운이 온다고 믿었다. 하미드가 노인에게 붙여준 이름인 '마스탄 사히브'는 '도취된 성자'라는 뜻으로, 하미드는 그가 타밀 나두 주의 칼라디에서 온 위대한 수피 마스터라고 주장했다. 마스탄 사히브에게는 작은 제자 그룹이 있었는데, 하미드 역시 그 그룹에 속해 있었다. 그는 내가 더 큰 영적 성장을 준비할 수 있도록 마스탄이 나를 특별히 축복해줬다고 믿었다. 하미드는 이로부터 1년 후 세상을 떠났다.

---

* 페르시아의 신비주의자이자 수피즘 스승. 수피 전통에서 중요한 인물이다.

11장 ॐ 세 수도자

나는 이제 어떤 특별한 사람들과의 관계에 대해 말하려고 한다. 이 특별한 사람들 중 세 명은 각기 다른 수도자였다. 스와미 아베다난다Swami Abhedananda, 쳄파잔티 스와미Chempazanthi Swami, 라마크리슈나 선교회(Ramakrishna Mission)의 스와미 타파시아난다Swami Tapasyananda가 바로 그 셋이다.

기억할지 모르겠지만, 나는 1장에서 힌두교의 종교 수행을 처음으로 접하게 된 사건을 언급했었다. 그때 나는 므리단감과 심벌즈가 만들어내는 리듬에 압도되어 집 밖으로 뛰쳐나갔고, 노래하고 춤을 추며 돌아다니는 사람들을 보게 되었다. 그중에는 키가 크고 잘생겼으며 수염을 길게 기른 한 남자도 있었다. 그가 바로 스와미 아베다난다였다.

스와미 아베다난다의 아쉬람은 이스트 포트에 있었다. 그때 나는 자전거라는 새로운 이동 수단이 생겼다는 사실에 신이 나서 꽤 정기적으로 이스트 포트로 자전거를 타고 다녔다. 이스트 포트는 트라방코르의 마하라자들이 스리 파드마나바 사원을 보호하기 위해 건설한 요새로, 아그라하람Agraharam이라 불리는 브라만들의 거주 지역이었다. 이곳은 오늘날 상점, 식당, 대형 보석상들이 있는 작은 마을이 되었는데, 다행히 사원의 연못은 오늘날에도 그대로 남아 있다.

그 연못 서쪽에 아베다난다의 아쉬람이 있었다. 당시 아쉬람 건물은 스와미의 소박한 주거지, 몇몇 주거자들을 위한 숙박 시설, 야외 강당, 키르탄에 사용되는 작은 홀 맞은편의 라다-크리슈나Radha-Krishna* 사원으로 간소하게 이루어져 있었다.

스와미 아베다난다는 금욕 수도자로, 모든 것을 버린 사람이었다. 그는 카우핀이라고 불리는 전통 속옷을 제외하고는 옷도 입지 않았다. 내가 그를 찾아갔을 때 그의 나이는 쉰다섯 살 정도였는데, 히말라야의 성지를 포함한 인도의 모든 순례 장소를 도보로 순회하고 다니다가 그곳에 자리를 잡은 상태였다.

어깨까지 늘어뜨린 곱슬머리에 희끗희끗한 수염도 있어서 마치 왕족처럼 보였던 그는 키도 크고 멀끔하니 매우 잘생겼었다. 그는 내가 본 사람 중 가장 심성이 고운 사람이었으며, 언제나 부드럽고 사랑이 가득한 말을 했다. 또, 그는 베단타 가르침에 지적으로 몰두하는 사람이라기보다는 오히려 헌신에 푹 빠져 있는 사람이었다. — 스와미는 소를 치는 호색가 신 크리슈나를 사랑했으며 그에게 모든 것을 내

* 힌두교에서, 신의 남성적·여성적 실재가 결합된 형태. 라다는 크리슈나와 함께 지고의 여신으로 섬겨진다.

맡긴 박타bhakta*였다.

내가 '마두라 바바Madhura Bhava'(브린다반Brindavan의 소 치는 여인들, 즉 고피들처럼 자신을 크리슈나의 여성 연인으로 생각하는 것)의 개념을 알게 된 것도 그를 통해서였다. 헌신의 눈물을 흘리면서 성가를 부를 때마다 그의 목소리는 여성의 음색과 음조로 변했고, 트랜스 상태에 빠지기도 했다.

나는 아쉬람을 방문할 때마다 스와미가 쉬고 있을 때만 아니라면 그에게 자유롭게 다가갈 수 있었고, 때로는 그의 몇몇 추종자들과 나란히 앉아 토론을 즐기기도 했다. 우리 얘기의 주요 주제는 헌신이었다. 스와미는 항상 웃는 얼굴로 나를 반겼고, 자신과 함께 점심을 먹지 않으면 나를 보내주지 않았다.

어느 금요일, 오전 11시쯤 아쉬람을 찾아갔는데 아무도 없이 스와미만 혼자 거기 있었다. 그는 기다리고 있었다는 듯이 나를 기쁘게 반겨주었다. 그리고 앉아 있던 안락의자에서 일어나 내게 가까이 다가온 다음 바닥에 앉았다. 그는 사랑이 가득한 눈빛으로 내 턱을 가볍게 만지며 이렇게 말했다. "사랑만 있으면 된단다. 모든 논의와 토론은 무한에 가닿지 못해. 사랑만이 거기에 가닿을 수 있지. 가슴을 열고 크리슈나님을 만나보렴. 고피들처럼 그분을 사랑해보렴."

말을 마친 그는 내 어깨에 손을 얹더니 트랜스 상태에 빠졌다. 눈물이 그의 뺨을 타고 흘러내렸다. 잠시 후, 갑자기 몸을 떨던 그는 일상적인 의식 상태로 돌아왔다. 그리고 이런 말을 남겼다. "너는 저 멀리 히말라야까지 여행을 떠나게 될 거란다. 구루께서 널 기다리고 있

* 신에 대한 헌신과 사랑을 의미하는 '박티bhakti'의 실천자.

구나. 몸조심하렴. 라다 크리슈나께서 너를 지켜주시기를." 그는 눈물을 흘리며 내 머리에 손을 얹어 나를 축복해주었다.

그날 밤, 언제나처럼 명상에 들었던 나는 특이한 비전을 보았다. 나는 부드럽게 흐르는 강과 아름다운 숲이 있는 어느 시골에 있었고, 저 멀리서 너무나도 달콤한 플루트 연주가 들려왔다. 그러다 여성들의 웃음소리가 들려 주위를 둘러보니 10대 초반처럼 보이는 대여섯 명의 사랑스러운 소녀들이 색색의 옷을 입고 장식을 한 채 내 근처에서 있었다. 그들 중 한 명이 나를 놀리며 말했다. "가봐. 사랑의 신, 네 연인 크리슈나가 플루트로 널 부르고 있잖아." 다른 소녀들은 신이 나서 낄낄거렸다. 나는 팔찌와 발찌가 채워져 있는 내 손목과 발목을 살펴보다가 문득 내가 그 소녀들 중 하나라는 것을 깨달았다.

"여기, 이 거울을 보면서 화장 좀 해봐." 한 소녀가 내게 둥근 거울을 건네주며 말했다. 거울을 보니 보석으로 치장한 예쁜 소녀가 미소짓고 있는 모습이 보였다. 그러자 갑자기 부끄러워졌다. 나는 내 뺨이 붉어지는 것을 거울로 볼 수 있었다. "얘 얼굴이 빨개졌어!" 소녀들이 낄낄거리며 말했다. 나는 내 아치형 눈썹과 풍성한 속눈썹, 빨간 입술을 살펴보았는데 모든 것이 괜찮아 보였다. 사랑하는 사람을 만날 준비가 된 것이다.

떨렸고, 부끄러웠고, 흥분됐다. 그때, 음악이 멈추고 백단향 향이 강하게 풍겨왔다. 누군가가 뒤에서 내 어깨를 잡았다. 소녀들은 팔찌와 발찌를 짤랑거리면서 달아났다. 나는 몸을 돌려 짙은 피부색을 가진 내 연인 크리슈나의 연꽃 같은 눈을 들여다보다가 기절했다. 깨어나니 아침이었다. 내 인생에서 이와 비슷한 경험은 딱 한 번 더 있었다. 수년 후 브린다반에서였다.

스와미 아베다난다는 나가라 산키르탄Nagara Sankirtan, 즉 성가 행렬을 트리반드룸에 처음으로 소개한 사람이다. 그는 또한 신의 신성한 이름을 쉬지 않고 챈팅하는 아칸다 나마 산키르탄Akhanda Nama Sankirtan을 처음으로 시작한 사람이기도 하며 이 문화는 오늘날까지도 이어지고 있다. 사람들은 아베다난다 아쉬람에서 교대로 챈팅을 하고, 이 챈팅은 절대 끊어지지 않는다.

이러한 수행의 장단점을 논의하는 것은 우리의 소관이 아니다. — 아마도 어떤 사람들에게는 이런 수행이 꽤 유용할 것이다. 그러나 스와미 아베다난다의 단순하고 어린애 같은 그 헌신적인 기질은, 의식 한구석에 너무나도 깊이 숨겨져 있어서 나 자신도 미처 의식하지 못했던 내 안의 헌신적인 마음을 불러일으켰다.

쳄파잔티 스와미는 달랐다. 그는 겉보기에 그다지 인상적인 사람은 아니었다. 몸은 뼈만 앙상하게 남아 있었고, 엉킨 머리는 이상하게 생긴 모자처럼 그의 머리에 칭칭 감겨 있었다. 객관적으로 봤을 때 잘생긴 얼굴은 아니었고, 말수도 적었다. 만일 길에서 그를 마주쳤다면 누구라도 그를 미친 사람으로 착각했을 것이다. 그는 보통 흰 천을 허리춤에 두르고 작은 초가집에 쪼그려 앉아 있었다.

쳄파잔티는 트리반드룸 외곽의 작은 마을 이름인데, 스리 나라야나 구루의 출생지로 잘 알려져 있다. 내가 다닌 로욜라 대학은 쳄파잔티에서 멀지 않은 곳에 있었기 때문에, 나는 쳄파잔티 스와미를 만날 수 있을까 싶어 어느 날 오후에 그곳으로 향했다.

당시 우리 가족은 새집으로 이사를 한 상황이었는데, 우리 이웃 중

한 명이 쳄파잔티 스와미를 언급한 적이 있었다. 지금은 이름도 기억이 나지 않는 이 이웃은 스와미가 이전에 쳄파잔티 마을에서 찻집을 운영한 적이 있다고 말해주었다. 어느 날 밤, 북쪽에서 온 떠돌이 사두sadhu*가 그 스와미에게 스리 라마Sri Rama 만트라를 가르쳐주었다고 한다. 계속해서 그 이름을 챈팅하다 곧 스리 라마의 이름에 장악되어 버린 스와미는 너무나 도취되어 어떠한 물리적 활동도 할 수 없게 되었다. 그는 곧 찻집을 포기하고 근처의 숲에서 지내며 거기서 오랜 시간을 보냈다.

가끔, 원숭이 신이자 라마의 헌신자인 하누만Hanuman의 마음이 그의 마음속으로 밀려들면 그는 원숭이처럼 행동하기도 했다. 나뭇가지 위에서 견과류를 먹고, 한 나무에서 다른 나무로 옮겨 다니면서 말이다. 전해지는 말에 따르면, 그는 라마 신의 비전을 본 후 나무에서 내려와 작은 라마 사원 옆에 있는 초가집에 살기 시작했다고 한다. 내가 그를 만나러 갔던 곳이 바로 그 초가집이다.

초가집 바깥에는 남자 한 명이 있었다. 내가 왜 왔는지를 설명하자 그는 초가집 안으로 들어갔다가 바로 나왔다. "들어가도 돼요." 그가 말했다. 진흙과 쇠똥 반죽으로 만든 단상 위에는 엉킨 머리를 한, 허약해 보이는 스와미가 있었다. 그는 대나무 매트 위에 쪼그리고 앉아 있었다. "이리 오게." 그는 첫인사 같은 것은 하지 않은 채 오라는 손짓을 했다. 나는 그에게 가까이 다가갔다. "앉게." 그가 말했다. 그래서 그의 앞에 앉았다.

* 세속적인 것에서 벗어나 영적인 수행에 전념하는 사람.

그는 나를 날카롭게 쳐다보며 "라마야남Ramayanam"이라고 말했다.

내가 말했다. "그 책 읽어봤어요. 근데 저는…."

"그게 아니야." 그가 단호히 말을 잘랐다.

"그러면요?"

"라-마야남Raa-maayanam.*" 그가 말했다.

이번에는 그가 무엇을 말하는지 알 수 있었다. 강조하는 바가 정확했기 때문이다. 그는 서사시 〔라마야나〕를 말한 것이 아니라 단어를 두 음절, 즉 '라'와 '마야남'으로 나누어 말했다. 그가 이어서 말했다. "'라'는 밤, 어둠인 이르투irrtu를 뜻하네. 이 어둠은 사라져야만 하지. 그러면 자네는 라마를 보게 될 거야."

나는 내가 방금 뭘 들은 건가 싶었다. 차를 만들어 팔던 문맹이 너무나 간결한 말로 베단타의 위대한 진리를 설하고 있었으니 말이다. 진리, 즉 라마를 보려면 무지의 어둠은 사라져야만 한다. 이 남자가 진정 나무와 나무 사이를 뛰어다니면서 견과류를 먹고 원숭이처럼 행동했던 그 남자가 맞단 말인가?

그는 침묵에 빠졌다. 나는 30분도 넘게 기다리다가 인제 그만 떠나기로 했다. 나는 작별 인사를 하며 일어섰고, 그의 발을 만졌다. 그러자 그는 원숭이 울음소리를 내면서 내 이마를 자신의 오른손 집게손가락으로 가볍게 건드렸다. 꽤 늦은 시간이었기 때문에 나는 그곳에서 나와 버스 정류장으로 걸음을 재촉했다. 버스 좌석에 앉아 나는 어둠이 사라져야만 한다는 그의 말을 계속 생각했다.

---

* 라는 어둠, 마야남은 빛을 뜻한다.

스와미 타파시아난다는 앞의 두 인물과는 또 다른 인물이었다. 그는 사스타망갈람Sasthamangalam에 위치한 라마크리슈나 선교회의 지부장이었다. 라마크리슈나 선교회는 무료 병원도 운영하고 있다. 나는 위대한 성자 라마크리슈나 파라마한사와 비할 데 없이 걸출한 그의 제자, 스와미 비베카난다에 대한 책을 읽었다. 하지만 트리반드룸에 라마크리슈나 선교회 지부가 있다는 사실은 미처 모르고 있었다. 지금부터 내가 그곳을 알게 된 이야기를 해보겠다.

〈스와미 비베카난다 전집〉의 훌륭한 책들을 처음으로 읽은 장소인 트리반드룸 공공 도서관과 그리 멀지 않은 곳에는 '뮤지엄 가든Museum Garden'이라는 아름다운 정원이 하나 있었는데, 도서관에서부터 정원까지 걸어가서 그곳 벤치에 조용히 앉아 있는 것이 내 습관이었다. 어느 날 나는 황토색 옷을 입은, 얼굴이 환히 빛나는 한 젊은 산야신sanyasin*을 만났다. 호기심이 생긴 나는 그에게 다가가 뭘 하시는 분이냐고 물었다. 그러자 그는 아이처럼 웃으며 여기서 가까운 데에 있는 라마크리슈나 선교회 사람이라고 말했다. 나는 그 아쉬람을 방문할 수 있냐고 물었다. "물론, 되고 말고요." 그는 이렇게 대답하면서 다시 웃었다. "우리 선교회 지부장님인 스와미 타파시아난다를 꼭 만나봐요. 위대한 분이거든요. 언제 한번 들르세요. 제 이름은 골라카난다Golakananda예요."

그래서 나는 어느 일요일 아침에 그곳에 갔다. 스와미 골라카난다는 스와미 타파시아난다지에게 나를 소개시켜주었다. 그는 라마크리

* 일상적인 사회 규범과 가족, 자녀와의 인연을 버리고 세속적인 것들에서 벗어나 영적인 계발에 전념하는 사람.

슈나 수도회의 여느 수도자들처럼 황토색 쿠르타kurta*와 도티를 입고 있었는데, 첫인상이 엄격하고 준엄해 보였다. 하지만 날이 갈수록 그가 일부러 만들어놓은 그런 허울 뒤편에 고운 마음씨와 애정이 숨겨져 있다는 사실을 느낄 수 있었다. 나는 그에게 많은 것을, 특히 라마크리슈나에 대한 것을 배울 수 있었다. — 비베카난다 운동**에 대해서도 배웠고 처음으로 '인류에게 봉사하는 것이 곧 신께 봉사하는 것'이라는 스와미 비베카난다의 격언을 이해할 수도 있었다. 나는 가슴에 사랑이 가득한 수도자 비베카난다가 고통받는 인류를 보며 얼마나 슬퍼했는지를 깨달았다. 라마크리슈나의 제자 중 가장 뛰어났던 스와미 비베카난다의 명령에 따라 지칠 줄 모르고 일했던 충실한 일꾼 타파시아난다는 내게 라마크리슈나 운동이 무엇인지에 대해 일깨워줬다.

그는 마하푸루쉬 마하라즈Mahapurush Maharaj로 더 잘 알려져 있는 스와미 시바난다Swami Shivananda의 제자였는데, 시바난다는 스리 라마크리슈나 파라마한사의 직속 제자였다. 또, 타파시아난다는 스리 라마크리슈나의 배우자인 사라다 데비Sarada Devi에게 오랫동안 봉사하면서 그녀에게 여러 차례 축복을 받은 바 있다.

나를 발라크리슈난 나이르Balakrishnan Nair 교수님께 소개시켜준 것도 그였다. 그의 말에 따르면 교수님은 아내와 아이들에게 충실한 가장의 역할을 다하면서도 베단타의 엄청난 경지에 올랐다고 한다.

---

* 무릎까지 길게 내려오는, 옷깃이 없는 전통 상의.

** Swami Vivekananda Youth Movement. 비베카난다의 가르침과 이념에 영향을 받아 교육, 보건, 환경, 인권 등 사회적 문제를 해결하기 위해 인도 전역에서 수행되는 다양한 프로젝트를 말한다. 가난한 지역사회 및 취약계층을 지원하고 있다.

나는 보통 일요일이 되면 칼라리 연습을 하러 샹구무감Shankumugham 해변을 찾았는데, 그때마다 종종 나이르 교수님 댁에 들러서 베단타 가르침에 대한 그분의 해설을 듣곤 했다. 교수님은 스리 라마크리슈나 파라마한사의 우화들을 자주 활용하면서 그것을 간단명료한 언어로 설명해주셨다.

수년 후, 스와미 타파시아난다는 라마크리슈나 선교회의 첸나이Chennai 지부장이자 라마크리슈나 수도회의 부회장이 되었다. 그는 자애롭게도 내게 라마크리슈나 만트라를 가르쳐주었다. 그것은 내가 다른 지부의 라마크리슈나 수도회에서 복사服事로 있을 때도 배우지 못했던 만트라였다. 내게 배움을 줬던 그에게 무한한 감사를 드린다.

12장 ॐ 마이 마

이쯤에서 나체로 다니는 기이한 인물 마이 마Mai Ma에 대해, 그리고 그녀와 나의 만남에 대해 얘기하는 것이 좋겠다. 기억하는지 모르겠지만, 나는 고팔라 사아미를 아난타나라야나 필라 씨의 집에서 처음 만났었다. 그리고 내가 마이 마라는 사람을 처음 듣게 된 것도 바로 필라 씨를 통해서였다. 그는 그녀가 아바두타, 즉 영적으로 진보한 사람이라고 말했다. 또, 그녀는 사회적 규범에 대해 크게 개의치 않으며 칸야쿠마리 해변의 모래사장에서 떠돌이 개들을 벗 삼아 나체 차림으로 살아간다고 했다.

이러한 정보를 들은 지 이틀째 되었을 때, 나는 트리반드룸에서 칸야쿠마리행 새벽 첫차를 탔다. 그날은 일요일이었다. 버스는 정오가 조금 안 된 시각에 칸야쿠마리에 도착했다. 푹푹 찌는 뜨거운 여름날이었다. 케이프 코모린Cape Comorin이라고도 알려진 칸야쿠마리는 인도의 최남단 지역이다. 인도양의 벵골Bengal 만과 아라비아 해가 바로 여기서 만난다.

이 지역은 특히나 석양과 일출 때 혹은 보름달이 뜨는 밤에 더 아름답게 보인다. 이 당시에는 공장제 벽돌과 시멘트로 만든 건물들이 없어서 칸야쿠마리의 자연스러운 경관과 성스러운 분위기가 그대로 유지되고 있었다. 썰물 때가 되면 비베카난다 바위라 불리는 거대한 암초로 헤엄쳐 간 다음, 우레 같은 소리를 내는 파도의 장엄함에 푹 잠겨 명상을 할 수도 있었다. 스와미 비베카난다가 명상 중에 가난한 이들, 억압받는 이들을 위해 일하라는 영감을 받은 곳도 바로 이곳이었다.

바다 맞은 편에는 사춘기 소녀 모습의 여신인 칸야 쿠마리의 전설적인 사원이 있다. 옛날이야기에 따르면 여신의 코걸이에 박혀 있던 진귀한 다이아몬드가 등대의 불빛 역할을 해서 선원들이 항해 방향을 찾을 수 있도록 도왔다고 한다. 다른 전설들과 마찬가지로, 이 이야기의 진위 역시 증명할 방법은 없다. 어쩌면 정말로 진귀한 다이아몬드가 있었을 수도 있지만 지금은 그것이 흔적도 없이 사라져버렸다. 여신조차 인간이 가진 탐욕의 희생양이 될 수도 있는 것이다.

내가 알기로는 정오가 되면 사원이 닫히기 때문에, 나는 맨 먼저 사원을 방문하기로 했다. 코걸이에 조잡한 가짜 다이아몬드가 박혀 있긴 했지만, 여신상은 대단히 아름다웠다. 으레 그렇듯, 사제는 내 주머니에 든 돈에 눈독을 들이며 여신상 앞에서 램프를 흔들고 있었다. 나는 받아든 접시에 1루피를 내고 자만티jamanthi 꽃과 약간의 백단향 반죽을 놓았다. 그리고 사원을 나가기 전 절을 했다.

이제 마이 마를 찾으러 가야 했지만 점심을 못 먹어서 배가 너무 고팠다. 일단 식당에서 뭘 좀 먹은 뒤에 거기서 마이 마에 대해 물어봐야겠다는 생각이 들었다. 그래서 눈에 첫 번째로 들어온 무루가빌라스Murugavilas 식당으로 들어가서 계산대와 가장 가까운 곳에 테이블을 잡았다. 나는 맛있는 도사를 먹으면서 계산대에 있는, 안경을 쓴 은빛 머리칼의 남자에게 마이 마에 대해 물었다. 콧수염을 덥수룩하게 기르고 금색 손목시계를 차고 있던 그 남자는 식당 주인인 듯했다. 그가 대답했다. "네, 마이 마 알죠." 나는 마이 마가 어디서 왔는지 혹시 아느냐고 물었다. 그는 "그건 아무도 몰라요. 마이 마는 한 30년 전에 불쑥 칸야쿠마리에 나타났어요"라고 말했다. 그러면서 자신이 어렸을 때 처음 봤던 마이 마의 모습과 지금 그녀의 모습이 똑같다고 말했다. 마이 마는 옷을 입는 법이 거의 없고, 그녀 주변에는 항상 그녀와 밥을 나눠 먹는 떠돌이 개들이 진을 치고 있다고 했다.

그러다가 중년의 종업원 한 명이 끼어들어 마이 마가 인간의 형상을 한 우주의 어머니라고 주장했다. 내가 그걸 어떻게 아느냐고 묻자, 그는 자신이 심상치 않은 경험들을 많이 겪어봤다고 말했다. "그분은 음식을 어디서 얻죠?" 내가 물었다. 처음에 사람들은 그녀를 미친 사람이라고 생각해서 음식을 주지 않았다고 한다. 들려오는 말에 따르면 그녀는 바다로 걸어가 맨손으로 물고기를 잡은 다음, 물고기 위에 젖은 해초들을 수북이 쌓고 거기에 몇 번 입김을 불었다. 그러자 어찌 된 영문인지 불길이 타올라 물고기가 먹음직스럽게 익었다고 한다.

이 사건 이후로는 몇몇 사람들이 그녀에게 음식을 주었다. 이제 많은 식당 주인들은 마이 마가 자신의 가게로 와서 음식을 청하는 것이 행운의 신호라고 굳게 믿고 있었으며, 그런 경우 그녀에게 호화로운 음식을 차려주었다. 하지만 그녀가 그런 요청을 하는 경우는 드물었다.

"어디로 가면 마이 마를 만날 수 있을까요?" 내가 물었다. 나는 사원 너머의 바위 절벽 아래로 걸어 내려가보라는 답을 얻을 수 있었다. 평소 그녀는 해안가 여기저기 산재해 있는 바위들 틈에 개들과 함께 앉아 있다고 했다.

식사를 마친 나는 정보통에게 들은 바에 따라 약간의 도사를 포장한 뒤 마이 마를 찾으러 길을 떠났다. 이때는 모래가 불에 타는 듯이 뜨겁게 달궈지는 시간이었다. 샌들을 신고 있는 게 정말 다행이라고 생각했다.

나는 어떨 때는 모래 위를 걷기도 하고 또 어떤 때는 바위를 오르고 내리며 해안가를 따라 걸어 내려갔다. 그러다 개들이 으르렁거리는 소리가 들려 발걸음을 멈췄다. 색도 크기도 다양한 대여섯 마리 정도의 개들이 거대한 바위 앞에 반원형으로 서서 나를 향해 으르렁거리며 이빨을 드러내고 있었다. 나는 멈춰 서서 그저 날 공격하지 않기만을 바라며 그들을 바라볼 수밖에 없었다. 바위 뒤에서 단조롭지만 듣기 좋은 여성의 목소리가 들려왔다. 무슨 말인지 알아듣지는 못했지만 마음이 차분해지는 소리였다. 개들은 으르렁대기를 멈추고 슬그머니 바위 뒤로 사라졌다. 대담해진 나는 앞으로 나아가 바위 뒤쪽을 살펴보았다.

바로 거기에 마이 마가 있었다. 그녀는 아기처럼 옷도 입지 않고 다른 바위에 기대어 앉아 있었다. 나는 햇빛에 까맣게 탄 그 아름다운 얼굴을 보고선 젊은 시절의 그녀는 얼마나 더 아름다웠을까 싶었다. 감지 않은 은빛 머리칼은 풍성하고 숱이 많았다. 웃음을 지을 때면 그녀의 얼굴은 밝게 빛났다. 그녀의 눈은… 아! 그녀의 눈… 내가 그 눈을 어찌 표현할 수 있을까? "아오.*" 마치 애지중지하는 자식을 부르는 엄마처럼 그녀가 말했다.

나는 갑자기 아기처럼 눈물을 흘리며 크게 울음을 터뜨리는 나를 보고 깜짝 놀랐다. 이 흐느낌은 내 가슴속 깊숙한 곳에서부터 솟구쳐 오르는 듯했고, 온몸이 떨려왔다. 나는 그녀의 가슴을 빨며 인간의 애정이라는 우유를 먹고 싶었지만, 지금까지 받아왔던 교육이 그럴 수 없도록 나를 막았다.

마이 마는 손을 내밀어 내 몸 구석구석을 다정히 어루만졌다. 그녀는 아름다운 목소리로 계속 내가 이해할 수 없는 무슨 말을 했다. 잠시 후 나는 기분이 한결 나아졌다. 마치 눈물이 모든 마음의 짐을 다 쓸어버린 것 같았다. 마음이 진정되자 포장해온 도사가 생각나서 그것을 그녀에게 바쳤다.

그녀는 포장을 풀어 자신이 먹을 것을 따로 남겨둔 뒤 나머지를 함께 다니는 개들에게 나눠주었다. 그리고 한 조각을 내 입에 넣어주며 내 얼굴을 쓰다듬었다. 그녀는 내가 알아들을 수 있는 단어 하나를 말했다. "자오, 자오(가, 가)." 나는 그것을 이제 가라는 뜻으로 알아듣고 두 다리를 곧게 뻗는 자세로 그녀의 발아래 엎드려 절을 한 뒤 떠났다.

---

* 힌디어로 '이리 오렴'.

버스 정류장을 향해 걸어가는 동안, 세 바다에서 들이치는 파도를 계속해서 맞고 있는 비베카난다 바위가 저 멀리에 보였다. 나는 스와미 비베카난다가 그의 사랑하는 스리 라마크리슈나를 만났을 때 나와 비슷한 감정을 느꼈을지 궁금했다. 트리반드룸행 버스가 도착했다. 나는 버스에 올라타 다시 트리반드룸으로 돌아갔다.

집에 도착했을 때는 꽤 늦은 시간이었다. 아직 주무시지 않고 계셨던 어머니는 내가 저녁으로 먹을 음식을 데우신 다음 식탁에 음식을 차려주시고 다시 안방으로 들어가셨다. 어머니는 내게 아무것도 물어보지 않으셨다. 안방으로 들어가시기 전에 그저 "늦었다. 얼른 먹고 자라"라고만 하셨다.

이날 밤, 나는 비전을 보았다. 어떤 교차로에 거대한 반얀나무 하나가 서 있었다. 나는 나무 밑에서 부처 자세인 가부좌 자세로 앉아 있었다. 카우핀만 빼면 입은 것이 없었으며, 머리는 다발로 엉겨 있었다. 검은 수염도 나 있었고 마른 몸이었다.

여러 갈래 길 중 하나에서 나무 지팡이를 짚은 사람이 걸어왔다. 가까이서 보니 내가 아는 사람이었다. 그 사람은 마이 마였는데, 이 비전 속에서는 보라색 사리sari를 입고 있었다. 내가 그녀를 바라보자 갑자기 그녀의 키가 반얀나무만큼 커졌다. 그녀는 웃는 얼굴로 나를 내려다보면서 이렇게 말했다. "배고프구나. 먹을 것 좀 다오." 하지만 내가 알기로 내게는 음식이 없었기 때문에 나는 어찌해야 할지를 몰랐다.

"네 동냥 그릇을 살펴보렴." 그녀가 말했다. 그래서 동냥 그릇을 보니 쌀 한 톨이 있었고, 나는 미안해하며 그 한 톨을 바쳤다. 그녀는 아주 기뻐하며 그것을 먹더니 오른손으로 내 이마를 가볍게 건드렸다. "눈을 감으렴." 그녀가 말했다. 그러자 이마에서부터 설명할 수조차 없는 지복의 느낌이 내 몸속으로 밀려 들어오더니, 모든 세포 하나하나로 퍼져나갔다. 그리고 나는 깨어났다. 동이 튼 시각이었다. 놀랍게도, 내 몸은 여전히 강렬한 지복의 느낌과 함께 맥동하고 있었다. 이것은 마치 술에 취한 듯한 느낌이어서, 나는 두 발로 간신히 중심을 잡고 서 있을 수 있었다.

나는 어떻게든 비틀거리며 화장실로 걸어갔고, 볼일을 본 뒤 다시 침대로 돌아왔다. 그리고 어머니께는 몸이 좋지 않다며 오늘은 학교를 가기 힘들 것 같다고 말씀드렸다. 어머니는 내 이마에 손을 대 보시더니 내가 심하게 열이 난다고 생각하셨다. 나는 아침으로 칸지 kanji(쌀죽 — 역주)만을 먹었다. 저녁이 되자 지복의 느낌이 가라앉았고, 다시 일상적인 상태로 돌아왔다. 절대 잊지 못할 기억이었다.

13장 ॐ 신성한 광기에 대한 이해

다른 이야기를 하기에 앞서, 또 한 번의 기이한 만남에 대해 먼저 이야기해두는 것이 좋을 것 같다. 나는 한 목수에게서 사람들을 발로 차는 이상한 성자가 푼투라poonthura에 살고 있다는 소식을 들었다. 푼투라는 내가 칼라디 마스탄을 만났던 비마 팔리에서 그리 멀지 않은 곳이었다. 크리스마스 연휴였던 어느 금요일, 그 괴짜 성자를 찾아가는 것을 망설이고 있었던 나는 호기심이 너무 커진 나머지, 아침에 푼투라행 버스를 타게 되었다. 그곳에 도착하자 모래 위에 쪼그려 앉은 이상한 남자 주변으로 사람들이 서 있는 모습이 보였다.

그의 까맣고 수척한 몸에는 때가 많이 묻어 있었다. 샅바를 제외하면 아무것도 입지 않은 상태였다. 다발로 엉겨 있는 머리카락과 수염은 너무 길어서 땅에 닿을 정도였고, 그의 눈빛은 정말 무시무시했다. 계속해서 여기저기를 쳐다보는 그의 두 눈에서 마치 덫에 걸린 짐승과도 같은 야생의 느낌이 났다. 나는 사람들 사이에 껴봤지만 시간이 조금 지나자 떠나는 것이 더 낫겠다는 생각이 들었다. 그 순간, 그 이상한 남자가 내게 가까이 오라는 손짓을 했다. 나는 가까이 가는 것을 망설였는데, 주변에 서 있던 누군가가 "가봐, 어서! 너 오늘 운 좋구나" 하고 말했다.

나는 머뭇거리면서 다가가 그의 가까이에 섰다. 그는 몸을 낮춰보라는 손짓을 했다. 나는 무릎을 꿇고, 더럽고 고약한 악취가 내 코를 강타할 것을 각오하며 그의 얼굴 가까이 머리를 가져다 댔다. 놀랍게도 그에게서는 향내만이 났다. 하지만 냄새가 아닌 다른 무언가가 나를 정말로 세게 강타하긴 했다.

어떤 경고도 없이, 그 이상한 남자는 여전히 앉아 있는 자세로 양 팔꿈치를 짚고 내 오른쪽 뺨에 발차기를 날렸다. 잠시 별이 보였다가, 땅으로 나가떨어져 뒹굴었다. 나는 일어나 뺨을 문질렀다. 우리 사이에는 아무런 말도 오고 가지 않았다. 그 스와미는 이제 내게 흥미를 잃은 듯 다른 곳을 보고 있었다. 나는 돌아다닐 곳이 딱히 없어서 다시 버스 정류장으로 걸어갔다.

버스를 탄 나는 몇 달 전 틀린 자세로 시르사사나shirshasana*를 하다가 다쳐서 통증이 생긴 등 오른쪽 아래가 완전히 나았음을 깨달았다. 다시 가만 생각해보니 그에게 감사한 마음이 들었지만, 버스는 출발하기 시작했다. 나는 그 이상한 남자에게 마음속으로 감사를 전했고, 다시는 그를 보지 못했다. 물론 푼투라의 스와미가 내 영적 진전에

* 물구나무와 비슷한 요가 자세.

어떤 영향을 미쳤는지는 알 수 없는 일이지만, 천성적으로 회의적인 사람인 나는 등의 통증이 사라진 것이 그저 우연이 아닐까 하는 생각을 했다.

내가 만난 성자들과의 이야기를 여태까지 읽은 독자 여러분은 내가 만난 사람들 대부분이 어째서 비정상적인 삶 — 나체로 다니고, 더럽고, 이상하게 행동하는 등 — 을 살고 있는 건지 궁금해할 수도 있겠다. 힌두교 전통에 따르면, 겉보기에 미친 사람처럼 보이는 성자와 성녀들은 아바두타라고 불렸다. 그리고 수피 전통에서는 이들을 마스트Mast 또는 마스탄이라고 불렀다.

아바두타 혹은 마스탄은 절대적 진리와 교감할 수 있기 때문에 영적으로 진보한 존재로 간주된다. 그들은 소위 문명화된 사회가 인간에게 부과한 모든 조건으로부터 스스로를 해방시켰으며, 모든 정상적인 사회적 행동규범을 벗어던졌기 때문에 미쳤다기보다는 오히려 더욱 정상적인 사람들이라고 할 수 있다. 이런 인물들 중 한 명은 미친 것처럼 보이는 자신의 행동에 대한 질문을 받았을 때 "나는 이 땅 어디에서도 아직 제정신인 사람을 본 적이 없다"는 대답을 내놓았다. 그는 이렇게 말했다. "모든 이들은 뭔가에 미쳐 있다." 그의 말에 따르면 정신병동에 갇힌 미친 사람들과 그곳에 갇히지 않은 이들의 차이점은 오직 병원 '안'에 있느냐 '밖'에 있느냐의 차이뿐이라고 했다.

물론 아바두타의 자연인과 같은 상태를 모방하여 나체로 돌아다니거나 이상한 행동을 하는 유형의 수행자들도 존재한다. 그러나 나가

Naga 사두*들과 디감바라Digambara** 수도자들의 설명에 따르면 그들의 나체 상태는 옷을 포함한 모든 것에 대한 포기와 아이의 천성적인 순박함으로 돌아가는 것을 상징한다고 한다.

수피 전통에서는 이런 이들이 사랑하는 이와의 교감과 사랑으로 인한 황홀경에 항상 취해 있다고 해서 마스트***라고 불린다. 일반 광인과 성스러운 광인의 경계선은 종이 한 장 차이라서, 미친 사람이 성자로 오인되거나 성자가 미친 사람으로 오인되는 경우는 허다하다. 사실, 이런 오인은 빈번하게 일어나며 이 두 사람을 구별할 수 있는 기준은 없는 것이나 마찬가지다. 그러니 대부분의 구도자들은 제정신으로 보이는 사람의 지도를 받는 것이 바람직하다.

이상한 행동을 하는 성자들 중 한 가지 유형이 더 있다. 이들은 사적으로 시간을 보낼 때는 완전히 안정적인 사람이지만, 무익한 사람들을 멀리 쫓아내야 할 때면 이상하고 고약한 행동을 한다. 그러한 집단 중 하나가 말라마티스Malamathis****라는 수피 단체다.

인생의 이 시점에서 나는 친밀하고 소중하며 익숙한 속박들을 끊어버리고 더 넓은 곳을 탐사할 수 있는 문턱에 다다라 있었고, 그 문

---

* 나가는 '벌거벗은'이라는 뜻이다. 나가 사두들은 시바 신의 추종자들로, 보통 히말라야에 살다가 쿰브 멜라Kumbh mela 축제 때 산에서 내려온다.

** 자이나교에는 시베탐바라Shvetambara와 디감바라Digambara라는 두 종파가 있다. 전자는 흰옷을 입은 사람이라는 뜻이며 후자는 벌거벗은 사람이라는 뜻이다.

*** 힌디어로 '취한', '도취된'이라는 뜻.

**** 말라마티스의 어원인 말라마는 아랍어로 '탓하다(blame)'라는 뜻이다. 말라마티스는 자기 비난(self-blame)을 강조한다. 경건한 언행은 사적인 것으로 남아 있어야 하며, 사람들에게 존경받는 것이 곧 세속적 애착으로 이어진다고 믿었기 때문이다. 따라서 이들은 자신의 지식을 숨기고 오히려 결점이 알려지도록 만들어 자신의 불완전함을 상기했다.

턱을 넘기를 열렬히 원하고 있었다. 내게는 오랜 궁리 끝에 결정한 이러한 모험을 하는 것을 막을 수도, 나를 잘못된 방향으로 이끌 수도 있었던 두 가지 중요 요소가 있었는데, 이 둘 모두 만족스럽게 해결되었다. 더 자세히 설명해보겠다.

첫째로, 정통 이슬람교는 신비주의적 수행에 찬성하지 않는다. 만약 내가 와하비Wahabi파* 전통의 가르침을 받았었다면 나는 집을 떠나 사회적 책임을 저버릴 생각을 일절 하지 않았을 것이다. 다행히도 여동생과 나에게 〔쿠란〕과 샤리아Sharia**를 가르쳐주신 선생님 에브라힘 바이Ebrahim Bhai는 알고 보니 수피였다. 나는 수피 가르침의 내적 신비를 가르쳐준 그에게 크나큰 은혜를 입었다.

평소에도 그러긴 했지만, 특히 여동생이 모종의 이유로 수업에 참여하지 못할 때면 선생님은 수피즘 수행자들의 가르침을 아름답게 이야기해주셨다. 그 덕분에 나는 어떤 희생을 치르더라도 영적인 보물을 찾아야겠다는 영감과 용기를 얻을 수 있었다.

둘째로, 영적으로 큰 진보를 이룬 이들은 구도자들에게 한 가지 중요한 경고를 던진다. 그것은 소위 말하는 기적적인 힘에 매혹되거나 그 힘을 획득하려는 욕망을 경계하라는 것이다. 심지어 라마크리슈나 파라마한사는 이런 말까지 했다. "성자가 마법의 힘을 내보인다면 그로부터 가능한 한 멀리 도망치라." 나는 어린 시절부터 소위 말하는 초자연적인 힘과 마법에 관심이 많았기 때문에, 이미 마술 트릭과 마법 의식 둘 다를 주제로 한 다량의 문헌들을 익숙히 접한 상태

---

* 이슬람교의 한 종파. 이슬람이 아닌 다른 문화나 사상들을 극도로 배격하며 아주 보수적이다.

** 이슬람의 법률체계.

였다. 이뿐 아니라 여러 마술사들을 만나 그들이 업계에서 쓰는 트릭들을 개인적으로 많이 배웠기 때문에 대학이나 작은 모임 등에서 공중부양, 인도 밧줄 묘기*, 미녀를 톱으로 썰어 반으로 가르는 묘기 등 제대로 된 마술 쇼를 할 수 있을 정도의 실력도 갖추고 있었다.

공중에서 성스러운 재나 금반지, 크리스털 링감lingam**을 만들어 내는 것과 같은 사소한 트릭들은 나에게 어린애 장난과도 같았다. 나는 성자의 제자들 앞에서 그런 묘기들을 선보임으로써 많은 성자들을 화나게 했다. 여기서 중요한 것은, 소위 기적과 마술을 깊이 연구한 나로서는 더 이상 그런 것들을 봐도 놀랍지 않았고 오히려 그런 현상들이 대수롭지 않게 여겨졌다는 점이다. 따라서 나에게는 그런 것들을 미끼로 사용하여 순진한 사람들을 등쳐 먹는 '성자들'에게 현혹되어 오도당할 위험이 없었다. 힘든 과정이 내 앞에 기다리고 있다고 해도 나는 진정한 영적 스승을 찾아 나설 준비가 되어 있었으며, 황토색 로브를 입은 마술사들에게도 속지 않을 준비가 되어 있었다.

---

* 긴 밧줄이 담긴 바구니를 탁 트인 공간에 놓고, 파키르가 마법을 부리면 밧줄이 빳빳한 직선 형태로 공중에 뜬다. 그러면 옆에 있던 소년 조수가 밧줄을 타고 올라갔다 내려온다.

** 힌두교 신 시바를 추상적으로 표현한 물체. 링가라고도 한다.

14장 ॐ 선행 모험

이제 떠나고 싶어 죽을 지경이 된 나는 히말라야를 향한 끌림에 그저 이끌려갈 수밖에 없었다. 웅장한 모양의 구름을 볼 때마다 눈 덮인 산봉우리들이 떠올랐다. 눈에 집착하는 내 마음은 바위 언덕을 볼 때도 그것을 눈 쌓인 하얀 바위 언덕으로 보고 있었다. 나는 우뚝 솟은 은빛 절벽 옆의 동굴에서 명상을 하는 위대한 요기들을 꿈에서 여러 차례 보았다. 그중 한 특별한 꿈에서는, 내가 아홉 살이 좀 넘었을 때 잭프루트 나무 아래서 본 그 사람이라고 확신할 수 있는 요기 한 명을 보았다. 그는 히말라야의 어느 동굴 근처에 서서 나를 기다리고 있었다.

꿈 내용은 그게 다였다. 나는 여행기와 철도 안내서를 포함하여 히말라야에 관한 모든 문헌을 다 읽은 후 행동 계획을 세웠다.

하지만 생각해보니, 실제로 모험을 떠나기 전에 좀더 가벼운 모험을 먼저 시도해보는 것이 현실적으로 더 낫겠다는 생각이 들었다. 열흘 동안 짧게 집 밖에서 지내보는 게 그 목적에 도움이 될 것이었다. 이 계획대로 잠시 집을 떠난다면 첫째로, 그 기간 동안 내가 혼자서 살아남을 수 있는지를 알 수 있을 것이며 둘째로, 내가 돌아왔을 때 부모님이 — 특히 나를 끔찍이 사랑해주시는 어머니가 — 나의 행동을 어떻게 받아들이실지 알 수 있을 것이었다. 그리고 마지막으로 내가 매우 귀여워하는, 이제 겨우 다섯 살이 넘은 둘째 여동생과의 이별이 내게 어떤 영향을 줄지도 알 수 있을 것이었다.

나는 치안 판사였던 한 친척으로부터 티루날벨리Tirunalveli에서 조금 떨어진 탐라파르니Tamraparni 강둑에 포탈푸투르Pottalputhur라는 아주 작은 마을이 있는데, 거기에 영묘가 있다는 이야기를 들었다. 마을에는 위대한 수피 성인 압둘 카디르 길라니Abdul Qadir Gilani의 것으로 추정되는 샌들 한 켤레가 보관되어 있고, 카다리야Qadariya* 수도원 수피 파키르들의 작은 공동체도 있다고 했다.

또, 마을에서 멀지 않은 깊은 숲속으로 가면 언덕 위에 어떤 동굴이 있다는 말도 들었다. 동굴 안에는 이름 모를 성자의 무덤이 있는데, 수피 집단이 그곳을 자주 드나든다고 했다. 밤이 되면 이상한 존재들이 그 동굴에 나타난다는 소문도 있었다.

나는 포탈푸투르를 목적지로 정했다. 그 마을은 트리반드룸에서 그리 멀지 않았다. 모아둔 용돈이 꽤 있었기 때문에 차표를 사고도 돈이 좀 남았다. 나는 나게르코일Nagercoil행 버스에 탔고, 거기서 티루

---

* 인간에게는 선택의 자유와 의지가 존재하며 인간의 행동이 신의 계획에 의해 결정되지 않는다고 믿는 교단. 이슬람의 예정론을 거부한다.

날벨리행 버스로 갈아탔다. 포탈푸투르에는 저녁에 도착했다. 가지고 있는 옷이라곤 내가 입고 있는 옷인 흰 셔츠와 흰 도티, 목에 두른 커다란 흰 천이 전부였다. 가족들은 내가 어디로 갔는지 몰랐다.

나는 포탈푸투르에서 내가 전해 들었던 수피 집단이 어디 있는지 바로 알아낼 수 있었다. 셰이크Sheikh*, 즉 수도원장 자리를 세습받은 이남다르Inamdar 씨가 커다란 흰색 방갈로에 살고 있다고 들었기 때문이다. 영묘와 그 옆에 딸린 작은 모스크에서 그리 멀지 않은 곳이라고 했다. 나는 방갈로를 찾아갔고, 약간의 기다림 끝에 셰이크에게 안내되었다.

나는 그를 보고 놀랐다. 그는 보통 사람처럼 보였고, 흰 셔츠와 흰 바지 같은 평범한 옷을 입고 있었다. 멀끔한 인상을 한 중년의 그는 깔끔한 검정 턱수염과 가느다란 콧수염을 뽐내고 있었다. 터번도 없고 심지어 모자도 안 썼다.

그의 의자 뒤 벽에는 초록색 로브에 주황색 터번을 쓰고 수염을 기른, 기품 있는 인물의 초상화가 걸려 있었다. 내가 초상화를 보고 있으니 그가 말했다. "내 아버지라네." 우리는 꽤 많은 문제들을 논의했다. 그는 두 가지 이유를 들며 수피 교단에 입문하고 싶다는 나의 청을 정중히 거절했다. 첫째로, 입문은 마흔 살 이상만 할 수 있었다. 둘째로, 수피는 완전한 삶을 살기 때문에 결혼 생활의 경험이 필수였다. 나는 미혼이었기 때문에 아직 더 기다려야만 했다.

입문을 제외하면 그는 수피즘에 대해 무엇이든 알려줄 수 있었다.

---

* 이슬람교에서 가장, 족장, 장로 등을 일컫는 단어.

그는 마지못해 내가 모스크에 딸린 기숙사에서 잘 수 있게 허락해줬지만, 식사는 꼭 자신과 함께 먹어야 한다고 단언했다.

나는 모스크로 물러나 푹 잤다. 다음 날 아침 일찍, 기도 시간을 알리는 무에진muezzin*의 목소리에 눈을 떴다. 나는 형식적인 나마즈namaz** 의례를 열심히 하는 편은 아니었지만 거기 모여 있던 몇몇 사람들이 하는 대로 따르기로 했다. 의례 후 나는 바즈라사나Vajrasana*** 자세로 앉아 명상을 했다. 모스크 지붕에 사는 비둘기들은 쉴 새 없이 구구거리는 소리를 냈다.

셰이크와 함께 아침을 먹고 나서는 카다리야 수도원의 파키르들을 만났다. 셰이크와는 달리, 그들은 수피 파키르의 전통 로브를 입었다. 주황색 터번과 긴 수염이 그들 복장의 완성도를 더해주고 있었다. 셰이크는 그들에게 나를 소개해주며, 우리가 첫날 나눈 논의에 대해 그들과 이야기를 나누었다.

나는 식사 시간에 다시 셰이크를 만났고, 수피 이론과 수행에 대해 정말 많은 것을 배웠다. 그는 나에게 수피 가르침의 위대한 고전, 알리 후즈위리Ali Hujwiri가 쓴 〔카슈프 알 마주브Kashf al-Mahjub〕의 훌륭한 영어 번역본 《숨겨진 것이 드러나다》(The Revelation of the Veiled)와 시르달 이크발 알리 샤Sirdar Ikbal Ali Shah의 《수피들》(The Sufis)을 빌려주었다.

또한 그는 꽤 나이가 든 파키르 한 명에게 그 가르침에 대해 나와 자유롭게 이야기하라고 지시했다. 그렇게 시간이 지나고, 나는 더없

---

* 이슬람 사원에서 기도 시각을 알리는 사람.

** 이슬람식 예배 또는 기도.

*** 무릎을 꿇는 자세. 금강좌라고도 한다.

이 즐겁고 행복하게 밤낮으로 명상을 했다. 그곳은 음식도 맛있었다.

일주일이 지난 후, 나는 숲속 동굴에 대한 얘기를 꺼내며 그곳으로 향하는 길을 물었다. 셰이크는 방향을 알려주긴 했지만, 내가 혼자 거기 가는 것에는 동의하지 않았다. 그는 정글이 엄청나게 울창하며 거기에는 표범들도 산다고, 동굴로 가는 길을 쉬이 찾을 수는 없을 거라고 말했다. 그래서 셰이크는 내가 동굴로 가는 것을 도와주기로 했다. 에브라힘Ebrahim이라 불리는 할카Halqa(공동체) 멤버가 나와 동행해달라는 셰이크의 요청에 응했다. 그는 키가 크고 튼튼한, 흰 턱수염을 기른 남성이었는데 이미 여러 차례 동굴에 가본 경험이 있었다. 어리고 피부가 까만, 키가 땅딸막한 그의 조수도 함께 가기로 했는데 이 조수는 말이 거의 없었다.

어느 날 오후, 우리는 버스에 올라탔고 버스는 한 시간 후 우리를 외딴 마을 근처에 내려주었다. 셰이크의 말이 맞았다. 숲은 정말로 울창했다. 젊은 조수는 길을 내기 위해 여기저기 가시덤불을 계속 잘라내야 했다. 우리는 흑마법의 대가라고 소문난 부족들이 숭배하는, 거대하고 흉포한 모습의 우상들을 보았다. 몇몇 장소에서는 참수당한 동물들의 머리와 내장이 바나 데바타vana devata들, 즉 숲의 신들에게 제물로 바쳐진 것을 발견하기도 했다. 꽤 무서웠다.

우리는 해 질 무렵 언덕에 도착했다. 바위로 만들어진 계단이 있어서 10분 만에 동굴로 올라갈 수 있었다. 동굴을 지키고 있는 듯한 거대한 고목들이 사방에 널려 있었다. 어둠이 빠르게 다가오고 있었기 때문에 젊은 조수 하산Hassan은 장작을 모으느라 바빴다. 그 와중에 나는 적당한 크기의 그 동굴을 탐험했다. 텅 비어 있었지만 마치 누군가가 최근에 정돈해둔 것처럼 깨끗했다.

동굴 입구에는 무덤이 있었는데, 에브라힘 사히브는 이 무덤이 말랑 바바Malang Baba라고 불리는 떠돌이 수피 성인의 무덤이라고 설명했다. 그는 향에 불을 붙인 뒤 눈을 감고 기도했다. 그때쯤, 동굴 근처의 넓고 평평한 바위 부분에서 모닥불이 활활 타올랐다. 하산은 동굴에서 조금 떨어진 곳에 있는 샘에서 식수를 떠왔고, 나를 제외한 둘은 천 가방에 챙겨놨던 약간의 식량을 꺼냈다. 하산이 직화 차파티chapati*를 구우면서 타마린드, 양파, 코코넛 부스러기, 레드 칠리와 소금을 갈아 처트니를 만드는 동안 에브라힘 사히브와 나는 손과 얼굴, 발을 씻고 명상에 잠겼다.

시장이 반찬이라고 했던가, 잠시 후 우리는 함께 앉아 빵과 처트니로 맛있게 배를 채웠다.

식사 후 에브라힘 사히브와 하산은 탬버린을 꺼내어 우르두어로 아름다운 수피 노래 두 곡을 불렀다. — 두 곡 모두 사랑하는 이에 대한 동경과 사랑을 표현하는 노래였다. 우리는 하산과 에브라힘이 가져온, 짚을 엮어 만든 매트 위에 편히 누웠다. 불은 여전히 밝게 타고 있었다. 잠들기 직전, 에브라힘 사히브가 내게 말했다. "밤에 우리 말고 다른 사람이 자네를 깨우면 나를 부르게. 어두울 때 숲속으로 들어가는 실수를 범하지는 않길 바라네. 만약 용변을 봐야 한다면 우리가 누워 있는 이 바위 가장자리까지만 가게."

그의 말을 듣자 얼마 동안은 두려움 때문에 잠을 잘 수가 없었다.

---

* 인도식 밀가루 빵.

그러나 결국에는 시원한 산들바람이 살살 불어오고, 피로도 몰려오면서 깊은 잠에 빠졌다. 얼마나 잤는지는 알 수 없지만 동이 트기 전, 무언가 또는 누군가가 내 오른팔을 잡아당기는 느낌이 들어 잠에서 깼다. 맨 처음에는 내 손가락을 물어뜯으려는 어떤 야생동물이 틀림없다는 생각이 들었지만 오른쪽으로 몸을 돌려 그것의 정체를 눈으로 확인한 순간, 내 몸은 공포로 얼어붙었다.

겨드랑이에 빗자루를 낀, 이빨이 다 빠진 늙은 마녀가 슬픈 표정으로 내 옆에 무릎을 꿇고 앉아 있었다. 마녀는 뼈가 앙상한 손가락으로 계속해서 내 오른손을 잡아당기며 구슬픈 목소리로 속삭였다. "가자, 얘야. 나랑 같이 가자. 나는 늙고 병이 들었단다. 와서 나를 도와주렴. 가자, 가자."

갑자기 내 마음속에 에브라힘 사히브의 경고가 떠올랐다. 그는 내 가까이에 자고 있었지만 나는 왼손을 움직여 그를 깨울 수도 없었고, 도와달라고 소리칠 수도 없었다. 성대를 포함한 온몸이 마비된 것 같았다. 끔찍했다. 노파의 얼굴이 내 얼굴 가까이로 다가오고 있었다. 살이 썩는 악취가 코를 찔렀다. 나는 눈을 감고 마지막으로 필사의 노력을 해보기로 했다.

나는 가슴 중심에 주의를 집중하고, 거기서 나오는 빛나는 은색 줄이 에브라힘 사히브를 향해 가는 것을 상상했다. 효과가 있었다. 왼쪽에서 고함을 치는 소리가 들렸고, 에브라힘 사히브가 모닥불에 타고 있던 장작을 들고 벌떡 일어나 내 쪽으로 뛰어왔다. 추측건대 그의 눈에도 보였을 이 마녀의 환영을 향해 그는 불타는 장작을 겨누었다. 그리고 무언가를 타밀어로 크게 챈팅했다.

그러자 마녀는 사라졌고, 나는 마비에서 풀려나 일어나 앉았다. 하산도 잠에서 깼는데, 약간 떨고 있는 것처럼 보였다. 방금 무슨 일이었는지를 묻자 에브라힘 사히브는 짧게 대답했다. "숲에 사는 비물리적 존재들 중 하나이네. 사악한 존재들이지." 그리고 더 이상의 말은 하지 않으려 했다.

새벽이 되자 우리는 씻고 명상을 한 뒤 돌아갈 채비를 마쳤다. 원래는 이틀 밤을 묵고 싶었지만 지난밤의 그 무서운 경험 때문에 그러고 싶은 마음이 쏙 들어갔다. 나는 그들과 함께 왔던 길을 되돌아갔다.

포탈푸투르에서 하루를 더 보낸 후, 나는 이남다르에게 작별 인사를 하고 저녁 무렵 트리반드룸행 버스에 올랐다. 나는 시내버스를 탈 돈이 없어서 떠날 때와 똑같은 차림으로 집까지 걸어갔다. 옷이 꽤 더러워졌고, 얼굴에는 수염이 자라 있었다. 어느 모로 보나 부랑자의 모습이었다.

돌아온 나를 제일 처음 발견한 것은 어머니였다. 어머니는 나를 껴안고 눈물을 흘리셨다. 셋째는 나를 보고 매우 기뻐했다. 이제 다시 내 방으로 와서 나와 놀 수 있었기 때문이다. 둘째는 겉으로 별 감정을 드러내진 않았지만 내 생각에는 행복해하는 것 같았다. 아버지는 이후로 내게 한 달 동안 말을 걸지 않으셨지만 그 후에는 마음이 풀리셨다.

나는 새로 이사 간 집, 그러니까 찬드라 빌라스Chandra Vilas 또는 문하우스Moon House라고 불리는 그 집 위층의 작은 다락방에서 명상하는데 점점 더 많은 시간을 쓰기 시작했고, 명상을 통해 새로운 모험을 많이 할 수 있었다.

나는 집을 떠나 사는 것이 어떤지 한번 맛을 봤고, '가족이나 친구 문제에 있어서 감정적으로 자유로울 수 있는가?'라는, 나 스스로 부과한 시험도 통과했기 때문에 이제는 저 멀리 히말라야로 날아가고 싶었다. 누군가가 나를 기다리고 있었다. 히말라야의 부름은 날마다 더 커지고 있었고, 나는 떠나기에 적당한 때를 노리고 있었다.

그 적당한 때는 내게 수험료가 주어지면서 나타났다. 나는 그 돈을 다른 시험 — 내게는 더 중요한 시험 — 을 통과하는 데 쓰겠다고 결정했다. 내가 긴 여행을 계획하고 있다는 것을 알았던 유일한 인물인 내 친구 란짓은 내게 약간의 돈을 보태주었다. 나는 떠날 준비가 되어 있었다.

15장 ॐ 히말라야를 향하여

2월의 어느 저녁, 나는 첸나이행 급행열차에 몸을 실었다. 히말라야를 향한 여정이 시작된 것이다. 스무 살이 좀 안 되었을 때의 일이다.

그 당시에는 첸나이에 도착하는 데 24시간이 넘게 걸렸다. 나는 가능한 한 옆자리 승객들과의 대화를 피했다. 기차는 다음 날 저녁 무렵에 증기를 내뿜으며 에그모어Egmore 역에 도착했다. 나는 여기서 첸나이 센트럴Chennai Central 역으로 가는 버스를 탔다. 그리고 매표소에서 이틀 후 델리Delhi로 가는 침대차 이등석을 가까스로 예약한 뒤 근처의 작고 저렴한 호텔을 찾아 체크인했다.

내 외할아버지는 첸나이에 사셨는데, 방학 때 할아버지 댁에 세 번이나 가본 적이 있어서 그 지역은 꽤 익숙했다. 첸나이는 버스 편이 잘 되어 있었고 나는 마일라포르Mylapore에 있는 카팔리스와라Kapaliswara 사원, 신지학회, 라마크리슈나 선교회에 가는 법도 알고 있었다. 그래서 다음 날에는 이 장소들을 돌아다니면서 하루를 보냈다.

나는 신지학회와의 모든 연을 끊고, 신지학에 나오는 마스터들을 신지학자들의 상상 속 허구로 치부했던 지두 크리슈나무르티Jiddu Krishnamurti의 가르침을 읽은 적이 있었다. 하지만 나는 개인적으로 위대한 영적 마스터들의 존재에 대한 굳건한 믿음을 가지고 있었고, 예전에 바다 근처에 자리한 신지학회 캠퍼스를 거닐 때 큰 평화와 함께 그들의 명백한 존재감을 느낀 적도 있었다. 이번에 나는 커다란 반얀나무 근처의 벤치에 앉았는데, 깊은 광활함과 고요함의 느낌이 나를 압도했다. 이 느낌은 내게 위안이 되었고, 이제 막 시작된 모험적인 여정에 대한 나의 모든 걱정을 잠재워주었다.

이후, 호텔로 돌아오기 전에는 모티 바바Moti Baba라는 유명한 수피 성인의 무덤도 한번 들렀다. 식사를 마친 나는 명상을 하기 전에 〈스와미 비베카난다 전집〉 책을 읽었다.

명상을 하면 내 가슴 중심에 항상 나타났던 은색 빛은 그날 밤 주황색으로, 그다음에는 짙은 보라색으로 바뀌었다. 이 보라색 원반은 점점 팽창하더니 중간이 갈라졌는데, 거기서 히말라야의 한 장면이 나타났다. 눈 덮인 봉우리 기슭에 작은 동굴이 있었고 그 동굴 밖에 누군가가 서 있었다. 그 인물의 모습은 흐릿해서 똑똑히 보이지가 않았다. 누군가가 나를 이해할 수 없는 어떤 이상한 이름으로 부르는 목소리를 들었던 것 같다. 그러다 나는 잠이 들었다.

다음 날 아침 일찍, 뉴델리행 급행열차의 3층 침대에 자리를 잡았다. 가는 동안에는 아무 일도 없었고 나는 대부분의 시간 동안 남들과 어울리지 않았다. 48시간 후, 기차는 새벽에 뉴델리에 도착했다.

이것은 나의 첫 델리 여행이었고, 나는 판다바Pandava 형제들*의 고대 도시, 인드라프라스타Indraprastha의 현대판에는 딱히 관심이 없었다.

알아보니 하리드와르Haridwar행 열차는 올드 델리Old Delhi 기차역에서 탈 수 있었다. 그래서 나는 자전거 인력거를 탔고, 도시의 낡고 더러운 지역에 위치한 역에 도착했다. 인상적인 모습의 레드 포트Red Fort**와 자마 마스지드Jama Masjid***를 포함한 대부분의 이곳 건물들은 오랜 이슬람 통치 시기를 나타내주는 유물이었다.

아침 8시, 하리드와르에 정차할 예정인 데흐라둔Dehradun행 기차에 올랐다. 기차 안에서 하루를 거의 다 보내고 저녁쯤 하리드와르에 도착했다. 나는 리시케시Rishikesh행 기차가 아침에만 출발한다는 말을 듣고 하리드와르에서 시간을 때우기로 했다.

이곳은 바드리나쓰의 신 하리Hari(비슈누 — 역주)와 케다르나쓰의 신 하라Hara(시바 — 역주)가 있는, 히말라야 높은 곳으로 가는 관문(doorway, dwar)이기 때문에 하리드와르라는 이름이 붙었다. 나는 하르 키 파우리Har ki Pauri****에서 처음으로 장엄하게 흐르는 거대한 강가Ganga 강을 두 눈으로 볼 수 있었다. 숨 막히는 장관이었다. 물론 많은 관광객과 순례자들이 자기들만의 일을 이것저것 하고 있었지만, 그 어떤 것

---

* 힌두 서사시 〔마하바라타〕의 중심인물인 다섯 형제를 말한다. 이 다섯 명은 한 공주와 결혼하여 인드라프라스타라는 도시를 세웠다. 역사학자들은 이 고대 도시의 위치가 현재의 뉴델리 지역이라고 말한다.

** 무굴 제국의 황제들이 주요 거처로 사용했던 붉은 색 요새. 샤 자한Shah Jahan이 1638년 건설을 지시했고 2007년 유네스코 세계 문화유산으로 지정되었다.

*** 인도에서 가장 큰 모스크 중 하나. 1650년부터 1656년까지 샤 자한에 의해 건축되었으며 델리의 상징적인 장소다.

**** 하리드와르의 랜드마크. 강가 강과 이어져 있는 넓은 계단이다.

도 영원히 흐르는 이 맑고 시원한 물로부터 나의 주의를 빼어오지는 못했다.

나는 갑자기 마음속에 떠오르는 일이 있어 그것을 행동으로 옮겼다. 노란색 도티와 무릎까지 오는 노란 반소매 쿠르타, 그리고 천으로 된 가방 하나를 산 것이다. 그런 다음 이발소에 가서 머리와 콧수염을 모조리 밀어버리고 뒤통수에만 작고 둥근 모양으로 머리를 약간 남겨두었다. 힌두교 전통의 복사服事인 시카shikha들이 수백 년 동안 유지해온 머리 모양과 비슷한 변발이었다.

나는 이발소 거울에 비친 내 모습이 마음에 들었다. 이 젊고 훤칠한 브라마차리brahmachari*는 저 멀리, 오르기 힘든 눈 덮인 산봉우리에 위대한 스승이 살고 있으리라 믿으면서 그를 찾아 여정을 떠날 준비가 되었다.

나는 하르 키 파우리에서 강가 강에 몸을 씻고 노란 도티와 쿠르타로 옷을 갈아입었다. 신고 있던 고무 슬리퍼는 그대로 신기로 했다. 다른 많은 사두들도 이런 고무 슬리퍼를 신은 모습을 봤기 때문에 괜찮을 것 같았다. 내 과거의 흔적, 즉 내가 아까까지만 해도 입고 있던 셔츠와 바지는 가방에 쑤셔 넣었다. 그리고 옷이 필요한 사람이 가방을 발견하기를 바라면서 그것을 강으로 내려오는 가트ghat**쪽에 놔두었다.

이제 나는 다른 사두들과 비슷해 보였다. 오른쪽 어깨에 걸치고 있

* 고대 힌두 문헌에서 논의된 삶의 단계인 아스라마Asrama에는 총 네 단계가 있는데 그중 첫 단계가 '브라마차리야'이며 이 단계를 거치는 이를 브라마차리라고 한다. 이 초기 단계에서는 구루와 함께 살며 과학, 철학, 경전 등의 지식을 공부하고 자기 수양을 한다. 25세까지를 이 단계로 본다.

** 강과 땅 사이에 지어진 넓은 계단을 말한다.

는 내 천 가방 안에는 책 몇 권과 수건 한 장, 연필 한 자루, 칫솔 하나가 있었다. 그리고 왼쪽 어깨에는 잠잘 때나 명상할 때 쓸 수 있는 모직 담요를 걸쳤다. 이제 내게 필요한 것은 물 주전자 또는 카만달루kamandalu*뿐이었다. 그래서 근처의 가게에서 멋진 구리 카만달루를 샀다. 나는 돈이 얼마나 남았나 세어보았는데 아직도 꽤 많은 돈이 남아 있었다. 이 돈은 쿠르타 옆 주머니에 넣어두었다.

그러다 2년 전에 할아버지가 선물해주신 고급 메탈 손목시계가 눈에 띄었다. 나는 그 시계가 진리를 찾아 헤매는 떠돌이 구도자의 모습에 어울리지 않는다고 생각했고, 시계를 풀어 조용히 가트에 놔두었다. 이제 하리드와르를 탐험할 시간이었다. 어쩌면 바로 이곳에서 위대한 요기를 만날지도 모르는 일이었다.

하르 키 파우리에서는 수많은 사원과 아쉬람의 지붕들, 그리고 시발리크Shivalik 언덕이 보였다. 길을 따라 올라가자 〔라마야나〕에 나오는 강력한 원숭이 신, 하누만을 모시는 작은 사원이 있었다. 늙은 브라만 사제는 내 이마에 빨간 틸락tilak**을 묻혀주었는데, 내가 관례대로 닥쉬나dakshina(현금 — 역주)를 내지 않아 실망한 듯 보였다. 그래서 재빨리 1루피를 내니 그는 나에게 장수와 행복을 빌어주었다.

나는 많은 사원과 아쉬람을 방문했고, 온갖 종류의 사두와 구도자들을 보았다. 이마에 수직 모양의 종파 상징을 그린 비슈누파(Vaishnavism) 수행자, 재를 묻혀 가로선을 여러 개 그은 시바파(Shaivism) 수행

---

* 힌두 수행자들이 식수를 들고 다니기 위해 쓰는, 손잡이가 달린 물병. 박이나 코코넛 껍질, 금속, 나무, 점토 등으로 만든다. 단순하고 자족적인 삶을 상징한다.

** 힌두교도가 이마에 찍는 빨간 점.

자, 핏빛의 붉은 틸락을 묻힌 샥티파(Shaktism) 수행자, 그 외에 내가 여태껏 한 번도 본 적이 없는 이상한 상징들을 얼굴에 칠한 사람들도 있었다.* 이국적이고 특이한 로브에서부터 평범한 주황색 도티까지, 그들이 입고 있는 로브도 다양했다. — 허리 주변으로 좁다란 천 조각 하나만 둘둘 두른 수행자도 있었다.

또, 이들 중에는 다발로 엉겨 있는 머리를 한 나가들도 있었는데 이들은 디감바라, 즉 완전히 벌거벗은 자들이었다. 그들은 대중들로부터 받는 관심을 즐기며 트리슈라trishula**를 들고 태연하게 돌아다녔다.

니르바니 파라마한사 아카다Nirvani Paramahansa Akhada***에 속한 마하만다레슈와르Mahamandaleshwar(대수도원장) 산하의 아쉬람 중 하나에서 나는 자신이 그 수도원장의 직속 제자라고 말하는 케랄라 출신의 한 남자를 만났다. 아마 내 억양을 듣고 내가 케랄라 사람이라는 것을 알았던 것 같다. 그는 나를 구내식당으로 데려갔고, 거기서 나는 큰 잔에 담긴 따뜻한 우유를 대접받았다. 우리는 거기서 많은 이야기를 나누었다. 그는 정부 관료로 일하다 은퇴한 후 구루의 아쉬람에 정착했다고 한다. 그의 아내는 세상을 떠났고, 지금은 아름다운 딸과 함께 아쉬람에 살면서 아쉬람 학교에서 딸을 교육시키고 있다고 했다.

내가 나의 진짜 이름을 말해주자 그는 깜짝 놀랐다. 하지만 나와

---

* 비슈누파와 시바파는 각기 비슈누, 시바를 최고신으로 숭배하는 힌두교 종파이며 샥티파는 힌두교의 신성한 어머니인 샥티를 궁극적 신성으로 숭배하는 종파다.

** 힌두교의 상징 중 하나로, 삼지창 모양이다. 시바 신이 휘두르는 무기로 알려져 있다. 창조-유지-파괴, 과거-현재-미래, 몸-마음-아트만 등의 다양한 삼위일체를 상징한다.

*** 아카다는 영적 계보와 전통 무술을 잇기 위한 수행 시설이 갖춰진 곳을 말한다.

잠시 대화를 나누고 나서 그는 내가 힌두교 철학에 진정으로 관심이 있으며 그것에 진지하게 몰두해 있다고 확신했다. "자네는 정말로 진지하게 구도의 길을 걷고 있는 것 같군." 그가 말했다. "만약 자네가 실명을 밝힌다면 가르침을 받지 못하거나 영적인 수행에 입문하지 못할 수도 있네. 안타깝지만 여전히 어느 정도의 종교적 정통성이 있는 사람을 제자로 선호하는 것이 현실이니 말이야. 내 생각에는 힌두교식으로 이름을 바꾸는 것이 좋겠네. 힌두교 수행자들도 입문 뒤에는 자기 이름을 바꾸지. 힌두교 신 중에서 가장 좋아하는 신이 누구인가?"

"시바입니다." 내가 답했다. "카일라시Kailash 산에 앉아 명상하는 요기 신이죠."

"좋아." 그가 말했다. "자네만 괜찮다면 시바프라사드Shivaprasad라는 훌륭한 이름을 추천하고 싶네. 이 이름을 쓰게. 스와미를 만나게 되면 내가 자네를 시바프라사드라고 소개하겠네. 어떤가?"

"그렇게 하는 게 정말로 제 탐구에 도움이 될까요?" 내가 물었다.

"그렇다니까." 그는 이렇게 답하며 자신의 아름다운 딸 스리데비Sridevi를 불러 나를 소개시켜주었다. "이쪽은 브라마차리 시바프라사드란다." 그때부터, 그리고 내 영적 여정의 대부분의 시간 동안 나는 그 이름을 고수했다. 이 이름은 여러모로 많은 도움이 되었다.

나는 저녁에 수도원장(이름은 언급하지 않겠다)을 만났다. 아까 말한 내 친구 아이어Iyer 씨가 그에게 나를 소개해주었다. 그러자 수도원장은 내게 약간의 학교 일을 거들고 명상을 하면서 아쉬람에 머무르는 게 어떻겠냐고 제안했다. 내가 원하기만 한다면 그는 내게 명상을 가르쳐줄 것이었다. 다음 날 수도원장은 내게 이런 말을 했다. “하리드와르는 신성한 곳이네. 이 아쉬람에 머물면 영적인 유익을 얻을 수 있을 걸세. 그저 밖을 돌아다닐 때만 조심하면 되네. 지금은 칼리유가* 이고, 대부분의 사두와 산야신들은 사기꾼이지. 그들은 자네에게 ‘진리’를 향한 지름길을 알려주겠다고 할 테지만 결국 자네는 그들에게 실망하게 될 거야.

그런 이들 중 헬리콥터를 소유하고 있고, 외국인 제자들을 위해 에어컨을 설치한 명상실을 가지고 있는 자들은 최악이라네. 그들은 교육을 잘 받은 어린 제자들을 노리는데, 미처 알아차리기도 전에 자네는 그들의 덫에 걸리게 되지. 또, 사두 행세를 하며 생계를 유지하는 대마초 중독자들도 있네. 자, 이제 가보게. 아이어 씨가 자네를 방으로 안내해줄 거야.”

아이어 씨는 내가 쓸 방을 보여주었다. 방에는 강가 강이 보이는 창문이 있었고, 나는 그곳에서 며칠 동안 행복하게 지냈다. 아쉬람에는 60마리도 넘는 소들이 사는 거대한 외양간이 있었고, 우유와 과일 그리고 버터가 풍부해서 음식도 잘 먹을 수 있었다. 아이어 씨와 그의 딸 스리데비는 매우 친절했는데, 나는 아름다운 스리데비와 나의 사이가 너무 가까워지고 있음을 점점 깨닫게 되었다.

일이 너무 복잡해지기 전에 아쉬람을 떠나 히말라야 고지로 여행을 가겠다는 원래의 계획을 따라야겠다고 결심했다. 그 어떤 것으로

---

* 칼리Kali의 시대라는 뜻이며 기원전 3102년부터 시작되어 43만 2000년 동안 지속된다고 한다. 칼리유가는 힌두교의 네 유가 중 마지막이며, 모든 것이 부패하고 쇠퇴하는 시대로 여겨진다. 영적으로도 어두운 시기이고, 고통과 전쟁, 도덕적인 쇠퇴 등 인간의 열등한 측면이 강조된다.

도 내 주의를 흩뜨려놓고 싶지 않았기 때문이다. 그래서 어느 날 아침, 변변찮은 소지품들을 챙겨 리시케시로 향했다.

리시케시로 가는 기차 여행 중에는 색다른 경험을 꽤 많이 할 수 있었다. 대부분의 승객들은 각기 다른 종파에 속한 사두들이었다. 아마 기차표를 산 사람은 나 혼자였을 것이다. 검표원은 기차를 왔다 갔다 하면서 사두들에게 인사를 하고 그들에게 경의를 표했다. 그는 결코 표를 보여달라고 하지 않았다. 내가 가까운 쪽에 앉아 있던 바이라기 바와지Bairagi Bawaji라는 사람에게 검표원이 왜 표를 달라고 하지 않느냐고 묻자, 그는 크게 웃으며 말했다. "얘야, 분명 이곳에 처음 온 게로구나. 이 기차는 바그완Bhagwan의 기차 — 신의 기차 — 란다. 우리를 위한 기차라는 말이지. 그러니 누가 표를 요구할 수 있겠니?"

기차에서 내린 나는 다른 사두들을 따라 무니 키 레티Muni Ki Reti로 갔다. 그곳에는 강가 강 양쪽으로 대부분의 아쉬람들이 위치해 있었다. 저녁 무렵, 나는 스와미 시바난다 사라스와티Swami Sivananda Saraswati가 설립한, 그 유명한 디바인 라이프 협회(Divine Life Society)에 들어가보기 위해 100여 개의 계단을 걸어 올라갔다. 그는 더 이상 이 세상에 없었기 때문에, 그의 수제자 중 한 명인 스와미 치다난다Swami Chidananda가 아쉬람을 관리하고 있었다. 야외 강당에서는 삿상satsang*이 진행 중이었다.

스와미 치다난다는 단상에 가부좌 자세로 앉아 기도 모임을 지도하고 있었다. 그는 키가 크고 매우 말랐으며, 곧은 자세로 앉아 있었

* 산스크리트어로 '진리'를 의미하는 sat과 커뮤니티, 단체를 의미하는 상가sanga에서 파생된 용어. 영적인 길에 있는 사람들과 함께 모이는 행위를 말한다.

다. 모임에는 약 50명의 사람들이 있었는데, 일부는 서양인들이었다. 그는 영어로 누군가의 질문에 답하고 있었다. 나는 조용히 가서 구석 자리에 앉았다.

그러자 그는 말을 하던 도중, 잠시 멈추고 상냥한 미소를 지으며 내 쪽을 보았다. 그리고 마치 오랜 친구에게 이야기하는 것처럼 "언제 왔니?" 하고 물었다. 나는 깜짝 놀라서 말을 더듬으며 이렇게 말했다. "방금요."

그가 말했다. "일단은 가서 목욕을 좀 한 다음 쉬는 게 좋겠구나. 삿상에는 내일 참석해도 괜찮으니까 말이야."

그는 옆에 서 있는 젊은 브라마차리에게 뭐라고 속삭였다. 그러자 브라마차리가 내게 따라오라고 했다. 나는 그곳을 나오면서 스와미에게 절을 했다. 스와미는 "하리 옴" 하면서 선율적인 목소리로 챈팅을 했다.

산기슭 근처로 한참 올라가니 내가 쓸 방이 나왔다. 기본만 갖춘 방이었지만 단정하고 깨끗했다. 타밀나두 출신의 그 브라마차리는 내가 타밀어도 할 수 있다는 것을 알고 기뻐했다. 그는 나에게 수건 두 장을 주며 구내식당이 어디 있는지 알려줬다. "7시 30분 정각에 저녁 식사를 하니까 거기서 봐요." 그는 이렇게 말하고 서둘러 떠났다.

나는 찬물로 목욕을 했고 여분의 노란색 새 도티와 반소매 쿠르타로 옷을 갈아입었다. 그리고 계단을 걸어 내려갔다. 구내식당에 가려면 길을 건너야 했다. 저녁 식사 전까지는 시간이 좀 남아서 나는 가트로 향했다. 그리고 가트 한쪽에 앉아서 강가 강이 흐르는 모습을 지켜봤다. 강 양쪽의 아쉬람들 사이를 여러 척의 보트가 계속해서 왔다 갔다 하고 있었다.

땅거미가 질 무렵, 사람들은 강 양쪽에서 아르티 의식을 치르고 있었다. 작은 등불을 켜서 강의 여신을 숭배하고, 성가를 부르면서 그 램프를 물 위로 띄워 보내는 의식이었다. 아름다운 저녁이었다. 강 건너편의 아쉬람들에서는 최면에 빠지는 듯한 느낌을 주는 고대 산스크리트어 챈팅 소리가 흘러나왔다.

그 순간, 구내식당의 징이 울렸고 나는 계단을 뛰어 올라갔다. 영혼의 양식은 충분했지만 몸은 배가 고팠다. 구내식당에는 사두들과 단디 스와미dandi swami*들이 한쪽에 앉아 있었고, 그 외의 사람들은 다른 편에 앉아 있었다. 모두가 바닥에 앉아 철제 식판에 담긴 음식을 먹고 있었다. 타밀나두 출신의 브라마차리는 거기서 다른 사람들과 함께 음식을 나눠주고 있었다. 쌀, 야채, 삼바르, 라두laddu** 등 남부 인도식의 메뉴였다. 배가 고팠던 나는 2인분을 먹었다.

배가 부르니 매우 졸리고 피곤했다. 브라마차리에게 이곳의 하루 일과가 어떻게 되는지 물어본 다음 방으로 다시 올라갔다. 나는 방에 잠시 앉아 있다가 창문을 열어둔 채로 간이침대에 앉아 명상을 했다. 그러고 나서 몸을 뉘었고, 머리를 대자마자 잠에 들었다.

나는 맑고 깨끗한 물줄기가 세차게 흘러나오는 어느 계곡의 오솔길을 걷는 꿈을 꾸었다. 개울의 둑 근처에는 작은 초가집이 있었다. 그곳으로 다가가자 하얀 베일로 얼굴을 가린 남자가 나타났다. 나는

---

* 단다danda는 산스크리트어로 막대기 또는 지팡이를 의미한다. 이 막대를 들고 다니는 수행자들을 단디 스와미라고 부른다.

** 동그란 인도식 과자. 종교적인 축제 때 자주 먹는다.

겁이 나서 얼어붙었다.

“두려워하지 마세요.” 그가 말했다, “나는 당신의 친구입니다. 사람들은 저를 ‘M’이라고 부르는데, 당신도 곧 그렇게 불릴 겁니다. 지금에 안주하지 마세요. 산기슭에만 머물러 있지 마세요. 걸어서 산으로 올라가세요. 그가 당신을 기다리고 있습니다.”

그다음 계곡, 개울, 초가집, 베일에 가려진 인물 등 모든 것이 사라졌다. 나는 혼자였고, 빙하만이 사방에 널려 있었다. 나는 날씨가 추워서 덜덜 떨기 시작했고 “주님, 도와주세요” 하고 소리쳤다. 그러고 나서 깨어보니 실제로 몸이 추웠다. 내게 주어진 이불을 덮지 않고 잤기 때문이었다. 동이 막 트고 있었고, 누군가가 소라고둥을 불고 있었다.

아쉬람에서의 아침 일과는 꽤 일찍 시작된다. 사원에서의 예배가 끝나면 오전 6시에 요가 아사나 수업이 있다. 그다음에는 30분간 명상을 하고, 세안 시간이 주어지고, 8시에 가벼운 아침 식사를 하는 식이다. 그 후, 오전 10시 30분까지는 도서관이나 자기 방에서 혼자 공부를 할 수 있다. 이날에는 디바인 라이프 협회의 사무국장이자 협회의 창시자 스와미 시바난다의 걸출한 제자인 스와미 크리슈나난다 Swami Krishnananda의 우파니샤드 강의가 있었다. 정오에 점심을 먹은 다음에는 오후 3시까지 쉰다. 저녁 삿상은 오후 6시 30분, 저녁 식사는 7시 30분이었다. 아쉬람 사람들은 저녁 식사 후에는 외출하거나 별 목적 없이 돌아다니지 말 것을 권장받았다.

이날 오전 9시 30분, 나와 좋은 친구가 된 브라마차리는 스와미 치다난다지가 한 시간 후에 자신의 집에서 나와 대화하고 싶어한다는 말을 전해주었다. 나는 매우 신이 났고, 브라마차리가 협회장인 마하라즈Maharaj(종교 지도자의 지칭 — 역주)의 거주지로 어서 나를 데려다주기를 기다리고 있었다. 물론 그러면 스와미 크리슈나난다의 우파니샤드 강의를 놓치겠지만 이것은 훨씬 더 중요한 기회이자 엄청난 특권이었다. 정확히 오전 10시 20분이 되자 브라마차리가 나를 데리러 왔다. "스와미지 마하라지를 보면 무릎을 꿇으세요." 그가 말했다.

스와미 치다난다는 내가 어디서 왔는지, 몇 살인지, 형제자매는 몇 명인지, 배정받은 방은 편한지 등 일상적인 몇 가지 질문을 한 후 갑자기 이런 질문을 했다. "이름이 뭐니?"

"시바프라사드요." 나는 꿋꿋하게 새 이름을 말했다.

"이전에 요가를 해본 적은 있니?"

"네, 마하라즈. 여덟 살 때부터 했어요."

"산스크리트어는 할 줄 아니?"

"많이는 모르고 데바나가리 정도는 읽을 수 있어요. 제2 언어가 힌디어였어요."

"흠, 명상은?"

"어떤 명상은 자연스럽게 이루어지더라고요. 있잖아요, 마하라즈. 저는 어릴 때 저를 축복해준 어떤 요기를 만났는데요…." 나는 이만큼이라도 그 얘기를 꺼낼 수 있다는 것에 충격을 받았다. 잭프루트 나무 아래서 만난 요기 얘기를 하려고 하면 언제나 성대가 움직이지 않아서 더 이상 말을 할 수 없었기 때문이었다. 하지만 더 이상의 이야기는 할 수 없었다. 언제나처럼 성대가 움직이지 않았다. 그래서 나는 이 이야기를 꺼내지 않기로 했다.

스와미 치다난다지는 매우 주의 깊게 내 눈을 들여다보았다. 그는 깊은 한숨을 내쉬더니 굵은 목소리로 챈팅을 했다. “하리 옴.” 그리고 내 머리를 쓰다듬어주었다. “흠, 전생의 영향이라. 신의 가호가 있기를. 그래서 태어날 때 받은 이름은 뭐니?”

그의 이 말로 인해 나는 하루에 두 번이나 충격을 받았고, 내가 질문에 대답하기도 전에 그는 이렇게 말했다. “괜찮아. 말하지 않아도 된단다. 우리 아사나 아차리야에게서 아사나와 프라나야마를 좀더 배우고 원하는 만큼 여기서 지내렴. 네가 히말라야 고지에 저항할 수 없을 정도의 끌림을 느낀다는 것은 나도 잘 알고 있단다. 원한다면 언제든 떠나도 돼. 너의 운명은 그 산과 연결되어 있는 것 같구나. 혹시라도 무슨 문제가 있다면 내게 말하렴. 신의 가호가 있기를. 하리 옴.”

나는 아쉬람에서 훌륭한 한 달을 보냈다. 요가 수업에 참여했고, 사고를 자극하는 스와미 크리슈나난다의 우파니샤드 강의들을 듣고, 책들이 잘 보존되어 있는 도서관을 다니고, 스와미 치다난다의 저녁 삿상에 대부분 참여했다. 리시케시를 탐험할 시간은 여전히 충분했다. 나는 배를 타고 강 건너편으로 가서 그쪽의 아쉬람들을 자주 방문했다.

그중에서 가장 오래된 아쉬람인 스와르그Swarg 아쉬람은 위대한 바바 칼리캄브리왈라Baba Kalikambliwala가 그 시초인데, 그의 유일한 소지품이 검은 모직 담요여서 이런 이름이 붙여졌다고 한다. 칼리캄브리왈라 크셰트라Kshetra라고 불리는, 떠돌이 사두들을 위한 값싼 숙박 시설과 기숙 시설들은 히말라야 순례길 곳곳에 존재하는데, 그것들 역시 1900년대 초에 살았던 이 비범한 수행자로부터 기원한 것들이다.

그에 대한 이야기들은 정말 많지만, 나는 그중에서 한 가지만 이야기해보려고 한다.

옛날에 술타나Sultana라는 악명 높은 구자르인(Gujjar)* 강도가 있었다. 그는 부유한 순례자들의 대상隊商을 노략질했고, 부유한 아쉬람들을 약탈했다. 부자들은 술타나라는 이름만 들어도 두려움에 떨었다고 한다. 그는 특이하게도 사전 통보를 한 후 대낮에 강도질을 했다. 한번은 그가 바바 칼리캄브리왈라에게 전갈을 보냈다. 자신의 패거리와 함께 스와르그 아쉬람으로 내려가서 특정 시간에 금고를 약탈하겠다는 내용이었다. 바바를 제외하고 아쉬람의 모든 직원과 헌신자들은 공포에 떨었다. 바바는 술타나와 그의 패거리들을 위해 공들여 점심을 준비한 다음, 자신의 작은 집 현관 베란다에서 그들을 기다렸다.

술타나는 칼과 총으로 무장한 여섯 명의 패거리와 함께 모습을 드러냈다. 술타나가 말에서 내리자 바바는 다가가서 그를 환영했다. 바바는 베란다에 앉아 물을 마시고 좀 쉬라며 베란다로 안내했다. 그러고는 금고 열쇠를 건네주며 "그대가 원하는 것을 가져가세요. 하지만 나는 폭력과 유혈 사태는 원하지 않습니다. 만약 누군가를 죽이고 싶다면, 나를 죽이고 다른 사람들을 살려주세요. 나에게 있어 삶과 죽음은 똑같습니다. 이 지역의 경찰서장은 내 헌신자들 중 하나입니다. 나는 그에게 도움을 요청할 수도 있었지만 그랬다면 폭력적인 사태가 벌어져 사람들이 목숨을 잃었겠지요. 나는 그런 건 원치 않습니다.

* 아프가니스탄부터 인도 북부에 걸쳐 거주하는 인도아리아인.

금고에서 원하는 것들을 다 챙긴 다음에 바로 떠나가지 마세요. 그대들을 위해 잔치를 준비했으니까요. 그대와 그대의 친구들 모두 점심을 맛있게 먹고 가세요. 만약 피곤하면 잠시 쉬었다 가도 좋습니다. 나는 그대나 다른 모든 생명체들에게 아무런 악의가 없습니다. 자, 이제 당신이 옳다고 생각하는 일을 하세요."

한 번도 이런 사람을 만나본 적이 없던 술타나는 호화로운 점심 식사를 준비해준 것에 크게 감사해하며 바바에게 넙죽 절을 하고 사과했다고 한다. 그리고 금고를 터는 대신 금화 약간을 기부하고 떠났다고 한다.

내가 방문한 아쉬람 중에는 요가 니케탄Yoga Niketan, 파라마르쓰 니케탄Paramarth Niketan, 기타 바반Gita Bhavan이 있으며 초월 명상(Transcendental Meditation, TM)으로 유명한 마헤쉬Mahesh 요기가 제자들인 비틀즈를 위해 지은, 에어컨을 갖춘 방에도 가봤다. 그 방 뒤에는 울창한 숲이 있었는데, 이 숲에는 언덕 꼭대기의 닐칸쓰 마하데브Neelkanth Mahadev 사원으로 가는 길이 있었다.

울창한 숲속의 그 좁은 길은 락쉬만 줄라Lakshman Jhula*로 이어졌다. 다리 양쪽에는 작은 오두막과 초가집들이 있었는데, 사두, 요기, 수도자들이 끊임없이 흐르는 강가의 강물 가까이에서 독신 생활을 하고 있었다. 강 맞은편에는 작고 아늑한 동굴이 있었다. 큰 바위들로 둘러싸여 있는 그 동굴에는 마스트 람 바바Mast Ram Baba라는 뚱뚱하고 키 작은 남자가 살고 있었다. 그는 언제나 황홀경에 빠져 있는 것 같

---

* 리시케시의 랜드마크인 다리.

았고, 기쁨에 취해 있는 모습이었다. 그의 헌신자들은 동굴 근처의 통나무 울타리에 모여 기도 노래를 불렀다. 마스트 람 바바는 말을 거의 하지 않았다.

그곳의 바위들을 올라 바위 언덕 언저리를 지나면 길에서는 보이지 않는, 숨겨져 있는 작은 모래사장이 펼쳐져 있다. 그곳은 바바지가 리시케시에 왔을 때 가장 좋아했던 장소 중 하나였다. 나는 많은 저녁 시간을 그와 함께 그곳에 앉아 맑은 물이 흐르는 것을 바라보거나, 진지한 토론을 하거나, 침묵 속에서 명상을 하며 보냈었다.

락쉬만 줄라는 온갖 종류의 아쉬람과 사두들로 가득한 곳이었다. 이곳의 이름은 〔라마야나〕의 영웅인 라마의 형제이자 충실한 동료인 락쉬마나Lakshmana의 이름을 따서 지어졌다. 그리고 줄라는 그네라는 뜻인데, 강가 강을 가로지르는 다리가 현수교이기 때문에 그렇게 불린다. 이 다리를 건너면 리시케시에서 히말라야 산맥 고지에 있는 바드리나쓰 성지로 이어지는 큰길이 나온다.

락쉬만 줄라에서 나는 숲 근처의 동굴에 사는, 헝클어진 긴 머리를 한 타트왈레 바바Tatwale Baba를 만났다. 그의 많은 헌신자들은 그가 불멸의 마하바타르 바바지Mahaavatar Babaji라고 주장했지만 나는 그에게서 딱히 큰 감명을 받지는 못했다. 몇 년 후, 나는 그가 동굴로 걸어가다 총에 맞아 죽었다는 소식을 들었다. 그것은 신문에 광범위하게 보도된, 섬뜩한 미해결 살인 사건이었다.

당시 리시케시는 영적 탐구자들에게 훌륭한 장소였다. 바드리나쓰, 케다르나쓰, 강고트리Gangotri, 야무노트리Yamunotri라는 네 곳의 성지를 순례하는 도시 출신 순례자들이 무리 지어 내려와 떠들썩한 소리로 신성한 고요를 더럽히는 계절만 제외하면 말이다.

그럴 때만 빼면 많은 아쉬람을 방문할 수 있었고, 온갖 유의 사두와 방랑 수행자들을 만날 수 있었으며, 힌두교 문화의 광대함에 동화될 수 있었다. 당시의 리시케시는 지금보다 더 깨끗했다. 강에서 목욕하는 사람들 중 비누를 쓰는 사람은 아무도 없었고 물도 투명했다. 오늘날 볼 수 있는 수많은 리조트들이 이때는 존재하지 않았고, 버려진 플라스틱 컵이나 강가에 무더기로 쌓여 있는 쓰레기들은 거의 찾아볼 수 없었다. 우연히 만난 몇 안 되는 외국인들은 진지한 구도자이거나 히말라야의 고도에 매료된 여행가들과 산악인들이었다.

하지만 나는 만족하지 못했다. 제아무리 아름답더라도 이곳은 그저 산기슭에 불과했고, 나는 눈 덮인 산봉우리를 동경하고 있었다. 또, 지금까지 만난 사두와 고행자들 중 내가 봤던 비전 속 히말라야의 요기 같아 보이는 사람은 없었다. 그중 어떤 이들은 실제로 위대한 학자이거나, 큰 수도원을 이끌거나, 요가 전문가였다. 물론 개중에는 대마초에 중독된 떠돌이 바이라기Bairagi*들도 있었다. 그들 대부분은 그저 지독한 거지에 불과했고, 힌두교와 힌두 철학의 깊은 측면에 대해 상당히 무지했다. 나는 이런 바이라기들에게는 정말이지 넌더리가 났다.

그러나 나는 한동안 그렇게 지내면서 명상을 하고, 몇 시간이고 강가 강이 흐르는 것을 바라보고, 요가를 연습하고, 가능한 한 많은 책을 읽고, 내가 알아낼 수 없는 어떤 것을 계속 추구했다.

---

* 바이라기 브라만은 힌두교 카스트로, 모든 카스트들의 영적 인도자 계급이다.

특히나 보름달이 뜨는 밤이면 강변은 더 아름답게 보였다. 어느 날 밤, 나는 강의 광경과 흐르는 물소리에 넋을 잃고 앉아 있었다. 그러자 남부 인도의 나이 든 수도자가 와서 내 옆에 앉았는데, 그는 나를 아주 다정하게 대해주었던 사람이었다. 그는 강의 광경이 정말로 아름답다는 나의 의견에 동감한 다음, 이렇게 말했다. "아까부터 자네와 이야기하고 싶었네. 지금 얘기 좀 나눌 수 있겠나?"

"네." 나는 다른 사람과의 대화 때문에 이 마법 같은 밤이 깨지는 것이 슬펐지만 마지못해 이렇게 대답했다.

"자네도 알다시피, 나는 오랫동안 이 지역에서 살았네. 삿상, 감정 실린 노래들, 주황색 옷을 입은 수도자들, 강, 언덕 등등 처음에는 여기서 산다는 것이 꽤 흥분되는 일이었지. 지금은 이 세상을 떠난 주지住持 스와미가 그린, 금욕이라는 고상한 그림에 매료되어 나는 좋은 직장, 아내와 아이들을 버리고 여기에 왔던 게야.

그러고 나서 아쉬람 내에서의 권력 싸움, 아쉬람 거주자들 사이의 간부제 등 내가 위선에 눈을 뜨게 되자 천천히, 하지만 확실하게 베일이 떨어져 나갔네. 하지만 때는 너무 늦었어. 내 아이들은 나를 싫어했고, 아내는 다른 사람과 재혼해 행복한 결혼 생활 중이었지. 이제는 명상을 해도 아무것도 보이지 않네. 나는 지금도 여전히 예전의 그 욕망과 분노로 가득 차 있는 사람이라네. 나는 산야신이 되기를 택했고, 이제는 그 역할을 버릴 수 없네. 사회 부적응자가 되어버린 거야. 그래서, 난 그저 죽기를 바라며 하루하루를 살아가는 중이라네. 하지만 적어도 먹을 음식과 지낼 거처가 있으니 다행이라고 해야 할까."

"왜 저에게 그런 얘기를 하시는 거죠?" 나는 위대한 스와미의 높은 제자거나 훨씬 수행의 경험이 많은 사람인 줄 알았던 이 늙은 수도자의 말에 마음이 흔들려 물었다.

"자네도 알다시피, 자네는 젊고 잘생겼네. 교육도 잘 받았지. 그래서 나는 너무 늦기 전에 자네에게 경고를 해줘야 한다고 느꼈네. 히말라야에서의 모험을 제외하면 여기서는 아무것도 찾을 수 없을 것이네. 그러니 조금만 더 돌아다니다가 다시 돌아가서 책을 쓰게. 다른 선택지도 얼마든지 있다는 말이야.

평범한 삶을 살면서 9시부터 5시까지 일하고 싶지 않다면, 스스로를 구루로 추켜세우면서 수백만 달러를 벌 수도 있네. 자네는 외국인들의 구미가 당기게 할 만한 모든 소질을 가지고 있지. 그들에게 상투적인 문구 하나만 던져주면 그들은 자네에게 빠져들 게야. 에어컨이 설치된 명상실을 본 적이 있는가?"

이제 나는 끓어오르는 분노를 느꼈다. 이 노인은 의인화된 사탄처럼 보였다. 나를 그릇된 길로 이끄는 사탄 말이다. "제발 그만 좀 하세요. 더 이상 듣고 싶지 않으니까요." 내가 말했다.

"아! 위대한 요기께서 지금 분노를 조절할 수 없는 모양이군 그래. 지금 내 말을 흘려들은 책임은 온전히 자네가 져야 할 거야. 나는 단지 도우려고 했을 뿐이니까." 그는 이렇게 말한 뒤 일어나서 떠났고, 다시는 나를 귀찮게 하지 않았다. 하지만 그가 한 말은 나를 계속 괴롭혔다. 나는 더 이상 내가 만난 그 어떤 사두나 산야신들도 있는 그대로 볼 수가 없었다. 지금까지 정직하고 순진하기만 했던 내 마음이 의심으로 뒤흔들리고 있었다. 나는 순례길을 걸어야겠다고 생각했다. 그러면 진정한 떠돌이 성자를 찾을 수 있을지도 모를 일이었다. 어떤 단체나 단체 구성원들의 계급 구조에 매여 있지 않은 그런 성자를 말이다.

나는 스와미 치다난다에게 다시 면담을 요청했고, 그는 수락했다. 늙은 수행자와 나눈 대화에 대해서는 말하지 않았지만, 나는 그에게 행복하지 않다고 말했다. 그리고 바드리나쓰와 다른 히말라야 성지들에 가고 싶다고, 내일 그곳으로 떠나고 싶다고 말했다. 내게는 그의 축복이 필요했다. 스와미 치다난다는 내 머리에 손을 얹고 나를 축복해주었다. 그는 내가 아쉬람을 떠날 것임을 내내 느꼈다고 말했다. 어쩌면 나는 앞으로 엄청난 경험을 하게 될지도 몰랐다. "담요는 적어도 두 장을 가져가렴. 돈이 필요하지는 않니?" 그가 말했다. 나는 아직 남은 돈이 있어서 거절했다. 그에게 절을 하고 아쉬람을 나오니 자유로운 기분이 들었고, 마음도 한결 가벼웠다.

16장 ॐ 바시슈타의 동굴

다음 날 오전 5시 30분, 길을 떠났다. 전날 밤 나는 내가 만났던 몇몇 떠돌이 사두들처럼 그 어떤 교통수단도 이용하지 않고 바드리나쓰로 걸어갈 거라고 결심했다.

바드리나쓰로 가는 길은 아름다운 강가 강의 둑을 따라 굽이굽이 이어져 있었다. 내가 걷던 둑길 반대편에는 바위산과 숲이 있었다. 그 시절에는 나무들 사이로 공작들이 춤을 추는 광경을 볼 수 있었고, 그들의 큰 울음소리도 들을 수 있었다. 이때는 우타라칸드 Uttarakhand에 댐이 건설되기 전이다. 하지만 이후 주민들을 위한 전기 발전소를 세우기 위해 강의 흐름이 바뀌었고, 이제 공작새들은 자취를 감추었다.

나는 신경 쓸 것 없이 혼자 걸어 다니며 자유를 즐겼다. 내가 가진 것이라곤 그저 끈으로 묶어 등에 멘 담요 한 장과 수건 한 장, 그리고 작은 구리 물병 하나였다. 내 천 가방에는 성냥갑, 필기장, 주머니칼, 연필 두 자루가 들어 있었다. 나는 노란색 도티를 브라만 스타일로 접어 입었다. 삭발한 머리 뒤통수에 약간 남긴 머리 한 다발, 끝이 뾰족한 등산 스틱. 나는 전형적인 지즈나수Jijnasu*, 즉 진리의 탐구자의 모습이었다.

내 목표는 해 질 녘까지 바시슈타 동굴, 즉 바시슈타 구하Vasishta Guha에 도착하는 것이었다. 동굴은 22킬로미터 떨어져 있었는데, 그 정도가 딱 내가 매일 걸으려고 했던 거리였다. 바드리나쓰는 리시케시에서 240킬로미터 떨어져 있었다.

시간이 가면서 해가 점점 더 높이 떴고 햇살은 점점 더 따가워졌다. 가벼웠던 마음도 점점 무거워지기 시작했다. 맨 먼저, 발이 아파왔다. 신고 있던 고무 슬리퍼의 끈이 끊어져서 슬리퍼를 버려야만 했다. 한낮이 되자 길이 상당히 뜨거워져서 발바닥이 타들어가고 있었다. 맨발로 걸어본 적이 별로 없는 나는 거칠고 울퉁불퉁한 땅을 걸으면서 고통을 느꼈다. 뜨거운 햇볕이 사정없이 내리쬐었고, 나는 수건으로 머리를 가리고 터덜터덜 걸어갔다. 다닐 때는 맨발로 즐겁게 걸어 다니는 베테랑 사두들을 피해 다녔다. 그들은 때때로 그늘진 나무 아래에 멈춰 서서 수연통을 꺼내 무언가를 피우곤 했다. 내 생각에는 대마초나 다른 마약류 같아 보였다. 그들은 함께하자며 나를 불렀지만 나는 거절했다. 나는 마약 중독자나 되려고 히말라야에 온 것이 아니었다.

---

* 힌두교에서는 알고자 하는 욕망을 지즈나사Jijnasa라고 하며 이러한 욕망을 지닌 이를 지즈나수라고 한다.

배고픔이 몰려왔다. 내게는 아직도 약간의 돈이 남아 있었다. 길가의 다바dhaba*가 눈에 들어온 나는 심한 허기를 달래기 위해 서둘러 그곳으로 걸어갔다. 가르왈리Garhwali**인이었던 다바 주인은 사두들을 존중하지 않았고, 내가 먹은 차파티 두 장과 감자 카레에 바가지를 씌웠다. 이제 나에게는 30루피밖에 없었다.

하지만 그곳은 그늘이 잘 드리워져 있었다. 그래서 트럭 운전사들이 시간당 5루피에 빌려 쓰는 목제 간이침대에서 잠깐 낮잠을 자기로 했다. 나는 잠에 깊이 빠졌다.

잠에서 깨어났을 때는 볕이 그렇게 심하지 않았고, 그림자가 점점 길어지고 있었다. 나는 차가운 수돗물에 발을 씻어 발을 조금 진정시킨 다음 다시 길을 떠났다. 해가 지려고 하자 내 마음은 불안에 사로잡혔다. 바시슈타 구하는 시야에 들어오지도 않았고, 한 걸음 한 걸음이 점점 더 고통스럽게 느껴지고 있었다. 발바닥은 베이고 멍이 들었으며 종아리와 허벅지 근육도 심하게 쑤셨다.

마침내 더 이상 걸을 수 없다는 생각이 들어 간절히 도움을 청하는 기도를 하고 있을 때, 리시케시 쪽에서 달려오던 지프차 한 대가 내 옆에 멈춰 섰다. "마하라즈, 어디로 가세요?" 운전자가 힌디어로 물었다. "바드리나쓰로 갑니다." 내가 말했다. "그렇지만 지금은 바시슈타 구하가 어딘지 찾고 있습니다."

그가 말했다. "2킬로미터 정도 올라가면 됩니다. 제가 5분 안에 그리로 태워다줄 수 있어요. 여기는 전깃불도 간판도 없는데 날이 어두

---

* 인도의 길거리 음식점. 고속도로 휴게소나 길가 주유소 옆에서 24시간 영업한다.

** 우타라칸드 주의 가르왈 히말라야 산맥 출신의 사람들.

워지고 있잖아요."

나는 잠시 생각에 빠졌다. 걷는 게 점점 힘들어지고 있었다. 사실, 나는 그 어떤 교통수단도 타지 않겠다고 다짐했지만 지금은 상황이 달랐다. 라마크리슈나 파라마한사의 말이 떠올랐다. — "종교적이라는 것은 어리석은 것과는 다르다."

"좋습니다." 나는 이렇게 말하고 차에 올라탔다.

그것은 오래된 윌리스willys 지프차였는데, 덜컹거리긴 했지만 꽤 빨랐다. 젊은 운전자는 언덕길을 능숙하게 운전했다. 차는 곧 길옆에 멈추어 섰다. "마하라즈, 내리세요." 그가 말했다. "제가 아쉬람으로 안내해드릴게요. 거기 케랄라 출신의 젊은 브라마차리 마하라즈가 있어요. 주지 스와미는 몇 년 전에 타계하셨고요."

나는 차에서 내려 젊은 남자가 안내하는 대로 가파른 길을 고통스럽게 내려갔다. 그곳에는 전기가 들어오지 않았다. 내풍耐風 램프의 어둑한 불빛 아래서, 나는 거의 아무것도 볼 수 없었다. 흰옷을 입고 브라마차리 특유의 변발 머리를 한 젊은 남자가 방에서 나와 이렇게 말했다. "하리 옴, 저는 브라마차리 아트마차이타냐Atmachaitanya입니다. 누구신지요?"

"마하라즈, 저는 오는 길에 이 젊은 사두가 절뚝거리며 길을 걷고 있는 것을 보았답니다." 방금까지 운전을 해주었던 라제쉬Rajesh가 말했다. "바드리나쓰에 갈 거라고 해서 태워 왔어요. 지금은 바시슈타 구하가 어딘지 찾는 중이라고 하고요."

"하리 옴, 마하라즈. 저는 바드리나쓰로 가는 중입니다." 나는 말라얄람어로 말했다. 라제쉬의 말대로 그가 케랄라 출신의 브라마차리라는 것이 억양에서 느껴졌기 때문이었다. "저는 바시슈타 구하에 대해 듣게 되었고, 그곳을 가보고 싶었습니다. 그런데 날이 너무 어두워져버렸고 발은 멍투성이가 되었답니다. 저는…."

브라마차리는 친절한 사람이었다. 그는 말라얄람어로 이렇게 말했다. "좋습니다. 여기서 하룻밤 주무셔도 괜찮아요. 그런데 어디서 오셨나요?"

"마하라즈, 저는 이만 여기서 물러나겠습니다." 가르왈리인인 라제쉬가 말했다. "저는 가까운 지역인 바이아시Byasi에 살고, 작은 가게와 함께 길가의 다바 하나를 운영하고 있습니다. 언제든 편하게 들르세요." 그는 브라마차리의 발을 만진 다음 내 발을 만지고 물러났다. 우리는 밤의 고요 속에서 그가 차에 시동을 건 뒤 떠나가는 소리를 듣고 있었다.

"분명 피곤하시겠군요." 브라마차리가 말했다. 그는 나를 간이침대가 있는 작은 방으로 안내했다. "씻고 잠시 쉬세요. 30분 후에 이 방 베란다로 음식을 가져다드리겠습니다. 내일 아침에 바시슈타 동굴을 보여드리지요." 그는 나를 위해 등불을 켜주었고 "이따 다시 얘기합시다"라고 말하며 걸어갔다.

저녁 메뉴는 간소했다. 차파티 몇 장, 달dal*, 쌀, 감자 카레가 다였다. 저녁 식사 후 우리는 잠시 이야기를 나누었고 브라마차리는 내가 진정한 구도자라고 확신하는 듯했다. 그가 말했다. "이제 주무실 시간이군요. 아침에 봅시다." 그는 같은 고향 출신의 사람을 만나 행복

* 마른 콩으로 만든 스튜.

한 듯했다.

이제 날이 추워졌다. 나는 담요로 몸을 덮었고, 피곤한 하루였던 만큼 바로 잠에 들었다. 잠들기 전 마지막으로 들린 것은 매미 울음소리였다. 나는 세상모르고 잠에 빠졌다.

다음 날 아침, 잠에서 깨니 이미 동이 터 있었다. 서둘러 침대에서 내려온 그 순간, 나는 고통에 비명을 질렀다. 발바닥에는 물집이 가득했고 발목은 부어 있었다. 물집 몇 개는 터져 있었으며 통증이 아주 심했다. 온몸이 다 아팠는데, 특히 종아리 근육이 정말 아팠다. 하지만 일어나서 여행을 계속하기로 마음먹었다.

절뚝거리며 작은 방에서 나온 나는 그리 멀지 않은 곳에 수도꼭지가 있다는 것을 깨닫고 안도했다. 수도꼭지 바로 옆에는 땅에 구멍을 파서 만든 화장실이 있었다. 세안을 하고 나서는 브라마차리의 방이라고 생각되는 곳으로 천천히 걸어갔다. 역시 브라마차리는 그곳에 있었다. 납작 쌀(beaten rice)*과 우유로 가볍게 아침을 먹은 후, 우리는 말라얄람어로 잠시 이야기를 나누었다.

그는 내 몸 상태를 걱정하면서 도보 여행을 할 수 있는 상태가 될 때까지는 아쉬람에서 지내라고 말했다. 나는 흔쾌히 동의했다. 이후 그는 바시슈타 동굴, 그의 구루의 사마디, 바위가 많은 강둑, 아룬다티Arundhati 동굴이라 불리는 작은 암벽 동굴로 나를 안내해주었다. 그때의 나는 나중에 내가 바바지와 함께 아룬다티 동굴에서 며칠을 보내게 되리라는 것을 알지 못하고 있었다.

---

* 생쌀, 구운 쌀, 데친 쌀 등을 납작하게 두드려 만든 쌀 요리.

바시슈타 동굴은 거대한 천연동굴로, 맨 끝에는 꽤 넓은 굴이 있었다. 입구에서 들어오는 희미한 빛에 눈이 익숙해지기 전까지는 그 안이 칠흑같이 어둡게 보인다.

동굴의 맨 끝에는 검은색 시바 링감이 설치되어 있었다. 전설에 따르면 이 터널은 한때 끝이 열려 있어서 강 근처로 연결되어 있었다고 한다. 동굴 안에 앉아 있으면 바깥의 모든 소리 그리고 활동들과 완전히 단절되기 때문에 이따금 매미가 자신의 존재를 알릴 때만 아니라면 그 깊은 침묵이 깨지는 일은 거의 없다. 그곳에 조용히 앉아 있으면 마음은 저절로 명상에 빠진다.

이 고대 동굴은 위대한 현자 바시슈타가 명상을 위해 사용한 장소로 알려져 있다. 그리고 최근까지 이곳은 말라얄람인 브라마차리가 오랫동안 섬겼던 스와미 푸루쇼타마난다Swami Purushottamananda의 거주지였다. 스와미 푸루쇼타마난다는 역시 케랄라 출신으로, 라마크리슈나 수도회의 원로 수도자인 스와미 니르말라난다Swami Nirmalananda의 제자이자 라마크리슈나 파라마한사의 직속 제자였다. 나중에 그는 라마크리슈나 선교회와 의견 차이가 있어 케랄라 오타팔람Ottapalam에 자신만의 독자적인 라마크리슈나 아쉬람을 세웠다.

1879년 11월 23일에 태어난 스와미 푸루쇼타마난다는 1916년에 스와미 니르말라난다의 권유로 라마크리슈나 수도회의 초대 회장인 스와미 브라마난다Brahmananda로부터 입문을 받았다. 그리고 1923년, 그는 라마크리슈나의 또 다른 직속 제자인 스와미 시바난다 — 마하푸루쉬 마하라즈로 유명한 — 에게 수도자로 서품받았다. 스와미 푸루쇼타마난다는 1928년 바시슈타 동굴에 발을 들인 이후로 여기서 오랜 시간을 보냈으며 그의 사마디는 동굴 바깥의 뜰에 세워져 있다. 스와미는 1961년 2월 13일 오후 10시 50분에 82세의 나이로 사망했다. 상서로운 날인 마하 시바라트리Maha Shivaratri* 축제일 밤이었다.

내가 잠시 지냈던 그 아쉬람에는 몇 개의 쿠티르kutir(구도자들이 사용하는 단촐한 방)와 작은 부엌 하나만이 있었다. 브라마차리를 제외하면 아쉬람에는 요리사와 부엌 보조, 한두 명의 방문객밖에 없었기 때문에 인적이 드물어 사색하기에 좋았다. 나는 보름 동안 그곳에서 지내며 강가 강의 시원한 물에 몸을 담그고, 요가를 하고, 동굴에서 명상을 했다.

그곳 음식은 소박하긴 했지만 충분했고, 또 훌륭했다. 브라마차리는 때때로 말라얄람어로 대화할 수 있다는 것을 기뻐했고, 내게 구루와 함께했던 자신의 삶에 대해 그리고 아쉬람에 찾아와 가끔은 며칠을 지내기도 하는 떠돌이 사두들과 수도자들에 대해 이야기해 주었다.

보름이 지나자 물집이 다 나았고, 그곳에 계속 머물고 싶다는 마음도 없었다. 아쉬람은 정말로 훌륭했지만 나는 나만의 길을 찾아가야 했다. 의심이 내 마음을 괴롭히고 있었다. 때때로 나이 든 수도자의 그 냉소적인 말이 떠올랐다. 나는 이 의심을 말끔히 없애줄, 그리고 내 질문에 답을 해줄 진짜 스승을 찾아야만 했다. 하지만 그런 스승이 존재하긴 하는 걸까?

나는 스스로 이렇게 되뇌었다. "이제 막 시작한 거잖아. 인내심을

---

* 매년 2월에서 3월 사이에 시바 신을 기리기 위해 열리는 힌두교 축제. 이 세상과 삶 속에서 어둠과 무지를 극복한 것을 기념하는 축제다.

갖고 포기하지 마. 길을 따라 걸어가. 여정은 이제 막 시작됐으니까."

어느 이른 아침, 나는 브라마차리에게 감사를 표하며 작별 인사를 했다. 그리고 다시 바드리나쓰를 향해 출발했다.

17장 ॐ 나가 그리고 마하만트라에 대한 배움

리시케시에서 바드리나쓰로 향하는 길에는 인도의 신성한 강들이 합류하는 지점인 프라야그prayag를 다섯 번 지나게 된다. 데바프라야그Devaprayag에서는 강고트리에서 흘러온 바기라티 강이 바드리나쓰에서 흘러온 알라카난다Alakananda 강과 만난다. 이 합류점 옆의 작은 마을에는 스리 람Sri Ram에게 바쳐진 사원이 있는데, 스리 람은 노년에 이곳에서 고행을 했다고 한다. 산맥을 따라 굉음을 내며 흘러가는 강들의 합류는 정말 멋진 광경이다.

이보다 더 나아가면 루드라프라야그Rudraprayag가 있다. 여기서는 케다르나쓰에서 흘러온 만다키니Mandakini 강이 알라카난다 강과 합류한다. 다음은 핀다라Pindara 강이 알라카난다 강과 만나는 카르나프라야그Karnaprayag다. 그다음에 난다프라야그Nandaprayag와 비슈누프라야그Vishnuprayag가 나온다. 비슈누프라야그 근처에는 그 유명한 죠티르 마쓰Jyothir math가 있는데, 지역 사람들은 이곳을 조쉬 무트라고 부르기도 한다. 인도 최북단의 수도원인 조쉬 무트는 위대한 베단타 학자인 아디 샹카라Adi Shankara가 세웠다고 알려져 있다. 아디 샹카라가 세운 다른 수도원들은 드와르카 무트Dwarka Mutt, 푸리 무트Puri Mutt, 스링게리 무트Sringeri Mutt로 각각 인도의 서쪽, 동쪽, 남쪽에 있다.

판두케슈와르Pandukeshwar 훨씬 위쪽에는 꽃의 계곡(Valley of Flowers)과 헴쿤드 사히브Hemkund Sahib로 가는 여행 기점이 있다. 헴쿤드 사히브는 해발 4,100미터 높이에 위치한, 시크교도들의 성스러운 호수다. 판두케슈와르 너머에는 바드리나쓰의 영산靈山 성지가 있다. 바드리나쓰의 사제장은 혹한기 6개월을 조쉬 무트에서 보낸다.

나는 바시슈타 구하에서 바드리나쓰까지 약 220킬로미터 되는 거리를 25일 만에 주파했다. 그 어떤 교통수단도 이용하지 않고 그만큼의 거리를 걸었다는 것이 자랑스러웠다. 이제 나는 노련한 떠돌이 사두가 되어 있었다. 먹을 음식이 없을 때, 버려진 헛간에서 잠을 자야 할 때, 추위에 떨 때도 더러 있었지만 그 무엇도 여행을 계속해나가려는 나의 열정과 열망을 꺾을 수는 없었다.

신체적인 불편은 문제도 아니었다. 외롭거나 때로 환멸을 느낄 때 흔들리는 내 마음이 진짜 문제였다. 나를 계속 앞으로 나아가게끔 만들었던 것은 언덕과 강의 아름다움, 그리고 내 질문에 답을 해줄 누군가가 눈 덮인 저 고지에 있을 거라는 희망이었다.

나는 여행 중에 두 가지 경험을 했는데, 그것을 이쯤에서 꼭 언급해야겠다.

데바프라야그에 이르자 날이 빠르게 어두워지고 있었다. 어디서 음식을 구하고, 또 잠은 어디서 자야 할지 고민하고 있는 와중에 키가 크고 피부가 까만, 벌거벗은 나가 사두가 내게 말을 걸어왔다. "머물 곳이 필요하다면 나를 따라오게."

나가와 함께 사는 것도 새로운 경험이 될 것이므로 나는 그의 말에 따랐다. 그는 라마 사원에서 그리 멀지 않은, 강둑 근처의 작은 쿠티르에 살고 있었다. 쿠티르 앞에는 신성한 불, 즉 두니dhuni가 환하게 타오르고 있었다. 강에서 몸을 씻고 돌아오니 그는 두니 앞에 앉아 있었다. "앉게." 그가 말했다. "불의 신께 기도드리고 엎드려 절하게. 함께 밥을 먹고 나서는 싯디siddhi를 피울 거라네."

"싯디요?" 나는 싯디가 요기들이 가진 초능력을 일컫는 말이라고 알고 있었기 때문에 이렇게 되물었다.

"그래, 싯디. 곧 알게 될 거네." 그가 말했다.

뜨거운 차파티와 감자 카레를 나눠 먹는 동안, 그는 나에게 내 삶에 대해 그리고 내 목적지에 대해 질문했다. 나는 내가 시바프라사드라는 이름의 구도자이며, 스승을 찾아 바드리나쓰로 가고 있다고 말했다. 그러자 그는 나를 평가하는 것 같았는데, 내 느낌이 맞았다. 식사를 마치자마자 그는 쿠티르 안으로 들어가서 토기 수연통을 꺼내왔다. 그는 대마초와 담배를 섞어 그 안을 채우고 불을 붙였다. 그러고 나서 그는 가부좌 자세로 앉아 큰 소리로 이렇게 외쳤다. "붐 볼레, 하르 하르 마하데브 삼부"* 그는 깊이 수연통을 들이마시더니 천천히 연기를 내뿜었다. 그리고 내게도 수연통을 건네주었다.

---

* Bhum Bhole, Har Har Mahadev Shambhu. 붐 볼레는 순결한 시바를 나타내는 말이며 하르 하르 마하데브는 도움을 주는 신(시바)을 나타낸다. 삼부 역시 시바의 다른 이름이다.

“이게 싯디라네.” 그가 말했다. “이것만 있으면 자네는 시바의 세계를 여행할 수 있고, 모든 힘을 얻을 수 있지. 내가 자네의 구루가 되어주겠네. 시바 마하데브께서 내게 잘생긴 제자를 보내주셨군 그래. 자, 피워보게. 어떻게 피우는지 알잖나.”

냄새를 맡아보니 그것이 대마초라는 것을 알 수 있었다. 트리반드룸에 있는 내 친구들 중 몇몇은 대마를 피웠고, 나 역시 몇 번 피워보긴 했지만 특별히 그것에 끌리지는 않았다. 대마는 명상적인 마음 상태를 만들어주지만 일시적일 뿐이고 중독의 위험도 컸다. 그래서 나는 사양했다. 그러자 그는 화가 단단히 나서 소리쳤다. “나가가 신성한 불 앞에서 제안한 싯디를 거절하다니, 어서 받지 못할까!”

나는 마지못해 그에게서 수연통을 받아 몇 모금을 빨았다. 몇 분 후, 그는 갑자기 “닥쉬나는? 나에게 닥쉬나를 줘야 하지 않겠나? 명상의 신비를 알려준 대가로 돈을 줘야 한다네. 어서 주게!” 나는 그와 논쟁하고 싶지 않았기 때문에 10루피를 주었다. “더, 더!” 그가 고함을 쳤다.

나는 그에게 10루피를 더 주면서 말했다. “제가 가진 건 그게 다예요.” 그는 행복한 듯 웃었다. “그래, 이거면 됐네. 이제 자네는 축복을 받았어.” 그가 내 머리에 손을 얹으며 말했다. “싯디를 좀더 들지 그러나?” 나는 거절했다.

“베란다에서 자도 되고, 안에서 자도 되네.” 그가 말했다. 나는 피곤했고, 대마는 그런 나를 더 졸리게 만들었다. 나는 담요로 몸을 덮고 가방을 베개 삼아 잠이 들었다. 가방에는 몇 루피가 더 들어 있었는데, 나가가 훔칠까 걱정이 됐다. 잠들기 전에 늘 자연스럽게 되던 명상이 그날 밤에는 매끄럽지도, 맑지도 않았다. 마치 내 존재가 어둠에 둘러싸여 있는 기분, 영혼이 두껍고 무거운 밧줄로 묶여 있는 기분이었다. 나가는 여전히 대마를 피우고 있었다.

다음 날 아침, 나는 동이 트기도 전에 일어났다. 나가는 여전히 깊이 잠들어 있었고, 쿠티르 안에서 크게 코를 골고 있었다. 안심이었다. 나는 아무 소리도 내지 않고 담요를 접었다. 그리고 가방, 물병, 스틱을 챙겨 아직 어둠이 채 가시지 않은 밖을 향해 조용히 걸어 나갔다. 날이 밝았을 때 나는 이미 그 나가와 데바프라야그로부터 멀리 떨어진 곳을 걸어가고 있었다.

며칠 후, 루드라프라야그와 그리 멀지 않은 곳에서 울창한 숲속을 헤매다가 길을 잃었다. 날은 점점 어두워지고 있었고, 나는 그날도 어디서 밤을 보내야 할지 고민하고 있었다. 그때, 장작더미를 등에 지고 있는 한 중년 남성이 내 쪽으로 걸어왔다. 그가 물었다. "마하라즈, 어디로 가시죠?" 내가 말했다. "바드리나쓰로 갑니다. 하지만 지금은 길을 잃은 것 같네요. 혹시 주변에 제가 하룻밤 지내면서 배를 채울 수 있는 곳이 있을까요?"

"나와 함께 갑시다." 그가 말했다. "내 스승인 바와지Bawaji의 아쉬람이 여기서 가깝습니다. 따라오세요."

나는 히말라야 어딘가에 살고 있는, 바바지라는 신비로운 영생의 요기에 관해 읽은 적이 있었기 때문에 크게 흥분했다. "위대한 바바지가 당신의 구루라는 말인가요?" 내가 불쑥 말을 꺼냈다.

그는 내가 어떤 바바지를 말하는 건지 몰랐다. 그의 구루는 비슈누파* 바바지였다. 비슈누파 사두들은 바와지라고 불린다.

우리는 강둑으로 내려가는 가파른 길을 따라 내려갔다. 강과 아주 가까운 곳에 과수와 화훼로 둘러싸인 작은 화강암 사원이 있었다. 사원 주변에는 작은 오두막들이 있었고, 부엌과 식당으로 보이는 곳도 있었다. 종과 징이 울리고 있었기 때문에 나는 저녁 푸자가 진행되고 있음을 알 수 있었다.

남녀 모두가 예배에 참여해 있었다. 키가 크고 체격이 좋은 남자가 크리슈나와 그의 배우자 라다의 아름다운 그림 앞에서 불이 켜진 램프를 흔드는 동시에 작은 종을 울리고 있었다. 중요 부위만 가리는 천과 가슴을 가로지르는 성스러운 실을 제외하면 아무것도 입지 않은 상태였다. 그는 뒤통수 쪽에 머리카락 한 다발만을 길게 남겨두고 깨끗하게 삭발한 모습이었는데, 남긴 머리는 끈으로 묶어놨다.

그가 의식을 마치고 램프를 다른 사람에게 주려고 몸을 돌렸을 때, 나는 그의 이마와 목, 그리고 팔 상단에 비슈누파의 정교한 U자형 표식이 백단향 반죽으로 그려져 있는 것을 볼 수 있었다. 그의 목에는 툴시tulsi** 비즈로 만든 작은 염주가 걸려 있었다. 나를 그곳으로 데려다준 사람이 그의 발을 만지며 그에게 뭐라고 속삭였다. 바와지는 미소를 지으며 나를 향해 걸어왔다. 나도 관례대로 그의 발을 만졌다.

그가 말했다. "자이 스리 크리슈나, 자네를 축복하네. 일단 강가 마이야maiyya(어머니 강가)에 가서 목욕을 하게. 프라사드prasad를 먹고 난 다

---

* 비슈누와 그의 화신들, 특히 라마찬드라Ramchandra와 크리슈나를 최고신으로 숭배하는 힌두교 종파.

** 홀리 바질holy basil이라고도 하며 힌두교에서 신성한 식물로 여긴다.

음 이야기를 나누는 게 좋겠네. 나모 나라야나."*

바와지는 조금 떨어진 곳에 있는 납작한 나무 좌석에 가부좌 자세로 앉았고, 나머지 사람들도 똑같은 자세로 식당 바닥에 앉았다. 그들은 〔바가바드 기타〕 15장을 챈팅했고, 우리는 간소하지만 맛있는 채식 요리를 제공받았다. 사람들은 여자 한 줄, 남자 한 줄로 앉아 있었다. 거기에는 젊은 여성 네 명과 중년 남성 여섯 명이 있었는데, 모두 흰 옷을 입었고 이마에 U자 표식이 있었으며 바와지만 황토색 도티를 입고 있었다.

저녁 식사 후, 바와지는 나를 자신의 작은 오두막집으로 초대했고 우리는 대화를 나누었다. 그는 나의 어린 시절과 영적 탐구에 관해 꽤 많은 질문을 했고, 나는 가능한 한 모든 질문에 대답해주었다. 그는 단 한 번도 내가 어떤 종교 집안에서 태어났는지 묻지 않았는데, 나는 이것에 약간 놀랐다. 왜냐하면 내 생각에 그들 모두가 정통 브라만 같아 보였기 때문이었다. 그는 이곳 사람들이 스리 크리슈나 차이타냐Sri Krishna Chaitanya의 추종자들이며 이곳은 크리슈나 헌신자들의 공동체라고 말해주었다.

그들은 헌신만이 신을 섬기는 유일한 방법이며 크리슈나가 최고신이라고 믿고 있었다. 그들은 크리슈나와 라다 앞에서 춤추고 노래했고, 정기적으로 그들을 숭배했다. 그들은 순수 채식주의자였고, 자신들의 집단에 입문한 사람은 즉시 브라만이 된다고 믿었다. 그들은 샹

---

* Jai Shri Krishna는 비슈누파에서 유래된 인사말로, '크리슈나께 승리가'라는 뜻이다. 프라사드는 힌두교에서 예배를 드린 신도들을 위해 만든 채식 요리다. Namo Narayana는 비슈누파의 주요 만트라이며 '비슈누께 절합니다'라는 뜻이다.

카라차리야 수도회에 속한 아드바이타 베단타Advaita Vedanta*파 사람들을 싫어했다. 그들은 이런 사람들을 세상을 마야maya, 즉 환상으로 여기는 사람들이라며 마야바딘Mayavaadin이라고 불렀다. 이 비슈누파 사람들에 따르면 세상은 환상이 아니었다. 이 세상은 진짜고, 크리슈나는 이 세상의 최고신이자 통치자였다.

공식적으로 금욕 수행자 혹은 수도자가 된다는 것에 대한 바와지의 생각은 내가 보기에도 정말로 합당한 생각 같았다. 그는 이렇게 말했다. "금욕 수행자가 되고 싶어하는 자네 마음은 잘 알겠네. 황토색 옷을 입고 묵티mukti(영적 해방 — 역주)의 상태로 들어가고 싶은 게지. 하지만 젊은 친구, 조심하게. 낮은 곳에서 떨어지면 크게 다치는 일이 없네. 다친 곳을 치료하고 다시 일어서면 되지. 그러나 수도자의 삶, 즉 산야사sanyasa**라는 높은 곳에서 추락하면 중상을 입거나 치명상을 입을 수도 있네. 그러면 다시 일어설 수 없을지도 모르지. 그러니 결정을 내릴 때는 매우 신중해야 할 걸세.

우리는 산야사가 되기 전에 먼저 그리하스타쉬라마grihasthashrama***, 즉 결혼 생활을 경험해야 한다는 베다의 원칙을 따른다네. 여기 있는 모두가 기혼자야. 결혼한 사람은 신의 축복을 받아 신을 찾을 수 있

---

* 힌두 철학의 한 학파. 아드바이타(산스크리트어로 비이원이라는 뜻)는 브라만만이 궁극적으로 실재하며 일시적인 현상 세계는 브라만의 환상적인 모습(마야)이라는 개념을 가리킨다.

** 힌두교에서 말하는 삶의 네 단계 중 가장 마지막 단계. 물질적이고 세속적인 모든 것을 포기하고 영적 추구에만 온 생애를 바친다. 젊은 브라마차리는 네 단계 중 첫 단계에 들어선 사람이며, 가정을 가지는 두 번째 단계와 세속적인 생활을 끝마치는 세 번째 단계를 건너뛰고 네 번째 단계를 바로 선택할 수 있다.

*** grihastha는 집, 가족 또는 가정을 이룬 사람을 뜻한다. 그리하스타쉬라마는 '가정을 이루는 단계'라는 뜻.

네. 하지만 신의 은총이 없으면 수도자라 할지라도 신을 찾을 수 없지. 나도 결혼을 했었지만 아내가 죽은 후로 금욕 수행자가 되었네.

그리고 한 가지 더, 대마를 피우는 사두들이 아무리 많은 것을 알고 있다 할지라도 그들과 어울리지 말게. 자네는 히말라야 고지만을 바라보고 있는데, 거기에도 분명 그런 사람들이 존재하네. 우리와 함께 살면서 헌신의 수행을 한다면 좋겠지만, 자네가 계속 앞으로 나아가기를 원한다는 것을 나는 잘 알고 있네. 그러니 그렇게 하게나."

그는 마지막으로 이렇게 말했다. "자네는 순수한 영혼이야. 그러니 원한다면 자네에게 우리의 마하만트라Mahamantra를 알려주겠네. 주기적으로 이 만트라를 외게. 원한다면 언제든 이리 돌아와도 좋네. 신의 가호가 있기를. 자이 스리 크리슈나."

나는 그의 발을 만지면서 그에게 감사를 표했다. 그리고 내게 그 만트라를 알려달라고 부탁했다. 그 만트라는 "옴 나모 바가바테 바수데바야*"였다. 나는 주어진 방으로 들어가서 한동안 마음속으로 만트라를 외다가 깊고 평화로운 잠에 빠졌다.

나는 아침 일찍 일어나 얼음처럼 차가운 강가 강에 몸을 담갔고, 바와지에게 축복을 빌어달라고 부탁했다. 그는 내 머리 위에 손을 얹고 애정 어린 마음으로 나를 축복해주었다. "스리 크리슈나께서 자네를 영적인 성취로 인도하시기를. 자이 스리 크리슈나." 나는 나를 바와지에게로 데려가준 내 친구 다모다르Damodar에게 작별을 고했고, 다시 길을 떠나 바드리나쓰 쪽으로 향했다.

---

* Om Namo Bhagavathe Vasudevaaya.

18장 ॐ 구두장이와 수도자

며칠 후, 어느 쌀쌀한 저녁에 카르나프라야그에 도착했다. 나는 작은 마을의 변두리에서 한 시바 사원을 발견했는데, 강변에 위치한 그 사원에는 브라만 사제 한 명이 있었다. 내가 밤을 보내기에 적합한 장소가 있는지 물어보자 그는 나에게 사원에서 하룻밤을 보내라고 말했다. 사원에 순례자들이 묵는 괜찮은 방이 있는데 지금은 비어 있다는 것이 그의 설명이었다. 문제는 음식이었다. 현재로서 사제가 내줄 수 있는 음식은 바나나 두 개와 재거리jaggery* 한 조각뿐이었다. 그는 마을에 있는 자신의 집으로 가는 중이었고, 다음 날 아침 사원으로 음식을 가져다주기로 했다.

나는 언제나 그랬던 것처럼 피곤하고 배고팠지만 그것만으로도 괜

---

* 사탕수수즙이나 야자나무 수액으로 만드는 각설탕.

찮다고 말했다. 사원 안으로 들어가서는 등유 램프에 불을 붙이고 나무판자 위에 깔린 매트리스에 앉았다. 그리고 바나나를 먹기 시작하는데 밖에서 "람 람, 마하라즈*"라는 말소리가 들렸다. 문밖을 내다보니 작은 남자가 서 있는 모습이 어스레하게 보였다. 길고 하얀 쿠르타와 파자마를 입고 하얀 간디 캡Gandhi cap을 쓴 남자였다.** 그는 두 손을 모아 내게 인사를 했다.

그가 부드럽고 차분한 목소리로 말했다. "마하라즈, 저는 마을에 사는 구두장이 람프라사드Ramprasad입니다. 제 아내가 어제 꿈을 꾸었는데, 어느 성자께서 저희 집에 오셔서 식사를 하는 꿈이었다고 합니다. 이곳은 브라만의 사원이기 때문에 저 같은 불가촉천민은 원래 여기 오면 안 되지만 마하라즈께서 여기 오신 뒤에 사제가 떠나는 모습을 보고 용기를 내서 들어왔습니다. 제발 제게 화를 내거나 욕하지 말아주세요.

마하라즈, 제가 음식을 가져다드려도 될까요? 제 아내는 루치luchi, 달, 할와halwa를 만들어두었고 지금은 꿈에서 보았던 성자를 기다리고 있습니다.*** 마하라즈를 집에 초대하는 것은 무리겠지만, 음식을 여기로 가져다드리고 싶습니다."

그가 울먹거리며 말했다. 나는 일어나서 이렇게 말했다. "함께 당신 집으로 가지요. 당신의 아내가 나를 섬길 수 있도록 하겠습니다." 그는 자기 귀를 의심하고 있었다. 곧이어 그는 마을에서 동떨어져 있

---

* 수행자들에게 존경의 표시로 하는 말.

** 파자마는 인도 사람이 입는 통이 넓은 바지. 간디 캡은 마하트마 간디의 이름을 딴 모자로, 챙이 없고 앞뒤가 뾰족한 모자.

*** 루치는 납작하게 튀긴 빵, 할와는 달콤한 인도식 간식.

는 하리잔Harijan* 구역의 자기 집으로 나를 안내했다. "여기서 기다려 주세요, 마하라즈." 그는 자기 집 베란다를 가리키며 말했다. 그리고 안으로 황급히 들어가 자신의 아내에게 신이 나서 소리쳤다. "릴라바티Leelavati, 성자께서 오셨어!"

그들은 내가 괜찮다고 하는데도 기어코 내 발을 씻겨주었고, 따끈한 루치, 달 그리고 버터에 볶은 맛있는 야채들을 나에게 내주었다. 내가 앉아서 음식을 맛있게 먹고 있으니, 그들은 나를 바라보고 서서 기쁨의 눈물을 흘렸다. 람프라사드는 계속 고개를 저으며 아내에게 이런 말을 했다. "릴라바티, 이런 일이 정말로 일어나다니 믿을 수가 없군. 당신의 꿈은 현실이 됐고, 우리는 축복을 받았어. 이제 당신은 반드시 아이를 가지게 될 거야. 마하라즈, 아기가 생길 수 있도록 저희를 축복해주세요."

디저트로 따끈하고 달콤한 할와까지 먹은 다음, 나는 다시 사원으로 돌아갔다. 람프라사드가 손전등을 들고 사원까지 함께 가주었다. 이제 허기는 가라앉았고, 나는 잠시 명상을 하다가 잠이 들었다.

이른 아침이 되자, 브라만 사제가 고성을 지르며 나를 깨웠다. 그는 화가 나서 얼굴이 붉으락푸르락했다. "무슨 사두가 이따위야?" 그가 고성을 질렀다. "불가촉천민의 집에서 식사를 하다니. 아침까지 기다리면 되는 거 아니야? 무슨 브라마차리가 구두장이의 집에 앉아서 저급한 불가촉천민들이 차린 음식 따위를 먹고 있냐고? 넌 이제 더럽혀졌고 사원까지도 더럽혔어. 널 두들겨 팬 다음 사원 밖으로 던져버릴

* 불가촉천민의 다른 말.

사람을 불러오기 전에 썩 나가. 가서 성스러운 강에 몸을 담그고 정화나 하란 말이야. 이 방을 성수로 청소해야겠어. 가, 썩 꺼져!"

나는 말없이 소지품을 챙겨 사원을 빠져나갔다. 그에게 더 이상 무슨 말을 해도 소용이 없을 터였다. 내 가슴은 고통으로 가득했다. 어떻게 한 인간이 다른 인간을 불가촉천민이라고 부를 수 있을까? 이 지역이 정말로 위대한 요기들이 살았던 성지가 맞단 말인가? 의심이 밀려들었지만, 나는 가는 데까지 가본 다음 스스로 알아내리라 마음먹었다. 무지의 어둠을 몰아낼 빛을 내게 보여줄 위대한 요기를 내가 찾을 수 있을까?

바드리나쓰에 도착하기 전 마지막으로 들를, 중요한 종교 중심지가 내 눈앞에 있었다. 어느 날 오후 4시, 나는 조쉬 무트에 도착했다. 날씨가 추웠다. 이 근처의 올리Auli에서는 눈 덮인 히말라야의 거대한 산봉우리들을 볼 수 있었다. 내가 알기로 샹카라 무트는 브라만 계급의 브라마차리와 산야신에게만 숙소를 제공해줄 수 있었다. 무트에서 멀지 않은 곳에는 다람샬라dharamshala*가 있었는데, 나는 간신히 그곳의 작은 방 하나를 잡아놓은 후 다시 조쉬 무트를 찾아갔다.

나는 샹카라차리야의 동굴, 거대한 크리스털 링감 그리고 소원을 이루어준다는 나무를 보았다. 많은 브라마차리들과 수도자들이 산스크리트어와 베단타를 공부하려는 목적으로 거기에 살고 있었다. 언젠가는 이런 학생들 중 한 명이 다음 샹카라차리야(샹카라 스승 — 역주)가 될 터였다. 단디 스와미로도 알려져 있는 브라만 산야신들이 지팡

---

* 공공으로 사용하는 작은 휴게소 건물. 순례자들을 위해 지어졌다.

이를 들고 이리저리 지나다녔다. 나는 카스트제의 복잡성 그리고 인간의 마음이 상식에 얼마나 어긋날 수 있는지를 생각하며 가만히 서 있었다. 그러자 머리를 민 장신의 금욕 수행자가 내게 다가와 말을 걸었다.

"어디로 가나?"

"바드리나쓰로 갑니다, 선생님."

"그럼 지금은 어디서 머물고 있는가?"

"다람샬라에서 머물고 있습니다. 브라만이 아닌 사람들은 여기서 지낼 수 없다고 들었습니다."

"자네는 브라만으로 태어나지 않았다고 하지만 보기에는 브라만처럼 보이는군."

"아뇨, 저는 브라만이 아닙니다."

"아마 자네는 세상의 이런 모든 것들에 대해 생각이 많을 테지. 개인적인 생각을 말하자면, 나는 이 모든 게 말도 안 된다고 생각한다네. 나는 브라만 수도자, 즉 단디 스와미였네. 하지만 지팡이를 강가강에다 던져버리고 지금은 자유의 몸이 되었지. 그런데도 나는 여기서 머물 수 있다네. 이곳 마한트mahant(수도원장 — 역주)가 내가 단디 스와미였던 시절부터 나를 알던 사람이기 때문이지."

그가 말을 이었다. "자네도 알겠지만, 이 무트는 다사나미Dasanami 교단에 속해 있네. 그 교단의 창시자는 어느 날 강에서 목욕을 마치고 돌아가던 중이었네. 그런데 수많은 떠돌이 개들을 데리고 다니던 부족 사냥꾼이 그에게 말을 걸었지. 그러자 샹카라는 '내 앞에서 비키지 못할까! 감히 내 앞을 가로막다니. 이 천한 불가촉천민 같으니라고!'

하고 소리쳤네. 아무튼 이 이야기의 결말은, 그 사냥꾼이 알고 보니 위대한 요기 신 시바였고 갑자기 시바 신의 모습으로 변했다는 게야. 시바는 샹카라에게 신분으로 인간을 차별하지 말라고 경고했지."

"모든 이는 똑같은 아트만, 즉 초월적인 영혼으로서 살아가네." 나이 든 수도자가 말했다. "나는 이런 곳들에서 일어나는 일들을 목격하는 게 고통스럽네만, 내게는 체계를 바꿀 힘이 없다네."

나는 그와 베단타에 관한 얘기를 나누며 시간을 보냈고, 방으로 돌아와 식사를 하고 잠을 잤다. 다음 날 아침, 나는 다시 길을 걸었다. 고빈드가트Govindghat와 판두케슈와르를 거쳐 바드리나쓰에 도착하는 데까지는 나흘이 걸렸다. 도중에 이렇다 할 일은 없었지만 마음이 불안정했고 근심도 가득했다. 여행의 고단함은 내 육신에도 영향을 미치기 시작했다. 나는 지쳐 있었다.

19장 ॐ 바드리나쓰의 구도자

내가 바드리나쓰에 도착했을 때는 벌써 오후였다. 나라 나라야나Nara Narayana* 산맥과 눈 덮인 닐칸타Nilkantha 봉우리의 풍경, 알라카난다의 맑은 물이 바드리나쓰 사원을 지나 엄청난 기세로 흘러내리는 광경을 보니 잠깐이나마 나의 모든 정신적, 육체적 고통이 씻겨 내려갔다. 내 마음은 고요하면서도 평화로웠고, 또 기뻤다.

바드리나쓰를 둘러보기 전에, 나는 바드리나라얀Badrinarayan(비슈누의 여러 형상 중 하나 — 역주) 사원의 라발지Ravalji, 즉 사제장을 만나보고 싶다는 생각이 들었다. 내가 듣기로 라발지들은 예로부터 모두 케랄라 출신의 남부디리 브라만들이었다고 한다. 바드리나라얀 사원을 불교의 영향에서 해방시킨 후 힌두교 사원으로 재건한 샹카라차리야가 '사

* 나라와 나라야나는 힌두교의 현자 형제다. 힌두교도들은 이 둘이 바드리나쓰에 거한다고 믿는다.

제장은 케랄라 출신의 남부디리 브라만이어야 한다'고 규정했기 때문이다. 나는 말라얄람어로 말하고 싶었기에 같은 말라얄람인인 라발지와의 대화를 간절히 원하고 있었다.

나는 일 년 내내 뜨거운 물이 흘러나오는 탑타 쿤드Tapta Kund 온천에서 목욕을 한 후 깨끗한 여벌 옷으로 갈아입었다. 그리고 사원 입구에서 스리 바드리나라얀께 절을 한 뒤 길을 건너 라발지의 관저로 걸어갔다. 그의 조수와 말라얄람어로 이야기를 나누고 대기실에서 몇 분 기다리자 라발지가 있는 곳으로 안내를 받을 수 있었다. 내가 알기로, 그의 이름은 케사반 남부디리Kesavan Namboodiri였다. 라발지는 매우 정중하고 유쾌한 사람이었으며 인상도 훤하고 잘생겼었다. 주로 말라얄람어로 나눈 그와의 대화는 대략 이런 식이었다.

"이름이 뭔가?"

"시바프라사드입니다." 나는 정통 남부디리 브라만에게 내 진짜 이름을 알려줬을 때의 반응이 두려워 이렇게 말했다.

"그렇게 어린 나이에 어떻게 이런 곳에 오게 되었는가?"

나는 나의 영적 탐구에 대한 이야기, 즉 어린 시절부터 명상을 하게 되었다는 이야기와 성자들을 만난 이야기를 해주었다. 잭프루트 나무 아래서 만난 신비한 요기 이야기는 어차피 헛된 시도가 될 것 같아서 꺼내지 않았다.

나는 내가 어렸을 때부터 히말라야에 저항할 수 없을 정도의 끌림을 느껴왔으며, 지금은 히말라야에서 영적 안내자를 찾으려 한다고 그에게 말해주었다. 들은 바에 따르면 히말라야에는 위대한 요기들이 홀로 살고 있다는데, 혹시 그가 나를 그런 요기들과 연결시켜줄 수 있지 않을까?

라발지는 크게 웃더니 이렇게 말했다. "가엾은 친구군. 위대한 요기가 바드리나라얀 사원을 세우기 위해 케랄라에서부터 이 멀리까지 와야 했다는 사실을 알고 있는가? 자네 역시 구루를 찾기 위해 그와 같은 주에서 이곳 바드리나쓰로 왔지. 하하.

어쨌든, 나는 여기에 그런 사람이 있는지 잘 모르겠네. 순례철에 왔다가 혹한기 때 다시 돌아가는 사두와 산야신들은 이곳에 많다네. 심지어 우리 같은 사제들도 겨울에는 조쉬 무트에서 머물지. 바드리나쓰는 해발 3,100미터나 되기 때문에 겨울이 되면 이곳의 모든 것이 얼어버리네.

비야사 동굴과 무추쿤다Muchukunda 동굴 같은 동굴들에 일 년 내내 어떤 신비한 마하트마mahatma(위대한 존재 — 역주)들이 살고 있다는 소문을 나도 듣긴 했네. 하지만 나는 개인적으로 그런 소문들이 그저 바드리나라얀을 더 신비롭게 만들어주는 소문 그 이상도 이하도 아니라고 생각한다네.

누군가의 안내가 필요하다면 샹카라의 대작들, 〔우파니샤드〕에 관한 해설들, 비베카 추다마니Viveka Chudamani가 쓴 《가장 귀한 지혜의 보석》(Crest Jewel of Wisdom), 명석한 베다 학자들이 쓴 서적 등을 읽어보는 것이 좋을 것이네. 산스크리트어는 할 줄 아는가?"

"아주 조금 합니다." 내가 말했다. "지금 말씀하신 책들을 영역본으로 보긴 했습니다."

"음, 그걸로는 부족하네. 영역본은 원본과 같지 않지. 일단 자네에게는 머물 곳이 필요할 것 같은데, 그렇지 않은가? 사원 내에는 숙소가 많지 않아서 알라카난다 강 건너편의 작은 쿠티르를 내주겠네. 여기서 그리 멀지 않은 곳에 있지. 음식은 하루 두 번, 이곳에서 먹을 수 있다네. 조수에게 말해두겠네. 혹시 지금 배가 고프면 바깥방에서 뭘 좀 먹어도 되네. 바드리나라얀의 축복이 있기에 사원에 프라사드가 부족한 경우는 없네.

잠시 머물면서 이 아름다운 곳을 탐험한 다음 케랄라로 돌아가라는 것이 내 조언이야. 공부를 더 많이 하는 것이 좋겠군. 인도철학 박사 학위라든가 하는 것들을 얻으라는 말이네. 부모님을 돌보고, 행복한 삶을 살게. 가끔 여기로 와서 며칠 자고 가도 되네. 히말라야의 마스터 같은 것들을 찾느라 시간과 에너지를 낭비하지 말게. 자네는 결국 환멸을 느끼게 될 테고, 그때는 이미 물리기에 너무 늦은 때일 걸세.

특히 자네가 조심해야 할 사람들은 교육을 잘 받은 어린 제자들을 구하는 가짜 성자들이네. 그들은 자네를 좋은 먹잇감으로 생각할 걸세. 대마를 피우는 사두들도 조심하게. 그들 대부분은 그저 마약 중독자들일 뿐이니까. 그들은 마약의 영향 때문에 보게 된 비전들을 진짜라고 생각하지. 이런 자들을 조심하게. 마치 전염병을 피하듯 그들을 보면 피해야 해.

이제 식사를 좀 하게나. 식사를 마치면 내 조수가 자네를 쿠티르로 안내해줄 걸세. 나는 바드리나라얀께 드리는 저녁 예배를 준비해야겠네. 이따 사원에 들러서 저녁 예배를 함께하세. 그리고 다시 여기로 돌아오자고. 그러면 좀더 얘기할 수 있으니까 말이네. 어떤가?"

나는 훌륭한 케랄라식 식사를 했고, 다리 건너에 있는 칼리캄브리왈라 쿠티르로 안내를 받았다. 굉음을 내며 흐르는 알라카난다 강을 밤낮으로 볼 수 있는 곳이라 정말 좋았다. 나는 사원의 예배에 주기적으로 참석했고, 라발지의 관저에서 식사를 했다. 그는 많은 방문자들을 만나느라 아주 바빴지만 그런 와중에도 이틀이나 사흘에 한 번 정도는 내게 시간을 내주었다. 나는 그에게 바드리나쓰와 그 주변 지역에 관해 많은 것을 배울 수 있었다.

케다르칸드Kedarkhand라는 지역에는 바드리나쓰 폭포가 있는데, 전설에 따르면 나라와 나라야나가 이 폭포에서 함께 고행을 했다고 한다. 폭포는 알라카난다 강 계곡, 그들의 이름을 딴 두 산 사이에 있었다. 몸을 씻는 신성한 장소로는 탑타 쿤드 온천과 브라마 카팔리Brahma Kapali가 있었다. 바드리나라야나의 사원은 아디 샹카라차리야에 의해 재건되었는데, 아디 샹카라는 부처의 그림을 불교도들이 아주 오랜 옛날에 갖다 버린, 원래의 성상이었던 나라야나의 그림으로 다시 바꿔두었다고 전해진다. 이와 관련한 역사적 증거는 없지만 바드리나쓰는 티베트의 국경과 아주 가깝기 때문에 이곳이 한때 불교의 중심지였을 가능성도 배제할 수 없다.

바드리나쓰에서 알라카난다 강의 둑을 따라 6~7킬로미터를 올라가면 인도 국경 내의 마지막 마을인 마나Mana 마을에 도착하는데, 이 마을에는 티베트인 혈통의 사람들이 살고 있다.

바드리나쓰에서 북쪽으로 2킬로미터를 가면 고다파다실라Gaudapadasila 바위가 나온다. 이 바위는 알라카난다 강의 왼쪽 둑에 있다. 전해오는 바에 따르면 이곳은 수카 데바Suka Deva의 제자이자 위대한 리쉬인 고다파다Gaudapada가 자주 앉았던 장소라고 한다. 고다파다는 이곳에서 〔만두키야Mandukya 우파니샤드〕에 관한 카리카Karika(설명)를 썼다. 그 후 샹카라차리야를 만난 고다파다는 그에게 이 카리카에 대한 주석을 써달라고 부탁했다. 바다라아야나Badaraayana(바드리Badri나무 숲에 사는 이) 혹은 리쉬 비야사라고 알려진 현인이 〔베다〕를 집대성한 동굴인 비야사 동굴은 마나 마을과 가까운 곳에 있다. 전해지는 말에 따르면, 여름 동안에 위대한 마하트마들이 비야사 동굴이나 근처 다른 동굴들에 가끔 머문다고 한다. 케사바Kesava 프라야그에서는 알라카난다 강이 지하 터널에서 흘러나오는 사라스와티Saraswati 강과 합류한다. 바로 여기서 해발 5,600미터에 위치한 마나 고개를 지나면 티베트로 가는 길이 시작된다. 이보다 더 위로 올라가면, 바수다라Vasudhara 폭포와 스와르가로히니Swargarohini 산괴가 나온다. 〔마하바라타〕를 보면 여기서 위대한 유디슈티라Yudhishthira 왕이 인드라Indra*의 수레를 타고 하늘로 올라갔다고 한다.

바드리나얀은 아름다운 곳이었다. 눈 덮인 봉우리들에 둘러싸인 데다 알라카난다 강의 격류가 입맞춤을 하는 곳. 혼자만의 명상과 사색을 원하는 이들에게는 그야말로 이상적인 장소였다. 나는 방금 과거형으로 '장소였다'고 말했는데, 최근에는 신성에 무지하거나 관심조차 없는 무책임한 관광객들이 다수 유입되면서 모든 것이 망가졌기 때문이다. 지금 이곳은 욕심 많은 상인들과 상점들이 늘어서 있어서 어병한 관광객들에게 바가지를 씌우는 게 일상인 곳이 되었다. 최근에 내가 이곳을 방문했을 때는 어떤 남자가 나에게 오더니, 어리고 예쁜 가왈리인 여성과의 하룻밤을 주선해주겠다며 나와 흥정을 하려 했다.

---

* 〔베다〕에서 인드라는 하늘의 왕이자 신들의 왕으로 묘사된다.

내 마음속에서 잊혀지지 않는, 언제나 내 가슴을 기쁨으로 가득 채워주는 바드리나쓰의 모습 중 하나는 눈 오는 어느 날의 풍경이었다. 보름달이 뜬 그날 밤, 그곳 전체가 마치 녹은 은으로 만들어진 것처럼 빛을 발하고 있었다.

그렇지만 이런 아름다운 풍경들도 내 내적 갈증을 채워주지는 못했다. 나처럼 잘 교육받은 젊은 청년은 이곳에서 아무것도 찾지 못할 것이니 집으로 돌아가라는 라발지의 말을 들은 후로 더 심해진 의심이 가뜩이나 흔들리고 있던 내 마음을 더욱 괴롭게 했다. 어느 날, 쿠티르 앞에 앉아 있던 나는 마나 마을로 가서 그 근처의 동굴들을 다니며 위대한 요기를 찾아보기로 결심했다. 그리고 그렇게 했는데도 진정한 마하트마를 찾지 못한다면 알라카난다 강에 몸을 던져 목숨을 끊겠다고 마음을 굳혔다. 그러면 깨달음의 길을 좀더 수월하게 걸을 수 있는 환경에서 환생하게 될지도 모를 일이었다. 나는 의심과 절망이라는 이 고문을 더 이상 견딜 수 없었다.

20장 ॐ 바바지와의 만남

다음 날 새벽에 나는 마나 마을로 떠났다. 정오쯤, 티베트인 혈통의 양치기들이 사는 마나 마을에 도착했다. 이들은 베틀로 다채롭고 복잡한 디자인의 양모 러그를 짰다. 모두 불교도들이었다. 나는 비야사 동굴로 걸어갔다. 동굴은 중간 크기의 천연동굴이었다.

나는 이 근방의 다른 동굴들도 둘러보기 위해 바위들 너머로 더 높이 걸어 올라갔다. 그러자 사라스와티 강이 지하 터널에서 흘러나와 알라카난다 강과 합류하는 것이 보였다. 바위투성이의 길을 한 시간 정도 더 걸어가니 바수다라 폭포에 도착했다. 스와르가로히니 산괴까지 가보자는 것이 내 생각이었다. 유디슈티라 왕이 하늘로 들려 올라간 이야기에 뭔가 있지 않나 하는 생각이 들었다. 혹시 거기에 특별한 존재들이 살고 있지는 않을까?

그때쯤, 나는 해가 저물고 있음을 느꼈다. 바람은 벌써 얼음처럼 차가웠고 근처에는 인적이 전혀 없었다. 허기가 지기 시작했다. 나는 최소한 마나 마을까지는 걸어 내려가기로 했다. 내게 묵을 곳과 약간의 음식을 내줄 수 있는 친절한 사람을 찾아야 했다. 나는 의심, 두려움, 배고픔 그리고 실패에 대한 깊은 절망감에 가득 차 있었다. 나는 나를 인도해줄 존재를 찾아 나섰지만 실패했다. 여기에 마하트마 같은 존재들은 없었다. 그런 존재들은 마치 진실인 것처럼 이야기를 지어내는 소설가들의 상상 속에만 존재했다. 이렇게 사느니 차라리 죽는 게 나았다. 나는 알라카난다 강에 뛰어들어 자살하기로 결심했다.

이제 해가 완전히 져버렸고 얼음처럼 찬 바람이 미친 듯이 불어오고 있었다. 나는 다시 비야사 동굴 앞에 도착했다. 그런데 놀랍게도 동굴 입구에 두니, 즉 모닥불이 밝게 타오르고 있었다. 장작이 활활 타오르면서 화염이 춤을 추듯 일렁이고 있었다. 얼어붙을 것 같은 날씨에 밖에 있자니, 모닥불의 온기가 나를 부르는 것 같았다. 나는 대체 누가 저기에 불을 피워놨을까 궁금해하면서 동굴을 향해 걸어갔다. 양치기일까? 아니면 정말 내가 요기를 만나게 되는 것일까?

그때, 동굴 안쪽에서 어쩐지 친숙하게 느껴지는 누군가의 목소리가 들려왔다. 오랫동안 기억 저편에 묻어두었던 목소리가 다시 들려오는 기분이었다. 나는 몸을 떨면서 서둘러 동굴로 걸어갔다. 그때, 긴 머리에 옷을 거의 입지 않은, 키 큰 사람이 동굴에서 나왔다. "이리 오렴." 그는 힌두스타니어*로 분명하게 말했다. "어디를 헤매고 다닌 거니, 마두?"

* 북부 인도의 상용어이자 힌디어의 한 방언.

"마두요?" 오래전에 꾸었다가 잊어버린 꿈속에서 이런 이름을 들어봤던가? 이 사람은 누구지? 내가 말했다. "저는 마두가 아닙니다. 저는 뭄…."

"그래, 그래. 안다. 반치유르의 잭프루트 나무 아래에서부터 인도 최북단의 이곳, 비야사 동굴까지. 이리 와서 불 가까이 앉거라. 먼저 식사를 하고 잠을 좀 자렴. 내일 아침에 대화하자꾸나." 그는 오른손으로 내 왼쪽 어깨를 다정하게 쓰다듬었다. "여기 앉거라."

그 순간, 나는 이 사람이 아홉 살 때 우리 집 뒷마당의 잭프루트 나무 아래에서 만났던 바로 그 신비한 요기임을 깨달았다. 그랬다. 목소리조차 똑같았다. 나는 드디어 구루를 찾았다. 아버지이자 어머니, 스승 등 모든 역할을 한 몸에 맡아줄 바로 그 사람을 말이다. 결론적으로 나는 이때부터 3년 반을 그와 함께 지내게 될 것이었다.

그는 동굴로 들어가서 카만달루(사두들이 음식과 물을 담을 때 쓰는 타원형 그릇)를 가지고 나왔다. 그 안에는 갓 구운 밀 로티roti(납작한 빵 — 역주) 두 장과 따끈한 감자 카레가 담겨 있었다. 그는 그것을 내 앞에 놓은 다음 말했다. "먹거라."

나는 그에게 절을 하고 발을 만지며 이렇게 말했다. "당신을 바바지라고 부르겠습니다. 저는 당신 말고 다른 바바지는 모릅니다. 당신은 저의 바바, 아버지이며 저는 당신께 평생 갚지 못할 빚을 졌습니다. 제가 마지막으로 붙잡고 있던 끈을 놓으려 했을 때, 당신께서 저를 찾아주셨습니다." 눈물이 앞을 가렸다.

그는 따뜻하게 말했다. "다 괜찮단다. 앉아서 좀 먹으렴."

나는 사방이 히말라야 산맥으로 둘러싸인 그곳에서 불 앞에 자리를 잡고 앉았다. 그리고 스승의 다정한 눈길을 받으며 맛있게 음식을 먹었다. 그는 다시 동굴 안으로 들어가서 디저트로 잘레비jalebi*를 가지고 나오더니 내가 식사를 끝낼 때까지 그것을 들고 있겠다고 고집했다. 식사를 끝내고 바바지가 건네준 알라카난다 강의 맑고 깨끗한 물을 마시니, 며칠을 못 잔 것 같이 잠이 몰려왔다.

바바지는 나를 동굴 안쪽으로 데려갔는데, 안쪽에 켜져 있는 희미한 불빛에 비추어 둘러보니 이미 그가 나를 위한 잠자리를 마련해놓은 것이 보였다. 마른 잎과 잔가지들을 모아 그 위에 담요를 덮어둔 것이다. 바람이 모닥불의 열기를 동굴 안으로 불어 넣어주고 있는 것 같았다. 바바지가 나를 잘 보살펴줄 것이라는 생각에 안심이 되었고, 바로 잠이 들었다. 잠들기 전에 내가 마지막으로 본 것은, 접은 담요 위에 가부좌 자세로 앉아 있던 바바지의 모습이었다. 그는 모닥불을 마주 본 채 움직이지도 않고 계속 그렇게 앉아 있었다.

* 밀가루를 프레첼 모양 또는 원 모양으로 튀겨 설탕 시럽에 담가 만드는 과자.

21장 ॐ 나의 첫 배움

다정하고 친절한 안내자와 함께하는 새로운 삶, 새로운 여정이 시작되었다. 다음 날 아침, 바바지는 날이 밝기 몇 시간 전에 나를 깨웠다. 그가 말했다. "브라마 무후르타brahma muhurta*, 공기가 가장 맑아서 명상을 하기에 좋은 때지. 바보같이 차가운 알라카난다 강물에 몸을 담글 필요는 없단다. 그러면 폐렴에 걸리기 딱 좋은데, 이 근처에는 좋은 병원이 없어. 내 카만달루로 물을 떠온 다음 양치를 하고 세안을 하렴. 칫솔은 있니?"

"네, 바바지."

"그럼 재를 치약 삼아 양치를 좀 하려무나."

불은 여전히 활활 타오르고 있었다. 바바지가 밤을 새워 그 불을

---

* 오전 3시 30분에서 5시 30분까지의 시간.

지켰던 것인지 궁금했다. 나는 그때 처음으로 그가 얼마나 현실적이고 실용적인 사람인지를 알게 되었다. 그는 명상 전에 목욕을 해야 한다는 등의 케케묵은 관습 같은 것은 따르지 않았다. 그런 것을 따르다가는 죽을 수도 있었다. 몸 누일 곳 하나 없이 예루살렘 거리를 헤매던 위대한 영적 마스터의 말씀이 떠올랐다. '법이 사람을 위해 만들어진 것이요, 사람이 법을 위하여 있는 것이 아니다.'

내가 세안을 하고 동굴로 돌아오자 바바지가 잘 접혀 있는 담요를 건네면서 이렇게 말했다. "지금부터 이 담요를 쓰렴. 오로지 너만 써야 해. 이건 네 것이니까."

그런 다음 그는 내 자세를 고쳐주면서 어떻게 하면 제대로 된 가부좌 자세로 앉을 수 있는지 알려주었다. 그리고 내게 크리야 요가의 신비를 알려주었다. 그가 자신의 구루인 전설의 마하바타르 바바지에게 그 기술을 배웠다고 말해주었을 때는 흥분되어 몸이 떨릴 정도였다. 내가 명상을 시작하자 그는 내 가슴을 가볍게 터치한 뒤 이마를 터치했다. 나는 지복의 명상 속으로 깊이 빠져들었다. 내 마음은 전에는 꿈에도 생각지 못했던 차원들을 여행했고, 내 의식은 무한히 확장되었다. 그러다 다시 깨어 있는 상태로 돌아왔을 때는 바바지의 목소리가 들렸다. "돌아와, 돌아와. 한 번에 모든 걸 다 하려고 하면 안 된단다, 얘야."

해가 막 떠오르기 시작했는데, 그 광경이 믿을 수 없을 정도로 아름다웠다. 저 멀리 얼음으로 뒤덮인 봉우리들, 강물이 흐르는 소리 그리고 드넓게 퍼지고 있는 잔잔한 햇빛. 바바지는 자비로운 미소를 짓고 있었고, 나는 처음으로 그의 모습을 또렷이 볼 수 있었다. 그는 키가 크고 훤칠했다. 피부색은 거의 유럽인 같았고, 눈동자는 밝은 갈색이었다. 그는 머리숱이 많았는데, 긴 흑갈색 머리카락을 머리 위로 동그랗게 말아 올려놨다. 생김새가 네팔인과 약간 닮았으며, 얼굴에 수염이 듬성듬성 나 있어서 턱수염과 콧수염이 조금밖에 없었다. 그는 귀의 연골을 뚫어 커다란 구리 귀걸이를 착용하고 있었고 목에는 커다란 루드락샤Rudraksha 비즈*로 만든 염주를 걸고 있었다. 살을 에는 듯한 추위 속에서도 허리에 감은, 무릎길이의 두꺼운 흰 천 말고는 입은 것이 없었다. 발도 맨발이었다. 그가 가진 것이라곤 검정색 목제 카만달루, 명상할 때 쓰는 담요, 그리고 등에 끈으로 매둔 손도끼뿐이었다.

내가 말했다. "아주 익숙한 곳에 와 있는 듯한 느낌이 듭니다. 예전에 여기 와본 적이 있는 느낌이랄까요. 제가 당신과 함께 여기 있었던 적이 있었나요?"

"내가 아니라 나의 위대한 마스터이신, 전설적인 스리 구루 바바지께서 너와 이곳에 머무신 적이 있었단다. 그때는 그분이 네 구루셨지. 나는 최초로 그분의 제자가 된 이들 중 하나였고, 내 이름은 마헤쉬와르나쓰란다. 다가올 미래에 사람들은 너를 'M'이라고 부를 건데, 그때마다 너는 나를 떠올리게 될 거란다. 스리 구루 바바지께서는 네가 준비가 다 될 때까지 내게 너를 맡기셨어."

"저도 위대한 스리 구루 바바지를 뵙게 될까요?" 내가 절실한 마음으로 물었다. 흥분을 억누르기가 힘들었다.

* 루드락샤 열매의 씨앗을 말린 것. 호두와 비슷하게 생겼다.

"네가 그분을 뵐 필요가 있다면 그렇게 되겠지." 바바지가 말했다. "하지만 명상과 크리야 수행은 스리 구루 바바지를 만나기 위해 하는 것이 아니라는 점을 확실히 기억해두거라. 그런 수행들은 그분이 의미하는 바를 확실하게 이해하고 경험할 수 있게 해주는 높은 의식 수준을 성취하기 위해서 하는 것이란다. 너도 곧 알게 될 거야.

이제 출발해보자꾸나. 나는 원래 비야사 동굴에 자주 오지 않는단다. 어제 내가 여기 있었던 이유는 오로지 너를 만나기 위해서였어. 나는 바드리나쓰에 있을 때 보통 사원이 있는 나라얀 파르바트Narayan Parvat 봉우리 뒤쪽의 차란 파두카Charan Paduka* 주변 동굴들 중 한 곳에 머무른단다. 그쪽으로 이동한 후에 수업을 시작해보자꾸나. 따라오렴."

그래서 우리는 길을 떠났다. 전설적인 닥쉬나무르티Dakshinamurti** 같은 구루와 그의 나이 어린 제자가 여정을 나선 것이다. 하지만 구루 역시 그리 나이 들어 보이지는 않았다. 바바지는 걸음이 상당히 빨랐기 때문에 나는 열심히 그를 따라잡아야만 했다. 그는 때때로 내게 쉬는 시간을 주며 이렇게 격려하곤 했다. "이보게 젊은이, 그 혈기 왕성한 나이에 좀더 빨리 걸을 수는 없겠나. 하하."

우리는 바드리나쓰에 도착했고, 사원 뒤편의 작은 길로 건너가 차란 파두카에 도착할 때까지 계속 산을 올라갔다. 차란 파두카는 자이

---

* 비슈누 신의 발자국이 새겨져 있는 신성한 바위.

** 시바 신의 구루적인 면모를 일컫는 말. 궁극의 앎 또는 지식이 의인화된 것.

나교도들에게 티르탄카라Tirthankara*의 은총을 받은 신성한 장소로 여겨졌다. 이곳 너머에는 풀이 무성한 평원과 양쪽에 동굴들이 있는 좁은 계곡이 있었는데, 이 동굴들에는 몇몇 요기들이 살고 있었다. 요기들은 바바지가 지나갈 때 인사를 했다. 우리는 더 올라가서 어떤 넓은 동굴 앞에 멈춰 섰다. 동굴 입구 쪽에 돌로 만들어둔 화로에서는 여전히 연기가 피어오르고 있었다.

"이곳이 당분간 우리의 거처가 될 거란다." 바바지가 말했다. "담요와 가방은 동굴 안쪽에 내려놓으렴. 거기에 크고 헐렁한, 두꺼운 양모 로브가 있을 건데 그걸 입으면 된단다. 몸에 탈이 나지 않게 말이야. 아, 그리고 대나무 바구니에 있는 파란색 터번으로 귀를 덮고 머리를 잘 감싸렴. 이제 좀 쉬어도 되겠구나. 첫 수업은 저녁에 시작할 거란다."

정해진 수업 시간과 토론 시간이 있긴 했지만, 바바지와 함께 생활하는 것 자체가 배움의 과정이었다. 나는 동굴을 청소하는 법, 가끔은 얼음 조각으로 가득한 근처 폭포에서 물을 길어오는 법, 장작을 모아오고 또 그것들을 도끼로 패는 법, 사원 근처 시장의 상점 주인이나 안낙셰트라annakshetra**에서 야채, 밀가루, 기타 식량을 받거나 구자르인들에게 버팔로 우유를 받는 법을 배웠다.

---

* 자이나교에서 티르탄카라는 다르마dharma의 영적 스승이자 구원자다. 티르탄카라라는 말은 '티르타를 만든 자'를 의미하는데, 여기서 티르타는 윤회, 즉 생과 사라는 무한한 바다를 건너갈 길을 말한다. 자이나교에 따르면 티르탄카라들은 자기 스스로의 윤회를 정복하고 다른 사람들이 따를 수 있는 길을 만든 최고의 다르마 스승들이다.

** 인도의 무료 급식소. 주로 수행자와 성지 순례객들에게 음식을 제공하며 사람들의 기부와 봉사로 운영된다.

상인들은 내가 바바지의 첼라chela(제자)라는 사실을 알고 기꺼이 무언가를 내주었지만 구걸은 내 자존심에 큰 타격을 주었다. 나는 바바지가 얼마나 존경받는 인물인지를 알 수 있었다. 바바지가 지나가면 많은 상인들이 자리에서 일어나 존경을 표했고, 두 손을 맞대고 "람람, 마하라즈"라고 말했다. 그러면 바바지는 오른손을 가슴에 대고 고개를 숙이며 사람들에게 인사했다.

또한 나는 음식이 얼마나 가치 있는 것인지를 알 수 있었고, 생애 처음으로 요리하는 법도 배웠다. 요리를 할 때는 아주 간단한 음식을 만들어도 상관없었지만, 대신 완벽하게 요리해야 했다. 야채를 제대로 자르는 것에서부터 음식을 적당히 끓이는 것까지, 바바지는 어느 것 하나 그냥 넘어가는 법이 없었다. 언젠가 바바지는 이런 말을 했다. "야채도 제대로 못 썰고 밥도 완벽하게 못 지으면서 도대체 어떻게 궁극의 완벽을 추구할 수 있겠니? 그건 마치 밤낮으로 거짓말을 하면서 궁극의 진리인 사티야satya를 추구한다고 말하는 것과 같은 거란다. 정치인들도 '사티야메바 자야테Satyameva Jayate'(진리만이 승리한다)라고 말하며 진실(Truth)을 맹세하잖니? 일상을 완벽하게 살아내는 것부터 시작해야 한단다. 그것이 바로 완벽에 이르는 길이지."

명상과 요가 아사나를 하고 우유와 과일(주로 구아바나 리치)로 가벼운 아침을 먹은 뒤에는 약 한 시간 동안 아침 수업을 들었다. 바바지는 이렇게 말했다. "현재 너의 집중력은 한 시간 정도밖에 되지 않으니 나머지 시간은 배운 것을 적절히 소화시키는 시간으로 쓰는 것이 낫겠구나." 수업이 끝나면 두니를 유지하는 데 필요한 장작을 모으고 음식을 요리했다. 수업을 시작한 첫 며칠 동안 바바지는 언덕 쪽으로 걸어 올라갔다가 음식이 준비되었을 때 돌아오곤 했다. 그는 음식을 거의 먹지 않았다.

식사가 끝나면 잠시 휴식을 취한 뒤 혼자서, 때로는 바바지와 둘이서 자유롭게 주변을 돌아다녔다. 그리고 해가 지면 우리는 어디에 있든 앉아서 명상을 했다. 명상을 한 후에는 한 시간 동안 공부를 하고 간단한 식사를 한 뒤, 불 옆에 앉아 개인적인 이야기를 나누곤 했다. 때때로 우리는 일렁이는 불꽃이 자유로이 춤을 추고 장작에서 딱딱거리는 소리가 나는 동안 몇 시간이고 이런저런 이야기를 나누기도 했다. 그러다 졸리면 동굴 안에 들어가 누워 잠을 청했다. 그럴 때면 바바지는 불 근처에 앉아 있곤 했는데, 가끔은 눈을 감고 누워 있기도 했다. 하지만 그가 정말 잠을 잔 건지는 알 수 없었다.

내가 배운 수업 내용은 상당히 복잡해서 독자 여러분이 읽기에는 지루할 수도 있다. 그래서 중요하다고 생각되는 것들만 언급해보려고 한다. 이에 앞서, 내가 가진 모든 지식은 바바지와 함께한 3년 반 동안 얻은 것이라는 점도 꼭 덧붙이고 싶다.

22장 ॐ 쿤달리니 불이 지펴지다

바바지와의 첫 수업은 날이 어둑어둑해질 무렵에 시작되었다. 우리는 눈앞에서 춤을 추는 불꽃들을 바라보며 앉아 있었다.

바바지가 말했다. "불은 모든 고대 문명에서 신성한 것으로 여겨졌단다. 베다 시대에는 사람들이 매일 불의 신 아그니Agni에게 기도를 했지. 불이 왜 그렇게 중요한지 생각해본 적이 있니?"

"음식을 요리하려면 불이 필요합니다. 또, 겨울에는 사람을 따뜻하게 해주고 야생동물이 접근하지 못하도록 막아줍니다. 그래서 고대인들은 불을 소중히 여겼겠지요."

바바지는 웃었다. "그래, 그래. 하지만 그 외에도 더 많은 이유가 있단다. 고대에는 성냥갑이 없었잖니? 그래서 불을 피우려면 마른 막대기들을 문지르며 불의 신께 간곡히 기도를 드리는 의식을 거쳐야 했단다. 그러다 불꽃이 생겨나면 그게 바로 기적이었던 거지. 고대 사상가들은 불이 나타나기 전에 이 불은 어디에 있었을까 생각했단다. 분명히 그 불은 언제나 나무 안에 내재해 있었고, 불이 나타나기 위해서는 적절한 조건이 필요했어. 이런 이유로, 불은 모든 곳에 편재하지만 오직 특정한 조건에서만 나타나는 영의 상징이 된 거란다.

불이 영의 상징이 된 또 다른 이유는, 불이 항상 위쪽으로만 타오르기 때문이란다. 불이 붙은 장작 끝을 아래쪽으로 향하게 해도 불길은 언제나 위쪽으로 타오르지. 또, 아주 작은 불꽃 하나로도 숲 전체를 불태울 수 있단다. 하나의 불꽃으로 수천 개의 촛불을 켤 수도 있는데, 그렇게 해도 원래의 불꽃(mother flame)은 줄어들지 않고 그대로 존재한단다. 이보다 더 좋은 영의 상징이 어디 있겠니?

이러한 불이 파괴자가 되면 모든 것을 태워 잿더미, 먼지로 만들어버린단다. 사랑과 자비의 성스러운 불은 모든 자기중심성을 불태워 재로 만들어버리지. 고행자들이 자기 몸에 재를 바르는 것 역시 자신이 한계로부터 자유로워졌음을 나타내는 행위란다.

아그니라는 것은 눈에 보이는 불만 지칭하는 것이 아니란다. 모든 형태의 연소가 아그니라고 할 수 있어. 우리 몸을 살아 있게끔 하는 이화작용과 동화작용의 과정을 우리는 소화의 불(digestive fire)이라고 부르지.* 또, 낮은 욕망이든 높은 욕망이든 우리는 그것을 욕망의 불(fire of desire)이라고도 부르고 말이야.

사람들이 자신의 이전 연인을 '옛 불꽃'(old flame)이라고 부르곤 하잖

---

* 이화작용은 세포 호흡을 통해 유기 분자를 분해하고 에너지를 얻는 반응이며 발열반응이라고도 한다. 동화작용은 에너지를 이용하여 세포의 구성 성분을 합성하는 반응이며 흡열반응이라고도 한다.

니? 아무도 '옛 물'이나 '옛 공기'라고 말하지 않는단다. 사랑, 욕망, 영감, 이 모든 것이 일종의 불이기 때문이지. 상상력도 마찬가지란다. 그래서 불은 오랫동안 숭배되어왔어. 나쓰Nath 전통을 따르는 우리에게, 불은 우리 자아의 일부란다. 우리는 두니를 피우고 몇 시간 동안 이고 앉아서 그 불꽃을 바라보지. 그러면 불은 우리의 친구이자 보호자가 된단다. 우리의 마음은 불꽃과 합쳐지고, 그렇게 우리는 하나가 되는 거야. 내 말을 믿으렴. 모든 자연과 마찬가지로 불 역시 자기만의 마음을 가지고 있단다. 우리의 마음은 불의 주님이신 아그니와 매우 긴밀하게 연결되어 있기 때문에 불꽃은 우리의 모든 소원을 이루어주지.

내면의 불인 쿤달리니kundalini는 실제로 '연소'라는 보편적 힘의 일부란다. 외부의 불과 동일한 이 쿤달리니가 현현한 것이 바로 두니야. 내면에서 불길이 솟구쳐 천 개의 꽃잎이 달린 연꽃에 닿으면 인간은 신이 된단다.* 그러면 의식의 광대한 차원에 접근해서 그 차원을 이용할 수 있고, 마음속 깊은 슬픔도 없어진단다. 자, 주의 깊게 지켜보렴."

바바지는 매우 집중한 상태로 불을 바라보며 이렇게 말했다. "아, 두니에서 춤추는 내 가슴의 불꽃이여, 높이 높이 올라가 당신의 위엄을 드러내주십시오." 그러자 불길이 점점 커지기 시작했다. 나의 의심 많은 마음이 그 현상을 그저 갑자기 불기 시작한 찬바람 때문일 거라고 치부하려던 찰나, 나는 유독 하나의 불길만이 거세지고 있다

* 척추 기저에 있는 쿤달리니 에너지가 7차크라, 즉 크라운 차크라까지 올라가는 것을 말한다.

는 사실을 깨달았다. 불길은 이글거리는 불기둥처럼 위로 타올랐는데, 그 높이가 저 멀리 서 있는 데바다르devadar 나무만큼이나 높았다.

"오! 아그니시여, 이제 이 청년의 배꼽을 건드려주세요. 당신의 축복으로 마두 내면의 불이 깨어나기를 기도합니다." 바바지가 이렇게 말하자 높은 불길이 나를 향해 휘어졌고, 내 배꼽에 순간적으로 불이 닿았다. 내 온몸을 타오르게 할 불씨를 전한 것이다. 이때 나는 경외심을 느끼며 떨고 있었다. 불씨는 불이 되어 내 몸을 타고 올라가, 내 안의 모든 장애물이 재가 될 때까지 모조리 불태워버렸다. 마침내 불은 내 뇌에 이르러 화려하고 다채로운 색의 섬광으로 폭발했다. 그러자 척추 아래로 대단히 시원하고 기분 좋은 느낌이 퍼졌다. 낮은 곳과 높은 곳 사이에 연결 고리가 생긴 것이다. 이제 내가 가야 할 길은 분명해졌고, 나는 바바지의 다정한 격려를 받으며 인내심을 가지고 그 길을 걸어가야 했다.

내가 다시 눈을 떴을 때, 불은 다시 정상적으로 타오르고 있었다. 바바지는 첫걸음마를 뗀 아이를 바라보는 엄마처럼 행복하게 웃고 있었다. "좋구나." 그가 말했다. "오늘은 이만하면 됐단다. 조용히 명상하다가 자렴."

"바바지, 어제 물어보고 싶은 게 있었습니다. 바바지는 잠을 주무시나요? 밤새 깨어 계신 것 같던데요." 내가 말했다.

"얘야, 난 잘 필요가 없단다. 네가 잠을 자야 하는 이유는 몸과 마음이 피곤해졌을 때 원기를 회복해야 하기 때문이지. 그렇지만 나는 피곤함도 피로도 느끼지 못한단다. 좀더 시간이 지나면 적어도 너 스스로도 어느 정도 이것을 이해하게 될 거야. 그리고 오랜 시간이 지나 네가 많은 활약을 하게 되는 때가 오면 이 원리를 이해하게 될 거란다."

그날 밤, 나는 명상에 깊이 빠져들었다. 내 마음은 지금까지 가보지 못했던 차원들로 올라갔고, 나를 괴롭혔던 여러 질문에 대한 답을 가지고 돌아왔다. 나는 바바지에게 절을 하고 동굴에 들어가 잠을 잤다. 바바지는 가부좌 자세로 곧게 앉아 바위처럼 굳건하게 불을 바라보고 있었다.

23장 ॐ 늙은 티베트 라마승

어느 날, 명상을 하고 아침 식사를 마치자마자 바바지가 깜짝 발언을 했다. "오늘은 정해진 일과가 없는 날이란다. 그러니 마음대로 돌아다녀도 돼. 언덕을 걸어 올라가 동굴들을 살펴보고 싶지 않니? 어두워지기 전에 돌아오는 것만 잊지 않으면 된단다. 알겠지?"

트레킹을 하며 미지의 영역을 탐험하는 것은 내가 가장 좋아하는 일이었다. 나는 물통과 등산 스틱만 챙겨서 바바지가 한두 번 올라가는 것을 본 적이 있는, 가파르고 좁은 길을 올라갔다. 하지만 조금 더 가자 등반하기가 꽤 힘들어졌고 날씨도 매우 추워졌다. 설상가상으로 이슬비까지 내리기 시작했는데, 조금 있으니 눈이 약간 내리는 날씨로 변했다.

길 양쪽에는 천연동굴이 몇 군데 있었다. 바바지는 히말라야 곰이 가끔 동굴에 서식하기도 한다고 경고한 적이 있었다. 이런 경고를 들은 적이 있어서 그런지 한 동굴에서 콧노래 혹은 중얼거리는 소리 같은 게 들려오자 두려워서 몸이 얼어붙었다. 그런데 소리가 들려오는 바로 그곳에서 향냄새가 나는 것 같았다.

나는 무서움에 떨면서 입구를 향해 살금살금 조심스럽게 다가간 다음 동굴 안으로 들어갔다. 동굴 끝의 깊은 구덩이 안에서 작은 불이 타오르는 게 보였고, 조금 있자 그 희미한 불빛에 눈이 익숙해졌다. 불을 향해 앉아 있는 맨몸의 사람 형상 하나가 불 속으로 향을 던지는 듯했다. 그는 내가 알아들을 수 없는 어떤 말을 단조로운 톤으로 챈팅하는 것 같았다. 내가 동굴로 들어온 것을 그도 분명 알고 있을 터였다. 그래서 나는 그가 아는 체해주기를 기다리며 멀찍이 떨어진 곳에 조용히 앉아 있었다.

잠시 후, 그는 내 쪽으로 고개를 돌리더니 가까이 오라는 손짓을 했다. 그래서 불 가까이로 다가갔다. 이제 그의 얼굴이 또렷이 보였다. 몽골인 혈통으로 보이는 노인의 얼굴은 햇볕에 까맣게 타 있었고, 주름이 많았다. 그의 흰색 턱수염과 콧수염은 몇 가닥 없어 빈약해 보였으며 머리는 완전히 대머리였다. 나는 그가 불교 승려가 아닐까 짐작했다. 놀랍게도 그는 영어로 더듬더듬 말을 했는데, 목소리가 너무 거칠어서 쉰 목소리처럼 들리기도 했다. 그는 두 손을 모으고 이렇게 말했다. "반갑구나. 부처님, 관세음보살님께서 축복을 내려주시길." 나는 그에게 절을 한 뒤 내가 누구인지, 그리고 어쩌다 여기 오게 되었는지 설명했다.

그가 말했다. "다 안다, 알아. 나도 너의 바바지를 알고 있단다. 우리는 자주 만나는 사이지. 나는 위대한 요기 밀라레빠Milarepa의 까규파Kargyupa 종파에 속한, 떠돌이 티베트인 요기란다. 밀라레빠는 '면 옷을 입은'이라는 뜻이지. 우리는 가장 추운 혹한기가 찾아와도 면으로 만든 작은 샅바 하나만을 입는단다."

"방금 챈팅하셨던 건 뭐고, 영어는 또 어떻게 하실 수 있는 겁니까?"

"두 번째 질문에는 대답하지 않을 거란다. 언젠가는 알게 될 거니까. 첫 번째 질문에 대한 답을 하자면, 나는 '옴 마니 파드메 훔'이라는 불교 진언을 외우고 있었단다."

"스님, 한겨울에도 어떻게 맨몸으로 지낼 수 있는지 여쭤봐도 될까요? 심지어 바바지도 스님처럼 지내시던데요."

"얘야, 내가 설명해주마. 밀라레빠의 계보를 따르는 나 같은 사람들은 툼모Tummo라고 불리는, 심상화와 결합된 호흡 기술을 수련한단다. 이 기술은 내면의 불에서 나온 열을 배꼽 차크라, 즉 마니푸라Manipura에 모아뒀다가 몸 전체로 퍼뜨리지. 눈치챘을지도 모르겠지만, 나는 지금 땀을 많이 흘리고 있단다. 내면의 열 때문이야. 우리 중 어떤 요기들은 젖은 천을 몸통에 감은 뒤 그것을 몇 분 만에 말릴 수 있단다. 심지어 겨울에도 말이지.

어제 네 몸에 불이 닿은 그곳이 바로 마니푸라 차크라란다. 만약 필요하다면 바바지가 자신이 연습하고 있는 툼모와 비슷한 기술을 네게도 가르쳐줄 거야."

"잠깐만요!" 내가 말했다. "어제 제 배꼽에 불이 닿은 건 어떻게 아셨습니까? 바바지는 그 이후로 계속 제 곁에 계셨습니다. 물론 제가 밤에 자는 동안 슬쩍 떠나셔서 스님과 얘기를 나누고 오신 걸 수도 있지만 말입니다. 하지만 그러셨을 것 같진 않고…."

"얘야, 우리에게는 남들이 모르는 의사소통 수단이 있단다. 그리고 그건 전혀 신비한 것이 아니야. 마음이 고요해지고, 오로지 한 곳에만 집중할 수 있는 힘이 생기면 생각을 주고받을 수 있단다. 그러니 돈을 내면 텔레파시를 가르쳐준다는 잡지 광고나 신문 광고에 부디 속지 말렴. 다 말도 안 되는 얘기니까 말이야. 진짜 텔레파시라는 것은 그렇게 쉽지 않단다."

"딱 두 가지만 더 여쭤봐도 될까요?" 내가 말했다.

"계속해보려무나."

"책에서 읽은 바로는 티베트의 어느 지역에 오래된 외계 문명의 유적이 숨겨져 있다고 하던데, 사실인가요? 두 번째로, 예티yeti라고 하는 끔찍한 모습의 설인이 정말 존재하나요? 그를 본 적이 있으신가요?"

"첫 번째 질문에 먼저 답을 해줘야겠구나." 티베트인 요기가 답했다. "티베트에는 정말로 그런 곳들이 있단다. 나 역시 접근하기가 거의 불가능에 가까운 한 티베트 지역에서 그런 동굴을 본 적이 있지. 그곳에서 나는 두개골이 인간보다 훨씬 크고 피부색은 거의 회색에 가까울 정도로 어두웠던, 인간과 유사하게 생긴 존재들의 사체를 본 적이 있단다. 하지만 우리는 그들이 다른 행성이나 은하계가 아닌, 지구 토착의 고대 종족이라고 믿고 있어. 우리 스승들께서는 이 종족이 라이벌 문명과 벌였던 전쟁으로 인해 멸종되었다고 말씀하셨단다. 두 문명 모두 지적으로는 고도로 진화했지만, 사랑과 자비의 감정은 완전히 무시했던 문명들이었단다. 현재 우리 문명이 발전해가는 추세를 본다면 어떤 운명이 우리를 기다리고 있을지 생각해보게 되지.

예티에 관해 얘기하자면, 그것은 정말로 존재한단다. 많은 목격담이 거짓일 수도 있겠지만 말이야. 바드리나쓰에서 카일라시로 향하는 고대의 길, 즉 지금은 거의 사용되지 않는 마나 고개 건너편에는 톨링 무트Tholing mutt라는 티베트의 오래된 불교 수도원이 하나 있단다. 그 톨링 무트에서 그리 멀지 않은 동굴들에서 몇몇 라마들이 설인을 목격했다고 하는데, 심지어 최근에 봤다고 하더구나. 나 역시 설인을 직접 본 적이 있지. 바바지에게 톨링 무트나 카일라시까지 데려다줄 수 있냐고 물어보렴. 그는 그 길을 잘 알고 있고, 여러 번 가본 적이 있으니까 말이야. 거기서 너 역시 설인을 볼 수 있을지도 모르지."

"바바지께 꼭 여쭤보겠습니다." 내가 말했다. "마지막 질문 하나가 더 있는데, 스님은 라마lama이신가요?"

"아니, 나는 네가 생각하는 그런 라마는 아니란다. 라마는 흔히 성자를 일컫는 단어로 쓰이지. 라마는 정식으로 수계受戒를 받은 라마일 수도 있고, 기혼이거나 미혼일 수도 있단다. 티베트에 불교 이전부터 존재해왔던 뵌Bon교 같은, 샤먼과 비슷한 종파에 속한 라마도 있고 말이야. 우리처럼 종파에 대한 아무 상징도 없이 떠돌아다니는 사람들은 조기jogi라고 한단다. 밀라레빠도 조기였지만 현재 그의 가르침을 따르는 까규파는 수계를 받아 정식 승복을 입은 까르마빠Karmapa라는 승려가 이끌고 있지. 세속적이고 종교적인 권위를 행사하는 고위 계급의 라마가 꼭 영적으로 진보했다는 보장은 없단다."

"그럼 스님은 달라이 라마를 어떻게 생각하시나요?"

노인은 잠시 망설이다가 먼 곳을 바라보며 이렇게 말했다. "지금은 고인이 되신, 위대하신 13대 달라이 라마께서는 영적으로 대단히 진보하신 인물이라고 정평이 나 있었지. 초대 달라이 라마는 칭기즈칸의 증손자인 쿠빌라이 칸Kublai Khan이 제정한 정치적 임명직이었단다. 달라이는 '대양'이라는 뜻인데, 이러한 '대라마'(great Lama)라는 직책은 중국을 통치하던 쿠빌라이 칸이 티베트 정치에서 더 큰 역할을 하길 원했기 때문에 만들어진 거야. 2대 달라이 라마는 사실 그의 친척이었지. 정치는 항상 종교와 긴밀히 얽혀 있단다. 더 이상은 말하지 않으마."

"이제 배가 고프겠구나." 그는 볶은 보릿가루에 야크의 지방을 섞어 만든, 짬파tsampa라는 끔찍한 맛의 끈적끈적한 음식을 내주었다. 나는 그것을 최대한 빨리 삼켰고, 그가 따라준 홍차를 마셨다. 그리고 엎드려 작별 인사를 하고 동굴을 떠났다.

내가 동굴로 돌아갔을 때, 바바지는 동굴 밖에 앉아 종려잎으로 만든 오래된 책을 자세히 읽고 있었다. "젊은 탐험가가 돌아왔구나." 그가 웃으며 말했다. "그 나이 든 티베트 수행자와의 만남은 어땠니? 그에게 온갖 질문을 다 물어봤던데."

"맞습니다. 바바지." 나는 내가 한 모든 행동을 세세히 알고 있는 그에게 더 이상 놀라지 않았다. "저, 한 가지 부탁드릴 게 있는데…."

"그건 나중에 말하자꾸나." 바바지가 말했다. "누워서 낮잠 좀 자렴. 저녁에는 중요한 수업을 할 거란다." 나는 동굴 안으로 들어가 누운 뒤 곧바로 잠이 들었다.

24장 ॐ 요가, 베단타 그리고 나쓰의 길

추운 아침이었다. 주변의 봉우리 대부분이 눈으로 덮여 있었다. 밤새 눈이 살짝 내렸지만 두니는 여전히 잘 타오르고 있었다.

"오늘은 〔우파니샤드〕로 수업을 시작해야겠구나." 바바지가 말했다. "하지만 바바지, 〔우파니샤드〕는 이해하기가 너무 어렵잖아요. 그건 수도자나 위대한 학자들만 읽을 수 있는 거 아닌가요?"

"그건 사제들이 대중들에게 심어놓은 생각이란다. 직접적이고 실제적인 〔우파니샤드〕의 가르침을 배우면 사람들이 이성적으로 생각하게 되고, 자신들이 퍼뜨리고 대중화한 불합리한 신념들과 미신들을 멀리할까 봐 두려워했던 거지. 그들은 사람들이 스스로 생각하는 힘을 갖게 되어 대중에 대한 통제력을 잃는 것을 두려워했단다.

교활한 사제들은 왕과 신 사이의 중개자 역할을 함으로써 왕과 백성들 둘 다를 통제할 수 있었단다. 이런 이유로 〔우파니샤드〕에 대한 연구를 막았던 거야. 이 순수한 지혜를 소홀히 한 것이 그 위대한 문명이 쇠퇴한 이유 중 하나란다.

〔우파니샤드〕가 산야신만을 위한 것이라는 말 역시 사제들이 만들어낸 또 다른 신화지. 〔우파니샤드〕를 살펴보면 거기 나온 거의 모든 사람들이 결혼을 하고, 심지어 자녀까지 둔 위대한 리시들에게 가르침을 받았다는 것을 알 수 있단다. 이들 중에는 자나카Janaka처럼 위대한 왕들도 있었고, 가야트리 만트라를 전한 위대한 리쉬 비슈바미트라Vishvamitra도 있었단다. 비슈바미트라는 리쉬가 되기 전에는 크샤트리야Kshatriya, 즉 무사였어.

〔베다〕의 편찬자이자 〔브라마수트라Brahmasutra〕의 저자로 유명한 리쉬 비야사도 여성 어부에게서 태어났다는 사실을 잊지 말아야 한단다. 중요한 것은 그 사람의 공덕이야. 특정 공동체 안에서 태어나거나 어떤 혈통으로 태어난 것이 중요한 문제가 아니란 말이지. 무형의 영혼에게 부모라는 게 있겠니? 그 당시의 위대한 리쉬들은 자녀들을 다른 리쉬에게 보내 〔우파니샤드〕를 공부하게 했단다. 그 시대는 계급이나 종교적 교리와 관계없이 모든 진실한 구도자에게 배움의 기회가 열려 있던 깨달음의 시대, 〔우파니샤드〕의 시대였지.

남부디리 브라만인 베단타 학자 아디 샹카라차리야는 우리가 다시 〔우파니샤드〕를 공부해야 하며, 비베카Viveka(지혜, 지식 — 역주)나 추론을 통하지 않고서는 최고의 브라만인 '진리'를 찾을 수 없다고 가르쳤단다. 따라서 그는 사제 계급으로부터 '프라찬나 바우디카prachhanna baudhika'(위장한 불교도)로 낙인찍혔어. 의식주의적(Ritualistic) 종교는 큰 타격을 입었고, 사제들은 대중에 대한 통제력을 잃을까 두려워했단다. 사제들이 얼마나 영리했는지 알고 싶다면 아디 샹카라차리야가 세운 무트의 지금 모습을 보면 된단다. 결국에는 그 무트조차 사제들의 영향을 받았으니까 말이야. 현재 그곳은 의식 중심의 시설로 바뀌어버렸지.

하지만 〔우파니샤드〕를 배울 자격을 갖추려면 특정한 자질들이 필요하다는 점을 인정할 수밖에 없겠구나. 〔우파니샤드〕를 배우기 위해서는 명확하고 편견 없는 마음, 충분한 지적 능력, 건강한 신체 등이 필요하지. 아픈 사람은 이러한 자기탐구 과정에 필요한 깊은 연구를 지속해나갈 에너지가 없단다. 자기탐구에는 굉장한 인내심이 필요한데, 몸이 병들어 있으면 그런 자질을 갖기가 힘들어. 그러므로 요가 수행, 적절하고 건강한 식단 그리고 평안한 존재 상태는 이런 공부에 필수적이라고 할 수 있단다."

"그러나 바바지, 저는 좋은 스승님도 필요하다고 생각합니다!" 내가 말했다.

"나도 동의한단다. 그러나 그릇된 스승보다 더 좋은 스승은 없어. 스승이 할 일은 제자가 자신에게 영원히 의존하게끔 만드는 것이 아니라, 제자를 인도하는 것이니까 말이야. 영적 스승은 제자가 자립할 수 있을 정도의 지식과 깨달음을 성취할 수 있도록 그를 인도해야 한단다. 스바탄트리야Svatantrya, 즉 자립은 베다 가르침의 핵심이지.

이제부터 내가 〔우파니샤드〕라고 말하면 가장 초기의 것이라고 할 수 있는, 열한 개의 주요 우파니샤드를 말하는 거라고 이해하면 된단다. 〔이사바시야Isavasya 우파니샤드〕, 〔케나Kena 우파니샤드〕, 〔찬도기야Chandogya 우파니샤드〕, 〔브리하다라냐카Brihadaranyaka 우파니샤드〕, 〔문다카Mundaka 우파니샤드〕, 〔만두키야 우파니샤드〕, 〔카타Katha 우파니샤드〕, 〔프라슈나Prashna 우파니샤드〕, 〔스베타슈바타라Svetashvatara 우파니샤드〕, 〔아이타레야Aitareya 우파니샤드〕, 〔타이티리야Taittiriya 우파니샤드〕가 그 열한 가지 우파니샤드란다. 후대의 〔우파니샤드〕 대부분은 순수한 형태가 아니며, 일부는 종파적 신념을 뒷받침하기 위해 날조된 것이기도 해. 그러니 그것들은 공부하지 말자꾸나.

우파니샤드라는 단어는 '가까운'이라는 뜻의 '우파upa'라는 어근에서 유래했단다. 이 단어는 스승과 가까이 앉아 있는 이들, 스승과 밀접하게 관련된 이들이 〔우파니샤드〕를 이해할 수 있었음을 암시하지. 다차원적인 현실, 즉 말로 표현할 수 없고 대개 제한된 차원 내에서만 작용하는 인간의 마음으로는 설명할 수도 없는 그런 경험을 이해하는 사람들만이 〔우파니샤드〕를 이해할 수 있었던 거란다.

언제나 이곳저곳을 헤매고 있는 인간의 마음은 '우파-니-샤드'의 마지막 음절인 '샤드shad', 즉 앉아 있는(sit) 법을 배워야 한단다. 이는 모든 불필요한 생각의 움직임을 멈춰야 한다는 말이야. 끊임없이 동요하던 마음이 고요해지면 생각의 한계를 넘어선 것이 그 모습을 드러낸단다.

〔사마 베다Sama Veda〕*에 속하는 〔케나 우파니샤드〕에는 이런 구절이 나온단다. '마음이 생각해낼 수 없지만 마음의 존재를 가능케 하는 그것. 오! 제자여, 그것만이 브라만이고 진리이니, 자네가 여기서 숭배하는 것은 그것이 아님을 알게나'.

너는 산스크리트를 배우게 될 거란다. 그러면 〔우파니샤드〕 원전

* 가영歌詠을 모은 베다. '사마'는 노래라는 뜻이다.

을 이해할 수 있지. 산스크리트어를 등한시한 결과로 이 나라의 지혜에 대한 크나큰 무지가 생겨났단다. 원본을 모르는 사람들은 자신의 종파적 신념에 맞게 경전들을 왜곡하곤 하는 파렴치한 번역가와 해설가들에 의해 오도되고 있단다. 우리는 앞으로 〔케나〕, 〔이사바시야〕, 〔만두키야〕를 하나씩 공부해 나갈 거야.*"

"바바지, 부처님의 가르침이 〔우파니샤드〕와 비슷했나요?"

"정통 사제들이 샹카라차리야를 '위장한 불교도'라고 불렀다는 사실 자체가 두 가르침의 유사성을 보여준단다. 샹카라의 대구루(grand guru)인 고다파다차리야도 〔만두키야 우파니샤드〕에 대한 유명한 해설을 썼는데, 많은 이들이 그를 불교도로 여겼어. 왜냐하면 그가 자신의 교리 '아자타 바다Ajaatha Vaadha'에서 세상은 환상이자 망상이며, 브라만만이 유일하게 존재하는 실재라고 가르쳤기 때문이었단다. 브라만이라는 단어를 불교 용어인 공空으로 바꾸면, 그것이 위대한 불교 스승인 용수보살(Nagarjuna)이 중심적으로 다룬 주제인 '반야바라밀다'(Prajna Paramita)라는 것을 알 수 있지."

"바바지, 이건 너무 철학적인 얘기인 것 같습니다. 요가와 요가 수행에 대해 말씀해주세요." 내가 말했다.

"알았다." 바바지가 미소를 지으며 말했다. "잘 듣거라, 마두. 요가는 후에 리쉬 파탄잘리Patanjali가 체계적으로 정리한 고대의 과학이란다. 파탄잘리의 〔아쉬탕가 요가 수트라Ashtanga Yoga Sutra〕는 값을 매길

* 이 세 〔우파니샤드〕에 대한 논의 전체를 보고 싶다면 필자의 저서인 《리쉬들의 지혜》(Wisdom of the Rishis)를 보라. 저자 주.

수 없는 보배와도 같지. 이 8단계*의 목표는 '치타 브리티 니로다Chitta Vritti Nirodha', 즉 '마음의 동요를 없애는 것'이란다. 명상하는 요기를 위해 세워진 규칙과 규정을 따르고 아사나, 프라나야마, 반다bandha, 무드라mudra, 크리야를 수련하여 마음이 고요해지면 사마디 상태에 들어간단다.**

사마디에는 여러 종류가 있으며, 〔우파니샤드〕를 배우는 기본 요건이 사마디라고 할 수 있어. 이후 우파니샤드의 개념을 이해한 마음은 더 큰 의식 수준으로 들어가 모든 조건으로부터 해방된단다. 이것이 바로 요가의 최종 목표인 자유의 상태, 즉 카이발리야Kaivalya란다."

"바바지, 그럼 요기들이 지닌 힘인 싯디, 그러니까 전지전능하고 편재한 그 초자연적 힘은 뭐죠?" 내가 물었다.

바바지는 큰 소리로 웃으며 말했다. "사람들은 누구나 요기의 초능력에 관심을 보이지. '싯디 배우기' 같은 제목의 책이 나온다면 불티나게 팔릴 거란다. 사실, 싯디는 실제로 존재하지만 진짜 그런 능력을 가진 이는 드물어. 사람들이 소위 기적이라고 부르는 대부분의 것들은 그저 속임수 마술에 불과하단다.*** 요가 수행 과정에서, 마음이 한 곳에만 엄청난 집중을 하게 되면 보통 사람이 몇 년이 걸려 이

---

* 아쉬탕가에서 아쉬타Ashta는 8, 앙가Anga는 단계를 의미한다. 1단계는 도덕률을 의미하는 야마Yama, 2단계는 권고 계율을 지키는 니야마Niyama, 3단계는 몸의 자세를 통한 마음의 수련인 아사나, 4단계는 호흡 수련인 프라나야마, 5단계는 감각의 제어인 프라티야하라Pratyahara, 6단계는 일점 집중 상태인 다라나Dharana, 7단계는 모든 것을 초월한 깊은 명상 상태인 디야나Dhyana, 8단계는 해탈의 경지인 사마디이다.

** 반다는 생명 에너지를 몸 안에 붙잡아두는 것을 말하고, 무드라는 상징적인 몸짓을 말한다. 전신을 사용하는 무드라도 있지만 대부분의 무드라는 손과 손가락만 사용한다.

*** 제임스 탤벗James Talbot의 《공중부양 방법과 마술의 엄청난 비밀들》(How to Levitate and Other Great Secrets of Magic)을 읽어보라. 저자 주.

루는 것을 요기가 단기간에 성취할 수 있는 것도 사실이지.

또한 마음이 고요하고 평화로우며, 자기중심성으로부터 크게 자유로워지면 요기의 마음은 다른 사람의 마음과 연결되어 그 사람의 마음을 감지하게 된단다. 이것은 초보자라도 가능한 일이야. 실재에는 오직 하나의 마음만이 존재하는데, 이것을 이론적으로 이해하는 것이 아니라 실제로 이해하게 될 때 요기의 생각과 행동은 아직 파편화된 마음을 지닌 사람들에게 비범해 보이고, 또 기적처럼 보이기까지 한단다.

그러나 이것만은 명심하거라. 남성과 여성의 육체적 결합으로 인해 태어난 남성 또는 여성은 제아무리 영적으로 진보한 사람이라 할지라도 전지전능하고 편재할 수 없단다. 적절한 식습관과 요가적 방법을 통해 늙지 않고 이 세상을 오랫동안 살아왔던 육신이라 할지라도, 태어난 이상 언젠가는 죽는 법이란다. 수백 년을 살아오신 나의 구루, 스리 구루 바바지조차 언젠가는 돌아가실 것이며 나도 언젠가는 죽게 될 거야.

사람들이 기적이라고 부르는 것은 그들이 미처 발견하거나 이해하지 못한 어떤 자연법칙이 작용한 것일 뿐이란다. 이러한 법칙을 알고 있는 요기는 그 법칙을 작동시키는 법도 알고 있지."

나는 바바지에게 나쓰에 대해 물었다. "바바지, 이전에 바바지가 나쓰 전통에 속한 사람이라고 말씀하신 적이 있는데, 그에 대해 말씀해주실 수 있나요?"

"그래." 바바지가 말했다. "지금은 나쓰에 대해 간단하게만 말해주마. 나중에 더 자세히 알게 될 거란다. 나쓰 종파는 아디나쓰Adinath라고도 알려진 시브 마하데브Shiv Mahadev께서 창시한 고대의 교단이야. 그다음으로 교단의 스승이 되신 분은 그 유명한 고라크나쓰Goraknath의 스승이기도 하신, 마첸드라나쓰Matsyendranath였단다. 그리고 항상 10대 같은 외모를 하고 있었기 때문에 나쓰 전통에서 발라크나쓰Balaknath* 라고 불렀던 요기가 있었는데, 그분이 바로 전생에 네 스승이기도 했던 나의 스승님, 스리 구루 바바지란다.

나쓰교도들은 정말 탁월한 요기들이었지. 〔고락샤 샤타카Goraksha Shataka〕, 〔게란다 삼히타Gheranda Samhita〕, 〔하타요가 프라디피카Hathayoga Pradipika〕 등 요가에 관한 중요한 문헌들은 모두 나쓰 종파의 요기가 쓴 것이란다. 이들은 아사나, 프라나야마, 크리야 요가, 반다, 무드라를 수련했고, 이를 완성시켰어. 이들은 대개 방랑 요기였으며 귀 연골에 구멍을 뚫어 지금 내가 하고 있는 것과 같은 큰 귀걸이를 착용했단다. 그래서 사람들은 이들을 '칸파타Kanphata', 즉 '찢어진 귀'라고 불렀지."

바바지는 내가 자신의 귀걸이를 살펴볼 수 있게 해주었다. "그럼 저는 어떻게 해야 하나요, 바바지?" 내가 물었다. "저는 언제 연골을 뚫어야 하죠?"

"넌 그럴 필요가 없단다." 바바지가 말했다. "넌 세상으로 돌아가서 평범한 사람처럼 살아야 하니까 말이야. 하지만 연골 대신 양쪽 귓불을 뚫어줄 테니 나와 함께 사는 동안은 구리 귀걸이를 끼렴. 나중에 하산할 때는 귀걸이를 빼도 된단다. 그러면 구멍이 다시 아물 거야.

나쓰교도들은 자신이 사는 곳에 항상 두니를 피운단다. 사이 나쓰

---

* 발라크는 '어린 소년'을 뜻하는 말이다.

Sai nath는 쉬르디에서 두니가 꺼지지 않도록 계속 지켰고, 그 불은 지금도 계속 타오르고 있지. 너는 좀 특별한 경우란다. 앞으로 네가 할 일의 특성을 고려한다면, 언제나 두니를 피울 필요는 없어. 하지만 원한다면 특별한 때에 두니를 피워도 된단다."

"바바지, 바바지께서는 제게 뜨거운 크리야 프라나야마와 차가운 크리야 프라나야마*를 가르쳐주셨는데, 크리야 요가에 대해 좀더 알려주실 수 있을까요?"

"그건 나중에 티베트의 톨링 무트로 걸어갈 때 말해주는 게 좋겠구나. 카일라시로 가는 길에 거길 들를 거거든." 바바지가 말했다. "거기서 귀를 뚫은 다음 구리 귀걸이를 주마. 티베트로, 톨링 무트로 가고 싶지 않니?"

나는 내 마음을 읽는 바바지의 능력에 감탄했다. 나이 든 티베트 조기가 톨링 무트에 대해 말해줬을 때부터 그곳에 가보면 안 되겠냐고 바바지에게 물어보고 싶었지만 이런저런 이유로 미뤄왔었기 때문이다. "그러면 정말 좋을 것 같아요, 바바지!" 내가 흥분해서 외쳤다.

"톨링 무트는 확실히 갈 거지만, 카일라시를 가는 건 좀 두고 봐야 할 것 같구나. 자, 점심 식사를 준비하고 장작을 주워올 시간이 됐단다. 한 번에 너무 많은 것을 배우는 것은 한 번에 너무 많은 음식을 먹는 것과 같아. 소화가 제대로 되지 않는다는 말이지. 옴 샨티 샨티 샨티.**"

이렇게 수업이 끝났다.

---

* 뜨거운 프라나야마는 빠르고 강한 호흡을, 차가운 크리야 프라나야마는 천천히 부드럽게 하는 호흡을 말하는 것으로 보인다.

** Om Shanti Shanti Shanti.

25장 ॐ 톨링 무트와 설인

어느 날 저녁, 바바지가 갑자기 이렇게 말했다. "마두, 내일모레 티베트 서쪽의 톨링 무트로 향할 거란다." 나는 매우 신이 났다. 이번 여행은 바바지와 함께 떠나는 첫 여행이 될 것이었다.

다음 날 아침, 우리는 라발지를 만나러 갔다. 바바지와 함께 있는 나를 보고 라발지가 어떤 반응을 보일지 궁금했다. 하지만 그보다 더 놀라운 일이 나를 기다리고 있었다. 라발지는 바바지를 보자마자 자리에서 일어나 두 손을 모아 인사하며 말라얄람어로 이렇게 말했다. "나마스테. 스와미, 이쪽으로 오시지요." 그 후로도 순전한 북부 트라방코르 말라얄람어로만 대화가 이어졌다. 나는 내 귀를 믿을 수가 없었다. 바바지는 말라얄람인보다는 카슈미르Kashmir*인처럼 보였고,

* 인도 북서부 지역.

내게 말라얄람어로 말한 적도 없었기 때문이다. 나는 그가 케랄라 출신이 아닐까 하는 생각이 들었다. 트리반드룸에서 그를 처음 봤으니 말이다.

“저는 이 청년에게 순례지에 널려 있는 가짜 구루들에 대해 경고한 적이 있습니다.” 라발지가 말했다. “그리고 고향으로 돌아가 쓸모 있는 일들을 하라고 조언했지요. 이 친구가 스와미를 찾은 것이 정말 다행입니다. 그게 아니라면, 스와미께서 이 친구를 찾으신 건가요?”

“우리 사이에는 오래된 연결 고리가 있습니다.” 바바지가 말했다. “라발지께서 이 친구와 그런 대화를 나누었다니 기쁘군요. 내일 아침, 우리는 톨링 무트로 떠날 예정인데 당신의 도움이 좀 필요합니다.”

“스와미를 위해서라면 뭐든지요.” 라발지가 말했다.

우리는 비야사 동굴에서 하룻밤을 보내고 새벽에 마나 고개를 향해 출발했다. 나보다 조금 더 나이가 많은, 억센 네팔인 파테 바하두르Fateh Bahadur가 짐꾼 겸 요리사로 함께하기로 했고, 마나 마을의 티베트인 촌장이 내준 조랑말 한 마리도 우리의 여정에 함께했다. 조랑말에는 마르와르Marwar*인 상인이 빌려준 멋진 텐트(세 명이 충분히 들어갈 수 있는 크기였다)와 따뜻한 옷, 식량, 가스난로, 몇몇 가재도구 등 여행에 필요한 것들을 실었다. 친절하게도 라발지는 우리에게 약간의 돈도 줬는데, 그 돈은 내가 가지고 있기로 했다.

나는 두꺼운 카슈미르식 모직 로브를 입고 양가죽 모자, 양말, 양가죽 모카신을 신었다. 바바지는 평소와 같이 몸에 천 하나만 두르고

---

* 인도 라자스탄Rajasthan 주의 한 지역.

있었고, 갈색 캔버스 신발을 신었다. 파테 바하두르는 두꺼운 모피 소재의 코트와 두꺼운 가죽 부츠를 신었다. 그는 이전에 인도 및 티베트 상인들과 동행한 적이 있어 길을 알고 있다고 했다. 바바지 자신도 그 길을 여러 번 여행한 적이 있으니 걱정하지 말라고 했다.

나는 출발하면서 바바지에게 카일라시에 도착하는 데 얼마나 걸리느냐고 물었다. 내가 듣기로는 카일라시로 향하는 이 고대 경로를 스리 라마, 판다바 형제들 그리고 수카데브Sukadev를 비롯한 위대한 리시들도 걸었다고 한다. 바바지는 "일단 톨링 무트에 도착한 다음 카일라시에 갈지 말지 결정해보자꾸나"라고 말했다.

바바지는 이미 앞날의 불길한 상황을 예지하고 있었다. 내가 심하게 아픈 바람에 우리는 톨링 무트에서 돌아와야만 했다. 카일라시를 방문하고 싶다는 나의 소망은 그로부터 40년 후에나 이루어졌다. 환갑이 되어서야 마침내 쉰일곱 명의 동료들과 함께 카일라시로 여행을 떠난 것이다. 경로는 좀 달랐지만 말이다. — 이때는 카트만두Kathmandu에서 출발했다.

사라스와티 강과 알라카난다 강이 합류하는 케사바 프라야그에서, 우리는 사라스와티 강둑을 따라 북쪽으로 여행했다. 길이 험난했고 날씨가 극도로 추웠다. 하루에 10킬로미터 이상은 걸을 수 없었다. 네팔인 짐꾼 파테 바하두르가 가스난로로 차파티와 감자를 구워주었기 때문에 먹는 것에는 크게 문제가 없었다. 또, 불린 병아리콩 한 줌과 재거리가 우리의 에너지를 높은 수준으로 유지해주었다. 하지만 높이 올라갈수록 공기 중의 산소가 부족해졌는데, 이 문제를 해결하는 데는 바바지의 특별한 프라나야마가 도움이 되었다. 밤이 되면 우리 셋은 꽤 넉넉한 크기의 텐트 안에서 잠을 잤다.

트레킹은 매우 고됐다. 비야사 동굴 다음으로는 길이 거의 없는 수준이어서 바위와 눈 더미를 헤치고 나아가야만 했다. 우리는 사라스와티 강을 쭉 따라갔다. 눈 덮인 산들이 사방에서 우리를 내려다보며 서 있었다. 가는 길에는 사라스와티 강의 지류들을 여러 번 건너야 했는데, 강물이 살을 에는 듯이 차가워서 큰 어려움을 겪었다. 바드리나쓰에서 50킬로미터 정도 떨어진 곳에서부터는 암울한 풍경이 눈앞에 펼쳐졌다. 길이 눈으로 덮여 있어서 극도로 미끄러웠던 것이다. 어떤 곳에서는 파테 바하두르가 삽으로 눈을 치워야만 했다.

우리는 해발 5,600미터의 마나 고개로 향하고 있었는데, 이 고개는 보통 강인한 산악인들만 오를 수 있었다. 고대부터 유명했던 마나 고개는 반짝거리는 순은처럼 빛을 내며 우리 앞에 서 있었다. 곧이어 검푸른 산 하나가 보였다. 바바지는 그 산이 옛날에 위대한 현자 카카부순디Kakabhusundi가 살았던 닐라 파르바트Neela Parvat라고 했다.

11일째 되는 날 밤, 우리는 마나 고개에서 12킬로미터 정도 아래쪽에 텐트를 쳤다. 파테 바하두르는 내가 조금만 도와주면 텐트 입구 밖에 작은 두니를 피울 수 있다고 했다. 바바지는 오른손으로 그 주변에 보호의 원을 그렸다. 그래서인지, 밖에서 찬바람이 불어오는데도 두니는 몇 시간 동안이나 계속 켜져 있었다. 그날 밤, 지쳐서 곯아떨어지기 전에 나는 바바지에게 케랄라 출신이냐고 물었다.

"아니." 그가 말했다. "하지만 케랄라에서 꽤 많은 여행을 했었단다. 내가 너와 다시 연을 맺기 위해 트리반드룸으로 찾아갔을 때, 나는 코발람Kovalam 해변 근처의 아가스티야 쿠타Agastya Kuta에서 돌아오는 길이었단다. 나는 구루바유르Guruvayoor와 사바리말라이Sabarimalai에도 가봤었지….”

“그걸 여쭤본 건 아니었습니다.” 내가 말했다. “바바지께서는 원어민처럼 능숙하게 말라얄람어를 하시면서 라발지와 대화를 나누셨습니다. 하지만 저와는 한 번도 말라얄람어로 대화를 하신 적이 없었죠.”

“무슨 생각을 하고 있는지 알겠구나.” 바바지가 말했다. “바바지는 전지하신 분이고, 모든 걸 다 아는 분인 게 틀림없다는 생각을 하고 있는 게지. 사실을 말하자면, 육체적인 두뇌를 가지고 살아가는 인간은 전지할 수 없단다. 하지만 다른 사람의 마음에 동조되는 능력을 얻을 수는 있지. 그러면 어떤 과업을 이루기 위해, 필요에 따라 일시적으로 그 사람의 마음에서 얻은 지식을 활용할 수 있단다. 내가 말라얄람어로 말했던 것도 이런 사실을 증명해주고 말이야.

이제 자렴. 내일도 힘든 여정이 될 거니까. 랑Rang*, 비작샤라Bijakshara**, 특별한 툼모 프라나야마를 통해 마니푸라 차크라에서 불을 일으켜보렴. 격렬한 나비Nabhi 크리야를 행하면 몸이 따뜻해질 거란다.”

나는 앉아 있는 바바지 옆에서 잠이 들었다.

다음 날 아침, 우리는 고개 정상을 향해 등반하기 시작했다. 눈에 보이는 것이라곤 빙하와 눈 덮인 바위밖에 없었다. 나는 끔찍한 두통과 메스꺼움을 느꼈다. 바바지는 그것이 산소 부족 때문이라고 말했다. 이미 등반 경험이 있는 파테 바하두르조차도 심한 두통을 호소

---

* 색깔을 의미한다.

** 비즈bij는 힌디어로 씨앗 또는 종자, 악샤라akshara는 글자 또는 음절을 의미한다. 비작샤라는 '신성한 음절'이며 종교적인 의미와 힘을 지니고 있다고 여겨진다. '옴' 역시 이러한 비작샤라 중의 하나다.

했다. 바바지는 개처럼 혀를 내민 채 숨을 들이쉬고 내쉬는 개 호흡을 해보라고 조언했다. 곧 우리는 아름다운 닐라 파르바트를 지나 몇 시간 만에 마나 고개 정상에 도착했다. 우리 옆에는 신들의 호수라고 불리는, 얼어붙은 데바사라스Devasaras 호수가 있었다. 바바지는 우리에게 몇 분간 앉아서 명상을 하자고 했다.

내 눈에는 그 모습이 정말로 신성해 보였다. 웃통을 벗은, 눈부시게 빛나는 요가 마스터가 굳건한 설산 히마찰라Himachala의 눈 덮인 웅장한 봉우리들에 둘러싸여 가부좌 자세로 차분하고 꼿꼿하게 앉아 있던 그 모습. 나는 눈을 감고 내 앞에 앉아 있는, 신과 같은 바바지의 모습에 대해 명상했다. 내가 이 인간의 눈으로 이분 말고 또 어떤 신을 볼 수 있단 말인가?

그러자 신기한 일이 일어났다. 두통이 사라진 것이다. 내 영혼에 평화로운 느낌이 스며들었다. 매서운 추위는 포근한 온기로 바뀌었으며 잠시였지만 바바지와 내가 둘이 아니라 한 존재인 것처럼 느껴졌다. 나는 공중에 떠 있는 듯한 느낌을 받았다. 눈을 떠서 정말 내가 공중에 떠 있나 확인해보았지만 그렇지는 않았다. 이제 깊은 명상의 느낌은 사라져버렸다. 바바지는 미소를 지으며 이렇게 말했다. "이거면 충분한 것 같구나. 서두르지 말거라, 녀석아."

파테 바하두르는 "츠호타조기Chhotajogi*"라고 말하며 웃었다.

우리는 인도 국경이 끝나고 티베트 국경이 시작되는 고개 반대편으로 하산하기 시작했다. 날씨는 점점 추워졌고 사방은 온통 눈뿐이

---

* 리틀little 요기.

었다. 저녁 무렵에 우리 셋과 조랑말은 티베트 평원에 도착했다. 대지는 붉게 물들어 있었고, 우리는 더 이상 눈과 얼음 위를 걸을 필요가 없었다. 그날 밤, 우리는 작은 목초지에 텐트를 쳤다. 야생마들은 낯선 이들이 두렵지도 않은지 근처에서 풀을 뜯고 있었다.

며칠이 지났다. 우리는 두니를 피우고 한 시간 정도 명상을 한 후 파테 바하두르가 준비한 차파티와 감자 카레로 근사한 식사를 했다. 그는 근처 개울에서 물을 떠왔고, 우리는 홍차를 마시며 즐겁게 이야기를 나누었다. 별이 빛나는 밤이었다. 나는 가까운 곳에서 들려오는, 사납게 으르렁거리는 소리에 깜짝 놀라 잠에서 깼다. "마저 자렴." 바바지가 말했다. "야생마를 사냥하는 눈표범 소리란다. 두려워할 것 없어." 말들이 애처롭게 울더니 이내 조용해졌다. 우리는 눈표범이 식사를 즐기며 만족스럽다는 듯이 그르릉거리는 소리를 들었다. 나는 다시 잠들었다.

다음 날 아침, 우리는 톨링 무트를 향해 떠났다. 그리고 엿새 동안의 즐거운 여행 끝에 마침내 목적지에 도착했다. 바드리나쓰에서 출발해 총 21일이 걸린 여정이었다. 가장 먼저 눈에 들어온 것은 머리가 불교 수도원만큼이나 큰 거대 불상이었다. 우리는 그 근처에 텐트를 치고 임시로 지낼 수 있도록 허락을 받았다.

바바지는 우리를 수도원 주변으로 데려갔다. 거기에는 신성한 여성 에너지의 무시무시한 화신인 바드라칼리Bhadrakali를 포함하여 많은 힌두교 신들이 있었다. 그곳 사당을 관리하는 라마는, 자신들은 톨링 무트가 원조 바드리나쓰 사원이었지만 이곳까지 찾아올 수 있는 사람은 거의 없었기 때문에 현재의 바드리나쓰 사원이 지어진 거라 믿고 있다고 말했다.

우리는 린포체Rinpoche라고 불리는 수도원장에게로 안내되었다. 린포체는 바바지에게 큰 존경심을 보였고, 바바지도 이에 화답했다. 그들은 티베트어로 대화를 나누기 시작했는데, 이제는 그런 모습이 그리 놀랍지 않았다. 대화가 끝난 후, 내가 린포체 앞에 무릎을 꿇고 혀를 내밀자* 린포체가 나를 축복해주었다.

수도원에는 열 명 이상의 승려들이 거주하고 있었고, 큰 부엌이 있었다. 하지만 바바지는 텐트에서 지내는 것을 더 좋아했기 때문에 파테 바하두르가 우리를 위해 요리를 해주었다. 식사 후 바바지는 오늘 밤에 나를 '나쓰의 길'(Nath Panth)에 정식으로 입문시킬 것이라고 말했다. 나는 다른 나쓰들처럼 귀 연골을 뚫을 필요가 없었다. 구리 귀걸이는 히말라야에 머무는 동안에만 착용하고, 하산했을 때는 빼고 다니면 되었다.

밤이 되었고, 나는 두니 앞에 앉아 나쓰 전통의 비밀 만트라를 배움으로써 입문을 마쳤다. 바바지는 노련하게 내 귀를 뚫어주었고, 나는 구리 귀걸이를 착용했다. 요기처럼 보이고 싶어했던 나의 간절한 소망이 이루어지는 순간이었다. 바바지가 말했다. "우리 나쓰들은 어디를 가든 두니를 피운단다. 하지만 네 경우에는 마하 시바라트리나 구루푸르니마Gurupoornima**처럼 특별한 때를 빼면 그렇게 하지 않아도 돼. — 내 스승님께서 그렇게 해도 된다고 말씀하셨으니까 말이야. 네게는 특별한 임무가 주어져 있으니 하산할 때가 되면 구리 귀

---

* 티베트에서는 혀를 내밀어 인사하는 전통이 있다.

** 영적 구루나 학문적 구루를 기리고 기념하는 날.

걸이를 빼고 평상복을 입어도 된단다. 여느 사람들과 똑같이 이 세상을 살아가면서 최고 수준의 의식을 향해서만 마음을 쏟으렴. 이제부터 너는 나쓰이고, 나쓰 전통 안에서 마두카르나쓰Madhukarnath(즉, M)로 알려질 거란다."

나는 바바지의 발에 대고 절을 했다. 파테 바하두르는 긴 여정으로 피곤했는지 세상모르고 자고 있었다. 우리는 불 앞에 앉아 이야기를 나누었다. 나는 바바지에게 톨링 무트의 불상이 바드리나쓰(비슈누의 다른 형태 — 역주)의 본래 형태였을 것이라는 그 라마의 견해를 어떻게 생각하는지 물었다. "사실 고대에는 인도 전역에 불교 승려와 불교 사원들이 있었단다." 바바지가 말했다. "바드리나쓰 사원에 있는 신은 본래 가부좌 자세를 한 부처였는데, 위대한 샹카라차리야가 그것을 가부좌 자세의 나라야나(비슈누의 별칭 — 역주)로 바꿔놓았을 가능성이 크지. 인도 어느 지역에서도 가부좌 자세로 앉아 있는 나라야나는 찾아볼 수 없단다. 하지만 그게 그렇게 중요한 문제라고 생각되지는 않는구나. 누군가가 불교도냐 힌두교도냐 하는 문제보다는 그 사람의 삶이 얼마나 고결했는지, 그 사람이 얼마나 헌신하며 살았는지가 더 중요한 거란다. 아까 낮에 린포체가 얼마나 영적으로 진보된 영혼인지 보지 않았니? 그러니 그런 논의로 논점을 흐리지는 말자꾸나."

다음 날 아침에 나는 캄Kham이라는 지역에서 온, 키가 매우 큰 티베트인들을 보았다. 그들은 언덕의 작은 오두막집에서 살고 있었다. 전문 메신저였던 그들 중 몇몇은 내가 여태껏 본 것 중 공중부양에 가장 가까운 기술을 연습하고 있었다. 그들은 장대높이뛰기에 쓰는 장대처럼 긴 막대를 가지고 마치 공중을 날아다니듯 먼 거리를 이동했다. 그들은 장대의 한쪽 끝을 바닥에 찌른 뒤 어떤 호흡 기술을 연습한 다음, 다른 쪽 끝을 잡고 꽤 먼 거리를 날아갔다.

3일간 휴식을 취한 우리는 카일라시를 향해 동쪽으로 나아갔다. 사흘 만에 우리는 다파Daapa 마을에 도착했다. 그곳에는 불교 사당과 큰 라마교* 사원이 있었고, 많은 승려들이 거기 살고 있었다. 근처에는 인도 상인들이 티베트인들과의 무역을 위해 찾아오는 큰 시장도 있었다. 그즈음, 예상치 못한 불행이 찾아와 우리는 다파에서 여행을 중단해야만 했다. 내가 심한 열병에 걸린 것이다. 담요를 덮고 난로 가까이에 있었는데도 나는 오한과 극심한 두통에 시달렸다. 마치 누군가가 망치로 내 머리를 내리치는 것 같았다.

라마교 사원의 치료사는 내게 약초로 만든 쓴 약을 많이 먹였지만 열은 내려갈 줄을 몰랐다. 어느 날 밤, 나는 체온이 너무 높아서 반쯤 의식을 잃은 채로 혼자 텐트에 누워 있었다. 그때 마치 아픈 개가 내는 듯한, 낮은 톤의 낑낑거리는 울음소리가 들려왔다. 텐트 입구를 향해 고개를 돌리자 고릴라처럼 생긴 거대한 생명체의 실루엣이 보였다. 내가 지금 헛것을 본 건가 싶었다. 소리를 지르고 싶었지만 입 밖으로 아무 소리도 낼 수 없었다. 나는 두려움에 떨었다.

그 생물은 내 쪽으로 점점 더 가까이 다가왔다. 램프 불빛에 비친 모습을 보니 털이 크림색이었다. 그것은 다시 이상한 낑낑거리는 소리를 내며 내게 가까이 다가오더니, 갑자기 무언가를 내 입 안에 밀어 넣었다. 열이 심하게 났음에도 불구하고 끈적끈적하고 달콤한 맛

* 인도에서 티베트로 전해진 대승 불교가 티베트 토착 신앙과 결합되어 만들어진 종교.

을 느낄 수가 있었다. 그 생물은 재빨리 몸을 돌려 텐트 밖으로 뛰어 나갔다.

밖에서 소리를 지르는 것이 들렸고, 파테 바하두르가 텐트 안으로 뛰어 들어왔다. "설인!" 그가 숨을 헐떡였다. "괜찮은 거예요?"

"네." 내가 할 수 있는 말은 그뿐이었다. 나는 그날 깊은 잠에 빠져 들었다.

다음 날 아침, 여행을 떠날 수 있을 정도로 몸이 나아졌다. 하지만 바바지는 단호하게 말했다. "이번에는 카일라시에 가지 않을 거란다. 너는 시간이 많이 흐른 후에 많은 사람들을 이끌고 구루푸르니마를 기념하며 그곳에 가게 될 거야. 자, 지금은 바드리나쓰로 돌아가자꾸나." 나는 바바지의 말에 잠자코 따를 수밖에 없었다. 우리는 다시 길을 떠났다. 나는 불쌍한 조랑말 위에 앉아서 갔다. 가는 길에 바바지에게 이렇게 물었다. "어젯밤에 본 게 설인이었을까요?"

바바지는 "음, 설인에 대해 너무 깊이 생각하지는 말렴. 그리고 그것이 뭐였건 간에 다른 사람들에게 그 얘기는 하지 않는 것이 좋을 것 같구나. 대부분의 사람들은 설인의 존재를 믿지 않고, 네가 그저 고열 때문에 헛것을 봤을 거라고 치부해버릴 테니 말이야."

바드리나쓰에 도착하는 데는 16일밖에 걸리지 않았다. 나는 조랑말을 타고 가는 동안 멋진 풍경들을 즐겼다. 눈 덮인 봉우리, 아름다운 개울, 얼어붙은 호수, 떠오르는 태양이 얼음 봉우리에 비쳐 만들어진 마법 같은 순간 등. 바드리나쓰에서 우리는 조랑말과 텐트를 돌려주고 파테 바하두르에게 작별을 고했다. 바바지는 그에게 보수를 후하게 주었다. 파테 바하두르는 이별이 힘든지, 머뭇거리다 우리와 헤어졌다. 그때쯤 내 건강은 거의 정상 수준으로 회복되어 있었다.

바바지는 차란 파두카의 동굴로 돌아와 나를 간호했고, 때때로 특별식도 가져다주었다. 거의 2주 만에 나는 컨디션이 완전히 회복되었음을 느꼈다. 바바지가 말했다. "이제 꽃의 계곡, 헴쿤드 사히브 호수, 5대 케다르(Panch Kedar)*로 떠날 준비를 하자꾸나."

* 판츠Panch는 다섯을 뜻하며 케다르Kedar는 힌두 사원 또는 시바파의 성지를 뜻한다. 따라서 판츠 케다르는 순례를 할 때 순서대로 찾아가야 할 사원 다섯 곳을 의미하는 말이다. 케다르나쓰 사원, 퉁나쓰Tungnath 사원, 루드라나쓰Rudranath 사원, 마디야마헤쉬와르Madhyamaheshwar 사원, 칼페슈와르Kalpeshwar 사원이 그 다섯 곳이다.

26장 ॐ 꽃의 계곡과 헴쿤드

어느 추운 날 아침, 바바지와 나는 판두케슈와르 근처의 고빈드가트를 향해 출발했다. 이번에는 내 몸 상태가 상당히 좋아져서 바바지가 민첩하게 길을 내려가도 쉽게 따라갈 수 있었다. 나는 더 이상 신발이 필요하지 않아서 우리 둘 다 맨발로 트레킹을 했다. 마나 고개까지의 힘든 등반에 비하면 이 정도는 어린애 장난 수준이었다. 나는 이전 여정에서 음식이 있을 때마다 먹어둬야 한다는 사실을 배웠고, 유사시에는 오랫동안 음식 없이 지내는 법도 배웠다.

우리는 사원이나 길가의 다람샬라에서 밤을 보내며 사흘 만에 목적지에 도착했다. 그날 밤, 우리는 고빈드가트의 시크교 사원(gurdwara)에서 하루를 묵었다. 시크교 사원의 좋은 점 중 하나는 모든 여행자가 3박을 묵을 수 있고, 필요한 경우 음식과 담요도 무료로 제공해준다는 점이다.

다음 날 아침, 우리는 14킬로미터 떨어진 강가리아Ghangaria를 향해 걷기 시작했다. 오르막길이 꽤 가파른 그 길은 락슈만 강가Lakshman Ganga를 따라 쭉 이어졌다. 가는 길에는 작은 마을인 비얀다르Bhyandar를 지나쳤다. 마을을 지나자 내리막길이 나왔고, 우리는 강변을 따라 걸었다. 바바지는 조용히 아름다운 경치를 즐기고 있었다. 오랫동안 우리 사이에는 아무런 말도 오가지 않았다. 말이 필요하지 않은, 즐거운 침묵만이 흐르는 순간이었다.

꽃의 계곡에 이르기도 전에 이미 이국적인 꽃들이 많이 보였다. 바바지가 침묵을 깼다. 그는 마치 식물학자처럼 이런저런 꽃들을 가리키며 말했다. "이건 코브라 백합(cobra lily)이고, 저 해바라기 같은 꽃은 이멜라imela란다." 가파른 오르막길을 마지막으로 한 번 더 오르고 나서야 마침내 강가리아에 도착할 수 있었다. 우리는 헴쿤드 호수에서 발원한 락슈만 강가를 건너기 위해 작은 다리를 건넜다. 여기서 오른쪽으로 가면 해발 4,100미터 높이의 헴쿤드 사히브, 왼쪽으로 가면 꽃의 계곡이 나온다.

이보다 더 올라가면 푸스파와티Puspawati 강을 가로지르는 작은 철제 다리가 있는데, 이 강은 아래로 세차게 흘러 락슈만 강가와 합류한다. 바바지가 알려주었듯이, 이미 거기서부터 '푸른 양귀비'가 보이기 시작했다.

우리는 다리를 건너 빙하 조각들이 있는 곳에 다다를 때까지 좁은 길을 등반해 올라갔다. 그리고 빙하를 가로질러 약 3킬로미터를 올라간 후 작은 나무다리를 건너 계곡으로 들어갔다. 나는 그곳의 아름다움에 넋을 잃었다. 그곳 풍경이 그렇게 장려할 거라고는 전혀 예상하지 못했었다. 마치 어떤 성스러운 존재가 꽃을 분류해서 전문적으로 육성해놓은 것처럼, 다양한 종류의 꽃이 광활하게 펼쳐진 초원이 보였다.

바바지는 다양한 꽃과 그 계곡에 대한 자세한 정보들을 말해주며 다시 한번 나를 놀라게 했다. "이건 히말라야 발삼(Himalayan balsam)이란다. 저 하얀 꽃은 히말라야 호그위드(Himalayan hogweed)고. 복잡하게 생긴 여기 이 하얀 꽃은 알프스의 상징인, 그 유명한 에델바이스edelweiss란다. 저기, 반대편에는 파란 꽃들이 줄지어 피어 있구나. 예쁜 물망초, 푸른 양귀비, 파란 제라늄, 애스터aster…. 아! 꽃이 정말 각양각색이구나."

"사람들이 이 숨겨져 있던 천국을 어떻게 발견했을까요, 바바지?"

"이곳은 몇몇 요기와 지역 주민들에 의해 예로부터 알려져 있던 장소란다." 바바지가 말했다. "현지인들은 이곳에 압사라apsara와 간다르바gandharva라는, 요정 같은 신성한 존재들이 살고 있다고 믿었지. 내 스승이신 스리 구루 바바지께서는 나를 이 계곡으로 데려오는 걸 좋아하셨단다. 여기서 더 올라가면 그분이 자주 들르셨던 작은 동굴이 하나 나오는데, 그리로 가서 눈을 뜬 채로 명상을 해보자꾸나. 이토록 아름다운 자연 풍광은 곧 신성과도 같단다. 네가 내면에서 찾는 그 신성이 바로 눈앞에 있는 것이지. 눈을 뜬 채로 몸을 이완하고, 향기로운 꽃내음과 함께 숨을 깊이 들이쉬어 보렴.

천국과도 같은 이곳이 어떻게 세상에 알려지게 되었냐는 아까의 그 질문에 대답하자면, 산악인이자 식물학자인 프랭크 스미스Frank Smith가 1931년에 이 계곡을 발견했단다. 그는 이곳 풍경에 깜짝 놀랐고, 이곳을 '꽃의 계곡'이라고 불렀지. 자, 이제 동굴로 가자꾸나."

양쪽으로 흰 꽃이 가득 피어 있는 좁다란 계곡을 따라 걷다 보니, 바위틈에 가려져 있던 작은 동굴이 나왔다. "스승님과 나는 이곳에서 명상을 했었지." 바바지가 말했다. "너도 여기 앉아보렴."

우리는 우리를 취하게 하는 이국적인 꽃의 향기와 무수한 색채에 무아지경으로 빠져들었고, 그 아름다운 곳에 오랫동안 앉아 있었다. 바바지는 침묵했다.

잠시 후, 내가 침묵을 부드럽게 깨뜨렸다. "이제야 〔이사바시야 우파니샤드〕가 말하는 바가 무엇인지를 알겠습니다." 내가 말했다. "이사 바시얌 이담 사르밤.* 오랫동안 저는 이 말이 지고의 존재인 이사가 만물에 숨겨져 있다는 뜻이라고 생각했는데, 이제야 우리가 보고, 냄새 맡고, 만지고, 맛보는 모든 것이 이사와 다르지 않다는 것을 깨달았습니다. 어디에서도 이사를 찾을 필요가 없었던 겁니다."

"아!" 바바지가 말했다. "천천히 그리고 꾸준히 알아가는 것이 중요한 거란다. 그러니 너무 서두르지 말렴. 이제 네 머릿속이 점점 맑아지고 있구나. 마거릿 레그Margaret Legge 기념비를 구경한 다음 다시 강가리아로 돌아가자꾸나."

우리는 일어나서 조금 걸었다. 바바지의 설명에 따르면 마거릿 레그는 에든버러Edinburgh 식물원의 식물학자로, 1939년 꽃의 계곡을 탐험하던 중 미끄러져 치명적인 추락사고를 당했다. 지역 주민들이 그녀의 시신을 땅에 묻어주었고, 나중에 그녀의 여동생이 와서 이곳에

---

* Isa Vasyam Idam Sarvam. '신은 이 모든 것을 품고 계신다'는 뜻.

기념비를 세웠다. 석판에 새겨진 비문에는 이렇게 적혀 있었다. "내가 산을 향하여 눈을 들리라. 도움이 어디서 오는가?*"

우리는 최대한 빨리 걸어서 해가 지기 직전에 강가리아에 도착했다. 공기가 차고 상쾌했다. 그날 밤, 우리는 작은 석조 오두막에서 밤을 보냈다. 그곳은 바바지가 알고 지내는 라자스탄 출신의 어떤 사두가 사는 곳이었다. 그는 바바지를 경외하는 태도를 보였고, 우리를 잘 챙겨주었다.

다음 날 아침, 우리는 헴쿤드 사히브를 향해 걷기 시작했다. 헴쿤드 사히브까지 오르는 길은 꽤 가팔랐다. 가는 길에는 '와헤 구루Wahe Guru**'를 목청껏 챈팅하는 독실한 시크교도들이 많았는데, 그들은 신에 대한 믿음에서 힘을 얻어 굽이굽이 길을 올라갔다. 길을 가다 보니 여행자들이 쉴 수 있는 장소가 나왔다. 대부분의 사람들은 여행 중에 날이 지면 거기서 하룻밤을 보내고 다음 날 다시 출발했지만 우리는 몇 분 쉬면서 차 한 잔을 마신 후에 다시 걸어 올라가기로 했다. 헴쿤드 사히브에는 늦저녁이 되어서야 도착했다. 예상대로 정말 추웠다.

시크교도들은 그들의 마지막 구루인 구루 고빈드 싱Guru Gobind Singh이 전생에 헴쿤드 호수 근처에서 여러 날 동안 고행과 명상을 했다고 믿는다. 바바지는 이곳의 공기 중 산소 농도가 낮으니 내게 호흡 리듬을 바꾸라고 조언해주었다. 그러자 곧 가벼운 두통이 사라졌다.

---

* 시편, 121편 1절.

** '위대한 구루'라는 뜻이며 신에 대한 경배와 감사를 나타내는 말이다. 시크교에서 중요한 만트라다.

'얼음 호수'라는 뜻의 헴쿤드는 몹시 아름다웠다. 물이 수정처럼 맑았으며 호수 표면은 일부 얼어 있었다. 호수를 둘러싼 산봉우리들은 모두 눈으로 덮여 있었고, 주변 환경 전체가 정말 환상적이었다. 일부 독실한 시크교도들은 폐렴에 걸릴 위험을 무릅쓰고 얼어붙은 호수 물에 잠시 몸을 담그기도 했다.

우리는 시크교 사원으로 갔고, 거기서 내어준 뜨거운 키치디kichidi*, 차파티, 그리고 카다 프라사드kada prasad라는 달콤한 푸딩을 먹었다. 충분한 양의 담요도 받았다. 피곤했던 나는 일찍 잠이 들었다.

다음 날 아침, 우리는 오래된 락슈만 사원으로 향했다. 사원의 존재를 아는 사람은 거의 없었기 때문에 이번에는 가는 길에 우리밖에 없었다. 고된 트레킹 끝에 마침내 낡은 석조 건축물인 락슈만 사원에 도착했다. 하지만 날씨가 살을 에는 듯이 추웠다. 이 사원에는 교묘히 대중을 속여 돈을 뜯어갈 사제가 없었다. 사원 안쪽에는 누가 세워놨는지 모를 사람 모양의 작은 성상이 세워져 있었는데, 아마 락슈만의 성상이었을 것이다. 전설적인 영웅 라마의 형제 말이다. 성상은 제대로 관리가 되지 않아 더러워진 채로 지성소 벽에 기대 세워져 있었다.

"스승님과 나는 밤새 여기 앉아 있었단다." 바바지가 말했다. "산에서 호수 쪽으로 점점 떨어지고 있는 저 멋진 햇빛이 보이니? 아쉽지만 이번에는 여기서 밤을 보낼 수 없겠구나. 날씨가 점점 더 추워질 거고, 너는 고열에서 이제 막 회복한 상태니까 말이야." 우리는 한

* 쌀과 렌즈콩으로 만든 요리. 죽처럼 생겼다.

시간 정도 앉아 조용히 그곳의 성스러운 풍광을 감상했다. 희귀한 푸른 연꽃 브라마 카말Brahma Kamal이 이곳을 포함한 주변 지역에 피어 있었다. 바바지는 영적으로 고양된 기분을 느끼고 있었다. 그의 얼굴은 마치 강한 빛을 받은 것처럼 빛났다. 어떤 방해도 없이 평화의 기운이 그곳을 가득 채우고 있었다. 그러다 갑자기 바바지가 입을 뗐다.
"이제 가자꾸나."

우리는 다시 발걸음을 돌렸고, 따끈한 차파티와 달로 식사를 할 수 있는 시간에 딱 맞춰 시크교 사원에 도착했다. 식사를 마친 뒤에는 곧바로 강가리아로 내려가기 시작했다. 땅거미가 질 무렵, 우리는 강가리아에 도착해 이전에 묵었던 주나juna 아카다 소속의 라자스탄인 사두의 거처에서 밤을 보내기로 했다.

바바지는 밤 산책을 나갔고 나는 사두와 단둘이 남게 되었다. 우리는 두니 앞에 앉아 있었는데, 사두는 대마초와 담배로 가득 채운 점토 수연통에 불을 붙였다. "신성한 담배 한번 피워보겠나?" 그가 내게 물었지만 나는 사양했다.

"자네의 바바지께서도 대마를 피우지 않으시지." 그가 말했다. "자네는 라자 요기Raja Yogi라고 불리는 계급에 속하네. 그래서 자네가 알고 있는 위대한 내적 실재에 주의를 붙잡아두기 위해 대마를 피울 필요가 없을 걸세. 자네는 정말 운이 좋군. 바바지는 대단히 진보된 요기니까 말이야. 그분은 제자를 쉽게 받지 않으시네. 나는 내가 정말 진지한 구도자라고 생각했던 사람들조차도 그분이 거부하시는 것을 보았어. 아마도 자네와 그분 사이에는 전생부터 인연이 있는 것 같네. 얼마 전에는 그분이 자네를 마치 친자식처럼 애정 어린 눈길로 바라보시는 걸 보았지. 그때 나는 정말로 놀랐다네."

나는 대마초 연기가 풍기지 않는, 그와 조금 떨어진 곳에 앉아 오랫동안 명상을 했다. 훌륭하고 깊은 명상이었다. 내가 가졌던 어떤 의심들이 눈 깜짝할 새 자연스럽게 제 답을 찾았다. 그러다 마침내 사두가 내어준 이불을 덮고 잠자리에 들 준비를 했는데, 이때도 바바지는 돌아오지 않았다. 엄마를 기다리는 어린아이가 된 기분이었다. 잠은 자신의 포근한 품으로 나를 품어주었고, 그렇게 잠이 들었다.

27장 ॐ 싯다르와의 만남

다음 날, 아침 일찍 칼페슈와르Kalpeshwar로 출발했다.

케다르나쓰 사원은 5대 케다르 중 가장 유명한 곳이자, 어쩌면 가장 인상적인 곳일 것이다. 매년 수천 명의 순례자들이 혹독한 추위에도 불구하고 14킬로미터의 험난하고 가파른 길을 오른다. 해발 3,500미터 높이에 있는, 케다르 산맥의 케다르나쓰 사원에 가기 위해서다.

반면, 나머지 네 곳은 현지인들과 몇몇 떠돌이 사두를 제외하면 대부분의 사람들이 모르는 곳이다. 유명 성지 순례지를 찾는 인파들로 오염되지 않아 사람의 손을 타지 않은 이 네 곳은 아름다운 자연경관 한가운데서 웅장한 기세를 내보이며 우뚝 서 있다. 만약 당신이 바드리나쓰에서 성지 순례를 시작한다면 칼페슈와르를 첫 번째 케다르로 들르게 될 것이다.

우리는 고빈드가트에서 조쉬 무트로 이어지는 길을 걸어 내려갔다. 그러다 정오 무렵에는 큰길에서 벗어나 파그단디pagdandi(우르두어로 오솔길 — 역주)라고 불리는, 오른쪽의 진흙길로 들어섰다. 우리 왼쪽에는 비슈누 강가가 흐르고 있었다. 곧 진흙길이 끊겼는데, 바바지는 길을 아는 듯했다. 때로는 바위를 넘고, 때로는 바위 사이로 다니며 정글 속을 헤쳐 가자 얼마 되지 않아 차임 칼Chaim Khal이라는 조그만 마을에 도착했다.

그 작은 마을의 가르왈리인들은 바바지를 알아보고는 우리를 환영하러 나왔다. 연로하여 주름이 자글자글한 마을 촌장은 여기저기 구멍이 뚫린 낡은 코트를 입고 허리를 숙여 바바지의 발을 만졌다. "프라남Pranam*, 바바지. 이제야 제자를 찾으셨군요." 촌장이 말했다. 바바지는 그저 미소만 지으며 그를 축복해주었다.

우리는 람다나ramdana(곡물의 한 종류 — 역주)로 만든 로티와 따끈따끈한 호박 카레로 두둑하게 배를 채운 뒤, 사탕 한 알과 뜨거운 홍차 한 잔으로 식사를 마쳤다. 마을 사람들 모두가 둘러서서 우리를 지켜보고 있었다. 몇몇 여성들은 바바지의 축복을 받기 위해 아이들을 데리고 앞으로 나와 있기도 했다. 마을 사람들은 마을에서 좀 지내다 가라고 바바지를 설득하려 했지만 우리는 그날 떠나기로 했다.

점심을 먹은 지 얼마 안 되어 우리는 차임 칼 마을을 떠났다. 그리고 등반을 시작했는데, 가면 갈수록 길이 가팔라졌다. 우리는 칼페슈와르에서 꽤 가까운 바르키Barki로 가고 있었고 몇 시간 후 그곳에 도

* 인도에서 존경의 뜻으로 사용하는 말. 인사할 때도 쓴다.

착할 수 있었다. 바르키에는 방치되어 있는 작은 시바 사원이 하나 있었다. 바바지의 말에 따르면 연례 푸자 때 산골 사람들이 그 사원을 사용한다고 한다.

두 시간 후, 우리는 금잔화로 가득한 아름다운 숲을 지나 경이로운 우르굼Urgum 계곡에 들어섰다. 그때쯤 해가 막 지기 시작했는데, 그곳 풍경이 마치 화가가 그려낸 천국 같았다. 저 멀리 눈 덮인 봉우리들이 석양의 황금빛을 반사하고 있었고, 사방에 금잔화가 무성하게 피어 있었다. 한쪽에서는 작은 물줄기가 뿜어져 나오고 있었는데, 물이 투명하고 깨끗했다. 그 근처에는 짙은 남색의 절벽 위로 하얀 폭포수가 쏟아져 내리고 있었다. 바바지의 말에 따르면 그 폭포수에 아유르베다에서 쓰이는 실라지트shilajit*가 섞여 있다고 한다.

때 묻지 않은 이 자연 속에는 천연동굴 하나가 감춰져 있었는데, 동굴 중앙에는 돌로 만든 링감 형태의 칼페슈와르 시바가 있다. 이 동굴에 들어가려면 놋쇠 방울이 달린 작은 아치를 지나야 한다. 바바지와 나는 들어간다는 것을 알리기 위해 종을 울렸고, 동굴 사원 안으로 들어갔다. 우르굼 계곡의 데바그람Devagram 마을에서 온 사제는 큰 존경심을 가지고 바바지를 맞이했다. 그는 바바지의 발을 만진 다음, 두 손을 모아 허리 숙여 인사했다.

어둠이 내려앉고 있었다. 사제는 큰 기름 램프를 들고 저녁 아르티를 진행해도 되겠냐고 물었다. 아르티는 사제와 바바지가 '옴 나마 시바야Om Namah Shivaya**' 만트라를 챈팅하며 진행되었다. 나는 옆에서

* 주로 히말라야 암석에서 발견되는, 짙은 갈색의 끈적거리는 물질이다. 물에 잘 녹는다.

** '나는 시바에게 헌신합니다'라는 뜻의 힌두교 만트라.

작은 은색 종을 울렸다. 사제가 흔드는 불에 비추어 보니 동굴 중앙에 있는 링감이 돌로 만들어져 있으며, 지성소 주변에도 여러 돌 링감들이 널려 있다는 것을 알 수 있었다. 예배가 끝난 후, 우리는 침묵 속에 앉아 있었다. 그것은 평화와 사랑의 침묵, 만물에 편재해 있는 침묵이었다.

사제는 우리에게 축성한 꿀을 내주었다. 은은하게 금잔화 향이 나는, 매우 달콤한 꿀이었다. 사제는 자신과 함께 데바그람으로 가자고 했지만 바바지는 여행자들이 쓰는 한 칸짜리 방에서 지내는 것이 더 좋다고 했다. 그곳에는 문이 없는 현관이 있었는데, 현관 단 앞에는 화덕이 있었다. 사제는 마을 촌장에게 바바지의 도착을 알린 후 장작과 음식을 가지고 돌아오겠다고 말했다. 그가 떠나자 우리 둘만 남겨졌다. 달이 구름 밖으로 고개를 내밀었고 밤하늘은 별빛으로 반짝였다. 날이 추웠다. 우리는 방 밖으로 나와 앉아 있었는데, 바바지는 담요와 머플러로 몸을 잘 감싸라고 했다.

바바지가 말했다. "우리 스승님의 제자 중 가장 고참이었던 제자 한 분이 몇 년간 이곳 칼페슈와르에 살았었지. 이제 그분은 루드라나쓰Rudranath로 거처를 옮겼단다. 그곳에서 그분을 만날 수 있다면 좋겠구나."

"바바지, 뭐 하나만 여쭤봐도 될까요?" 내가 말했다.

"그래, 말해보렴."

"바바지는 어디서 태어나셨고, 지금 몇 살이신가요?"

바바지는 웃었다. "별로 중요한 문제는 아니긴 하지만 굳이 네가 묻겠다면 대답해줘야겠지. 우리 부모님은 카슈미르인이셨단다. 그리고 내 나이에 대해서는, 내가 보기보다 나이가 훨씬 많다고만 말할 수 있겠구나. 위대한 요기 시야마 차란 라히리Shyama Charan Lahiri*가 나의 스승 스리 구루 바바지를 처음 만났을 때, 바바지가 앉아 있는 동굴 안쪽으로 그를 인도한 사람이 나였단다."

"하지만 그건 100년도 넘은 일이잖아요!" 내가 외쳤다. "바바지께서는 서른도 안 되어 보이는걸요."

"인간은 적절한 식습관과 카야칼파kayakalpa** 수련을 통해 장수할 수 있고, 젊음을 유지할 수도 있단다." 바바지가 말했다. "나이가 들면 너도 사회의 압박에 대처하기 위해 때때로 카야칼파를 수련해야 할 거야."

"무슨 압박을 말씀하시는 건가요, 바바지?" 내가 물었다. "여긴 정말 훌륭해요. 어떠한 압박도 없으니까요. 저는 히말라야를 떠돌아다니며 영원히 바바지와 함께 살 겁니다. 다시 사회로 돌아가고 싶지 않아요."

바바지는 나를 다정하게 바라보았다. "그러기 싫겠지만, 너는 다시 사회로 돌아가야만 해. 네게는 할 일이 있단다. 내 스승님의 일이지. 지금 당장 해야 하는 일은 아니니 너무 걱정하지 말려무나. 그때가 오기 전까지 우리는 이 아름다운 지역을 계속 돌아다닐 거란다."

"바바지께서 제 곁에 계시고, 제가 바바지를 뵐 수 있는 한 제게는 아무 문제 없을 겁니다." 내가 말했다. "바바지께서는 스승님처럼 몸

---

* 《어느 요기의 자서전》에도 언급되는 전설의 요기로, 라히리 마하사야Lahiri Mahasaya라고도 불린다.

** 카야는 몸, 칼파는 변성 또는 변형이라는 뜻으로, 몸의 활력을 높여 노화를 늦추거나 회춘하는 고대의 기술이다.

을 젊고 온전하게 유지하시면서 항상 저를 이끌어주실 거니까요."

"아니야." 바바지가 말했다. "우리가 스리 구루 바바지라고 부르는, 위대한 내 스승님만이 그렇게 하실 수 있단다. 왜냐하면 그분은 특별한 목적을 위해 여기 오셨기 때문이지. 나도 언젠가는 세상을 떠나야만 한단다. 나는 그저 죽기 전까지 젊고 온전한 몸을 유지할 수 있을 뿐이야."

충격이었다. 나는 격한 감정에 휩싸여 몸을 떨며 애원했다. "바바지, 제발 저를 떠나지 말아주십시오."

"에그, 녀석." 바바지가 말했다. "육체가 없다고 해서 스승의 인도를 받을 수 없는 건 아니란다. 그리고, 이 몸에 너무 집착하지 말렴. 네가 받는 모든 훈련의 목적은 너를 자립시키기 위한 것이니까. 너는 스스로 설 수 있어야 한단다. 그 과정에서는 구루에 대한 의존마저도 장애물이 될 수 있어. 그러니 그런 것들에 너무 매여 있지 말거라."

사제가 마을 촌장과 함께 장작과 음식을 가지고 돌아왔다. 촌장은 바바지가 마을로 내려오지 않는 것을 못내 아쉬워했다.

"건강은 어떠십니까?" 바바지가 물었다.

"당신의 축복을 받아서 그런지 괜찮습니다." 촌장이 말했다. "젊은 요기와 함께 다니시는군요. 좋네요, 바바. 얼굴이 밝아 보이십니다." 그는 내 쪽으로 몸을 돌려 말했다. "너는 운이 정말 좋구나. 바바 같은 구루를 만나다니."

그들은 두니를 피운 뒤 안쪽에 음식을 놔두었고, 떠나면서 말했다. "내일 마을로 오셔서 은총을 내려주십시오, 바바."

우리는 두니 앞에 앉아 명상을 했다. 불꽃은 기쁨의 춤을 추며 우리 몸에는 따뜻함을, 마음에는 평화를 선사해주었다. 그런 다음 우리는 람다나 로티와 감자 카레를 먹었는데, 이번에는 로티에 야생 꿀을 듬뿍 찍어 먹었다. 바바지는 내일 먼 길을 가야 하니 어서 자라고 말했다.

강과 산, 흐드러지게 피어 있는 금잔화 등 그곳의 이른 아침 풍경은 환상적이었다. 우리는 강물에 몸을 담그고 몸을 말린 후, 히말라야 가르왈 산맥에서 가장 매혹적인 계곡을 향해 떠났다. 우리는 곧 데바그람 마을에 도착했다. 마을 사람들 모두가 촌장의 지도하에 우리를 환영하기 위해 나와 있었다. 우리는 촌장의 소박한 집으로 안내를 받았다. 여자들이 우리의 발을 씻겨주었고, 우리는 방석에 앉아 값비싼 음식을 먹었다. 호기심 많은 아이들은 우리를 손으로 가리키며 낄낄거렸다.

바바지는 마을 주민 몇 명과 이야기를 나눴다. 서로 아는 사이 같았다. "여기 자주 들르셨나 보네." 내가 혼잣말로 말했다. 마을 사람들은 한 시간쯤 지나서야 마지못해 우리를 보내주었는데, 그조차도 가는 길에 먹을 음식 두 봉지와 꿀 한 병을 받고 나서야 겨우 떠날 수 있었다.

"루드라나쓰에서 조기 마하라즈를 만나면 그분께 인사 전해주십시오." 우리를 배웅하던 촌장이 말했다.

우리는 녹음이 우거진 우르굼의 계곡을 걸었다. 이슬비가 살짝 내리니 선명한 무지개가 우리를 반겨주었다. 우리는 거의 말을 하지 않고 두 시간을 내리 걸었다. 평소대로 바바지는 산양처럼 민첩하게 걸으며 선두에 섰고, 그 뒤로는 내가 열심히 스승의 움직임을 따르며 그를 뒤따르고 있었다.

갑자기 누군가의 목소리가 들려오며 정적이 깨졌다. 우리는 소나무가 늘어선 계곡을 따라 내려가 두마크Dumakh라는 작은 마을에 들어섰다. 아이들이 웃으며 뛰어나와 소리를 질렀다. 촌장의 큰아들이 바바지를 반겼고, 바바지의 저번 방문 이후에 아버지가 돌아가셨다는 슬픈 소식을 전해주었다. 그는 바바지와 나를 촌장의 집으로 데려가 로티와 달, 감자를 대접했다.

작은 마을 두마크는 천국 같은 곳이었다. 마을 근처에는 푸른 호수가 있었고, 서너 개의 개울이 경사진 계곡을 따라 흘러내렸다. 나는 마을 사람들이 약효가 있다고 말하는 그곳의 신선한 물을 한 모금 마셨다. 마을 주변에는 거대한 소나무가 많이 서 있었다. 바바지는 나를 언덕 높은 곳으로 데려가 저 멀리 수평선 너머로 보이는 드로나기리Dronagiri 산맥을 보여주었다. 우리는 마을 사람들에게 작별 인사를 하고 계속 나아갔다.

해 질 무렵, 길고 힘겨운 등반 끝에 파나르Panar에 도착했다. 바바지가 말했다. "여기서 멀지 않은 곳에 카카부순디Kakabhusundi 호수가 있지만 오늘은 거기까지 갈 수 없겠구나. 내일 아침에 날이 맑다면 난다 데비Nanda Devi 산을 볼 수 있을 거야. 오늘 우리는 스승님과 내가 하룻밤 머문 적이 있었던 이 근처의 작은 천연동굴에서 밤을 보낼 거란다. 이 지역은 스승님이 가장 좋아하시는 곳이지."

나는 위대한 스리 구루 바바지가 오셔서 우리를 축복해주시지 않을까 하는 기대감에 가슴이 벅차올랐다. 좁은 계곡을 따라 내려가자 곧 커다란 동굴 입구에 도착했고, 그때쯤 날이 완전히 어두워졌다.

나는 동굴 안에서 불빛이 새어 나오는 것을 발견하고는 깜짝 놀랐다. 흥분되어 몸이 떨릴 정도였다. '저 불빛은 내 기도에 대한 응답인 걸까? 정말로 위대한 구루께서….' "어서 들어가자꾸나." 바바지가 말했다. "곧 폭풍이 몰아칠 거고, 눈도 내릴 거란다."

동굴로 들어가자, 평소 잘 놀라지 않는 바바지조차 깜짝 놀란 눈치였다. "오!" 그가 외쳤다. 제법 넓은 동굴 한가운데에 따뜻한 두니가 피워져 있었고, 우리 맞은편에는 피부가 까맣고 키가 작은 한 남자가 앉아 있었다. 어깨까지 내려오는 긴 검정 머리에 살집이 있는, 수염이 덥수룩한 남자였다. 그 역시 바바지처럼 흰색 샅바만 입고 있었다.

그 역시 우리를 보자마자 "아!" 하고 외치며 벌떡 일어났다. "아하! 위대하신 우리 마헤쉬와르나쓰 님도 놀라실 때가 있군. 자네는 내가 루드라나쓰에 있는 줄 알았겠지? 하지만 나는 여기, 파나르에 있다네." 바바지가 그의 발을 만지려 했지만 그는 그것을 허락하지 않았다. "마헤쉬, 그럴 필요 없다네." 그런 뒤 그는 내 어깨에 손을 얹고 내 눈을 바라보았다. "스리 구루에게는 이 젊은이를 위한 계획이 다 있으시더군. 마두, 그분께서 자네에 대해 말씀해주셨네. 비록 쉽지 않은 삶이 될 테지만 나는 마헤쉬가 자네에게 최고의 안내자가 되리라고 확신하네."

"이분은 나의 선배 구루 바이guru bhai*인 텐카시 싯다르Tenkasi Siddhar이시다." 바바지가 말했다. "원래는 텐카시 폭포 근처에 오랫동안 사셨는데, 스리 구루 바바지께서 이분께 히말라야로 가라고 말씀하셨지.

* 구루는 영적 스승, 바이는 형제라는 뜻으로 구루 바이는 같은 스승에게서 가르침을 받은 사람을 뜻하는 말이다.

이분은 타밀어와 말라얄람어를 하실 수 있단다."

싯다르는 내 쪽으로 몸을 돌리더니 타밀어로 이렇게 말했다. "물론 자네도 타밀어를 알고 있겠지. 트리반드룸은 국경 지역이니 말이야. 그곳 사람들 대부분은 타밀어를 할 수 있더군. 그렇지 않나?"

"네, 싯다르. 저도 타밀어를 잘합니다. 타밀어를 하는 친구들도 많고요." 내가 타밀어로 대답했다.

"그래." 싯다르가 말했다. "지금쯤 배가 아주 고프겠군. 자, 자네가 가장 좋아하는 삼바르와 쌀을 준비했네. 아주 뜨끈뜨끈하지. 참, 맛있는 우유 파야삼payasam*도 있다네." 그는 두니 옆에 쌓아둔 점토 항아리들을 가리켰다. "이리 와서 편히 먹게나."

옴을 챈팅한 후 우리는 맛있게 저녁을 먹었다. 적어도 내 입맛에는 아주 잘 맞았다. 저녁 식사 후, 싯다르는 나와 긴 대화를 나눴다. 바바지는 우리 대화에 끼기보다는 경청하는 것을 더 좋아했다. 싯다르는 바바지가 나와 이번 생에서 또다시 연을 맺기 위해 트리반드룸으로 떠났을 때 자신도 인도 남쪽으로 동행했었다고 말했다. 그는 바바지가 나를 찾느라 바빴을 때 코발람 해변 근처의 아가스티야 쿠타로 명상을 하러 갔었다고 한다.

그는 또한 타밀 싯다Tamil Siddha** 계통 가르침들의 요점을 알려주었

---

* 우유, 설탕 또는 재거리, 쌀을 끓여 만든 푸딩.

** 신비주의와 관련된 인도의 종교 철학. 타밀 싯다 철학은 종교 문헌인 〔티루만티람〕, 특히 샥티 숭배, 차크라, 마법 주문에 대해 설명하는 부분인 '탄트라사스트라Tantrasastra' 부분을 기반으로 한다. 시바는 최고신이자 궁극적인 실재이지만 타밀 싯다에서는 시바의 여성적인 측면인 샥티 여신이 더 중요하게 여겨진다. 샥티는 몸 안에 있는 신성한 힘 또는 생명력이므로 시바보다 더 쉽게 접근할 수 있기 때문이다.

고, 아가스티야의 제자이자 현자인 티루물라Thirumoolar의 대작 〔티루만티람Tirumantiram〕을 읽어보라고 권유했다. 타밀 싯다, 나쓰의 길, 카슈미르 시바파(Kashmir Shaivism)* 그리고 스리 구루 바바지의 연관성에 대해서도 설명해주었다. 나는 스리 구루를 왜 일부 사람들이 마하바타르 바바지라고 부르는지 물었다. 그러자 그는 '마하바타르'라는 단어는 스리 구루 바바지의 직계 제자가 아닌, 어느 열성적인 작가가 나중에 만들어낸 말이라고 대답했다. "우리 모두는 그분을 스리 구루라고 부르네. 그분을 부를 때 사용하는 만트라는 '스리 구루뵤 나마**'야. 겸손한 마음으로 주의 깊게 이 말을 챈팅하는 사람은 누구나 즉시 스리 구루 바바지의 축복을 받는다네."

"이제 자게나. 내일은 루드라나쓰까지 오랫동안 등반을 해야 하니까 말이야. 나는 잠시 여기 있겠네. 누군가를 기다리고 있거든."

나는 불에서 제일 가까운 구석 자리를 골라 몸을 담요로 꽁꽁 싸맸다. 바바지와 싯다르는 계속해서 무언가를 얘기했다. 나는 '스리 구루뵤 나마'를 챈팅하며 잠이 들었고, 스리 구루 바바지가 두 팔로 나를 안아 들고 있는 꿈을 꾸었다.

아침에 우리는 루드라나쓰로 출발했다. 바람이 찼지만 하늘은 푸르고 맑았다. 밤새 내린 눈 때문에 주변 언덕들이 온통 눈으로 덮여 있었다. 저 멀리 있는 봉우리 뒤에서 해가 떠오르자 하얀 눈이 눈부신 황금빛으로 물들었다.

---

* 기원후 850년 이후 카슈미르 지역에서 생겨난 시바-샥티 탄트라(Shaiva-Shakta Tantra)의 비이원주의 힌두 전통.

** Sri Gurubhyo Namah. '위대한 구루께 절합니다'라는 뜻.

우리는 저녁이 되어서야 루드라나쓰에 도착했다. 정오에 근처 개울에서 물을 마시고 병아리콩 한 줌을 먹느라 몇 분 쉰 것 빼고는 하루 종일 열심히 걸었다. 우리가 서 있던 곳에서는 온몸을 하얀 눈옷으로 감싼 난다 데비 산맥이 선명하게 보였다. 그보다 조금 오른쪽에는 드로나기리 산맥이 보였다.

루드라나쓰에는 칼페슈와르와 마찬가지로 사원이 없다. 그저 신을 모시는 작은 벽돌 사당 하나만 있을 뿐이다. 사당은 해발 2,500미터가 조금 넘는 산비탈에서 눈 덮인 난다 데비 산맥의 산들을 마주하고 있다. 우리는 사당 옆의 작은 오두막에서 하룻밤을 보냈다. 원래 그 오두막은 사제들이 지내는 곳이지만, 다행히 그들은 고레슈와르Goreshwar로 간 상태였다. 사제의 조수는 그들이 다음 날 돌아올 것이라고 말했다. 우리는 다음 날 퉁나쓰에 가기로 했다.

28장 ॐ 케다르나쓰: 채널을 열다

우리는 퉁나쓰와 마드마헤슈와르Madmaheshwar로의 여정을 끝내고 굽타카시Guptakashi와 소나프라야그Sonaprayag를 거쳐 케다르나쓰에 도착했다. '카스투리 므리가Kasturi mriga', 즉 사향노루를 두 번 목격한 것 외에는 가는 길에 별다른 일이 없었다.

스리 구루 바바지를 만나고 싶다는 나의 은밀한 소망은 여전히 이루어지지 않았다. 내가 케다르나쓰에서 그분을 만나면 좋겠다고 말하자 스승님은 나에게 "크리야 요가와 영적 수행의 목적은 바바지 마하라즈를 만나는 것이 아니라 점차 진화하여 영적인 존재로 변화하는 것"이라고 훈계하셨다. 그리고 만약 스리 구루께서 필요하다고 생각하시면 구태여 요청하지 않아도 모습을 드러내실 거라고 했다. 하지만 나는 여전히 위대한 구루를 언제 어디선가 만나 뵐 수 있기를 간절히 바라고 있었다.

만다키니 강을 가로지르는 다리를 건너 사원으로 이어지는 좁은 길로 들어서면 왼쪽 높은 언덕 위에 지어진 작은 쿠티르 몇 채가 보인다. 쿠티르 대부분은 기존의 천연동굴을 확장하여 개조한 것으로, 요기들이 은거하는 곳이다. 이 쿠티르 중 하나는 바바지가 가장 좋아하는 장소인데, 매년 순례 시즌마다 케다르나쓰를 찾던 북인도의 한 사업가가 그 동굴을 지었다. 그는 내가 아는 바바지의 몇 안 되는 제자 중 한 명으로, 몇 번 만난 적이 있다. 그는 1983년 뉴델리에서 세상을 떠났다.

바바지와 내가 케다르나쓰에 도착했을 때, 쿠티르는 깨끗하게 정돈되어 있었고 한쪽 구석에는 일주일 동안 두니를 피울 수 있는 충분한 양의 장작이 쌓여 있었다. 바바지의 제자인 그 사업가는 요리사에게 매일 두 명분의 식사와 데운 우유를 동굴 쿠티르에 가져다주라고 당부해두었다.

동굴에서 바라본 바깥 풍경은 환상적이었다. 석양에 붉게 물든, 눈 덮인 케다르나쓰의 봉우리들은 링감을 보관하는 사원 위로 우뚝 솟아 있었다. — 링감은 헤아릴 수 없는 무한한 어떤 것을 숭배할 수 있는 정도의 것으로 낮춘, 일종의 상징물이다. 마치 위대한 요기 신인 시바가 감정적으로 흥분한 모습인 루드라Rudra* 같았다. 얼음처럼 차가운 눈옷을 입은 산봉우리들이 사방에 널려 있었다. 추위가 극심하긴 했지만 나는 이곳에서 바바지와 함께 행복한 나날들을 보냈다.

---

* 루드라는 '포효하는 자'라는 뜻으로, 시바의 한 형태로 간주되는 신이다.

매일 아침 우리는 사원에 가서 링감을 보곤 했다. 사원의 사제는 남인도 출신의 노인으로, 바바지를 대할 때 항상 큰 존경심을 보였고 우리는 원하는 만큼 사원 안에 앉아 있을 수 있었다. 사원 내 지성소에는 확실히 어떤 에너지가 있었기 때문에 쉬이 깊은 명상에 들 수 있었다.

그 후 우리는 바이라브Bhairav 언덕을 걸어 올라갔다. 바이라브 언덕에서 바라본 경치는 숨 막힐 정도로 아름다웠다. 우리는 명상을 하며 많은 시간을 보냈는데, 대부분 눈을 뜨고 명상을 했다. 바이라브나쓰Bhairavnath 신의 그림이 있는 언덕 옆에는 작은 오두막 두 채가 있었다. 그중 한 곳에는 엉킨 머리를 한 우다시Udasi* 사두가 살고 있었고, 다른 한 곳에는 대마초를 피우는 나가가 살고 있었다. 둘 다 바바지에게 절을 하고 그의 축복을 받았다.

우리는 정오가 되면 동굴로 돌아와 요리사가 만들어준 음식을 먹었다. 가끔은 델리의 그 사업가가 궁금한 것을 묻고 바바지의 축복을 받기 위해 직접 이쪽으로 오기도 했다. 저녁이 되면 바바지가 동굴에서 토카르Thokar 크리야**와 다른 고급 크리야 요가 동작을 가르쳐주었다. 그러다 내가 궁금해하는 것이 있으면 그는 인내심 있게 내 질문에 답을 해주었다.

밤에는 가볍게 식사를 한 후 두니를 바라보며 오랫동안 명상을 하곤 했다. 그런 후 나는 잠자리에 들었지만 바바지는 평소처럼 움직이

---

* 금욕주의 종파 중의 하나. '우다시'라는 단어는 산스크리트어로 세속적인 것에 무관심한 사람 또는 고행자라는 뜻이다.

** 크리야에는 다양한 수준이 있는데, 토카르 크리야는 그중 두 번째 크리야다. 고요한 호흡의 크리야라고도 한다.

지 않고 마치 동상처럼 두니를 바라보고 앉아 있었다. 그렇게 행복했던 엿새가 지나갔다.

일곱 번째 날, 바바지가 내게 말했다. "이제 나는 스승님을 만나러 나흘 동안 떠나 있어야 한단다. 그분은 지금 여기서 멀지 않은 곳에 계시지만 너까지 데려갈 수는 없어. 하지만 내일 아침에 스리 구루 바바지께서 보낸 남자 셋이 이리로 와서 너를 비밀 장소로 데려갈 거고, 거기서 다차원에 접근하는 네 뇌의 능력을 열고 강화시켜줄 특정한 절차를 수행할 거란다. 그들은 너와 나만이 아는 암호를 댈 것인데, 그들을 따라가면 안전할 거야. 나도 그 비밀 장소에 미리 가 있으마. 그전까지는 긴장을 풀고 계속 연습하고 있으렴. 오늘 밤에는 아무것도 먹지 말고 물을 많이 마셔 두는 게 좋을 거란다."

바바지는 내 머리를 다정하게 쓰다듬고는 떠났다. 나는 바바지를 통해 스리 구루 바바지를 만나고 싶다는 내 바람을 전달하고 싶었지만 조용히 있는 것이 더 낫겠다는 생각이 들어서 그냥 가만히 있었다. 그는 내 마음을 다 알고 있었고, 그래서 아무 말도 할 필요가 없었다. 모든 것에는 다 적절한 때가 있으니 말이다.

다음 날 아침, 서로 비슷하게 생긴 세 남자가 나를 찾아왔다. 셋 다 몸에 털이 한 올도 없었으며 피부색이 밝았다. 그들은 하얀 천으로 허리부터 무릎까지를 도티처럼 감싸고 있었고, 걸을 때마다 딱딱 소리가 나는 나무 샌들을 신고 있었다. 흑갈색 긴 머리를 어깨까지 늘어뜨린 그들은 외과의사가 쓸 법한 녹색 천으로 얼굴을 가렸는데, 이는 자이나교 수행자들이 쓰는 천이었다. 눈에 보이는 얼굴 특징은 그들의 넓은 이마와 갈색 눈동자뿐이었다.

그들은 힌디어로 동시에 말했다. "마두, 우리는 어떤 절차를 위해 당신을 비밀 장소로 데려가려고 왔습니다. 저희와 함께 가시죠." 부드러우면서도 완고한 말투였다.

"바바지가 알려준 암호를 말해주세요." 내가 말했다.

그들은 일제히 암호를 속삭였다. 나는 망설임 없이 그들을 따라갔다. 우리는 산을 걸어 내려갔고, 사원을 지나 그 뒤쪽을 걸었다. 어느 순간, 그들은 이런 말을 했다. "아디 샹카라가 비밀의 길을 따라가 위대한 스리 구루를 만났던 곳이 바로 여깁니다. 그 후 그는 사람들의 눈에 띄지 않았지요."

10분 정도 더 걸어가자 그들은 "이제 눈을 가려야 합니다"라고 하며 검은 천으로 내 눈을 가리고 나를 이끌었다. 잠시 후 문을 여는 소리가 들리더니, 그들은 가파른 계단으로 나를 이끌고 내려갔다. 계속 불어오던 찬바람이 갑자기 불지 않고 주변이 조용한 것으로 보아 지하 터널에 있는 것 같았다.

우리가 마침내 발걸음을 멈췄을 때는 향냄새가 났다. 눈가리개를 벗으니 기름 램프로 불을 밝힌 커다란 지하 동굴이 보였다. 동굴 한가운데 있는 화덕에서 향이 피어오르고 있었다. 저쪽 끝에 있는 바바지를 보니 마음이 놓였다. "두려워할 것 없어." 그가 말했다. "시간이 많지 않기 때문에 명상 이외의 방법으로 네 뇌의 특정 중심을 활성화시켜야 한단다. 서둘러야 해. 이 중심들이 활성화되지 않으면 더 높은 차원과 연결된 채널들을 여는 데 많은 생애가 필요할 거란다. 자,

고대인들이 마셨던 이 소마 주스soma juice*를 마셔보렴. 널 위해 특별히 준비했단다." 그는 내게 은색 그릇을 건네며 연한 녹색 액체로 가득 찬 은색 사발을 건네주었다.

나는 바즈라사나 자세로 앉아 달콤쌉싸름한 그 음료를 마셨다. 그러자 기분이 좀 변했는데, 처음에는 대학 시절 친구 란짓과 맥주 반 병을 마셨을 때 느꼈던 기분과 비슷했다. 하지만 조금 더 있으니 기분이 훨씬 더 강렬해졌다. 나를 데려온 세 사람은 가부좌 자세로 앉아 〔사마 베다〕 성가를 챈팅했다. 내 마음은 챈팅의 흐름과 하나되었다가 점점 확장되어 몸 밖으로 쏟아져 나왔다. 강렬하고 다채로운 색깔의 빛이 보였고, 그때 LSD 경험에 관해 읽었던 것들을 생각했던 기억이 난다.

바바지는 나를 조심스럽게 왼쪽에 있는 돌판으로 데려갔고, 그 위에 온몸을 쭉 펴고 사바아사나 자세로 눕게 했다. 바바지의 목소리를 들을 때는 마치 그 소리가 저 멀리서 들려오는 것 같았다. "눈을 감으렴." 그가 말했다. "그리고 네 자아(Self)가 육신에서 빠져나가게 하렴." 순식간에 나는 몸에서 빠져나와 동굴의 왼쪽 벽 근처에 서 있었다. 내 몸이 석판 위에 시체처럼 늘어져 있는 것을 보고 나는 놀라움을 금치 못했다.

바바지의 지시에 따라 챈팅을 멈춘 세 사람은 검은 반구를 가져와 내 머리 근처에 놓았다. 그들은 반구에서 두 개의 금색 끈을 꺼내 내 머리 양쪽에 연결했고, 장치 상단을 세게 눌렀다. 나는 한쪽 구석에

---

* 신성한 음료. 제사나 종교 의식 중에 마시는 고대 주스로 알려져 있다.

안전히 서서 내 몸이 마치 간질 환자처럼 발작을 일으키는 모습을 보고 있었다. 물론 나는 안전하게 잘 있었지만, 내가 보고 있는 광경 때문에 굉장히 겁을 먹은 상태였다. 그러다 어느 순간, 나는 다시 몸으로 돌아와 끔찍한 경련을 겪고 있었다.

타는 듯한 통증이 척추를 타고 올라가면서 온몸, 특히나 머리가 마치 불이 붙은 것처럼 뜨거웠다. '이러다 죽을 수도 있겠다. 이게 내 인생의 끝인가 보다'라는 생각을 할 정도였다. 그러다 일순간 굉음이 들렸다. 그 소리는 금세 웅웅거리는 차분한 소리로 변해 내 의식 속으로 들어왔다. 마치 누군가가 짐 리브스Jim Reeves* 목소리로 "옴" 하고 길게 챈팅하는 것 같은 소리였다.

경련이 멈추고 뜨거운 열도 가라앉자 겨울밤 벽난로의 포근한 온기처럼 따뜻한 온기가 내 몸과 영혼에 가득 퍼졌다. 정수리 쪽에서 감미로운 영약(elixir)이 척추를 따라 흘러내리기 시작했고, 머리부터 발끝까지 극도의 지복감과 황홀감이 느껴졌다.

나는 눈을 뜨고 주위를 둘러보았다. 모든 것이 신선하면서도 새로웠다. 주위 모든 것이 생명 에너지로 약동하고 있었다. 나는 새사람으로 부활했고, 이전의 나는 죽어 사라진 것 같았다. 나는 더 이상 고립된 자아가 아니었다. 의식의 중심은 먼지 한 톨에서부터 은하수까지, 그 모든 곳에 있었다. 모든 경계가 무너졌다. 바바지와 눈이 마주치자 마치 내가 바바지가 되어 나 자신을 바라보고 있는 것 같았다.

바바지가 말했다. "그래. 너는 오늘부로 다시 태어났단다. 이것이

---

* 1923-1964. 미국의 싱어송라이터.

바로 다시 태어났음을 의미하는 '드비자dvija*'의 진정한 뜻이지. 새로운 자아에 적응하려면 시간이 걸리니 천천히 일어나렴. 너는 갓 태어난 아기처럼 기어 다니다가 앉게 될 거고, 나중에는 비틀거리며 걸음을 연습하다가 마침내 안정적인 어른의 걸음걸이로 성큼성큼 걷게 될 거란다.

네게 축복이 있기를. 스리 구루 바바지께서는 언젠가 리시케시에서 자신의 옛 제자 마두를 만나기로 약속하셨지. 이제 동굴로 돌아가자꾸나. 다시 한번 눈을 감고 가부좌 자세로 앉아보렴." 바바지가 시킨 대로 하자 강력한 바람이 나를 어딘가로 날려버리는 듯한 느낌이 들었다. 잠시 후 아래쪽으로 내려가는 느낌이 들었고, 움직임이 멈췄다. 바바지가 말했다. "눈을 뜨렴."

눈을 떠보니 우리 둘 다 절벽 꼭대기에 있는 동굴로 돌아와 있었다. 바바지가 말했다. "어떤 이유로 인해 지상에서의 사명이 끝난 게 아니라면 이러한 이동법은 다시는 행하지 말아야 한단다. 자, 이제 랄라지Lalaji에게 가서 먹을 것을 좀 달라고 말하렴. 나는 그동안 두니를 피우고 있으마."

우리는 케다르나쓰에 나흘을 더 머물면서 바다라야나 비야사Badarayana Vyasa**의 〔브라마수트라Brahmasutra〕와 영지주의 문헌인 〔피스티스 소피아Pistis Sophia〕에 관한 몇 가지 사안을 논의했다.

---

* '두 번 태어나다'라는 뜻. 첫 번째 탄생은 육체적인 탄생이며 두 번째 탄생은 영적인 탄생이다.

** 위에서 언급했던, 〔베다〕의 편찬자이자 〔브라마수트라〕의 저자. 베다 비야사라고도 불린다.

29장 ॐ 하늘에서 내려온 불덩이

다섯째 날, 우리는 소나프라야그, 굽타카시, 루드라프라야그를 지나 리시케시를 향해 내려가기 시작했고, 두 강줄기가 만나는 지점 근처에서 비슈누파 사두(Vaishnav Bairagi Sadhu)와 함께 이틀을 지냈다. 다음 날 우리는 데바프라야그에 다다랐다. 거기서는 네팔 출신의 나이 든 요기와 이틀을 지냈다. 이 요기는 오래전에 파슈파티나쓰Pashupathinath에서 스리 구루 바바지를 잠시나마 직접 만나는 행운을 누렸다고 한다. 나는 감격하며 요기의 경험담을 들었다.

데바프라야그에서 아침을 맞은 우리는 다시 길을 나섰고, 저녁쯤 되어서는 바시슈타 동굴에 도착했다. 그 지역은 이전에 만신창이가 된 발 상태를 회복하는 동안 케랄라 출신 브라마차리의 따뜻한 보살핌을 받으며 지냈던 곳이었다. 브라마차리는 바바지를 만난 적이 없었지만 바바지는 그의 구루인 스리 푸루쇼타마난다를 바시슈타 동굴에서 만난 적이 있었다. 푸루쇼타마난다가 아직 젊을 때였다. 그는 성자를 대하듯 바바지에게 최대의 존경을 표했다고 한다.

그러나 바바지는 바시슈타 동굴에 머물 생각이 없었다. 바시슈타 동굴 근처에서 강가 강의 바위 둑을 따라 걷다가 오른쪽 언덕을 유심히 보면 큰 반얀나무에 매달려 있는 뿌리들* 뒤로 잘 숨겨져 있는 작은 동굴을 발견할 수 있다. 아룬다티Arundhati 동굴로 알려진 이곳이 바로 바바지가 머물기로 마음먹은 곳이었다. 그는 이 동굴을 좋아해서 여러 차례 머물렀다고 한다.

우리는 미끄러운 바위들을 타고 올라 동굴로 올라갔다. 동굴은 두 사람이 들어가기에 충분했고, 앞쪽 끝에 베란다처럼 평평한 큰 바위가 있어서 두니를 피우기 딱 좋은 크기였다. 우리는 강가의 녹색 강물에 몸을 담갔다가 밤이 되기 전에 불을 피우기 위해 주변 숲에서 마른 장작을 주워 모았다. 나는 바시슈타 동굴에서 하루에 한 번씩 두 명분의 음식을 받아오기로 했다.

동굴에 도착한 날 저녁에는 왠지 모르게 매우 피곤했다. 나는 바바지가 허락할 때마다 그에게 발 안마를 즐겨 해드렸었는데, 그날은 안마를 해드리다 깜빡 잠이 들었다. 그러다 한밤중에 깜짝 놀라 잠에서 깨어났다. 무언가가 내 다리를 잡고 있었다. 야생동물이 나를 끌고 가려는 게 아닌가 하는 생각이 번뜩 들어 일어나려고 하는데, 그 순간 나를 안심시키는 바바지의 목소리가 들렸다. "얘야, 더 자렴. 너무 피곤했나 보구나. 근육을 좀 이완시킬 필요가 있겠어." 내 오른쪽 다

---

* 반얀나무 가지가 무게 때문에 휘어져 땅에 닿으면 그 부분에서 또 뿌리가 나온다. 그래서 반얀나무는 일반적인 나무의 생김새와는 달리 굉장히 복잡하고 빽빽한 모양이다.

리가 그의 무릎 위에 올려져 있었고, 그가 내 다리를 주물러주고 있었다.

"아, 바바지." 나는 괜찮다며 다리를 빼내려고 했지만 그는 놔주지 않았다. "그냥 편히 누워서 잠이나 자렴." 바바지가 말했다. "왜, 발을 내 무릎 위에 올리면 지옥에라도 갈까 봐 무서운 거니? 잘못 돌아가는 세상보다 더한 지옥은 없단다. 그러니 그냥 자거라, 얘야. 내일 아침 일찍 깨워줄 테니." 나는 이 위대한 존재의 친절에 감격하며 어둠 속에서 조용히 눈물을 흘리다 다시 잠이 들었다.

우리는 아룬다티 동굴에서 굉장히 즐거운 한 주를 보냈다. 바바지는 눈을 뜨고 명상하는 법을 설명해주었다. "대부분의 사람에게는 눈을 감은 채 명상을 하는 것이 쉽지 않단다. 그들은 자신이 명상을 하고 있다고 생각할지 모르지만 외부 세계와 분리되지 못한 마음은 내면 세계를 불러오고, 그렇게 다시 생각에 사로잡히지. 그러니 눈을 뜨고 마치 생명 그 자체처럼 끊임없이 흐르는 저 강가 강을 바라보렴. 강가 강은 움직임 없는 연못처럼 고여 있지 않단다. 절대 멈추지 않고 영원히 변화하면서 새로워지는 이 강은 크리스털처럼 맑지. 영원히 확장하는 브라만인 거야. 브라만은 확장한다는 뜻의 어근 '브라Brah'에서 유래한 말이란다.

강을 바라보고 있으면 무한한 우주적 생명의 흐름과 하나가 될 거란다. 그 어떤 것도 상상하지 말렴. 정해진 목표 없이 그저 열린 마음으로 관찰만 하면 돼. 〔이사바시야 우파니샤드〕의 구절처럼 테나 티야크테나 분지타*, 그러니까 '놓아버리고 누리라'는 것이지."

아룬다티 동굴에서 있었던 두 가지 특이한 사건 중 하나는 내가 '도사 사건'이라고 부르는 것이었다. 동굴에 머무는 마지막 날, 나는 아침에 크리야 수행을 하고 있었다. 미간에 위치한 두 장의 꽃잎을 가진 흰 연꽃, 즉 아즈나 차크라에 집중하려 했던 것이다. 하지만 아무리 노력해도 머릿속에는 내가 가장 좋아하는 아침 식사인 남인도식 마살라 도사가 자꾸 떠올랐다. 나는 그때 처음으로 내가 마살라 도사를 얼마나 좋아하는지 깨달을 수 있었다. 그것은 거의 집착 수준이었고, 나는 이 이미지를 없애기 위해 열심히 생각에 맞서 싸우고 있었다.

그러던 중, 바바지가 다가와서 내 어깨를 두드리며 물었다. "무엇을 명상하고 있니?"

"아즈나 차크라를 명상하고 있습니다." 내가 대답했다.

"그러니? 마살라 도사 모양의 아즈나 차크라구나?" 그는 이렇게 말하며 웃기 시작했다.

"제발요, 바바지" 내가 말했다. "물론 제 마음속에서 일어나는 모든 일을 알고 계시겠지만 웃지만 마시고 저를 도와주세요."

"그래, 미안하다." 바바지가 말했다. "인제 그만 웃어야겠구나. 내일은 리시케시로 가서 그 집착을 없앨 수 있도록 도와주마. 거기로 가서 첫 번째로 할 일은 마살라 도사를 양껏 먹는 거란다. 리시케시의 마드라스Madras 카페에서 파는 마살라 도사는 그 맛이 일품이거든.

---

* Tena Tyaktena Bhunjitha.

마살라 도사를 원하는 만큼 실컷 먹으면 집착에서 벗어날 수 있을 거야. 탄트라 수행의 격언인 '요고 보가 야태*'는 때때로 어떤 것에 대한 집착을 마음껏 충족시키지 않고서는 그 집착을 없앨 수 없음을 표현한 말이지. 자, 긴장을 풀고 다시 해보렴."

나는 깜짝 놀랐다. 다음 날 마살라 도사를 먹을 수 있다는 생각만으로도 크리야 수행을 방해했던 그 이미지가 지워지고 쉽게 수행을 마칠 수 있었기 때문이다.

나머지 한 사건은 이보다 훨씬 더 두려운 사건이었다. 아룬다티 동굴에서 3일째 되던 날 밤, 우르릉거리는 소리가 들려 잠에서 깼다. 처음에는 그것을 천둥소리라고만 생각했다. 눈을 떠보니 두니 불빛에 비친, 평소와 다름없이 내 쪽으로 등을 돌리고 앉아 있는 바바지의 실루엣이 보였다. 그리고 저 너머를 바라보니 두 개의 뭉게구름 사이로 대략 보름달만 한 크기의 무언가가 나타났다. 하지만 분명 달은 아니었다.

이 물체는 차가운 은색 빛을 내뿜는 달이라기보다는 작열하는 불덩이에 가까웠고, 우리 쪽으로 가까이 다가올수록 그 우렁찬 소리도 더욱 커졌다. 그것은 동굴로 다가오더니 벼락 치는 소리와 함께 두니 바로 옆에 착륙했다.

나는 너무 무서워서 일어설 수도 없었지만 바바지는 아무렇지도 않은 듯 동상처럼 곧게 앉아 움직이지 않았다. 바바지를 부르고 싶었지만 목소리가 나오지 않았다. 어떻게든 몸을 일으켜 앉은 자세를 취

* Yogo Bhoga Yathae. '요가(정신적 수행)와 보가(신체적 즐거움)를 똑같이 즐기라'는 뜻.

한 나는 무서워서 온몸을 덜덜 떨고 있었다.

그때, 혼비백산한 내 눈앞에 이상한 광경이 펼쳐졌다. 우르릉거리는 소리가 멈추고 완전한 정적만이 흘렀다. 지름이 약 60센티미터 정도 되는 불덩이가 수직으로 갈라지면서 그 안에서 무언가가 나타났다. 보자마자 온몸에 소름이 돋은 그것은 코브라처럼 후드가 있는 커다란 뱀이었다. 마치 투명한 청보라색 유리 같은 물질 안에 필라멘트로 불을 켜둔 듯, 그 존재는 청색으로 밝게 빛나고 있었다. 뱀과 닮은 그 생명체의 눈은 반짝거렸고, 부드럽게 쉬익 소리를 냈다.

그 생명체는 몸을 굽혀 자신의 후드로 바바지의 발을 만졌고, 그 장면을 본 나는 두려움이 사라졌다. 바바지는 오른손을 그 생명체의 머리에 올려 그를 축복한 다음 어떤 행동을 했는데, 나는 내가 보고 있는 것이 꿈인지 현실인지 잠시 고민하고 있었다. 뱀은 쉬익 소리를 내며 바바지에게 화답했다.

파란 코브라는 몸을 곧게 편 상태로 바바지를 마주 보고 앉았다. 쉬익 소리로 이어진 그들의 대화는 꽤 오랫동안 계속되었다. 그러다 바바지가 말했다. “마두, 이리 와서 사르파 로카Sarpa Loka의 부총장님과 인사하렴.” 나는 앞으로 가서 조심스럽게 바바지 뒤에 앉았다. 뱀이 쉬익 소리를 냈다. “나가라즈께 절을 하렴.” 바바지가 말했다. 그래서 나는 뱀에게 절을 했다. 가까이서 보니 그는 크고 반짝이며 총명해 보이는 눈을 하고 있었다. 뱀은 쉬익 소리를 내며 내 머리에 두 갈래로 갈라진 자신의 혀를 갖다 댔다. 나는 내 몸에 가벼운 전기가 흐르는 것을 느낄 수 있었지만 두려움은 조금도 없었다.

갑자기 뱀은 구체 안으로 다시 미끄러져 들어갔고, 갈라졌던 양쪽이 딸깍 소리를 내며 닫혔다. 구체는 우르릉거리는 소리를 내며 날아가다가 곧 구름 속으로 사라졌다. 나는 바바지에게 상황 설명을 부탁할 수밖에 없었다. "바바지, 이게 어떻게 된 건지 설명을 좀 해주셔야겠습니다. 만약 누군가에게 이런 일이 있었다고 말하면 사람들은 저를 미친 사람으로 취급하거나 제가 이야기를 지어내는 거라고 생각할 테니 이 얘기는 저 혼자만 간직하겠습니다. 하지만 이게 어떻게 된 일인지 설명은 듣고 싶습니다."

"그래." 바바지가 말했다. "네 말이 맞단다. 대부분의 사람들은 네 경험을 믿지 않겠지만 언젠가 네가 자서전을 쓰게 되면 이 이야기를 사람들에게 공유해야 할 거야. 누가 믿어주든 그렇지 않든 상관없긴 하지만, 이 상황에 대한 설명은 해주마. 진실은 종종 허구보다 더 기이한 법이지.

은하계 어딘가에는 일곱 개의 행성과 열여덟 개의 위성을 가진 항성계가 존재한단다. 이 행성들 중 하나가 사르파 로카인데, 그곳 전역에는 고도로 진화한 뱀들이 살고 있어. 아까 보았듯 후드가 있는 이 뱀들을 나가 데바타Naga Devata라고 한단다. 네가 방금 뵌 분은 그 행성의 부총장으로, 나가라자Nagaraja라고 불리지. 나가 종족의 최고 우두머리는 고대 인도 문헌에서 '아난타'로 알려진, 다섯 개의 후드를 가진 황금 뱀이란다.

수천 년 전, 아직 정신적으로 진화 초기 단계였던 인류는 사르파 로카와 정기적으로 접촉했었지. 그때는 높이 진화한 현명한 나가들이 지구를 자주 방문했었고, 오랫동안 이곳에서 인간들을 가르치고 교육했단다. 모든 고대 문명에서 나타나는 뱀 숭배는 과거 나가들의 영향력을 보여주지. 사람들은 그들이 지닌 깊은 지혜로 인해 뱀 형상을 숭배했단다. 또한 나가 종족은 처음에 인류에게 쿤달리니 에너지의 비밀을 가르쳐주었는데, 이 역시 뱀으로 상징되지.

〔아쉬탕가 요가 수트라〕를 세상에 전한 파탄잘리도 나가족이었는데, 그는 반은 인간이고 반은 뱀인 사람으로 묘사된단다. 파라오의 머리에 있는 뱀과 요기 신 시바를 칭칭 감고 있는 뱀은 모두 나가족 스승이 특정 인간에게 전수해준 지혜와 힘을 상징적으로 표현한 거야.

하지만 언제나 그렇듯 인간은 힘이 강해질수록 자기중심적이고 간사해지기 시작했단다. 인간은, 아니 적어도 대다수의 인간은 개인적인 이익을 위해 살인을 할 준비가 되어 있었어. 어떤 인간들은 자신보다 지적, 영적으로 훨씬 우월한 나가족에게 위협을 느꼈기 때문에 은혜를 잊고 나가족 덕분에 얻은 힘을 그들에게 대항하는 데 쓰기 시작했지.

그래서 나가족을 대규모로 학살하는 일이 벌어지기도 했단다. 이에 나가족의 최고 우두머리는 지구에 있는 나가족 모두를 고향 행성으로 송환하기로 했어. 그리고 영적으로 고도로 진화한 몇몇 인간을 제외하고는 지구 인류와의 모든 연결을 끊기로 결정했지. 하룻밤 사이에 나가족은 사르파 로카로 다시 이송되었단다. 지구에는 아주 적은 수의 나가들만이 남게 되었어. 그들은 아프거나, 너무 늙었거나, 드물게는 여전히 인간과 함께 무언가를 할 수 있을 거라 생각하고 우두머리의 명령을 거역한 나가들이었지.

오늘날 이 세상에 존재하는 뱀들은 이 남겨진 자들의 후손인데, 오랜 세월 지속된 근친 교배 때문에 그들의 조상이 지녔던 위대한 자질들을 잃었단다. 그러나 아까 말했듯이 고도로 진화한 인간에게는 지금도 이 존재들과 접촉할 수 있는 길이 열려 있어. 쉬르디의 위대한 사이 나쓰는 사흘 동안 몸을 떠났다가 넷째 날에 돌아왔는데, 그가 죽은 줄 알았던 대중들은 이를 보고 크게 놀랐단다. 그는 최측근들에게 자신이 분쟁을 해결하러 다른 세계에 갔다 왔다고 말했었지.

그가 말한 그 다른 세계가 바로 사르파 로카였단다. 네게 밝힐 수 없는 그 분쟁은 완전히 해결되지 않아서 다시금 불거졌어. 그래서 나가라즈는 스리 구루에게 도움을 청했고, 스리 구루의 제안에 따라 내게 와서 그 문제를 논의한 거란다."

"바바지, 이 모든 게 너무 기괴한 이야기로만 들립니다." 내가 말했다. "만약 제가 언젠가 자서전을 쓴다면 바바지가 말씀하신 대로 독자들은 이 이야기를 순전한 허구 또는 불안정한 마음에서 나온 헛소리로 생각하며 무시할 겁니다. 하지만 상관없습니다. 그러면 그대로 두는 게 좋겠지요."

바바지가 웃으며 말했다. "다시 말하지만, 진실은 허구보다 낯설지. 지금은 사람들이 이 이야기를 상상으로 치부하더라도 언젠가는 인간의 건조한 논리와 현재 수준의 지성으로는 이해할 수 없는, 더 큰 의식 영역이 존재한다는 것을 깨달을 수도 있단다.

네가 자서전을 쓸 때쯤이면 과학계에서도 우주와 다른 행성들에 대한 지식을 넓혔을 거야. 다른 행성이나 항성계에 생명체가 존재하거나 과거에 존재했을 것이라는 주장은 지금까지 진지하게 고려되지 않았던 우주 어느 곳에서 생명체의 진화와 유지에 적합한 물과 기타 조건들이 발견됨에 따라 더욱 유력해질 거란다. 편견 없는 과학자라면 적어도 네 이야기에 관심을 가질 가치는 있다고 생각할 수 있겠지. 하지만 '확립된 규범'의 범주에 속하지 않는 것은 비과학적이라고 일축하는 어리석은 태도를 고수한다면 그 사람에게는 더 큰 의식 영역을 깨달을 가망이 없단다.

이제 피곤할 때가 됐구나. 가서 자렴."

30장 ॐ 치유 그리고 그랜드 마스터와의 만남

나가라즈의 방문과 마살라 도사 사건 이후, 우리는 아침 일찍 리시케시로 출발하여 강가 강의 오른쪽 강둑에 있는 좁은 길을 따라 걸었다. 길을 걷는 동안 본 풍경들은 정말 아름다웠다. 세차게 흐르는 강, 지저귀는 새들, 산맥, 그리고 욕심 많은 도시 사람들의 방해 없이 진지하게 수행하는 사두들이 사는 검소한 암자 등. 산허리와 가까운 어느 곳에서는 공작새도 여러 마리 보았는데, 그중 수컷 공작 한 마리는 꼬리를 펼쳐 춤을 추고 있었다. 그다음으로는 붉은털원숭이와 까만 얼굴의 랑구르langur 원숭이도 만났다.

우리는 락쉬만 줄라에서 잠시 가던 길을 멈췄다. 당시에는 락쉬만 줄라에 강가 강을 가로지르는, 흔들거리는 좁은 밧줄 다리가 있었고 온갖 유의 사두와 승려들이 그쪽에 살았다. 각기 다른 종파에 속한 큰 아쉬람들도 많았는데, 그곳을 걷다 보면 북과 심벌즈가 어우러진 기도 음악 소리가 들렸다. 아름다운 곳이었다.

우리는 목욕을 할 수 있는 아래쪽 가트에서 시원한 강물에 상쾌하게 몸을 담갔다. 나는 근처 안낙셰트라에서 로티와 달을 얻어왔고, 우리는 둑에 앉아 그걸로 맛있게 식사를 했다. 아! 아버지이자 어머니이며, 스승이자 친애하는 벗인 바바지 같은 사람과 함께 근심 걱정 없이 즐겁게 걸어 다니는 삶은 얼마나 행복한지!

우리는 거대한 보리수나무 그늘에서 잠시 쉬었다가 여행을 재개했고, 늦은 오후가 되어 무니 키 레티Muni Ki Reti에 도착했다. 나는 리시케시를 사랑했다. 리시케시에는 뭔가 멋진 구석이 있었다. 이곳에 처음 방문했을 때, 그러니까 디바인 라이프 협회에 머물렀을 때도 이를 느꼈었다. 나는 이곳에 돌아오게 되어 기뻤고 사랑하는 바바지와 함께 돌아와서 더더욱 기뻤다. 내 마음은 평화로웠고, 바바지와 함께 있어 참 좋았다.

강가 강 한편에는 바드리나쓰로 향하는 번잡한 길이 있었다. 그리고 그 길 반대편에는 디바인 라이프 협회와 요가 니케탄Yoga Niketan(인도의 유명 아쉬람 — 역주)으로 가는 길이 있었는데, 대부분의 아쉬람들이 이쪽 강둑에 있었다. 우리가 걸어왔던 트레킹 길은 곧장 그 길로 이어졌고 강가 강 강둑을 따라 성자들의 거처가 줄지어 있었다. 어떤 사람은 작은 쿠티르에 홀로 살았으며 또 어떤 사람은 큰 아쉬람에서 살았다.

바바지는 나를 무니 바바Mouni Baba의 동굴로 곧장 데려갔다. 이 동굴은 닐칸쓰Neelkanth 언덕 꼭대기의 닐칸쓰 사원으로 가는 길에 있었다. 오늘날에도 강가 강을 따라 걷다 보면 코끼리가 돌아다니는 숲에 이르게 되는데, 이 숲의 대부분은 현재 라자지 국립공원(Rajaji National Park)의 일부가 되었다. 이 울창한 숲에 들어가기 직전에는 에어컨이 설치된 수행 방을 볼 수 있다. 이 방은 거의 최초로 요가 기술을 프랜차이즈화한 마헤쉬 요기가 지은 것으로, 그는 TM이라 불리는 것을 만들어 전 세계에 알렸다. 이 수행 방으로부터 한 시간 정도 오르막길을 오르면 마침내 무니 바바의 동굴에 도착한다.

바바지와 무니 바바 사이에는 일종의 협약 같은 것이 있었다. 바바지가 리시케시에 들를 때는 무니 바바의 동굴에 머물고, 무니 바바는 닐칸쓰 언덕 꼭대기에 있는 자신의 쿠티르에서 지낸다는 것이 그 내용이었다. 그들이 사용한 고도의 소통방식은 우리가 사용하는 전화보다도 더 완벽하게 기능했다.

동굴에 도착하자 무니 바바의 젊은 제자가 우리를 맞이했다. 바바지는 키가 크고 수염을 덥수룩하게 기른 이 남자를 '베타beta', 즉 아들이라고 불렀다. 드레드록 머리에 체격이 좋고 피부가 까무잡잡한 그가 바바지의 발을 만졌다. 바바지는 내게 그가 선배이므로 이 젊은 사두에게 경의를 표하라고 말했다. 내가 바바지에 말에 따르자 그 역시 바바지의 제자인 내게 경의를 표했다.

꽤 커 보이는 동굴의 입구 쪽에는 이미 두니가 피워져 있었고, 담요가 깔린 나무판자 두 개가 그날 우리가 잘 간이침대였다. 젊은 사두가 말했다. "신선한 물이 담긴 물통을 미리 준비해놓았습니다. 두 분을 위한 차파티, 달, 야채도 가져왔고요. 무니 바바께서는 이 젊은 친구를 위해 단 과자를 보내시면서 두 분께 매일 아침, 저녁에 음식을 가져다드리라는 지시를 내리셨습니다. 그리고 며칠 후에 당신을 만나기를 원하시면서 존경의 인사(pranam)도 전하셨지요. 혹시 더 필요한 것이 있으면 알려주십시오." 그는 바바지의 발 앞에 엎드린 후 떠났다.

"아! 네게 그걸 말해준다는 걸 깜빡했구나." 바바지가 말했다. "무니 바바는 닐칸쓰에서 스리 구루 바바지를 한 번 만난 적이 있는데, 그때 그분께 축복을 받았었지." 나는 바바지도 가끔 뭔가를 깜빡할 수 있구나 싶었다.

우리는 동굴에서 20일 동안 멋진 시간을 보냈다. 나는 거기서 신성한 문헌들의 본질뿐만 아니라 요가에 대한 실제적인 가르침을 많이 배웠다. 〔우파니샤드〕, 〔요가 수트라〕, 〔하타요가 프라디피카〕, 〔사트 차크라 니루파나Sat Chakra Nirupana〕, 〔고락샤 사타카〕, 〔쿨라르나바 탄트라Kularnava Tantra〕, 〔마하니르바나 탄트라Mahanirvana Tantra〕 그리고 용수보살의 유명한 불교 경전인 〔반야바라밀다심경〕 등. 나는 바바지와 이러한 위대한 문헌들에 대해 논했다. 그에게는 책이 필요 없었다. 모든 것이 그의 머릿속에 있었기 때문이다. 동굴에서 지내는 동안 일어난 모든 일들에 대해 자세히 설명하지는 않겠다. 그러면 써야 할 이야기가 끝도 없을 것이다. 대신, 언급하기에 적절하고 중요하다고 생각되는 세 가지 사건에 대해 말해보겠다.

첫 번째 사건은 리시케시에 있는 마드라스 카페를 찾아갔을 때 일어났다. 당시 이곳은 수도자가 되려다 실패한 어느 남인도인이 운영하는 아주 작은 식당이었다. 리시케시에서 끝도 없이 불어나고 있는 남인도 사람들의 향수를 달래줄 이 식당이 만들어지고 몇 년이 지났을 때, 식당 주인은 신원을 알 수 없는 괴한들에게 살해당했다. 그 뒤

이 식당은 리시케시 사람들의 식당이 되었다.

동굴에 도착한 이튿날, 바바지는 20루피를 주면서 마드라스 카페에 가서 마살라 도사를 먹으라고 했다. "완전히 만족할 때까지 양껏 먹고 오렴." 그가 말했다.

보트를 타고 강을 건넌 후, 지난번 리시케시에 왔을 때 익혀두었던 길을 걸어 마드라스 카페로 향했다. 나는 마살라 도사를 주문해 한 입 한 입 음미하며 맛있게 먹었다. 그리고 한 번 더 주문해서 또 다른 마살라 도사 역시 말끔히 해치운 뒤 마지막으로 커피 한 잔을 마셨다. 나는 큰 소리로 트림을 하면서 식당을 나섰다. 그 후로는 딱히 마살라 도사를 먹고 싶다는 특별한 욕망을 느낀 적이 없다. 집착이 완전히 사라진 것이다. 물론 지금도 가끔 마살라 도사를 먹긴 하지만 더 이상 마살라 도사에 집착하지는 않는다.

두 번째 사건은 젊은 미국인 여성과의 만남이었다. 사생활 보호를 위해 그녀를 제니라고 부르겠다.

나는 바바지의 수업이 끝나는 정오 식사 직전에 거의 매일 동굴에서 나와 혼자 주변을 돌아다녔었다. 강가 강의 강둑에 앉아 시원한 바람과 물소리를 즐기다가 강물에 몸을 담그고 다시 동굴로 가서 음식을 먹는 식이었다. 바바지는 내게 나가서 돌아다니라고 했고, 나 역시 돌아다니는 것이 참 좋았다.

어느 날, 나는 즐겨 앉던 바위에 앉아 딱히 아무것도 하지 않고 있었다. 그러다 멀지 않은 곳에 있는 어느 바위 위에 하늘색 원피스를 입은 금발 머리의 젊은 여성이 앉아 있는 것을 보게 되었다. 여성은 시원한 강물에 발을 담그고 있었는데, 나는 앉은 자리에서 그녀가 슬프고 심각한 표정을 하고 있는 것을 볼 수 있었다. 피부색과 머리 색깔로 보아 유럽인이거나 미국인인 것 같았다.

그렇게 얼마간 바라보고 있을 때, 여성이 갑자기 토를 하기 시작했다. 그녀는 강물 반대편으로 몸을 돌렸고 나는 그녀가 큰 고통 속에 있음을 알 수 있었다. 그녀는 구토를 하며 손으로 배를 부여잡고 있었다. 구토가 멈춘 후, 여성은 가지고 있던 물병에서 물을 한 모금 마셨다. 그때 우리의 눈이 마주쳤는데, 그녀는 부끄러워하는 듯 보였다. 창백한 얼굴의 그 여성은 자기 발만 내려다보고 있었다.

크나큰 연민의 마음이 내 가슴을 가득 채웠다. 그녀에게 다가가 말을 걸고, 손을 잡아주고, 위로해주고, 내가 도와줄 게 없을지 묻고 싶었다. 딜레마였다. 나는 자유인이었고 세상일에 얽매이고 싶지 않았다. 그저 연민을 가장한 성적 끌림은 아니었을까? 이런 고민에 빠져 있던 중 바바지의 말이 떠올랐다. '13년 동안 하루에 열세 시간씩 완벽하게 명상하며 산다고 하더라도 고통받고 있는 생명체의 울음소리를 듣지 못한다면 13년 동안의 그 명상은 모두 헛된 것이란다. 명상이 네 마음을 부드럽게 만들어주지 않는다면 그것을 창밖으로 던져버리렴. 그런 명상은 아무 소용이 없으니까 말이야.'

'이 멍청이, 어떻게 이렇게 자기중심적일 수 있을까?' 나는 나 자신을 꾸짖은 다음 일어나서 여성에게 다가가 "도와드릴 게 있을까요?" 하고 물었다.

처음에 여성은 깜짝 놀랐다. 하지만 잠시 뒤 마음이 진정된 그녀는 나를 쳐다보며 이렇게 말했다. "누구라도 저를 도와줄 수 있다면 좋겠지만 이건 그럴 수 없는 일이에요."

"왜죠?"

"음, 얘기가 좀 길어요. 그리고 저는 제가 힘들다고 남까지 힘들게 만들고 싶지는 않아요."

"말해주세요. 정말로 듣고 싶어요." 나는 이렇게 말하며 근처 바위에 앉았다.

"정 그렇게 원하신다면, 말해드리죠." 여성은 자신의 이야기를 들려주었다.

그녀는 미국 필라델피아Philadelphia 출신의 미생물학자로, 여행을 좋아했다. 4년 전 인도로 온 그녀는 하리드와르와 리시케시를 주로 여행했다고 한다. 그리고 자신도 이해할 수 없는 모종의 이유로 인해 강가 강과 순례자 마을인 리시케시의 매력에 푹 빠져서 매년 계속 이곳에 와서 한 달 정도 시간을 보내다 간다고 했다. 여성은 힌두교나 구루, 아쉬람에 대한 믿음이나 관심은 전혀 없었지만 그냥 언덕을 돌아다니거나 자신이 사랑하는 강가 강의 곁에 있는 것이 좋다고 털어놓았다.

그런 그녀에게 6개월 전 재앙이 닥쳐왔다. 심한 소화불량과 잦은 복통으로 고생하던 그녀는 병원에 갔고, 여러 검사를 받은 후 대장암 진단을 받았다고 한다. 암 전문의의 치료를 받은 지 두 달이 지나자 병세가 호전되는 듯했지만 암은 2주 만에 더 심각한 형태로 재발했고, 그녀의 담당 의사 역시 치료를 두 달 더 지속하다 마침내 치료를 포기했다. 처음에 의사는 최선을 다하겠다고 했었지만 암은 이제 꽤 진행된 상태였으며 그는 더 이상 헛된 희망을 심어주고 싶지 않다고 말했다. 의사의 말에 따르면 그녀의 삶은 두 달도 안 남았으며, 할 수 있는 유일한 조치는 통증을 줄여주는 진통제를 복용하는 것뿐이었다.

여성은 더 이상 위장으로 음식을 소화할 수 없었고 액체를 마셔도 토하기는 마찬가지였다. 게다가 혈변까지 보았다. 그때 그녀는 리시케시로 가겠다는 중대한 결정을 내렸다. 죽음을 맞이하기 전 자신이 사랑하는 강가 강에서 시간을 보내기로 결심한 것이다. 그녀는 암이 몸을 망가뜨리더라도 리시케시의 시원한 강물과 함께라면 영혼과 마음이 평화로울 수 있을 것 같다고 느꼈다.

오빠와 어머니, 친구들은 미친 결정을 내렸다고 생각했지만 여성은 자신의 생각을 고수하며 비행기 표를 구한 뒤 관광 비자를 받고 인도로 떠났다. 그렇게 리시케시에 머무른 지 2주 정도 되었고, 병은 점점 악화되고 있었다. 물조차 마실 수 없는 상태라 그리 오래 살지 못할 것 같다고 느낀 그녀는 자신이 죽으면 오빠에게 알려줄 수 있겠냐고 내게 물었다. 그녀는 스와르그 아쉬람에 머물고 있었는데, 같이 아쉬람까지 걸어가준다면 내게 우체국 공중전화로 전화를 걸 충분한 돈과 함께 오빠의 전화번호를 알려주겠다고 했다. 그녀에게는 사흘 후 날짜가 적힌 미국행 비행기 표가 있었지만 그때까지 자신이 살아 있을지 모르겠다고 했다.

그 후 또다시 심한 구토를 하는 바람에 여성은 남은 말을 이어가지 못했다. 그녀가 세수와 가글을 하고 난 후 나는 이렇게 말했다. "제니, 당신이 구루를 믿지 않는 건 알지만 내 구루를 만나러 와주겠어요? 그는 다른 구루들과 정말 달라요. 일이 어떻게 될지는 잘 모르겠지만 나는 그분의 축복이 어떤 식으로든 당신에게 도움이 될 거라고 믿어요. 제니, 부디 내 부탁을 들어줘요."

"알았어요. 당신은 좋은 사람인 것 같네요. 그를 만나러 가겠어요. 언제 가면 되죠?" 그녀가 말했다.

"여기서 잠시만 기다려주세요. 그분께 가서 언제 시간을 내주실 수 있는지 알아볼게요. 제가 돌아오기 전까지 이곳을 떠나지 마세요."

"알았어요."

나는 그날만큼 빨리 달려본 적이 없었던 것 같다. 마침내 동굴 앞에 서 있던 바바지와 마주했을 때는 숨이 너무 가빠서 심호흡을 하며 호흡을 가다듬어야만 할 정도였다. "전력 질주를 했구나." 바바지가 말했다.

"바바지, 바바지께 소개해드리고 싶은 젊은 미국인 여성이 있습니다." 내가 말했다.

"오! 이 요기가 이제 젊은 미국인 여성을 보고…."

이전까지는 바바지의 말을 끊은 적이 한 번도 없던 나였지만 이번만은 바바지의 말을 얼른 잘랐다. "바바지, 저는… 아니, 그게 아니라 지금 그분이 매우 아픕니다. 그래서…."

"그럼 디바인 라이프 협회에 병원이 있으니 그곳 의사에게 데려가렴. 나는 의사가 아닐뿐더러 지금 당장은 그 미국인 여성을 만나고 싶지도 않구나."

"그렇지만 바바지, 너무 모질게 하지 말아주세요." 나는 눈물을 흘리며 간청했다. "그녀에게는 바바지의 축복이 필요합니다. 그녀와 이야기할 필요도 없고 그냥 바바지의 그 거룩한 눈빛으로 그녀를 봐주기만 해주세요. 제발요, 바바지…."

바바지는 애정 어린 손길로 내 어깨에 손을 얹으며 미소를 지었다. "애야, 그냥 너를 한번 시험해본 거란다. 당연히 그 여성을 보러 가야지. 이리 데려올 거니? 아니면 내가 내려가는 게 좋겠니?"

"아니요, 제가 이리로 데려오겠습니다." 나는 고맙다는 인사도 잊은 채 쏜살같이 달려갔다. 그녀가 나를 기다리고 있었다.

"날 따라오면 돼요. 서둘러요, 그분이 당신을 만나주시겠대요."

여성은 몸이 너무 허약해서 걸음을 옮기기 힘들었기 때문에 이번에는 천천히 가야 했다. 나는 가는 길 내내 그녀를 부축해주었다. 동굴에 도착했을 때, 그녀는 거의 쓰러지기 직전이었다. 바바지는 힌디어로 이렇게 말했다. "내 카만달루에 있는 물을 내준 다음 그녀를 러그 위에 앉히거라."

그녀는 또 구토를 할까 봐 조심스럽게 물을 한 모금 마셨다. 바바지는 자리에 앉아 있는 그녀를 마주 보고 앉은 채 오른손을 그녀의 머리에 얹고 축복을 내려주었다. 그녀는 곧바로 강한 미국식 영어 억양으로 자신의 이야기를 하기 시작했다. 나는 그녀가 이야기를 너무 빨리 전개하는 것 같아서 중간에 설명을 하려고 끼어들었다. 그러자 바바지는 "아니, 계속해보렴. 무슨 말인지 완벽하게 이해한단다. 계속하렴." 그의 억양은 그녀와 똑같았다. 그녀는 "의사들이 저에게 한 달 반밖에 살지 못한다고 하더군요. 곧 죽을 거라고요. 대략 이런 상황이에요"라는 말로 자신의 이야기를 마쳤다.

바바지는 무한한 자비의 눈빛으로 그녀를 바라보았다. "아가, 우리는 모두 죽는단다." 바바지가 말했다. "너, 나, 저 친구를 포함해 우리 모두는 언젠가 죽을 거야. 죽음은 피할 수 없는 것이며 우리의 영원한 동반자지. 그러니 평온한 마음으로 죽음을 받아들이렴. 죽음과 싸우지 않으면 그것은 너의 친구가 된단다. 네게 고통을 조절하는 데 도움이 되는 간단한 명상과 호흡법을 가르쳐주마. 그러니 평화로운 마음으로 너희 나라로 돌아가렴. 네게 모든 위대한 존재들의 축복이 있길 빈다."

그런 다음 바바지는 그녀에게 하루 두 번 연습해야 할 간단한 기술을 가르쳐주었다. 그녀의 근심 어린 표정은 이제 온데간데없이 사라졌고, 전반적으로 침착하고 차분해졌다. 바바지는 내게 제니를 스와르그 아쉬람으로 데려다주라고 했다. 아쉬람으로 걸어가는 동안 제니는 자신이 두 시간 이상 구토하지 않은 것을 신기해했고, 나에게 정말로 고마워했다. 그녀를 스와르그 아쉬람에 데려다준 후 나는 다시 동굴로 돌아왔다.

"그 친구는 상태가 좀 나아졌니?" 바바지가 물었다. 나는 그렇다고 대답했다. "너는 이제 한 전생에서 졌던 카르마의 빚을 갚은 거란다." 바바지가 말했다. "여러 생 전에, 네가 매우 아플 때 그 친구가 너를 간호했었단다. 그리고 이번 생에서는 그 친구가 괴로워하고 있을 때 네가 그 친구를 도왔지. 이에 대한 질문은 받지 않으마. 이 정도면 설명이 충분히 된 것 같으니까. 그리고 한 가지 더 말하자면, 나는 그 친구를 다시 보고 싶지 않구나."

"네, 바바지." 나는 제니와의 전생에 대해 자세히 듣고 싶은 마음이 컸지만 마지못해 대답했다. — 바바지는 무엇을 해야 하고 무엇을 하지 말아야 하는지 가장 잘 알고 있었으며, 나는 그간의 경험을 통해 이 사실을 배웠었다.

나는 바바지에게 허락을 구하고 제니가 떠나기로 한 날 작별 인사를 하러 갔다. 그녀는 몸 상태가 좋아 보였는데, 이틀 동안 구토를 두 번밖에 하지 않았으며 이제 차와 비스킷을 먹고 마실 수 있다고 했다. 그녀는 바바지에게 이루 말할 수 없는 감사를 드리며, 그를 항상 기억하겠다고 말했다. "그는 나의 예수 그리스도예요." 그녀가 말했다.

제니는 나와 계속 연락하고 싶어했지만 나는 주소도 전화번호도 없었다. 헤어지기 직전에 그녀는 나를 안아주었고, 내 뺨에 뽀뽀를 해 나를 놀라게 했다. 당황한 나는 그녀를 뒤로하고 동굴로 돌아갔다. 바바지는 혼자 껄껄 웃으며 "놀랐구나, 그렇지?"라는 말만 남겼다.

시간이 빠르게 지나가면서 곧 제니는 과거의 기억 속으로 잊혀져 갔다. 가끔 그녀가 생각나면 잘 지내는지 궁금하긴 했지만 그뿐이었다. 바바지는 아무 말도 하지 않았다.

3년 후, 나는 특수한 리트릿retreat*을 위해 리시케시에서 지내고 있었다. 그때 바바지는 카일라시 산으로 떠나 있었고, 그곳으로 나를 데리고 가지 않겠다고 하면서 구체적인 생활 지침 몇 가지를 내려줬었다. 리트릿을 마친 나는 그가 돌아오기를 기다리고 있었다. 그러던 어느 날 저녁, 스와르그 아쉬람 근처 강둑에 앉아 있는데 한 금발 머리 여성이 강을 향해 걸어오는 것이 보였다. 내 눈을 믿을 수가 없었다. '제니인가?' 마지막으로 봤을 때보다 조금 더 살이 올랐지만 분명 제니가 맞았다. 나는 그녀가 확실하다고 생각하고 그쪽으로 달려갔다. 제니는 바위 위에 앉아 강물에 발을 담그고 있었다. 나는 그녀 뒤

* 일상에서 벗어나 영적 수행을 강화하고 심화시키는 것.

에 멈춰 서서 부드럽게 이름을 불렀다. "제니?"

제니는 고개를 돌려 잠시 나를 쳐다보더니 이렇게 외쳤다. "세상에! 마두, 말도 안 돼!" 그녀는 벌떡 일어나 나를 껴안고 볼에 뽀뽀를 했다. "웬일이니! 단정한 셔츠랑 바지도 입었네? 길었던 머리도 싹둑 자르고 말이야. 일단 앉아서 이야기하자. 여기저기 다니면서 널 찾고 있었어. 예전 그 동굴에 두 번이나 찾아갔었는데 영어를 못하는 벌거벗은 사두 한 명만 있지 뭐야!"

그녀는 필라델피아로 돌아간 후 건강이 좋아지기 시작했다고 말했다. 구토 횟수는 점점 줄다가 곧 완전히 멈췄다. 복부 경련도 사라졌고, 진통제 없이도 생활할 수 있었다. 그녀가 행한 유일한 치료는 바바지가 알려준 기술을 연습하는 것뿐이었다. 그녀는 정상적으로 식사를 할 수 있게 되었고, 의사가 말한 두 달의 시한이 끝났을 때는 그 어느 때보다도 건강하게 살아 있었다. 그녀는 2주 더 있다가 의사를 찾아갔는데, 의사는 그녀가 여태 살아 있으며 심지어 건강하기까지 한 것에 깜짝 놀랐다.

일련의 검사 후 의사는 완치 판정을 내렸다. 암이 사라진 것이다. 의사는 이렇게 자연스럽게 암이 사라진 경우는 매우 드물다고 했다. 정말 기적 같은 일이었지만 제니는 내게 연락할 방법이 없었다. 그 후, 그녀는 연구소에 취직하게 되어 장기 휴가를 낼 수 없었다. 그러다 마침내 2주간의 휴가가 주어졌을 때, 그녀는 주저하지 않고 인도로 날아와 리시케시로 향했다. 그리고 내일 그녀는 델리에서 비행기를 타고 미국으로 돌아갈 예정이었다.

"널 정말로 찾고 싶었고, 마스터를 직접 만나 감사 인사를 드리고 그분을 안아드리고 싶었어. 그리고….”

“잠깐, 지금은 그분을 뵐 수 없어.” 내가 말했다. “티베트의 카일라시 산으로 가서 두 달 동안은 안 오실 거라고 했거든. 스승님을 만나면 네 감사 인사를 전해드릴게.

그동안의 내 얘기를 좀 하자면 나는 바바지와 3년 반을 함께 지냈는데, 어느 날은 내게 인제 그만 집으로 돌아가라고 하셨어. 그래서 지금은 1년에 한 번씩 한 달 정도 바바지가 고른 장소에서 함께 지내고 있지. 우리는 사실 운 좋게 서로를 만났어. 아니, 어쩌면 이 모든 것이 그분의 계획이었을지도 모르겠네.”

“이봐 방랑자 씨, 그럼 이제는 내가 연락할 수 있게 집 주소나 전화번호를 알려줄 수 있겠네?” 그녀가 말했다.

그래서 나는 내 실명과 집 주소, 전화번호를 알려주었다. 우리는 함께 걷는 동안 과거 이야기를 나누었다. 리시케시는 날마다 더 바빠지고, 더 시끄러워졌다. 우리는 마드라스 카페에서 커피를 마셨고, 나는 제니에게 내 얘기를 해주며 나와 바바지가 처음 만나게 된 이야기도 해주었다. 그런 다음 우리는 스와르그 아쉬람으로 돌아갔다. 미처 모르고 있었지만, 그동안 나와 제니는 둘 다 그곳에서 지내고 있었다.

아침에 나는 보트를 타는 부두까지 제니를 배웅해주었다. 강 반대편에서는 택시가 그녀를 기다리고 있었다. 제니는 델리로 가야 했고, 거기서 자정 비행기를 타야 했다.

제니는 내게 주소를 알려주었지만 나는 편지를 쓰지 않았다. 원체 편지 쓰는 것을 싫어해서 계속 뒤로 미룬 탓이었다.

다시 리시케시로 돌아온 바바지를 만났을 때, 나는 그동안 있었던 모든 일들을 얘기한 뒤 제니가 그에게 아주 감사해하고 있음을 전했다. "흠, 티크 하이*. 제니는 괜찮은 아이지. 그 친구에게 내 축복이 있기를. 나는 앞으로도 그 아이를 보살펴줄 거고 그 애에게 좋은 일을 해줄 거란다." 이것이 그가 말한 전부였다.

나는 그달 말에 집으로 돌아갔다. 두 달 후, 미국에서 편지 하나가 날아왔다. 나는 제니가 보낸 편지일 거라 생각하고 기대에 차서 그것을 열어봤는데, 의외로 제니의 오빠가 쓴 편지였다. 편지에는 다음과 같이 적혀 있었다.

M씨에게,

저는 제니의 오빠 버나드입니다. 제니는 인도에서 돌아온 후로 잘 지내다가 10월 16일 밤, 자던 중에 세상을 떠났습니다. 사망진단서에 따르면 수면 중 심장마비였다고 합니다. 제니의 침대 옆에는 제니가 직접 쓴 편지 한 통이 있었는데, 우리로서는 상당히 의아한 편지였습니다. 편지 봉투에는 당신의 주소가 쓰여 있었지요. 우리 생각에는 제니가 다음 날 당신에게 편지를 보내려 했지만 그러지 못했던 것 같습니다. 그래서 당신에게 이 편지를 대신 발송해줘야겠다고 생각했지요. 이 편지에 꼭 답장할 필요는 없지만 만약 답장을 주신다면 우리 가족, 특히 저희 어머니는 제니를 대신해 아주 기뻐하실 겁니다.

고맙습니다. 버나드 드림.

---

* theek hai. 힌디어로 좋다 혹은 괜찮다는 뜻.

나는 또 다른 봉투에 들어 있던 제니의 편지를 열어보았다. 거기에는 이렇게 적혀 있었다.

마두에게,

널 다시 만나서 정말 기뻤어. 네가 마스터께 내 감사의 마음을 잘 전해줬을 거라 믿어. 요새 나는 몸도 마음도 최상의 상태인데 어젯밤에 이상한 꿈을 꿔서 네게 얘기해야겠다는 생각이 들었어. 정말 생생한 꿈이었거든. 마스터께서 눈부신 미소를 지으시며 내 앞에 나타나셔서는 "아가, 이제 아주 건강해졌구나?" 하고 물으시는 꿈이었어.

나는 "네, 마스터" 하고 대답했지.

"이제 슬슬 집으로 돌아올 때가 되지 않았니? 진짜 집으로 말이야. 내가 너를 맞이해주마."

마스터께서는 이렇게 말씀하시고는 무지개색 빛의 불꽃 속으로 사라지셨어. 마두, 이게 무슨 꿈일까? 나를 히말라야로 오라고 부르신 걸까? 기회가 되면 그분께 여쭤봐줘. 언젠가 널 다시 만나면 좋겠다. 답장해줘. 계속 연락하고 지내자.

애정을 담아, 제니가.

나는 침실로 들어가 펑펑 울었다. 살면서 그렇게 많이 울어본 적이 없을 정도였다. 나는 그렇게 좋은 친구 하나를 잃었다. 제니의 꿈속에서 바바지가 한 말은 도대체 무슨 뜻이었을까?

밤이 되자 명상을 했다. 나는 내 가슴의 연꽃, 즉 가슴 차크라에 바바지가 있다고 상상하며 이렇게 말을 걸었다. '바바지, 제발 말씀해 주세요. 제니에게 무슨 일이 있었던 건가요? 이런 질문을 별로 좋아하지 않으신다는 걸 저도 잘 알고 있습니다. 제가 당신께 의존하지 않기를 바라시는 것도 잘 알고 있고요. 하지만 제발 이번 한 번만 제 질문에 대답해주세요, 바바지. 제니는 제 친한 친구였고 바바지께서도 제니를 사랑하셨잖아요.'

그날 밤, 꿈에서 답을 얻을 수 있었다. 바바지는 평소 입던 흰색 샅바 대신 보라색 샅바를 입고 나타났다. "다시는 그런 질문으로 귀찮게 하지 말렴. 명상하면서 나를 들볶지도 말고. 명상은 더 높이 성장하고 다른 사람들을 돕기 위한 것이지, 필요할 때마다 계속 나를 부르기 위해 하는 것이 아니란다.

아무튼 질문에 답을 해주자면, 내가 말했던 집은 안식처를 의미한단다. 지상에서의 고된 삶을 마친 모든 인간들이 향하는 곳이지. 지금 제니는 집에 가 있고 나는 그 애를 맞이해주기 위해 거기 갔었단다. 거기서 제니를 좀 쉬게 한 다음, 나는 제니가 적절한 지역에 사는 인도 여성의 자궁으로 들어가 환생할 수 있도록, 그리고 영적으로 진화할 수 있도록 도와줄 거란다. 내가 말해줄 수 있는 건 여기까지다. 이제 이 문제에 대해 더 이상 질문하지 말거라."

바바지는 이렇게 말한 뒤 황금빛 구름 뒤로 사라졌다. 나는 안도하며 잠에서 깨어 나의 진정한 벗이자 안내자인 바바지께 감사를 드렸다.

그리고 이제부터 이야기할 세 번째 사건은 내 인생에서 가장 중요한 사건이다. 드디어 그랜드 마스터인 스리 구루 바바지를 뵙게 된 것이다. 이 만남은 다음과 같이 일어났다.

바바지와 나는 닐칸쓰 언덕 주변의 숲을 걷고 있었다. 멀리서 코끼리 울음소리가 들려왔지만 우리는 열띤 토론에 정신이 팔려 있는 바람에 거기에 딱히 주의를 기울이지 않았다. 바바지는 언젠가 내가 다른 사람들을 크리야 요가에 입문시킬 때가 올 거라며 입문을 원하는 사람이 충족해야 할 스물한 가지 자격 요건을 설명해주었다.

나는 그가 열거한 자격 요건을 다 지키려면 크리야 수행에 적합한 사람을 찾는 것이 거의 불가능에 가까울 것이라고 말했지만 바바지는 그렇지 않다고 말하며 내가 사람들의 수준을 대체적으로 낮게 평가하는 것 같다고 말했다. 나는 굽히지 않고, 보통 사람이라면 그가 열거한 조건을 충족할 수 없을 거라고 말하며 자격 요건의 수를 좀더 줄여달라고 했다. 우리는 한 시간 넘게 논쟁을 했는데, 이는 매우 이례적인 일이었다. 결국 그는 자격 요건을 열 가지로 줄였지만 나는 여전히 처음의 네 가지 자격 요건만으로도 충분하다는 의견을 고수하면서 인류를 향한 자비심이 있다면 내 의견에 따라달라고 간청했다.

그러자 바바지는 "시대가 달라지니 요즘 제자는 구루에게 자비심이 뭔지를 가르치려 드는구나"라고 말했다. 그 말을 듣고 더 이상 견딜 수 없었던 나는 결국 눈물을 훔쳤다. 바바지가 나를 위로하던 그 순간, 놀라운 일이 벌어졌다. 갑자기 기분 좋은 향기가 공기 중에 가득 퍼졌고, 바바지가 내게 이렇게 말했다. "그래, 그래. 상처를 줘서 미안하구나. 인제 그만 울고 일어나렴. 네 소원이 이루어질 거니까 말이야." 그는 내 옆에 서 있었고, 우리 둘은 닐칸쓰로 가는 길 쪽으로 돌아섰다. 그때, 키 큰 티크[teak]나무들 뒤로 너무나 아름답고 초월적인 인물이 나타났다. 나는 머리카락이 쭈뼛 섰고, 직감적으로 그가 사랑과 자비의 마음으로 나에게 다르샨darshan*을 내려주러 온 스리 구루 바바지임을 알았다.

사랑하는 내 스승님 바바지는 그분의 축복받은 발 앞에 엎드렸고, 나도 그가 하는 대로 따랐다. "일어나거라. 너와 긴히 논의해야 할 일이 있구나." 스리 구루 바바지가 감미로운 목소리로 스승님께 말했다. "마헤쉬, 내 생각에 마두의 말에 따르는 것이 좋을 것 같다. 이제 시대가 달라졌으니 자격 요건을 줄이는 게 낫겠어."

"당신께서 원하시는 대로 하겠습니다." 스승님이 말했다.

나는 내 앞에 서 있는 스리 구루 바바지에게서 눈을 뗄 수 없었다. 황금빛 피부, 무릎까지 오는 길이의 빛나는 백색 샬바, 어깨까지 늘어뜨린 갈색 머리카락. 그는 성스러워 보였고 그에게서 풍기는 기분 좋은 향기가 내 영혼에 스며들었다. 스리 구루 바바지는 이제 나를 바라보았다. 자비심으로 가득 찬 그의 눈을 바라보는 동안 나는 여러 전생들과 함께 나와 그 사이의 인연을 깨달을 수 있었다.

"이리 오렴." 그가 내 어깨에 팔을 두르며 말했다. 그러고는 내 턱을 부드럽게 만졌다. "마두, 얘야. 너는 더 큰 성장을 위해 이 삶을 겪어야만 했단다. 하지만 할 일을 다 마치고 나면 다시 내게로 돌아오게 될 거야. 마헤쉬는 정말 친절하단다. 그는 너의 특별한 안내자지." 얼굴에는 눈물이 흘러내렸고, 내 온몸은 살면서 한 번도 경험하지 못했던 지복으로 고동쳤다.

---

* 성스러운 존재 등을 만나거나 보는 것을 나타내는 말.

그는 이제 스승님 쪽으로 몸을 돌려 이렇게 말했다. "이 젊은 친구를 거둬주어 정말로 고맙구나, 마헤쉬. 네게 말해주고 싶은 중요한 문제가 있으니 목요일 밤에 정묘체(subtle body) 상태로 만나는 것으로 하자."

그는 손을 들어 축복을 내려주었다. 우리는 다시 한번 그의 발 앞에 엎드렸다. 숙였던 고개를 들자 그는 이미 사라져 있었고, 향긋한 향기만 공기 중에 남아 있었다. 우리는 말 없이 동굴로 돌아갔지만 내 가슴은 여전히 스리 구루 바바지로 가득했다. 나는 명상을 마친 후 잠이 들었고 바바지는 늘 그랬듯 바위처럼 움직임 없이, 하지만 꽃처럼 부드럽게 두니 앞에 앉아 있었다.

31장 ॐ 진정한 성자

다음 목적지는 강가 강의 발원지인 고무크Gomukh와 강고트리로 가는 관문인 우타르카쉬Uttarkashi였다. 우리는 테리Tehri, 나렌드라 나가르Narendra Nagar 등을 거쳐 우타르카쉬에 도착했다. 테리를 지나는 동안 바바지는 요기 람티르쓰Yogi Ramtirth가 크게 좌절한 나머지 강에 뛰어들어 자살했다는 장소를 보여주었다.

그 당시 우타르카쉬는 히말라야의 작고 조용한 마을이었다. 바기라티 강이라고도 알려져 있는 강가 강은 바나라시에서처럼 일정 거리를 남쪽에서 북쪽을 향해 흐른다. 이곳에는 카쉬 비스와나쓰Kashi Viswanath라고 불리는(카쉬라고도 한다) 아름다운 고대 시바 사원도 있는데, 이 역시 바나라시의 사원과 비슷했다. 요기들의 주님이신 시바는 '우주의 주님'이라는 뜻의 비스와나쓰라고도 불린다.

그곳에 사는 사두들이 형성한 작은 공동체는 정치나 경쟁과는 거리가 멀었다. 그들은 그저 신선한 공기를 즐기고, 소박한 생활을 하고, 산책이나 명상을 하면서 평화롭게 살고 있었다. 우타르카쉬에는 사두들에게 하루 두 번씩 무료로 음식을 나눠주는 안낙셰트라가 두세 곳 있었다. 칼리캄브리왈라 아쉬람과 펀자브 신드Punjab Sindh 아쉬람이 운영하는 곳이었다. 혼자 살면서 영적 수행에 몰두하고자 하는 사람들에게는 작은 오두막이나 쿠티르도 주어졌다. 한마디로, 수행자들에게 이상적인 장소였던 것이다. 어떤 아쉬람은 병원이나 교육기관 같은 것을 운영하느라 바쁘게 사는 수도자들을 주기적으로 우타르카쉬로 보내기도 했다. 혼자 생활하며 재충전하는 시간을 가지라는 의미에서였다.

바바지는 나란히 붙어 있는 쿠티르 두 곳을 마련했다. 하나는 내가 지낼 곳, 하나는 바바지가 지낼 곳이었다. 나는 하루 두 번 펀자브 신드 안낙셰트라에 가서 우리 둘을 위한 간단한 음식을 얻어왔다. 바바지는 음식을 거의 먹지 않았고, 쿠티르에서 그리 멀지 않은 숲에 모여 있는 떠돌이 개들에게 그 음식을 나눠주었다. 그는 개들을 사랑했고 개들도 그를 사랑했다.

바바지는 〔베다〕, 특히 〔사마 베다Sama Veda〕의 전문가인 자신의 제자 크리슈나난드 샤르마Krishnanand Sharma에게 내가 산스크리트어 수업을 받을 수 있도록 주선해주기도 했다. 우리가 우타르카쉬에 도착한 지 2주가 되었을 때, 바바지는 강고트리로 떠나면서 4월 중순이 될 때까지 7개월 동안 우타르카쉬에서 지내라는 지시를 남겼다. 그가 돌아오면 우리는 강가 강의 발원지인 고무크까지 걸어간 다음 그곳에서 다시 타포반Tapovan과 바수키Vasuki 호수까지 걸어가기로 했다.

우타르카쉬에서 지낸 나날들은 내 인생에서 가장 멋진 경험이었다. 바바지가 가르쳐준 특별한 요가 기술들을 연습하고 산스크리트어 수업을 듣는 것 외에도, 나는 그곳에서 온갖 사두들과 교류하고 여러 아쉬람을 방문하는 경험을 할 수 있었다. 거기서 내가 가장 좋아했던 장소는 카쉬 비스와나쓰 사원의 안뜰이었다. 이 안뜰에서는 매우 특별한 진동이 느껴졌는데, 가끔은 여기서 수준 높은 수행자들을 만날 수도 있었다. 나는 지성소에서 나오는 순간부터 깊은 명상 상태에 빠졌고, 안뜰의 조용한 구석 자리를 찾은 다음 점심 식사 시간이 될 때까지 거기 앉아서 명상을 하곤 했다. 그러다 한두 번은 그곳 사제 중 한 명이 나를 깨워 일상적인 의식 상태로 데려와야만 했던 상황도 있었다.

또 한 번은 정말 깊은 명상에 들었다가 눈을 떴는데, 드레드록 머리에 눈이 시뻘겋게 충혈된 벌거숭이 남자가 내 옆에 무릎을 꿇고 마치 이상한 동물이라도 발견한 것처럼 나를 면밀히 살펴보고 있어서 깜짝 놀란 적도 있었다. 내가 눈을 뜬 것을 본 그는 내 두 눈을 응시했다. 마치 엑스레이 촬영을 당하는 기분이었다. 그는 얼마 있지도 않은 이를 드러내면서 환한 미소를 지은 뒤 춤을 추기 시작했고, 미친 사람 같은 몸짓을 하며 "싯다오, 싯다오, 발로, 발로, 호이 기얄루*"라고 외쳤다. 내가 자리에서 일어나거나 말을 걸기도 전에 그는 휘파람 소리를 낮게 내며 쏜살같이 안뜰 밖으로 나가더니 눈앞에서 사라져버렸다.

---

* Siddao, siddao, bhalo, bhalo, hoyee gyaloo.

이 일이 있기 전, 나는 우타르카쉬에서 혼자 두 달간의 리트릿을 하러 온, 라마크리슈나 교단의 나이 든 수도자를 만났었다. 우리는 좋은 친구가 되었고 함께 사원 안뜰로 가서 명상을 하곤 했다. 그리고 이날도 그는 나와 그리 멀지 않은 곳에 앉아 있었기 때문에 이 모든 일을 지켜보고 있었다. 그래서 나는 스와미에게 가서 아까의 그 남자가 무슨 말을 한 건지 물었다. 스와미는 여느 때와 같이 부드럽게 이런 말을 해주었다. "음, 그 사람은 신성한 사랑에 미쳐버린 파라마한사*인 것 같네. 그가 말한 건 벵골어였어. '싯다오'라는 단어에는 음식이 잘 익었다는 뜻도 있고, 완성을 이룬 요기인 싯다Siddha라는 뜻도 있지. '발로'는 훌륭하다 또는 좋다는 뜻이고, '호이 기얄루'는 일이 끝났다, 일이 일어났다는 뜻이라네.

만약 그 사람이 자네의 영적 상태를 말한 것이라면, 나는 자네가 운이 좋다고 말할 수밖에 없겠군. 일전에 자네가 말해주었던, 자네의 스승님이라는 위대한 바바지께서는 실제로 자네를 고도로 진보된 영적 상태로 이끌어주셨어. 나는 삼매三昧에 든 자네 모습을 지켜봐왔기 때문에, 자네가 의심할 여지 없이 높은 의식 상태에 있다고 생각하네.

우리 교단을 창시하신 분이자 스와미 비베카난다의 구루이신 위대한 마스터, 스리 라마크리슈나 파라마한사께서도 같은 말씀을 하시곤 했네. 그분은 영적인 길을 가고자 하는 사람을 주의 깊게 살피신 뒤 만족스러우면 '싯다오, 싯다오(잘 익었다, 잘 익었어)'라고 말씀하시곤

---

* 깨달음을 얻은 힌두교 스승의 칭호.

했다지. 나는 아까 그 사람이 그분과 똑같은 말을 했다는 사실에 놀랐다네."

어느 날, 다사나미 교단 소속의 수도자인 락스만푸리Laxmanpuri는 강둑 주변을 돌아다니는, 영적으로 매우 높은 경지에 도달한 성자 얘기를 내게 해주었다. 이 성자를 이전부터 알고 있었던, 유명 수도원 소속의 한 수도자가 우타르카쉬를 방문한 적이 있었다. 수도자는 길을 돌아다니는 그 사두를 보고는 그의 발 앞에 엎드렸고, 후에 몇몇 사람들에게 그가 어떤 사람인지 말해주었다고 한다.

수도자의 말에 따르면 이 성자는 원래 그 유명한 샹카라차리야가 세운, 인도 서부의 부유하고 유명한 다사나미 교단 수도원에 속한 사람이었다고 한다. 그러다 수도원의 수도원장 자리를 물려받을 시기가 되자, 성자는 수도원장이라는 직책에서 오는 허례허식과 특별한 신분이 싫다는 메모만을 남기고 홀연히 사라졌다. 그는 방랑 수도자가 되기 위해 자진하여 떠난다면서 오직 지고하신 신만을 의지하며 살겠다고 말했다.

성자는 본래 단디 스와미, 즉 특별한 지위를 상징하는 지팡이인 단디를 들고 다니는 브라만 산야신이었다. 하지만 그는 우타르카쉬로 향하는 길에 단디를 물병과 함께 강가 강에 던져버렸다. 이전부터 그 성자를 알고 있던 수도자가 우타르카쉬를 찾아오기 전까지는 그의 이름조차 아는 사람이 없었다. 사람들은 그저 그를 성스러운 수도자라는 뜻의 스와미지Swamiji라고 불렀다.

나는 그가 대부분의 시간을 강가 강의 둑에 앉아 있거나 그 주변을 걸어 다니다가 밤이 되면 사원의 안뜰에서 잔다는 얘기를 전해 들었다. 그는 말을 거의 하지 않았고 음식을 구하러 안낙셰트라를 찾아가지도 않았다. 그래서 남인도 출신의 젊은 사두가 그에게 음식을 가져다주는 역할을 맡아 하루에 한 번씩 그에게 음식을 가져다주었다. 성자는 두 손을 모았을 때 담을 수 있는 정도의 음식만을 먹고 강가 강에서 물을 떠 마셨다.

그는 발목까지 오는 낡은 황토색 옷을 입었으며 낮에는 명상 매트, 밤에는 이불로 쓰는 담요 한 장을 가지고 다녔다.

"그분의 다르샨을 받으면 좋을 거야." 락스만푸리가 말했다. 그래서 나는 어느 화창한 월요일 아침에 그를 만나기 위해 강둑으로 갔다. 오래 기다릴 필요도 없었다. 황토색 옷을 입은, 키가 크고 마른 남자가 강변을 천천히 걷고 있었는데, 스와미 락스만푸리가 묘사한 것과 완전히 일치하는 외모였다. 그는 내가 서 있는 곳과 가까이에 있는, 커다랗고 평평한 바위 쪽으로 향했다. 그리고 그 위로 올라가 가부좌 자세로 앉아 강을 바라보고 있었다.

나는 용기를 내어 그에게 다가간 다음 바위 근처에 조용히 서 있었다. 그러자 그가 내 쪽으로 몸을 돌렸다. 나는 존경의 마음으로 절을 한 다음 침묵을 지켰다. 그가 말을 거의 하지 않는다고 들었기 때문에 그를 방해하고 싶지는 않았다. 그러나 예상치 못한 일이 벌어졌다. 그가 입을 연 것이다. 그는 부드럽게 "이름이 뭐니?" 하고 물었다.

"마두입니다." 내가 대답했다.

"그래, 여기서 뭐 하고 있니? 뭔가를 배우고 있는 거니?"

"진리를 찾고 있습니다." 내가 말했다.

그의 눈빛에서 온화함이 묻어나왔다. "가엾은 녀석. 힘든 길을 가려 하는구나. 나 역시 오랫동안 열심히 진리를 구하며 살아왔지. 이제 나는 나이도 일흔 살이나 되었어. 단디도 갖다 버리고, 먹을 기회가 찾아올 때만 음식을 먹지만 아직도 진리를 찾지 못했단다. 베단타에 관한 모든 책을 다 읽었는데도 브라만을 찾지 못했지. 구루는 있니?"

"네, 저희 구루는 훌륭한 분이시고, 위대한 스리 구루 바바지의 직계 제자이기도 하십니다. 저는 참 복도 많죠." 내가 자랑스레 말했다.

"나도 전설적인 바바지에 대한 이야기를 들어본 적이 있지." 나이 많은 수도자가 말했다. "그렇지만 요즘은 너무 많은 이야기들이 난무해서 무얼 믿어야 할지, 또 무얼 믿지 말아야 할지 알 수 없게 되었단다. 요새 구루들은 전부 가짜이고 아쉬람도 정치질의 중심지가 되어버렸기 때문에 진실한 구도자들은 혼란에 빠져 있지. 어쨌든, 그럼 너도 그 위대한 바바지를 뵌 적이 있는 거니?"

"네, 딱 한 번 뵌 적이 있습니다." 내가 말했다. "방금 말씀하신 그 위대한 바바지 말고 제가 바바지라 부르는 저희 스승님이 돌아오시면 당신을 만나보시라고 요청해보겠습니다. 당신만 괜찮으시다면요."

"몇 주 전까지만 해도 나는 너무 자존심이 세서 내게 도움이 필요하다는 걸 인정하지 못했단다." 그가 말했다. "하지만 이젠 다르지. 그러니 기꺼이 도움을 요청해야겠구나. 이 몸이 얼마나 오래 살 수 있을지 누가 알겠니? 그분께 시간이 되시는지 한번 물어봐주렴. 오늘 내가 말이 너무 길었던 것 같다. 얘야, 이제 갈 길 가거라." 그는 이렇게 말하며 갑자기 대화를 끝냈다. 나는 절을 한 다음 걸어갔다.

얼마 후 바바지가 우타르카쉬로 돌아왔을 때, 나는 그를 데리고 성자를 만나러 갔다.

하지만 이 이야기를 하기 전에 나의 산스크리트어 선생님 크리슈나난다 샤르마와의 이야기를 먼저 꺼내는 게 좋겠다. 그는 첫 수업에서 나와 〔타이티리야 우파니샤드〕를 챈팅했다. 첫 수업이 끝난 후, 그는 내가 그의 발음을 딱 한 번만 들어도 올바른 강세와 억양으로 완벽하게 챈팅을 할 수 있다는 것을 알고 놀라움을 금치 못했다. 그는 전에 챈팅 수업을 들어본 적이 있냐고 물었고, 내가 아니라고 하자 그는 내가 거짓말을 한다고 생각했다. 나는 굳이 거짓말할 이유가 없다고, 모든 게 그저 자연스럽게 떠오른다고 말했다. 그러자 그는 어깨를 으쓱하며 이렇게 말했다. "어쩌면 전생에 챈팅을 배웠을지도 모르겠구나. 그것 말고는 설명이 안 되겠는걸. 아니면 바바지가 마법을 부린 건지도 모르지."

내가 우타르카쉬에서 깨달은 것이 또 하나 있다. 보상으로 주어지는 음식이 사람에게 얼마나 큰 동기를 부여할 수 있는지를 깨달은 것이다. 심지어 〔바가바드 기타〕를 암기할 때도 말이다. 나는 〔바가바드 기타〕를 챈팅하는 것을 좋아했고, 바바지는 〔바가바드 기타〕를 아름답게 챈팅하는 법을 알려주었다. 바바지의 말에 의하면 그것은 스승에게서 배운 챈팅법이라고 했다. 하지만 나는 항상 책을 보며 챈팅했다. 내 생각에 암기는 악몽과도 같은 것이었다. 책이 전달하고자 하는 바를 이해하기 위해 글을 읽는 것은 즐거웠지만, 암기는 시간 낭비이자 에너지 낭비 같이 느껴졌다. 나는 우타르카쉬에서 암기에 대한 혐오감을 극복해야 했고, 얼마 지나지 않아 〔바가바드 기타〕

를 줄줄 외우게 되었다. 사건의 전말은 이렇다.

그 지역의 많은 아쉬람들은 주기적으로 모든 사두와 브라마차리들을 초대하여 호화로운 축제를 열었다. 식사를 하기 전에, 축제에 손님으로 온 사두들은 〔바가바드 기타〕의 열다섯 번째 장인 '푸루쇼타마 요가Purushottama Yoga'를 외워야 했다. 나이가 적든 많든 상관없이 대부분의 사두들은 이 열다섯 번째 장을 암기하고 있었다. 하지만 이를 암기하지 못한, 몇 안 되는 사두들은 무시를 당했다. 그래서 축제에 두 번 정도 참여한 후에 나는 그것을 외우기로 결심했다. 세 번째 축제 때는 어떻게든 기를 쓰면 외울 수 있었고, 네 번째 축제 때는 유창하게 외울 수 있었다. 열다섯 번째 장을 암기하는 일은 그토록 호화로운 음식을 먹는 것에 비하면 아주 작은 대가에 불과했다.

이런 축제 중 한 곳에서 나는 스와미 벤카테샤난다Swami Venkateshananda를 만났다. 그는 저녁에 자신의 쿠티르로 오라며 나를 초대했다. 그는 리시케시의 스와미 시바난다 사라스와티에게서 가르침을 받은 걸출한 제자였는데, 〔베다〕에 관한 깊은 지식과 통찰력을 갖춘 덕에 널리 존경받는 인물이었다. 그의 쿠티르를 처음 방문한 이후로 우리는 저녁 시간을 함께 보내는 일이 잦아졌고, 나는 그와 나눈 대화에서 크나큰 유익을 얻을 수 있었다.

수년 후, 나는 우연히 스와미 벤카테샤난다와 지두 크리슈나무르티의 열띤 토론을 듣게 되었다. 스와미 벤카테샤난다는 구루가 필요하다고 주장했고, 지두 크리슈나무르티는 항상 그래왔듯 구루가 불필요할 뿐만 아니라 진리를 찾는 데 장애물이 된다고 주장했다. 이들의 토론은 확실한 결론 없이 끝났다.

바바지는 5월에 돌아왔고 우리는 우타르카쉬에서 함께 닷새를 보냈다. 바바지가 도착한 이튿날, 나는 덕망 있는 그 나이 든 성자와 만난 이야기를 꺼냈다. 바바지가 말했다. "그래, 안다. 내가 그를 한번 만나봐야 한다고 생각하는구나."

"바바지만이 그를 도울 수 있을 것 같습니다." 내가 말했다.

다음 날 바바지는 나와 함께 성자를 만나러 갔다. 우리가 그곳에 거의 도착했을 때쯤, 그는 자신이 가장 좋아하는 바위 위에 앉아 있었다. 우리가 다가오는 모습을 본 그는 일어나 땅으로 내려왔다. 마침내 우리가 가까이 다가가자 그는 두 손을 합장하며 바바지에게 인사를 건넸다. 나도 합장하며 그에게 인사했다. 바바지가 말했다. "안녕하십니까, 스와미지. 우리가 이야기를 나누는 동안 마두를 잠깐 다른 곳으로 보낼까요?"

"프라남, 마하라즈." 나이 든 수도자가 말했다. "그냥 두십시오. 우리 대화는 그에게도 도움이 될 겁니다. 저는 괜찮습니다." 이렇게 하여 나는 그 둘의 대화를 옆에서 들을 수 있는 특권을 얻게 되었다. 우리는 서 있던 자리에 바로 앉았고, 바바지는 그만의 직접적인 방식으로 대화를 곧바로 시작했다. "스와미지, 나는 당신의 높은 배움과 학식에 존경심을 느낍니다. 그리고 수도원장의 자리를 물려받기를 거부한 그 용기 있는 행위에 대해서도 큰 경외심을 가지고 있습니다. 당신은 지팡이와 왕관을 던져버리셨고, 지금은 떠돌이 산야신처럼 살고 계십니다. 정말 훌륭하십니다. 그러나 당신은 아직도 그토록 추구해온 브라만으로부터 멀리 떨어져 있지요. 그것은 당신의 머리에 든 지식과 학식이라는 무거운 짐이 사실상 장애물이 되어 '실재'를 이해하는 것을 막고 있기 때문입니다. 계속해도 되겠습니까?"

"예, 부디 계속해주십시오. 무슨 말인지 알 것 같습니다."

"당신 안에는 그동안 습득한 지식들이 꽉 들어차 있습니다. 이 때문에 '진리'가 당신 안으로 들어가기만을 기다리고 있는데도 당신 안에는 더 이상 그것을 들일 자리가 없습니다. 그러니 지식이라는 그 무거운 짐을 내려놓으십시오. 풍요를 받아들일 수 있도록 그 모든 것들을 던져버리고 비어 있음, 즉 공空을 포용하십시오."

"나는 〔이사바시야 우파니샤드〕에 나오는 '지식*을 숭배하는 이는 크나큰 어둠으로 들어가게 된다'는 구절이 무슨 의미인지 궁금할 때가 종종 있었습니다." 수도자가 말했다. "여기서의 '지식'을 아파라 비디야나 필수적이지 않은 지식 등으로 해석하는 사람들이 많은데, 나는 이런 해석을 결코 받아들이지 않았습니다. 리쉬들은 매우 직접적으로 말하기 때문에 그들이 전하고자 하는 바가 정말 그런 것이었다면 비디야가 아니라 아파라 비디야라고 했을 겁니다. 이제 당신이 무슨 말씀을 하시는지 좀 알 것 같습니다. 계속해주십시오."

바바지가 말했다, "맞습니다. 아파라라는 말이 쓰이지 않은 것은 비디야라는 말에 추가적인 수식이 필요치 않았기 때문입니다. 사실, 지식 그 자체는 절대적 진리를 이해하는 데 장애가 됩니다. 이에 대해 좀더 자세히 설명해보겠습니다. 우리가 무언가에 대한 지식을 얻을 때, 어떤 과정을 거칩니까? 먼저 우리는 관찰을 하고, 이해를 하

---

* 산스크리트어로는 비디야Vidya. 비디야에는 두 종류가 있는데 그중 하나는 물질적이고 상대적인 현실 세계와 관련된 지식을 의미하는 아파라 비디야Apara Vidya이다. 과학적 원리, 사회규범, 경제, 역사 등과 같은 일상적인 지식이 여기에 포함된다. 다른 하나는 정신적이고 영적인 영역과 관련된 지식을 의미하는 파라 비디야Para Vidya이다.

고, 그다음 기억 속에 그것을 저장합니다. 그렇지 않습니까?"

"예, 맞습니다."

"x 혹은 y에 대한 지식이 있다는 말은 우리가 그것을 이해했고 또 기억 속에 저장했으며, 언제든 원할 때 즉각적으로 꺼내 쓸 수 있다는 의미입니다. 모든 지식은 바로 이런 과정을 통해 생겨납니다. 따라서 모든 지식은 곧 기억입니다. 그리고 기억은 말 그대로 과거의 것입니다. 현재, 그러니까 지금 이 순간에는 그 어떤 기억도 없습니다. 기억은 축적된 정보일 뿐이며 이미 지나간 과거에 속한 것입니다. 당신의 날카로운 지성으로 제 말이 무슨 의미인지 이해하시겠습니까?

"예."

"'진리'는 과거에 속한 것일 수 없습니다. 진리는 '영원한 현재'이므로 기억 속에 저장될 수 없습니다. 기억은 과거, 그것도 이미 죽어버린 과거의 것이니까요. 반면 '진리'는 현재이자 지금이며 영원히 흐르는 것, 생명으로 맥동하는 것입니다. 따라서 지식으로는 접근할 수 없는 것이지요.

〔케나 우파니샤드〕에서 말한 바와 같이, 마음은 진리를 이해할 수 없습니다. 지성적인 두뇌에 가득 찬 잡동사니들을 청소한 후 마음이 텅 비었을 때, 더 이상 어떤 것이 되거나 무언가를 얻기 위해 몸부림치지 않아 마음이 고요하고 움직이지 않을 때, 바로 이럴 때 항상 실재하는 진리가 나타날 수 있는 자리가 생깁니다.

누군가의 말을 통해 얻은 지식과 이로 인해 생긴 자부심 때문에 어두운색으로 물든 문과 창문들은 신성이라는 부드러운 산들바람이 들어올 수 있도록 활짝 열려 있어야만 합니다. 내 설명이 분명하게 이해되었기를 바랍니다."

아주 오랜 침묵 후에 나이 든 수도자가 말했다.

"아! 위대한 침묵이여." 그가 말했다. "살면서 단 한 번도 이런 고요 속에 앉아 있어본 적이 없습니다. 하지만 아무것도 하지 않으면서 그저 강이나 맑은 하늘을 바라봤을 때 한두 번 정도 이 침묵의 문턱까지 가본 적은 있는 것 같군요."

바바지가 말했다. "그 침묵이 자연스레 당신에게 나타날 때, 그것을 방해하지 마세요. 그저 고요히 계시면 됩니다. 당신께 스리 구루 바바지의 은총이 내려서 부디 '진리'를 발견하시기를."

"마두와 저는 며칠 안에 고무크로 떠날 예정이라 우리가 다시 만날 일은 없을 것 같습니다." 바바지는 이렇게 말하며 일어서서 나이 든 수도자에게 작별 인사를 했다. 수도자의 눈에는 눈물이 글썽거렸고, 그는 바바지의 발아래에 절을 하려고 했다. 하지만 바바지는 그의 어깨를 잡아 그러지 못하게 막았다.

"당신은 출가하여 교단에 속한 분입니다. 황토색 승복도 입고 계시고 말입니다." 바바지가 말했다. "게다가 당신은 진실한 분이고, 또 연장자이십니다. 그러므로 당신께서 제 발아래에 절하도록 할 수 없습니다. 당신의 눈에서 저를 향한 사랑과 감사를 느낄 수 있습니다. 그걸로 충분합니다."

우리는 그를 남겨두고 자리를 떠났다. 강둑에 서 있던 그는 우리가 시야에서 사라질 때까지 계속 우리 쪽을 바라보았다. "바바지, 저도 '진리'로 이끌어주세요." 내가 말했다. "오늘 저는 굉장히 심오한 가르침을 들었습니다. 당신은 너무나 친절하십니다."

바바지는 웃으며 오른팔을 내 어깨에 두르고 이렇게 말했다. "모든 것에는 다 적절한 때가 있는 거란다. 목요일 아침에 고무크로 떠나자꾸나."

32장 ॐ 스리 비디야 입문

목요일에 우리는 바기라티, 즉 강가 강의 발원지인 고무크로 출발했다. 고대 인도 서사시에 따르면 바기라티 강은 사가르Sagar 왕가의 자손인 바기라쓰Bhagirath의 이름에서 유래되었다고 한다. 바기라쓰는 원래 천상에 있던 강을 지상으로 가져오는 데 중요한 역할을 했는데, 그 이야기는 다음과 같다.

수천 년 전, 히말라야 산맥이 생겨난 지 그리 오래되지 않았을 때 강력한 힘을 지녔던 사가라Sagara 왕은 수많은 전쟁을 치러 많은 왕국들로부터 승리를 거뒀다. 그 후 사가라 왕은 아슈와메다 야갸Ashwamedha Yagna*라는 의식을 거행했다. 이 의식은 주변 왕국들을 자유롭게

* 왕권과 영토권을 강화하는 목적으로 치르는 의식이다. 이 의식에서 왕이 선택한 말은 자유롭게 풀려나 왕의 영토를 횡단하게 되는데, 그동안 아무 방해도 받지 않아야 한다. 이를 방해하는 경우에는 왕의 군대가 그 적과 싸운다.

돌아다닐 수 있도록 말을 풀어둔 다음, 이 말을 포획하는 사람이 있으면 말의 소유권을 주장하며 왕의 군대와 싸워야 하는 의식이다.

천계의 왕 인드라는 사가라의 야갸 의식이 성공하면 그가 너무 강력해져서 천계를 점령하고 자신을 폐위시킬지도 모른다고 생각했다. 그래서 그는 마법의 힘으로 말을 훔쳐서 그 말을 위대한 현자인 카필라Kapila의 암자 근처에 숨겼다.

6만 명이나 되었던 사가라의 아들들은 말을 찾아다니다 마침내 카필라의 암자에 도착하여 숨겨져 있던 말을 발견했다. 그들은 현자에게 말을 훔친 책임을 물으면서 그에게 대가를 톡톡히 치르게 하겠다고 협박했다. 현자는 깊은 명상에 잠겨 있었지만 이들이 일으킨 소란 때문에 눈을 뜨게 되었다. 좀처럼 화를 내지 않던 그는 분노를 표출하여 한 명을 뺀 모든 이들을 눈길 한 번에 잿더미로 만들었다. 재가 되지 않은 한 명은 회개하여 구원될 수 있었다.

이 한 명의 아들이었던 안슈만Anshuman은 삼촌들을 구하기 위해 혹독한 고행을 했다. 하지만 카필라는 그에게 말을 타고 가라고 하면서 천상의 강 강가가 지상으로 내려가 삼촌들의 재가 그 물에 뿌려져야만 그들의 영혼이 구원될 수 있다고 말했다.

안슈만은 삼촌들의 구원을 위해 열심히 노력했지만 끝내 강가 강이 지상으로 내려가도록 설득할 수 없었다. 그의 아들 딜립Dilip도 이를 시도해봤지만 허사였다. 그러나 안슈만의 손자 바기라쓰는 혹독한 고행으로 천상의 강 강가의 마음을 얻었고, 마침내 강가 여신은 지상으로 내려가겠다는 것에 동의했다. 하지만 문제가 하나 있었다. 강가 강이 지상으로 내려가면 엄청난 충격이 가해져 땅이 쑥대밭이 될 수 있었고, 심지어는 대지에 구멍이 날 수도 있었다.

강가가 지상으로 내려올 때 땅을 안전하게 지켜줄 수 있는 이는 단 하나뿐이었다. 바로 카일라시 산에 앉아 있는 위대한 요기 신, 시바였다. 바기라쓰는 시바를 설득했고, 시바는 바기라쓰의 헌신을 높이 샀기에 그녀의 거센 물줄기를 머리로 받은 후 자신의 엉킨 머리 다발을 이용해 부드럽게 땅으로 흘려보내기로 동의했다. 결국 바기라쓰가 강가 강을 설득하여 지상으로 내려오도록 했기에 이 강에는 바기라티라는 이름이 붙여졌고, 그렇게 하여 강가 여신이 처음 지상으로 내려온 곳이 바로 고무크라고 여겨진다.

고무크로 가려면 바이라브 가티Bhairav Ghati와 강가 여신의 사원이 있는 강고트리의 마을을 통과해야 했다. 이곳에는 아쉬람이 정말 많았고, 수많은 사두들이 강고트리에서 여름을 났다. 강가 강은 우타르카쉬로 내려가기 전에 강고트리를 먼저 거치는데, 이곳에 가면 빛나는 수다르샨Sudarshan 봉우리를 볼 수 있다.

우리는 우다시 종파에 속하는 사두들이 주거하는 주나 아카다 소유의 쿠티르에 머무르면서 강고트리에서 이틀을 보냈다. 언덕을 따라 흘러 내려오는 강물의 웅장한 소리는 정말 매혹적이었다. 이곳, 강고트리까지 도착하는 데는 나흘이 걸렸다. 고무크로 떠나기 전날 밤, 나는 두니 앞에 앉아 있었는데 갑자기 바바지가 이런 말을 했다. "그 연로하신 수도자분은 평화롭고 고요하게 몸을 떠나셨다." 그게 무슨 말이냐고 묻자, 그는 "지금은 이 문제에 대해 더 질문하지 말라"고 했다.

나중에 고무크에서 우타르카쉬로 돌아왔을 때, 스와미 락스만푸리로부터 우리가 고무크로 떠난 지 나흘 만에 그 나이 든 성자가 세상을 떠났다는 말을 전해 들을 수 있었다. 그는 좋아하는 바위 위에 앉아 강가 강을 바라보며 황홀한 미소를 짓고 있었다고 한다. 우타르카쉬 국립병원 담당 의사의 말에 따르면 사인은 심장마비였다.

다음 날 아침, 우리는 강고트리에서 고무크와 타포반Tapovan까지 트레킹을 떠났다. 강고트리의 성스러운 마을을 떠나면 사방이 고요해진다. 바기라티 강 반대편에는 천연동굴이 많이 보였다. 네 시간 만에 우리는 소나무가 많이 자라서 치르바사Chirbasa*라고 이름 붙여진, 작은 소나무 숲에 다다랐다. 이곳에서는 반짝이는 강고트리 빙하가 멀리 내다보인다.

우리는 불린 병아리콩을 먹고 물도 마시면서 30분 동안 휴식을 취한 뒤 계속 걸어가 자작나무 숲이라는 뜻의 보즈바사Bhojbasa에 도착했다. 보즈바사에서는 붉은 옷을 입은 탄트라 수행자 사두가 우리를 손님으로 환영해주었다. 바바지를 잘 아는 것처럼 보이는 그는 로티, 달, 야채로 구성된 푸짐한 식사를 대접한 후 며칠 머물다 가라며 바바지를 계속 설득했다. 하지만 바바지는 고무크에 머물고 싶다는 의사를 밝혔기 때문에 우리는 점심 식사 후 다시 걷기 시작했다.

보즈바사에서부터는 바기라티 산맥의 봉우리들이 보이기 시작했다. 잠시 후에는 해발 6,800미터 높이에 이르는, 피라미드 모양처럼 깎아지른 듯한 모양의 쉬블링Shivling 봉우리가 나타났다. 한 시간 정도 지나자 우리는 고무크에 도착했는데, 나는 그곳 풍경에 크게 경탄했

* 힌디어로 치르는 소나무를 뜻하며, 바사는 거처, 주거지를 뜻한다.

다. 소 주둥이처럼 생긴, 눈 덮인 돌출부에서 강물이 흘러나오고 있었고 이 돌출부 너머로는 약 2.5킬로미터 길이의 얼음덩어리인 강고트리 빙하(Gangotri glacier)가 있었다. 쏟아져 나오는 물 위로는 빙산들이 떠다녔다. 시선이 닿는 곳마다 온통 하얀 얼음과 눈뿐이었다. 나는 황홀한 기분에 빠져 이리저리 뛰어다녔고, 땅에 몸을 굴리기도 했다. "진정하렴." 바바지가 미소를 지으며 말했다. "아주 잠깐만 여기에 몸을 담그자." 우리는 강물에 빠르게 몸을 담갔다가 나왔고, 곧바로 물기를 닦아냈다. 잠시 해가 쨍쨍하게 뜬 덕분에 몸을 덥히고 젖은 옷을 말릴 수 있었다.

고무크와 타포반 사이에는 동굴이 몇 개 있었다. 그중 한 곳에는 바바지의 오랜 동료가 살고 있었는데, 바바지는 그를 다다Dada(형제)라고 불렀다. 그는 벵골 출신으로 매 여름을 그 동굴에서 보냈다. 우리는 빙하 왼쪽의 가파른 경사면을 올라 30분 만에 동굴에 도착했다. 다다는 우리를 기다리고 있었다. 사방이 눈으로 덮인 그 외딴곳에서도 그는 용케 두니를 피웠다. 그가 사는 동굴은 꽤 컸으며 동굴 입구는 큰 바위들로 거의 막혀 있었다.

바닥에 놓인 나무판자가 우리가 쓸 침대였는데, 그는 우리에게 여분의 담요까지 내어주었다.

우리는 저녁으로 밥과 감자를 먹은 후 동굴에서 밤을 보냈다. 다다지Dadaji는 내가 바바지를 만난 것이 큰 행운이라면서 이렇게 말했다. "그분은 웬만해서는 제자를 받지 않지. 내가 제자로 받아달라고 할 때마다 그분은 '친구가 됩시다, 다다'라고 말씀하시곤 했단다."

다음 날 아침, 타포반을 향해 두 시간 정도를 걸어가니 쉬블링 봉우리가 보이기 시작했다. 순백색 눈으로 덮인 광대한 산맥들에 반사되는 햇빛은 시시각각으로 그 모습을 달리하고 있었다. 오른쪽에는 브리구판쓰Bhrigupanth와 메루Meru 봉우리가 있었다. 쉬블링 봉우리 왼쪽에는 바기라티 봉우리가 있었고, 그 너머로는 사토판트Satopant 정상이 있었다. 북쪽에는 마나 파르바트Mana Parbat와 우뚝 솟은 스리 카일라시가 있었으며 남쪽으로는 수다르샨 봉우리가 있었다.

30분을 더 걸어 산맥 정상에 도착하니 강고트리 빙하가 우리 아래로 펼쳐져 있었다. 우리는 더 걸어서 강고트리 빙하와 키르티 빙하(Kirti glacier)가 합류하는 지점에 다다랐다. 오른쪽으로는 저 멀리 케다르나쓰가, 왼쪽으로는 사토판트가 보였다. 우리는 다시 내려가 동굴로 돌아갔다. 그리고 그곳에서 닷새를 보냈다. 다다지는 친절하게도 우리가 일주일 동안 먹을 식량과 장작을 충분히 비축해두었다.

어느 날 바바지는 다다지에게 이렇게 말했다. "다다, 내일 마두를 스리 비디야Sri Vidya*로 입문시켜주었으면 합니다."

"하지만 바바지, 당신이 계시는데 제가 어떻게 그럴 수 있겠습니까? 당신이 직접 하시는 것이 좋을 것 같습니다." 다다지가 말했다.

"아닙니다. 당신이 해주셔야 합니다. 특별한 이유가 있어서 당신께 입문을 부탁드리는 겁니다."

그러자 다다지는 바바지의 부탁에 응했다. 나는 그 덕에 로파무드라lopamudra**의 범주에 속하는, '카' 음으로 시작하는 열여섯 글자(쇼다

---

* 트리푸라 순다리Tripura Sundari 여신을 숭배하는 힌두교의 탄트라적 종교 체계. 보통 스리 비디야 입문은 구루와 제자 사이에 은밀하게 전승된다.

** 현자 아가스티야Agastya의 배우자. 여성 철학자이자 시인이기도 하다. 리그베다Rigveda에 그녀의 글이 기록되어 있다.

사크샤리shoda-sakshari)*의 스리 비디야 만트라를 내려받았다. 다다지는 이렇게 말했다. "크리야 요가는 쿤달리니 에너지가 흐르는 척추의 중앙 통로를 깨끗하게 해준단다. 반면, 스리 비디야의 소리 진동은 중추신경계의 차크라들을 활성화하며, 뱀의 힘이 상승하기 시작할 때 그 힘을 받을 수 있게끔 도와주지.

바바지는 스리 비디야에 있어서 전문가이고, 나는 그분의 지시에 따라 네게 차크라 다라나chakra dharana(차크라 명상) 기법을 알려줄 거란다."

다음 날, 나는 바바지에게 이렇게 질문했다. "바바지, 저는 당신을 제 스승으로 섬기면서 지금까지 많은 것들을 배워왔습니다. 이런 면에서 볼 때, 제가 이런 것들을 다른 분께 배울 필요가 있는지 잘 모르겠습니다. 혹시 제가 잘못된 질문을 드린 거라면 죄송합니다."

바바지는 이렇게 답했다. "아가, 너는 다양한 구도자들 그리고 소위 말하는 영적 교사들을 만나게 될 거란다. 나는 네가 이 주제에 대해 가능한 모든 것을 배우기를 바란다. 그러면 첫째로, '나는 이 모든 것을 알고 있으며 당신은 무지하다'고 말하는 사람에게 위축되지 않을 수 있단다. 그리고 둘째로, 어떤 구도자들의 성장을 가속화하려면 스리 비디야가 필요할 수도 있단다. 하지만 네가 그것을 알지 못한다면 그들을 어떻게 도울 수 있겠니?

온갖 이론과 수행들은 일종의 틀과 같단다. 어느 정도의 질서를 세우려면 아직 형태가 잡히지 않은, 유연하고 순수한 물질을 틀에 부어야 하지. 하지만 기억하렴. 그 틀을 깨기 전까지는 완성품을 꺼낼 수

---

* 카 에 이 라 흐림 하 사 카 하 라 흐림 사 카 라 흐림 스림. ka e ī la hrīṁ ha sa ka ha la hrīṁ sa ka la hrīṁ śrīṁ.

없단다. 그러니까 틀은 꼭 필요한 것이며, 나중에는 그 틀을 깨야만 한다는 말이지. 이해되니?"

"네, 바바지. 이제 이해가 좀 될 것 같습니다." 내가 겸손해진 마음으로 말했다.

우리는 고무크에서 리시케시로 돌아갔다.

33장 ॐ 독일인에게서 배운 교훈

바바지와 함께한 3년 반 동안 나는 고무크와 자무노트리Jamunotri를 한 번씩 가봤고, 강고트리, 바드리나쓰, 케다르나쓰를 각각 두 번씩 여행했다. 강고트리를 두 번째로 찾아갔을 때 나는 바바지의 제자를 한 명 만났다. 그는 독일인 신경과 의사였는데, 바바지는 그를 그냥 독일인이라고만 불렀다. 내게 실명을 밝히지 말아달라고 부탁한 이 독일인 의사는 강고트리의 쿠티르로 우리를 만나러 왔다.

바바지는 내게 그를 소개하며 이렇게 말했다. "이 독일인은 신경과 전문의로, 슈투트가르트Stuttgart 출신이란다. 10년 동안 내 제자로 지냈었지. 이 친구는 앞으로 한 달 동안 강고트리에 머물 예정인데, 나는 네가 이 친구에게서 뇌의 해부학과 생리학, 중추 신경계의 기초를 배우면 좋겠구나.

자아를 안다는 것은 뇌가 어떻게 작동하는지를 안다는 것과 같단다. 우리가 일반적으로 마음이라고 부르는 것은 뇌니까 말이야. 뇌를 제대로 이해하면 일반적인 사고를 초월하는 더 높은 수준의 의식을 탐구하기가 쉬워진단다.

우리는 말과 글 외의 다른 방식으로 계속 소통하며 지냈기 때문에 이 독일인은 너에 대해 많은 것을 알고 있지."

그 의사에게는 전형적인 독일인의 특성이 있어서 어떤 주제에 대한 접근 방식이 매우 철저했다. 그는 전공 분야와 관련된 엄청난 양의 차트와 이미지를 가지고 있었다. 나는 소뇌, 대뇌변연계 또는 '파충류 뇌'라고 불리는 중뇌, 좌우 두 개의 반구가 뇌량으로 연결되어 있는 대뇌, 척수, 자율신경계, 교감신경계, 신경총(plexus), 중추신경계에 관해 공부할 수 있었다. — 실제 부검이나 해부는 하지 않았다.

이때 내가 들은 바로는, 일찍이 18~19세기부터 신경학자들은 뇌의 두 반구가 서로 연결되어 있어 서로의 기능을 보완하며, 각자가 별개의 독특한 성격을 지니고 있다는 가설을 세웠다고 한다. 독일인 의사는 고향의 연구실에서 〔하타요가 프라디피카〕와 〔샷차크라 니루파나Satchakra Nirupana〕 같은, 오래된 요가 문헌에 나오는 정보를 현대 신경학과 비교하고 '의식 확장의 돌파구'를 신경학적으로 설명할 방법을 연구하고 있었다.

나는 요즈음 올리버 색스Oliver Sacks의 책들과 안토니오 R. 다마지오Antonio R. Damasio가 쓴 《데카르트의 오류》, 내 친구 V.S. 라마찬드란Ramachandran 박사가 쓴 《라마찬드란 박사의 두뇌 실험실》 등의 책을 읽는다. 그러면서 이 독일인 의사의 아이디어가 현대의 신경학자들이 오늘날 정교하게 밝혀낸 모든 것의 씨앗이 된다는 사실을 깨닫고 있다. 그러나 안타깝게도 현대 작가들 중 고대의 요가 가르침과 관련한 튼실한 기반을 갖춘 사람은 아무도 없다. 이보다 더욱 안타까운 것은, 내가 독일인 의사를 처음 만난 지 3년쯤 지났을 때 그가 교통사고로 사망하는 바람에 진행 중이었던 연구도 함께 중단되었다는 사실이다.

바바지는 그가 연구에 도움이 되는 환경에서 다시 태어날 거라고 했다. 언제, 어디서, 어떻게 만났는지는 모르겠지만, 나는 이 독일인이 바바지를 처음 만나게 되었던 그 흥미로운 이야기를 그의 목소리로 들려주고 싶다.

내가 히말라야로 여행을 떠난 데는 두 가지 이유가 있었습니다. 눈 덮인 산맥에 완전히 마음을 빼앗긴 것이 그 첫 번째 이유였지요. 히말라야를 다녀온 몇몇 독일 여행가들의 생생한 모험담은 저항할 수 없을 정도로 내 마음을 매료시켰습니다. 그리고 다른 이유 하나는 힌두 철학, 탄트라, 요가에 대한 흥미 때문이었습니다. 존 우드로프John Woodroffe 경이 쓴 《뱀의 힘》(The Serpent Power)을 읽은 후, 나는 쿤달리니 에너지의 경로가 중추신경계와 매우 유사하다는 사실에 흥미를 느꼈습니다. 고대 요기들이 설명하는 크라운 차크라, 즉 브라마란드라brahmarandhra(브라만으로 가는 관문) 등은 뇌의 해부학과 생리학을 철저하게 이해하지 못했다면 설명할 수 없는 것들이지요.

나는 이 책을 읽고 나서, 만약 진짜 요기들이 아직도 남아 있다면 히말라야로 가서 그들을 찾아보고 싶다는 생각을 하게 되었습니다. 그 당시 나는 신경과 전문의 자격을 갖추게 되어 슈투트가르트의 한 병원에서 일하고 있었습니다. 장기 휴가를 얻어내기란 쉽지 않은 일이었지만, 나는 여행의 진짜 목적을 설명하지 않고서 어떻게든 한 달간의 휴가 기간을 갖게 되었지요. 당시의 과학계에서는 일반적으로 과학자가 요가나 요가의 현상에 관심을 보이는 것을 매우 비정통적인 것, 철저하게 비과학적인 것으로 여겼습니다.

또, 당시에는 히말라야 여행도 쉽지 않았습니다. 나는 비행기를 타고 델리로 간 다음 꼬박 하루 동안 기차를 타고 하리드와르에 도착했습니다. 그리고 그곳에서 곧 부서질 것처럼 생긴 낡은 버스를 타고 거의 반나절이 걸려서야 리시케시에 도착했지요. 리시케시에 있는 디바인 라이프 협회에 자리를 잡은 나는 지금은 고인이 되신, 당시 아쉬람의 지도자였던 스와미 시바난다에게 도움을 청했습니다. 스와미는 내가 배우고 싶어하는 것을 자신이 가르쳐줄 수 있으니 이리저리 돌아다닐 필요가 없다고 말씀하셨지만, 그것만으로는 부족했습니다. 내 두 눈은 자꾸만 저기 높은 곳, 히말라야 산맥을 향해 있었습니다. 며칠 후에 나는 우타르카쉬로 향하는 버스를 발견하게 되었습니다. 그때는 우타르카쉬로 가려면 꼬박 하루가 걸렸고 가는 길도 아주 위험했습니다. 가르왈리인 버스 운전사는 그보다 더 위험했고 말이죠. 우타르카쉬에 도착한 뒤에는 버스를 갈아탔고, 하루 뒤 강고트리에 도착했습니다. 나는 오래된 아쉬람에 숙소를 구한 다음 고무크로 가기 위한 트레킹 계획을 세웠습니다. 그러던 어느 날, 나는 강고트리 사원 근처를 걸으며 언제, 어떤 식으로 식견 있는 요기를 만날 수 있을지 궁금해하고 있었습니다. 그때, 하얀 샅바를 입고 머리를 기른, 키가 크고 피부가 하얀 남자가 내 반대편에서 걸어오는 것이 보였습니다. 그는 나를 향해 곧장 걸어오더니 독일어로 '구텐탁'이라고 말하며 인사를 걸어왔습니다.

나는 내 귀를 믿을 수가 없어 더듬거리며 '구텐탁'이라고 인사했습니다. 그러자 그 낯선 이가 말했습니다. '음, 사실 저는 독일어를 그렇게 잘하지 못합니다. 혹시 영어로 얘기할 수 있을까요?' 그래서 나는 '물론이죠'라고 대답했습니다. 그는 다시 이렇게 말하며 나를 깜짝 놀라게 했습니다. '좋습니다, 의사 선생님. 일단 앉아서 얘기하시지요. 제 쿠티르로 따라오세요.' 우리는 이렇게 처음 만나게 되었습니다.

독일인은 자신이 그날 바로 크리야 요가에 입문했으며 지난 7년 동안 바바지의 지도하에 베단타 철학을 배우고 요가를 수련해왔다고 말했다. 그는 바바지를 자신의 구루로 여겼다.

34장 ॐ 트리반드룸으로의 귀환

바바지를 만난 지 대략 3년 정도 지났을 때, 나는 앞으로도 영원히 바바지와 멋진 시간을 보내며 살게 될 거라고 생각했다. 나는 히말라야를 사랑했고, 바바지를 사랑했고, 가진 것 하나 없이 완전히 자유롭게 떠돌아다니는 이 생활도 사랑했다. 지독한 이기심과 탐욕이 가득한, 이른바 '문명사회' 속에서 살아갈 때 생길 수 있는 고난과 귀찮은 문제들에서 벗어날 수 있는 것이 기뻤다. 나에게 바바지는 신이나 다름없었고 산과 강이 어우러진 이 신비로운 세상에서 그와 함께하는 삶은 곧 천국과도 같았다. 이런 이상적인 삶을 떠나보내야 한다는 생각은 내 머릿속에 단 한 번도 떠오른 적이 없었다. 그러나 바바지는 이런 내 꿈을 산산조각 내버리고 말았다.

특히 그해에 바바지는 혼자 살아보라며 나를 멀리 떠나보냈던 적이 이미 몇 번이나 있었다. 하지만 그날 아침 들었던 그의 말은 전혀 예상 밖의 것이었고, 나는 그의 말로 인해 내 존재가 뒤흔들릴 정도의 큰 충격을 받았다. 아침 명상을 마친 후 내가 바바지의 발 앞에 엎드리자 그는 심각한 표정으로 이렇게 말했다. "마두, 너는 나에게 심리적으로 너무 많이 의존하고 있는 것 같구나. 너를 진정으로 자립시키고, 또 그렇게 해서 너를 자유롭게 만드는 것이 내 영적 가르침들의 전부라고 할 수 있단다. 제한된 자아라는 감옥에서 벗어난 의식을 지닌 요기에게는 더 이상 어떤 지지대도 필요하지 않고, 심지어 구루라는 지지대조차 필요하지 않은 법이지."

처음 그의 말을 들었을 때는 충격을 받았지만 곧이어 내 마음에서 거대한 분노가 해일처럼 몰려왔고, 이를 느낀 나는 흠칫 놀랐다. "그래서 제가 어떻게 하길 원하시는 거죠?" 나는 그의 눈을 똑바로 바라보며 물었다. "저는 어머니를 포함해 저게 속해 있던 모든 것을 버리고서 다시는 그 삶으로 돌아가지 않겠다고 다짐하며 배수진을 쳤습니다. 제가 영영 정착해야 할 곳은 바로 당신, 바바지이신 줄 알았는데 인제 와서 보니 아닌 것 같군요. 제가 뭘 어떻게 해야 하는지 말씀해주세요. 원하시는 그대로 해드릴 테니까요."

"가거라." 바바지가 말했다. "이제부터 너는 여기서 떠나 혼자 독립해 살려무나." 나는 울지도, 불평하지도, 변명거리를 찾지도 않았다.

"알겠습니다, 바바지. 지금 당장 당신께서 원하시는 대로 해드리죠." 내 마음속은 분노와 원망으로 들끓고 있었다. 나는 천 가방, 담요, 스틱, 물통이라는, 얼마 있지도 않은 소지품을 챙겨 들고 그의 발을 만진 후 밖으로 나갔다. 그는 말없이 내 머리에 손을 얹었다가 내가 더 이상 보이지 않을 때까지 내가 걸어가는 모습을 바라보며 서 있었다.

바바지가 나의 모습을 볼 수도, 내 목소리를 들을 수도 없을 만큼 멀리 걸어간 후 나는 강가 강의 둑에 앉아 엉엉 울었다. 감정이 한 번 터져 나오니 온몸이 덜덜 떨렸다. 눈물은 내 마음속 분노와 두려움을 말끔히 씻어내주었다. 나는 위대한 마헤쉬와르나쓰와 스리 구루 바바지의 제자이자 요기였고, 그 이름에 걸맞게 행동하기 위해 마음을 가다듬었다. 그리고 우타르카쉬 방향으로 몸을 돌렸다.

테리로 향하는 길을 30분 넘게 걸었을 때쯤, 비가 내리기 시작했다. 나는 흠뻑 젖은 채 계속해서 길을 걸었다. 그러다 비가 그치고 해가 떠올랐을 때, 이런 생각을 했다. '방랑하는 요기의 삶이란 이런 거구나. 비가 오면 오는 대로 몸을 적시고, 해가 뜨면 뜨는 대로 몸을 말린다. 밥은 남에게 빌어먹고, 몸 누일 자리 있는 곳이면 어디서든 잠을 잔다.' 갑자기 마음속에 기쁨이 가득 차올랐다. 그랬다. 이것이 바로 달콤한 자유의 맛이었다.

찬드라바가Chandrabhaga 강 둑에서, 나는 황홀경에 빠져 춤을 추는 공작새들을 보았다. 그러자 그들의 황홀경이 내 가슴속으로 들어왔고 나는 한 마리의 공작이 되어 자유의 지복 속에서 춤을 췄다. 공작새들과 나, 우리는 하나였다. 바로 그때 어디선가 발소리가 들려왔다. 나는 더 이상 공작새가 아닌 나 자신으로 돌아왔다. 누군가가 내 뒤에서 걸어오고 있었다. 뒤를 돌아 그것이 누구인지 확인하고 싶다는 생각이 잠깐 들었지만 이내 그런 유혹을 뿌리쳐버리고 앞만 바라보며 계속 걸어갔다. 순간, 누군가가 내 오른쪽 어깨에 가볍게 손을 얹었다. 너무나도 익숙한 느낌이었다. 나는 마음속으로 '아냐, 그럴 리가 없어' 하고 생각했지만 애정 가득한 목소리는 내게 이렇게 말을 걸어왔다. "마두."

"바바지!" 나는 고개를 돌려 그를 바라보았다. 그는 나를 다정한 눈으로 바라보고 있었다. 나는 차오르는 눈물을 애써 참으며 진지한 표정을 지었다. 바바지가 말했다. "그래, 정말 떠나는 거니?"

"네, 바바지. 떠날 겁니다. 가라고 하셨지 않습니까."

"아! 내가 가라고 해서 떠난 거라면, 다시 돌아오라고 해도 돌아오겠구나?"

마음 한편에서는 '아니라고 해. 마음을 바꾸지 마'라고 말하고 있었지만 다시 돌아가고 싶은 마음이 훨씬 더 컸다. 그래서 나는 "네"라고 대답했다.

"그럼 돌아가자꾸나." 바바지가 말했다. "그냥 널 시험해본 것뿐이란다. 이만 가자."

나는 말없이 그를 따라 다시 리시케시로 돌아갔다. 우리는 침묵 속에 걸어갔고, 내 가슴은 사랑과 감사로 흘러넘치고 있었다.

6개월 후, 나는 히말라야의 신비로운 분위기 속에서 영원히 살 수 있을 거라 생각하면서 모든 게 괜찮다고 여기고 있었다. 하지만 바바지는 이런 안일함에 빠져 있던 나를 다시 한번 뒤흔들었다.

어느 날 저녁, 두니 옆에 앉아 있던 그는 폭탄선언을 했다. "마두, 이제 네가 배워야 할 건 얼추 다 배운 것 같구나. 네 가슴의 연꽃도 활짝 피었고 말이야. 그러니 슬슬 하산하여 바깥세상으로 돌아가는 것이 좋겠다. 내게 작별 인사를 하고 다시 부모님 품으로 돌아가야 할 때가 그리 멀지 않았어."

"바바지, 기만 가득한 그 교활한 세상으로 저를 다시 보내시겠다니요? 거기는 탐욕에 지배당한 사람들이 돈만 좇으며 사는 세상이지 않습니까. 이 성스러운 곳에서 아무것도 신경 쓸 것 없이 평생 떠돌아다니며 살면 안 되는 건가요? 절대 귀찮게 굴지 않겠다고 약속드리겠습니다. 멀리 떨어져 살다가 부르실 때만 찾아뵙겠습니다." 나는 감정이 북받쳐 부끄러운 줄도 모르고 통곡하며 울었다.

바바지가 말했다. "감정을 가라앉히렴. 내가 제자를 거의 받지 않는다는 사실은 너도 잘 알잖니. 나는 스리 구루의 명령에 따라 너를 받아들인 거란다. 나는 정말로 너를 사랑하고, 또 앞으로도 너를 지켜줄 거지만 그분의 바람을 거스를 수는 없단다. 3년 반이라는 수련기간이 지나면 너를 하산시키라는 것이 그분의 바람이었지. 스리 구루께서는 너를 가르치기 위한 계획을 미리 세워두셨던 거야.

게다가, 그렇게 이기적이고 편협한 마음을 가지면 쓰겠니? 너는 이른바 '문명화된 세상'에서 살아갈 때 마주하게 되는 고통과 비애를 두려워하고 있는 거란다. 하지만 세상에는 네가 지닌 지식으로부터 유익을 얻을 수 있는, 선하고 진실한 사람들도 많이 있어. 심지어 오만하고 자기중심적이며 스스로를 지혜의 교사라 자칭하는 이들이 '타락했다'고 일컫는 그런 사람들조차 올바른 가르침만 받는다면 충분히 더 높은 의식을 향해 올라갈 수 있단다.

그런 이들을 아픈 사람들이라고 생각해보렴. 환자에게는 의사가 필요한 법이란다. 그러니 자비심을 가지고 너의 정체성을 나머지 인류와 하나되게 하렴. 너도 위대한 보살의 서원이 뭔지 알고 있겠지? '모든 생명이 열반에 들 때까지 제가 계속해서 다시 태어나게 해주소서.' 아, 이 얼마나 고귀한 이상인지! 얘야, 너는 어떻게 생각하니?"

그때쯤 나는 마음을 차분히 가라앉힌 상태였다. "별로 마음에 들진 않네요. 하지만 당신과 스리 구루께서 원하시는 것이라면 뭐든 해야겠지요." 내가 말했다.

"잘 생각했다." 바바지가 말했다. "나는 네가 격한 감정을 보일 거라고 이미 예상하고 있었는데, 그렇게 감정을 분출하는 것에는 아무런 문제가 없단다. 보아하니 이제 너는 그런 감정을 잘 처리할 수 있는 것 같구나. 잘했다."

"바바지, 여쭤보고 싶은 게 하나 있습니다. 방금의 말씀은 이제 다시는 당신을 만날 수 없다는 뜻인가요? 그게 아니라면…."

"아니, 그런 뜻이 아니야. 앞으로도 당연히 날 만날 수 있을 거란다. 필요할 때마다 우리는 다시 만나게 될 거야. 만남은 명상이나 꿈속에서 이루어질 것인데, 그때 언제, 어디로 가야 할지 알려주마.

너는 수많은 종파의 다양한 가르침들을 될 수 있는 대로 많이 익혀둬야 하고, 기존의 아쉬람들에서 얼마간 지내봐야 한단다. 또한 유명하든 유명하지 않든 상관없이 다양한 구루들을 만나봐야 해. 누구를 만나고 싶은지, 어디를 가고 싶은지는 네가 정해보렴. 하지만 라마크리슈나 무트Ramakrishna Mutt만은 반드시 들러야 하고, 배움의 기간이 끝날 무렵에는 지두 크리슈나무르티를 꼭 만나야 해.

고향으로 돌아가면 평범한 옷을 입고 평범한 사람처럼 살아가렴. 또, 특별한 능력이나 특별한 지식을 가진 사람으로 자신을 나타내려 하지 말고 모든 것을 비밀로 하렴. 혹여 네가 특별한 능력을 가지고 있다는 것을 누군가가 알게 되었다면 이리저리 소문내지 말고 비밀로 해달라고 부탁해야 해.

몇 년 동안은 가르치는 일을 맡아서는 안 된단다. 그러나 언젠가는 신호를 받게 될 텐데, 그 신호가 뭔지는 너 스스로 알게 될 거야. 신호를 받은 뒤에는 가르치는 일을 시작하렴. 가르침을 시작한 뒤에도 요란 떠는 것은 금물이란다. 추종자를 대거 끌어들이려는 시도나 선전 없이 진지한 구도자들만 가르쳐야 해. 척박한 땅에 수천 개의 씨앗을 뿌려 낭비하는 것보다는 좋은 씨앗을 몇 개 뿌리는 것이 훨씬 낫단다."

"바바지, 심각한 문제가 하나 있습니다. 저희 부모님은 좋은 신붓감을 찾아 저를 결혼시키려 하실 겁니다. 어떻게 해야 할까요?"

"걱정하지 말렴. 아무 일도 없을 테니까 말이야. 마침 나도 그 얘기를 해주려던 참이라 이어서 말하자면, 스리 구루께서는 네가 언젠가 결혼해서 자식을 낳고 보통의 가장들처럼 사는 것을 바라고 계신단다. 사람들의 본보기가 되어주렴. 어떤 사람들은 최고의 의식 수준에 도달하려면 수도자가 되어야 한다고 생각한단다. 그러니 너의 삶으로 그것을 반증해주렴. 시야마 차란 라히리 역시 이미 오래전에 이를 반증하는 삶을 살았는데, 이제는 그 역할을 네가 해야 해. 앞으로 너와 결혼할 여성은 네 마음을 더 성숙하게 만들어주는 역할을 할 것이며 네가 지두 크리슈나무르티와 만난 후 네 인생에 나타나게 될 거란다."

나는 바바지와 몇 가지 다른 주제들에 관해서도 자세히 논의했고, 다음 날 리시케시에서 기차를 탔다. 바바지는 내게 약간의 돈과 아가르왈Agarwal 씨의 주소를 건네주며 이렇게 말했다. "델리로 가서 아가르왈을 만나렴. 네게 탈라비야 크리야talabya kriya*를 알려주라고 미리 말해두었단다. 그런 다음 트리반드룸으로 가면 돼. 아가르왈이 기차표와 약간의 돈을 더 줄 거야."

그날 바바지는 처음으로 나를 안아주었다. 나는 눈에 눈물이 글썽거리는 채로 바바지의 곁을 떠났다.

아가르왈 씨는 델리의 기차역 출구에서 나를 기다리고 있었다. "바바지께서 자네가 온다는 것을 미리 일러두셨네." 그는 이렇게 말하며 나를 차에 태워 그레이터 카일라시Greater Kailash에 있는 자신의 집으로 데려갔다. 다음 날 아침, 그는 내게 탈라비야 크리야를 가르쳐주었다. 저녁에는 재단사가 바지와 셔츠 두 벌을 가져다주었다. "바바지의 지시이니 지금 입고 있는 브라마차리 옷은 버리고 이 옷을 입게. 샌들 한 켤레와 가방도 준비해두었네." 아가르왈 씨가 말했다.

셋째 날, 아가르왈 씨는 내게 마드라스로 가는 침대차 표와 약간의 돈을 쥐여주었다. "마드라스에 도착하면 거기서 트리반드룸으로 가는 기차표를 사게나. 그리고 바바지께서 하신 말씀을 잘 기억하게. 지극히 평범한 사람처럼 행동해야 하네. 영적인 것들에 대한 관심이나 성향 같은 것들은 전부 숨기고, 자네의 영적 수행 역시 비밀에 부쳐야 한단 말이네."

아가르왈 씨는 나를 마드라스행 기차에 태운 후 작별 인사로 이런 말을 속삭였다. "스리 구루께 영광을."

* 혀를 이용한 크리야 수행. 위에서 언급되었던 케차리 무드라와 같다.

35장 ॐ 임무를 위한 준비

저녁이 되자 트리반드룸에 도착했다. 기차역은 예나 지금이나 조용했다. 나는 기차에서 내려 역 바깥에 있는 가장 가까운 미용실로 들어가 아버지께서 '단정한 머리'라고 말씀하실 만한 스타일로 이발을 받았다. 이발사는 어깨 길이의 머리 다발을 싹둑 잘라내고 깔끔하게 면도를 해주었다. 미용실에서 나오자 날이 이미 어두워져 있었다. 덕분에 길에서 마주칠 수도 있는 내 지인들에게 내가 어디로 사라졌었는지를 설명해야 하는 당황스러운 상황을 면할 수 있었다. 나는 집까지 걸어가기로 마음먹었고, 45분을 걸어 집에 도착했다. 내가 없는 동안 부모님이 다른 곳으로 이사를 가신 건 아닐까 약간 걱정이 되었다.

조심스럽게 문을 열고 정원으로 들어갔다. 달라진 게 하나도 없어 보였다. 거실로 들어서자 아버지가 가장 먼저 눈에 띄었다. 아버지는 좋아하는 안락의자에 앉아 폴 브런튼Paul Brunton의 《인도 명상기행》을 읽고 계셨다. 내가 거실로 들어오는 것을 보자마자 아버지는 책을 내려놓고 나를 바라보셨다. 놀라울 정도로 침착하고 차분하셨다. "그동안 어디 있었던 거니? 우린 네가 사고로 죽은 줄 알았다. 다음에는 어디를 가면 갔다고 연락이라도 하렴. 자, 저기 가서 어머니께 인사나 드려라."

나는 다이닝룸을 거쳐 주방으로 들어갔다. 어머니는 평소처럼 요리를 하고 계셨는데, 나를 보자마자 손에 들고 있던 큰 국자를 떨어뜨리셨다. 어머니는 나를 껴안고 정신없이 울기 시작하셨다. "가족들 놔두고 도대체 어딜 갔다 온 거야? 왜 그동안 편지 한 통 안 했던 거니? 네 동생들이 얼마나 슬퍼했는데."

"그동안 히말라야에 있었어요." 내가 말했다. "특별한 목적이 있어서요. 더 이상은 말씀드릴 수 없을 것 같아요. 그래도 안심하세요. 나쁜 일 없이 좋은 활동들을 하면서 지냈으니까요."

"못 가게 막지 않을 테니 다음부터는 어디로 가겠다고 얘기만이라도 해주렴." 어머니가 말씀하셨다. "이제 가서 동생들 얼굴 좀 보렴." 내가 방으로 가자 동생들이 깜짝 놀랐다. 나보다 열네 살이나 어린 막내 여동생은 "오빠, 오빠!" 하고 외치며 내게 달려왔다.

감격스러운 재회였다. 그날 밤 어머니는 내가 가장 좋아하는 달걀 카레와 밥을 저녁으로 만들어주셨다.

60세가 된 지금, 나는 미국 미시간Michigan 주 키니와우Keeneewow 카운티의 슈피리어Superior 호수와 인접해 있는, 코퍼 하버Copper Harbour의 아름다운 패니 후Fanny Hooe 호수가 내려다보이는 통나무집에 앉아 있다.

지금부터 내가 이야기할 사건들은 너무 까마득한 과거 일이라 정확한 날짜를 기억할 수 없지만, 최대한 시간순에 맞춰 이야기해보려고 한다.

트리반드룸으로 돌아온 첫해에 나는 칸야쿠마리에 사는 나체의 여성 수도자 마이 마를 두 번이나 찾아갔었다. 두 번째로 찾아갔을 때, 그녀는 나를 안아주었다. 칸야쿠마리로 가는 길에, 나는 수친드룸 근처에 있는 마루트와 말라이Marutwa Malai 언덕으로 갔고 그곳 동굴에서 시간을 보냈다. 마루트와 말라이는 내 마음에 쏙 들어서 그 후로도 주말에 여러 번 다시 찾아갔었다. 가끔은 친한 친구들과 같이 가기도 했다. 란짓은 두 번, 내가 토마첸이라고 부르던 토마스 쿠리엔과 타밀인 형제 중 한 명인 시바난다도 각각 한 번씩 그곳을 같이 간 적이 있다.

한 번은 그 동굴에서 이틀 밤을 혼자 지낸 적도 있었다. 둘째 날 밤, 나는 누군가가 크게 소리를 지르는 바람에 명상에서 깨어나야만 했다. 무슨 말인지 정확하게 듣지는 못했지만 '나이나, 나이나'라고, 즉 눈을 뜨라고 외치는 듯했다. 눈을 떠보니 마르고 키가 작은, 눈이 튀어나온 남자가 낡아서 다 찢어진 카키색 반바지를 입고 내 옆에 서서 '나이나, 나이나!'라고 외치고 있었다. 내가 눈을 뜨자 그는 꽤 신나 하면서 타밀어로 이렇게 말했다. "시바 라자 요가Shiva Raja Yoga와 티루물라의 가르침 그리고 뇌에 있는 일곱 가지 센터를 가르쳐주러 왔네. 스리 구루의 명령이네. 지금 당장 배우게."

나는 일어나서 그에게 존경을 표했고, 그는 앉은 채로 자기 앞에 앉으라고 손짓했다. 동굴 입구로 보름달 빛이 들어오고 있었다. 그는 시바 라자 요가의 핵심을 간단명료하게 가르쳐준 후 자신이 가르쳐준 동작을 따라 해보라며 시키더니, 만족한 듯 기뻐하며 손뼉을 쳤다. 그리고 벌떡 일어나 어둠 속으로 달려가버렸다. 몇 년 후, 내 친구 마다나 고팔Madana Gopal과 함께 마루트와 말라이 언덕으로 여행을 갔을 때 그를 또다시 만나게 되었다. 친구는 그가 이상한 말을 횡설수설하고 있다고 생각했지만 나는 그가 중요한 무언가를 말하고 싶어한다는 것을 알 수 있었다.

또한 나는 스와미 아베다난다를 몇 번 정도 만났고, 트리반드룸에서 〔바가바드 기타〕 강의를 열었던 스와미 친마야난다도 만났다.

트리반드룸 공립 도서관, 영국문화원 도서관, 미국 도서관(the American Library)은 내가 가장 좋아하는 장소였다. 나는 바바지가 읽어보라고 추천했던 철학, 종교, 심리학, 해부학, 생리학에 관한 모든 책을 읽었다. 그리고 가끔은 이런 책 말고 P.G. 우드하우스Wodehouse의 소설 같은 것도 읽었다. — 아서 코넌 도일Arthur Conan Doyle, 찰스 디킨스Charles Dickens, 제임스 조이스James Joyce 등의 소설가들이 쓴 책은 지금도 자기 전에 즐겨 읽는다. 바바지의 추천 도서 중에서 가장 좋아했던 책은 헬레나 블라바츠키의 책들이었다. 물론, 지두 크리슈나무르티의 〈삶에 대한 논고〉 시리즈도 내가 가장 좋아하는 책이다. 이 책은 읽을 때마다 새로 배우는 점이 있다.

또, 나는 새로운 우정도 쌓게 되었다. 프렘 쿠킬라야Prem Kukillaya나 고빈단 나이르Govindan Nair처럼 저명한 집안 출신인 친구도 사귀었고 평범한 배경에서 자란 친구도 사귀었지만, 내게는 모두 동등한 친구였다.

후자 중 어떤 친구들은 전과자였는데, 이 친구들과 친하게 지내다 보니 가끔 패싸움에 휘말리거나 술판을 벌이는 일도 있었다. — 하지만 별로 개의치 않았다. 내가 원했던 것은 오로지 그들 마음속에 변화의 씨앗을 뿌리는 것뿐이었다. 그 씨앗이 이번 생이 아니라 다음 생에 싹튼다고 해도 말이다. 바바지는 내 눈을 열어주었고, 나는 최악의 범죄자들이라 할지라도 그들 마음속에 성인이 잠재되어 있음을 볼 수 있었다. 바바지는 항상 이렇게 말했다. "의사가 필요한 사람은 건강한 사람이 아니라 병든 사람이다."

한편, 나는 아버지가 진행하고 계신 도로 보수 공사를 감독하면서 아버지 일을 도왔다. 그렇게 하루가 끝나면 혼자서 오랫동안 산책을 했다. 사원과 모스크, 교회를 다니며 시를 쓰기도 하고 시험 삼아서 신문 기사를 써보기도 했다. 그렇게 1년이 지났지만 바바지에게서는 아무런 연락이 없었다. 나는 그가 나에게 독립하는 법을 가르치고 있는 거라고 생각했다.

어느 날 밤, 나는 잠들기 전에 그가 가르쳐준 기술을 사용해 "조만간 연락이 없으면 다시 히말라야로 가서 당신을 찾겠다"는 메시지를 보냈다. 그날 밤, 바바지가 꿈에 나타났다. 나는 그가 긴 초록색 로브와 흰색 터번을 하고 있는 것을 보고 깜짝 놀랐다. "아즈메르Ajmer로 오거라. 그곳에서 너를 기다리마." 그가 말했다.

36장 ॐ 수피 마스터에게서 배운 교훈

내가 아즈메르로 가고 싶다고 말씀드리자 부모님께서는 딱히 반대하지 않으셨다. 어머니께서 용돈을 약간 챙겨주셨기 때문에, 그 돈과 내가 가진 돈을 합치면 여행 경비는 충분했다. 그 당시에는 아즈메르까지 가려면 꽤 긴 여정을 거쳐야 했다. 일단 마드라스로 간 다음 델리로, 델리에서 자이푸르Jaipur로 간 다음 거기서 기차를 타고 아즈메르로 가야 했다.

이 모든 과정을 거쳐 마침내 나는 위대한 수피 성자, 콰자 모이누딘 치스티Khwaja Moinuddin Chisti가 묻혀 있는 무덤인 아즈메르 샤리프 다르가Ajmer Sharif Dargah에 도착했다. 그는 무슬림과 비무슬림 모두에게 많은 존경을 받는 성인인데, 그의 무덤에는 언제나 방문객들이 줄을 서 있다. 그를 경배하고, 그에게 자신이나 지인들을 위한 기도를 올리기 위해서다.

대부분의 성지 순례지와 마찬가지로 아즈메르에도 뻔뻔하고 영리한 사기꾼들이 많았다. 이들은 성인께 대신 기도를 올려주겠다고 특별한 호의를 베푸는 듯이 말하면서 사방에서 접근해왔다. — 물론 맨입으로 기도를 해주지는 않는다. 이들 중 상당수는 자신이 성인의 직계 후손이라고 주장했고, 특이하고 화려한 옷을 걸침으로써 자신의 중요성을 과시했다.

무덤에 바칠 꽃, 숄, 향, 기타 공물을 파는 상점도 무수히 많았다. 주말이라 인파가 밀려들었고, 나는 그 많은 사람들 속에서 맨몸에 샅바 하나만 입고 다발로 엉킨 머리를 한 낯익은 모습의 바바지를 찾고 있었다. 그러면서 긴 로브에 터번을 두른 무슬림 파키르들과 바바지의 모습이 얼마나 대조적으로 보일지, 또 그가 얼마나 낯설고 이질적으로 보일지 생각해보고 있었다.

성지 건물 오른쪽에는 오래된 모스크가 있었다. 전해오는 이야기에 따르면 성인이 드나들었던 모스크라고 하는데, 영묘와 가까이에 있었다. 나는 그쪽으로 방향을 틀어 모스크 안으로 들어갔다.

아직 기도 시간이 아니었기 때문에 몇 사람만이 거기 앉아 묵주 기도를 하고, 〔쿠란〕을 읽고, 조용히 묵상하고 있었다. 그런데 그곳에 긴 옷을 입고 터번을 두른 채 무슬림들의 기도 자세로 (요기들은 이 자세를 바즈라사나라고 한다) 앉아 있는 한 남자가 있었다. 그것이 다름 아닌 바바지라는 것을 알게 되었을 때 내가 얼마나 놀랐을지 짐작할 수 있겠는가! 그는 내가 꿈에서 본 것과 똑같은, 초록색 긴 로브에 흰색 터번을 두르고 있었다.

그는 내게 가까이 오라고 손짓했다. 내가 엎드려 절하기도 전에 그는 자리에서 일어나 나를 자기 쪽으로 끌어당겼다. 그리고 무슬림식으로 나를 세 번 안아주었다. 포옹하는 동안 그는 이렇게 속삭였다. “절하지 말거라. 너도 이슬람 율법을 알지 않니? 오직 절대자께만 절해야 한단다. 심지어 모하마드Mohammad에게도 절을 해서는 안 돼. 다른 사람을 다치게 하는 게 아닌 한, 상황에 맞게 행동하렴. ‘각자의 능력에 따라, 각자의 필요에 따라’라는 말은 훌륭한 수피 금언이지. 로마에 가면 로마 법을 따르라는 말이란다.”

나는 그의 손을 잡고 손가락에 입을 맞추었다. 그러자 바바지가 말했다. “바즈라사나 자세로 내 옆에 앉으렴. 무덤을 바라보면서 조용히 명상에 잠겨보는 거야.” 내 가슴은 지복의 느낌으로 가득 찼고, 이 느낌이 머리로까지 전해졌다. 아름다운 초록색과 보라색 빛이 나타났다. 떠들썩한 바깥세상이 존재하지 않는 그 지복의 상태에 영원히 머물고 싶었지만, 바바지는 나를 그 황홀경에서 깨워버렸다. “자, 가자.” 그는 이렇게 말하며 나를 데리고 성지 건물을 둘러보았다.

우리는 먼저 영묘를 방문했다. 영묘 관리인은 사람들이 몰려드는데도 불구하고 바바지의 얼굴을 한 번 보더니 정중하게 안쪽으로 안내해주었다. 영묘 안은 정말 아름다웠다. 헌신의 느낌이 고스란히 스며들어 있는 무덤은 빨간 벨벳과 녹색 벨벳으로 덮여 있었다. 인파가 엄청나게 밀려들었지만 관리인 카딤Kadhim은 우리가 꽤 오랫동안 한 구석에 머물 수 있도록 허락해주었다. 모두가 아랍어로 기도와 챈팅을 하고 있었다. 머리가 쭈뼛 섰고, 눈물이 흘러내렸다. 바바지는 보이지 않는 누군가와 속삭이며 대화를 나누는 듯했다. 잠시 후, 그는 고개를 숙여 인사한 뒤 이제 가자는 신호를 보였다. 카딤은 우리에게

나가는 길을 안내하기 전에 바바지의 손에 입을 맞추었다.

우리는 영묘 건물을 한 바퀴 돌고 나서 성지 밖으로 빠져나갔다. 10분 정도 걸어가니 콰자 모이누딘 치스티가 40일 동안 홀로 앉아 있던 우스마니 칠라Usmani Chilla가 나왔다. 40일 동안 혼자 집중적으로 묵상하는 것을 수피 용어로 '칠라'라고 한다. 그곳은 호수가 내려다 보이는 평화롭고 고요한 장소였는데, 메마른 지역인 라자스탄에서는 실로 보기 드문 경관이었다. 이곳에서 바바지는 콰자 모이누딘 치스티의 생애와 그가 창시한 교단, 그리고 그의 가르침에 대해 간략하게 설명해주었다.

1135년, 그는 아스파한Asfahan 인근의 산자르Sanjar에서 모이누딘 하산이라는 이름으로 태어났다. 그의 아버지인 가야스 우딘 하산Ghayas Uddin Hasan은 코라산Khorassan의 수피 교단에 속해 있었다. 그리고 그의 어머니 비비 마 누르Bibi Mah Noor는 카디리야Qadiriyya로 알려진 수피 교단을 창설한, 질란Jilan의 위대한 수피 마스터 셰이크 모히우딘 압둘 카드리Sheikh Mohiuddin Abdul Qadri 집안 출신이었다. 열다섯 살에 부모를 잃은 모이누딘은 얼마 지나지 않아 자신의 정원에서 수피 마스터 이브라힘 칸두지Ibrahim Qandoozi를 만나게 된다. 모이누딘에게 포도 한 송이를 건네받은 이브라힘 칸두지는 이미 어느 정도 씹은 바 있던 사탕 과자(sweetmeat) 한 조각을 그에게 주었고, 그것을 먹은 모이누딘은 갑자기 평범한 세상에 싫증을 느끼고 더 높은 차원의 실재를 찾기 시작했다.

그는 집을 떠나 수피 문화와 이슬람 학문의 중심지였던 바그다드Baghdad, 사마르칸트Samarkhand, 부하라Bukhara 등지를 여행했다. 전해지는 바에 따르면 그는 바그다드에서 위대한 수피 스승인 압둘 카디르 질

라니Abdul Qadir Jilani를 만났다고 한다. 그 후 그는 메카와 메디나Medina를 거쳐 이란의 하룬Harun으로 여행을 떠났고, 그곳에서 자신을 찾고 있던 스승을 만났다.

하룬의 콰자 우스만 하루니Khwaja Usman Harouni는 시리아의 콰자 아부 이샤크Khwaja Abu Ishaque가 창시한 치스티Chisti 교단에 속한 스승이었다. 따라서 모이누딘은 '콰자 모이누딘 치스티'가 되었다(몇몇 사람들이 생각하는 것과는 달리, 그는 치스티 교단의 창시자가 아니다).

3년 동안 스승과 함께 엄격한 금욕 생활을 한 모이누딘 치스티는 다시 여행을 시작했고, 수하르와디Suharwady 교단의 위대한 셰이크인 아부 나지브 수하르와디Abu Najeeb Suharwady를 비롯한 성인과 데르비시dervish*들을 만나기 시작했다. 그는 수많은 수피 성자들의 무덤을 방문했고 타브리즈Tabriz의 아부 사이드Abu Said, 아스트라바드Astrabad의 나시루딘Nasiruddin, 하산 키르카니Hasan Khirqani와 같은 수준 높은 수피들과도 만남을 가졌다. 그리고 이러한 만남에 대한 흥미로운 이야기는 오늘날까지 전해져 내려오고 있다.

모이누딘이 쉰네 살이 되었을 때, 그의 셰이크인 우스만 하루니는 그를 후계자로 지명했고 자신의 기도 러그와 지팡이를 주며 '이제 가서 너의 일을 하라'고 명했다. 콰자 모이누딘 치스티는 하즈Haj 순례를 떠나 카바 주변을 돈 후 예언자 모하마드의 무덤이 있는 메디나에 도착했다. 그는 생생한 비전을 통해 인도의 아즈메르로 가서 그곳에 정착하라는 지시를 받았다고 한다.

---

* 수피즘에서 명상, 춤, 음악 등을 통해 영적 상태에 이르려 하는 수행자를 말함.

1191년, 그는 처음으로 아즈메르에 도착했다. 1200년에는 발크Balk와 바그다드를 여행하다 얼마 후 물탄Multan과 델리를 거쳐 아즈메르로 돌아왔다. 델리에서 그는 코라산 출신의 수피 성자 쿠툽 샤Qutub Shah를 만났는데, 이때 쿠툽 샤는 그의 제자가 되었다. 모이누딘은 그 후 위대한 수행자 바바 파리드 간즈 에 샤카르Baba Farid Ganj-e-Shakar도 만났다. 샤카르가 속해 있던 계보는 델리의 유명한 수피 성자 하즈라트 니자무딘 아울리아Hazrat Nizamuddin Aulia가 속한 계보와도 같다.

코라산의 쿠툽 샤는 콰자 모이누딘 치스티가 숨을 거두기 전, 마지막 해에 그와 아즈메르에 함께 있었다. 어느 날 콰자는 쿠툽에게 자신의 로브와 터번 그리고 스승 콰자 우스만 하루니의 신성한 봉(scepter)을 물려주며 자신이 며칠 후면 세상을 떠날 것이라고 말했다. 그리고 제자에게 '델리로 가서 그곳에 정착하라'는 말을 남겼다. 그가 쿠툽 샤에게 남긴 마지막 유언은 다음과 같다. "어디든 가고 싶은 곳으로 가서 완벽에 도달한 사람(perfect man)*처럼 살아라."

쿠툽 샤가 델리로 떠난 지 20일 후인 1229년 5월의 어느 날, 콰자 모이누딘 치스티는 밤 기도를 마치고 침실로 들어가면서 아침까지 아무도 자신을 방해하지 말라는 지시를 내렸다. 그날 밤, 침실에서는 밤새도록 부드러운 사랑기sarangi** 연주와 비슷한 음악 소리가 들렸다고 한다. 아침이 되어도 그가 아침 기도를 하러 나오지 않자 사람들은 침실 문을 열었다. 그는 소파에 누운 채로 죽어 있었는데, 얼굴

---

* Al-Insān al-Kāmil. 이슬람 철학과 수피즘에서 사용되는 용어다. 영적인 근원과의 연결을 이룬 완전한 인간을 뜻한다.

** 인도의 현악기.

에 황홀한 미소를 짓고 있었다.

바바지는 콰자 모이누딘 치스티가 많은 책을 썼다고 했다. 그중 지금까지 내려오는 책들은 〔아니스 울 아르와Anis-ul-Arwah〕, 〔하디스 울 마리프Hadis-ul-Maarif〕, 〔칸줄 이스라르Kanjul Israr〕, 〔카슈풀 이스라르Kashful Israr〕다.

콰자 모이누딘 치스티는 인도 수피즘의 '박티 마르가Bhakti Marga(헌신의 길 — 역주)', 즉 헌신하는 수피들의 선구자라고 할 수 있다. 정통 이슬람교에서는 반주 없이 〔쿠란〕을 챈팅하는 것 외에는 그 어떤 종류의 음악도 금지하고 있다. 그러나 치스티 수피 교단에서는 음악이 허용되며 악기 연주와 노래를 영적 수행의 주요 요소로 여긴다. 그들은 이러한 음악을 사마Sama라고 부르며, 제대로 된 사마는 노래하는 사람과 듣는 사람을 황홀경에 빠뜨려 의식을 확장해준다.

치스티 교단은 '모든 것을 희생하는 사랑'이라는 개념에 주요 기반을 두고 있다. 이들 교리에 따르면 지고의 존재는 베일에 싸인 사랑하는 사람이고, 노래하는 이는 그의 연인이다. 노래하는 이는 사랑하는 사람의 고운 얼굴을 엿보기를 온 영혼을 다해 갈망한다. 수피는 사랑에 홀딱 빠져 단 한 순간만이라도 연인과 함께할 수 있기를, 연인의 눈을 바라볼 수 있기를, 연인을 껴안을 수 있기를 애타게 바란다. 수피는 이쉬크Ishq라 불리는 독한 사랑의 와인에 취해 자신의 제한된 개인성을 버린다. 이렇게 영원하고 신성한 자아의 사랑 속에 자아가 소멸되는 것을 파나fana라고 한다.

카왈리Qawwali와 가잘ghazal* 가수들은 치스티 교단과 콰자 모이누딘 치스티에게 많은 빚을 지고 있다. 인도의 수피 성지, 특히 델리의 니자무딘Nizamuddin과 아즈메르에서는 낮과 밤의 특정 시간에 발 풍금과 타블라tabla** 반주에 맞춰 가슴을 녹이는 가잘과 카왈리를 부른다.

어느새 저녁이 되었다. 해가 지기 시작하자 인근의 모스크 여섯 곳에서 기도 시간을 알리는 목소리가 울려 퍼졌다. 바바지가 말했다. "너를 이 근처에 사는 수피, 시에드 구드리 샤 사히브Syed Gudri Shah Sahib에게 데려가야겠구나. 어린 시절에 배웠던 무슬림 기도 자세가 기억나니?"

"아니요, 잘 기억나지 않습니다."

"괜찮다. 그냥 다른 사람들이 하는 대로 따라 하면 되니까. 구드리 샤 사히브가 자기 집 옆의 작은 모스크에서 열리는 저녁 모임에 우리를 초대할 거란다. 그를 만나면 살람salaam이라고 인사하고 손에 입을 맞춰야 한다는 걸 잊지 말렴."

계단을 내려가 복도를 가로질러 걸어가자 하얀 스컬캡skullcap을 쓴 청년이 문 근처에서 우리를 맞이했다. 바바지가 뭐라 말을 꺼내기도 전에, 흰색 수염을 기르고 터번을 두른 노인이 걸어 나왔다. 그는 바바지를 보자마자 황홀해하면서 거의 다 빠진 이를 드러내고 환한 미소를 지었다. 그리고 바바지에게 달려와 그를 껴안고 손에 입을 맞췄다. 바바지의 어깨를 잡고 얼굴을 다정하게 바라보던 그의 눈에는 눈물이 고여 있었다. 그는 우르두어로 이렇게 말했다. "바와지, 천번 만

---

* 카왈리는 인도에서 유래한, 수피들이 부르는 성가의 한 형태이며 주로 이슬람 신앙을 경배하는 데 쓰이는 노래다. 가잘은 아랍 시에서 유래한 사랑가이며 주로 사랑, 그리움, 감정 등을 주제로 한다.

** 인도에서 사용하는, 북 두 개로 구성된 타악기.

번 환영합니다. 당신을 만날 수 있다니 이 얼마나 큰 특권인지 모르겠습니다. 그런데 옆에 있는 이 운 좋은 청년은 누구입니까?" 바바지는 본명으로 나를 소개했다. "아하!" 그가 외쳤다. "그렇다면 함께 기도하지 않으시겠습니까? 그런 다음 다르가에 가서 카왈리 가수의 메필mehfil(음악 회합 — 역주)을 즐깁시다. 그 후에는 맛있는 비리야니를 먹을 겁니다. 혹시 채식 요리가 필요하신가요?"

"괜찮습니다. 기도하러 가시죠."

관례적인 세정식(ablutions) 후에 우리는 기도를 하러 갔다. 거기 모여 있는 사람들은 얼마 되지 않았다. 시에드 구드리 샤가 이끄는 의식 기도를 마친 후, 우리는 잠시 조용히 묵상하며 앉아 있다가 그의 인도를 받아 다르가로 향했다. 가는 동안 주변에서 많은 사람들이 그에게 인사하는 것을 보니 그가 그 지역에서 존경받는 사람이라는 것을 알 수 있었다.

카왈리 가수들은 반주를 위해 발 풍금과 타블라를 들고 영묘 건물 밖에 앉아 자신을 완전히 놓아버린 채로 깊은 감정에 빠져 노래를 불렀다. 사랑하는 사람에 대한 깊은 그리움, 사랑하는 사람과의 결합, 사랑하는 사람에게 베일을 벗어 그 고운 얼굴을 순간이나마 엿볼 수 있게 해달라는 염원을 표현한 사랑가였다. 노래들이 내 마음을 감동시켰다.

공연이 끝난 후, 구드리 샤 사히브는 우리를 자신의 집으로 데려갔다. 그는 손님 방으로 사용하는 방 두 개 중 한 개를 우리에게 내주었다. "밤 기도가 끝나면 저희와 저녁 식사를 함께하시지요." 노인은 이렇게 말하며 방을 나섰다.

바바지가 말했다. "네가 여기 온 데는 다 목적이 있단다. 나는 샤 사히브에게 3주 동안 너를 제자로 받아달라고 부탁해두었어. 너는 앞으로 수피즘에 관한 속성 과정을 밟게 될 것인데, 그도 너를 수피즘 수행에 입문시키는 데 동의했단다. 과정을 다 마친 후에는 집으로 돌아가서 내가 다시 연락할 때까지 기다리렴. 내일 나는 마하라쉬트라로 가서 나네슈와르Jnaneshwar 계보에 속하는 나쓰 수행자 한 명을 만나야 한단다. 나네슈와르는 위대한 성자인데, 푸네Pune 근처의 알란디Alandi에 사마디가 있지. 나는 그동안 너를 쭉 지켜보고 있었단다. 여태까지 알아서 잘해왔긴 하지만, 패싸움에는 휘말리지 않는 게 좋겠구나. 그것이 친구를 구하기 위한 것이라도 말이야."

밤 기도가 끝나고 샤 사히브가 저녁 식사를 하러 가자며 우리를 직접 자신의 집으로 안내해주었다. 그의 제자는 예닐곱 명 정도였다. 우리는 매트에 가부좌 자세로 앉아 도자기 접시에 음식을 먹었다. 두 명의 제자가 음식을 날라주었다. "바와지를 위해 특별히 채식 메뉴도 요리했습니다." 샤 사히브가 말했다. "젊은이, 자네도 채식주의자라면 특별히 채식 메뉴를 준비해주겠네."

하지만 바바지는 이렇게 말하며 나를 놀래켰다. "오늘 우리는 양고기 비리야니와 케밥을 먹을 겁니다." 그가 나를 보며 윙크했다. "이 친구는 비리야니를 좋아하는데, 뭐니 뭐니 해도 자기 어머니가 만든 비리야니가 세상에서 제일 맛있다고 생각하더군요."

바바지의 말에 모두가 웃었다. 사람들은 식전 기도를 한 후, 다 같이 비리야니를 맛있게 먹었다. 내가 그때까지 먹어본 비리야니 중에 가장 맛있는 비리야니였다. 식사 후 샤 사히브는 그룹에게 내가 3주

동안 할카(공동체)에 참여하게 될 것이라고 발표했다. 사람들은 "알라께 찬미를"이라는 외침과 포옹으로 나를 환영해주었다.

다음 날 아침, 바바지는 떠나고 나와 샤 사히브만 남게 되었다. 바바지에게 작별 인사를 할 때 기분이 심각하게 나쁘지는 않았다. 그 어떤 상황에서도 침착함을 유지하는 법을 이제 막 배우고 있었기 때문이다. 그 후 3주 동안 나는 샤 사히브의 제자로 지냈다.

처음 며칠 동안은 수피즘의 철학과 이론, 그리고 다양한 수피 교단에 대해 배웠고 나머지 시간에는 수피들이 연습하는 기술들을 배웠다. 예를 들어 이슬람의 창시자인 마호메트가 말한 "만 아라파 나프슈, 파 카드 아라파 라부*"는 "자기를 아는 자는 주님을 안다"로 번역될 수 있다. 나는 칼브khalb, 즉 영적인 가슴이 무엇을 의미하는지 그리고 그것을 어떻게 내 안에서 깨울 수 있는지를 배웠다. 또, 잘랄루딘 루미Jalaluddin Rumi**가 창시한 메블라비Mevlavi 교단의 데르비시들이 빙글빙글 도는 이유와 그 방법에 대해서도 배웠다. 그의 시집 〔마스나비Masnavi〕에 대한 간략한 소개와 그의 산문집인 〔피히 마 피히Fihi Ma Fihi〕(대략적으로 해석하자면 '그러면서도 그렇지 않다'는 뜻이다)에 대한 소개도 들을 수 있었다.

나는 카디리야 교단의 창시자인 압둘 카디르 질라니의 작품들과 〈오마르 하이얌의 루바이야트〉(Rubaiyat of Omar Khayyam)***의 신비로운

* Man arafa nafshu, fa khad arafa rabbu.

** 13세기 시인이자 수피 신비주의자. 대부분의 작품을 페르시아어로 썼다.

*** 에드워드 피츠제럴드Edward FitzGerald가 페르시아의 천문학자 겸 시인이었던 오마르 하이얌(1048-1131)의 작품으로 알려진 4행시(루바이야트)를 페르시아어에서 영어로 번역한 책.

의미를 배웠다. 또한 치스티 카왈리 가수들의 노래를 듣고 나도 노래를 살짝 독학했다. 나크샤반디Naqshabandi, 리파예Rifayee, 수하르와디 교단의 위대한 스승들의 작품과 물라 나스루딘Mullah Nasruddin의 이야기는 이슬람이라는 틀 안에 있을 수 없다고 생각했던 놀라운 차원들을 열어주었다. 하지만 내가 가장 좋아하는 책은 파리두딘 아타르Fariduddin Attar의 〔만티크-우트-타이르Mantiq-ut-Tair〕(새들의 회의)* 였다.

나는 통제하려는 자아인 네프쉬Nephsh가 낱낱이 분해되어 내 눈앞에 적나라하게 나타날 때까지 공부하고, 묵상하고, 금식하면서 혹독한 훈련을 받았다. 훈련이 끝날 무렵, 샤 사히브는 알리 후즈위리의 고전 〔카슈프 알 마주브〕(베일에 덮인 것이 드러남)를 포함해 내가 읽어야 할 책 몇 가지를 알려준 후 이렇게 말했다. "자네의 스승, 바와는 위대한 영혼이시네. 그분은 아울리아aulia이자 피르pir시지.** 자네가 그분을 만나게 된 것은 신의 가호 덕분이라네. 그분을 만나게 되었으니 이제 다른 건 필요치 않네. 자네 여정의 대부분은 이미 그분이 맡아주신 게야. 잘 가게나, 젊은 친구. 알라께서 자네와 함께하시길."

나는 존경을 표하고 그를 포옹한 후 기차역으로 떠났다. 그리고 며칠 후 집에 도착했다.

---

* Conference of the Birds. 이 시의 줄거리는 다음과 같다. 누가 왕이 될지 정하기 위해 새들이 모인다. 그중 가장 지혜로웠던 후투티는 그들이 전설의 새 시모르그Simorgh를 찾아 왕으로 삼아야 한다고 말한다. 후투티는 시모르그를 찾으러 갈 새들을 이끄는데, 각각의 새는 깨달음을 얻는 데 방해가 되는 인간의 잘못을 상징한다. 우여곡절 끝에 목적지에 도착한 새들은 자신들이 찾던 왕이 없다는 것을 깨닫고, 자기 자신이 진정한 왕이라는 것을 깨닫는다.

** 아울리아는 '신에게서 특별한 도움과 지원을 받은 성자'를 말하며 피르는 '이슬람교 지도자로서의 권위를 지닌 사람'을 말한다.

37장 ॐ 라마크리슈나 선교회

아즈메르에서 돌아온 다음 해, 나는 약대에 입학했다. 부모님은 내가 의미 있는 직업에 종사하면 내 역마살이 좀 눌릴 거라고 생각하셨다. 그 당시 첫째 사촌 형의 아내분은 케랄라 북부의 칸누르Kannur에서 의사로 일하고 있었는데, 칼리컷Calicut 의대에 입학해 약학 학위를 받으라고 제안한 것도 바로 그 사촌 형수님이었다. 나와 사촌 형수님은 그때나 지금이나 좋은 사이다. 아무튼, 나는 부모님이 간절히 원하시는 대로 약대에 입학하기로 했다. 아버지는 마드라스에 제약 회사를 설립할 계획이셨는데, 내가 약대를 나오면 그 일에 도움이 될 거라고 생각하셨다.

약학 공부는 꽤 즐거웠다. 해부학과 생리학을 많이 공부해야 했고, 그 과정에는 해부 실습과 병원 영안실을 찾아가는 일도 포함되어 있었다. 유기 화학과 약리학도 커리큘럼의 일부였다. 이렇게 입학 첫해에는 그럭저럭 학부 생활을 잘 해냈다. 하지만 2학년 후반이 되자 엉덩이가 들썩거리면서 다시 어딘가로 떠나고 싶다는 욕구에 사로잡혔다. 그래서 조용히 학교를 떠날 계획을 세우기 시작했다. 어느 날 밤, 강가 강의 둑에서 바바지가 스리 라마크리슈나 파라마한사와 대화를 나누는 꿈을 꿨다. 나는 이 꿈을 단서로 삼고 어느 날 아침, 아무에게도 알리지 않고 칼리컷을 떠났다.

나는 첸나이에 도착한 후 뭄바이로 가는 기차를 탔는데, 그제야 라마크리슈나 선교회 본부가 있는 캘커타Calcutta로 갈 돈이 부족하다는 것을 깨달았다. 그런데 그때, 여행 경로가 비슷한 옆 사람이 뭄바이의 카르Khar에 아름다운 라마크리슈나 선교회 지부가 있다고 말해주었다. 그는 자신이 카르에 살고 있으며, 관심이 있다면 기꺼이 나를 그곳까지 데려다주겠다고 말했다. 그래서 좋다고 했다.

선교회는 시끄러운 뭄바이 한가운데에 있는 오아시스 같은 곳이었다. 맨 먼저 나는 스리 라마크리슈나의 아름다운 사원에 가서 잠시 명상을 했다. 그런 뒤 센터를 관장하고 있는 연로한 수도자이자 스리 라마크리슈나의 직계 제자인 마하푸루샤 마하라즈Mahapurusha Maharaj의 제자, 스와미 히란마야난다Swami Hiranmayananda에게 만남을 요청하여 그와 약속을 잡았다. 그는 내 이야기를 인내심을 가지고 들어주었으며 나를 브라마차리로 받아들여주었다. 그리고 그 역시 이런저런 이유로 힌두교도가 아닌 내 이름을 비밀로 하는 것이 낫겠다고 생각했기 때문에 나를 시바프라사드라고 불렀다. 그때부터 1년 반 동안 나는 브라마차리 시바프라사드라고 불렸다.

스와미 비베카난다에 의해 시작된 라마크리슈나 선교회는 인류를 위한 봉사가 최고의 예배라고 믿는다. 내가 본 어떤 아쉬람에서는 거주자들이 먹고, 자고, 공부만 하면서 사회봉사에는 거의 참여하지 않았는데, 이와 달리 라마크리슈나 선교회의 수도자들은 항상 사회봉사 활동으로 바쁘게 지내고 있었다. 그곳의 병원, 보육원, 학교, 대학, 출판부서는 대부분 수도자들과 복사들이 담당하고 있다. 이러한 활동은 또한 그들이 게을러지거나 현 상황에 안주하는 것을 방지하는 역할도 한다.

어떤 봉사 형태를 선호하느냐는 질문을 받은 나는 일과 청소를 도맡아 하면서 전반적으로 사원을 돌보는 일을 하겠다고 자원했다. 그리고 냉담한 성격의 정통 사제인 바툭 마하라즈Bhatuk Maharaj에게 면접을 본 끝에, 마침내 그 일을 맡게 되었다. 그곳에서 나는 과일과 채소를 자르고 공양할 꽃을 모으는 등 사원 내부의 일을 하다 마침내 지성소 내부를 쓸고 닦으며 스리 라마크리슈나의 대리석상을 돌보는 일을 할 수 있게 되었다. 나는 살과 피를 가진, 살아 있는 사람이 거기 살고 있기라도 한 것처럼 그 석상을 대했다.

또 다른 때는 위대한 스와미 야티스와라난다Swami Yatiswarananda의 제자인 스와미 고타마난다Swami Gautamananda로부터 〔베다〕를 챈팅하고 노래하는 법을 배웠다. 그는 나중에 선교회의 가장 오래된 지부 중 하나인, 마드라스에 있는 라마크리슈나 무트의 수장이 되었다. 그곳의 기원은 스와미 비베카난다와도 관련이 있었다. 스리 라마크리슈나의 직계 제자인 스와미 라마크리슈나난다Swami Ramakrishnananda가 이 지부의 초대 수장이었기 때문이다.

나는 1년 반 동안 많은 것을 배웠고, 내 인생 여정에 도움이 될 자질들을 키웠다. 그곳의 도서관이 잘 갖춰져 있던 덕분에 나는 스리 라마크리슈나와 그의 직계 제자들에 관한 거의 모든 문헌을 읽을 수 있었다. 'M'이 쓴 《라마크리슈나 복음서》, 스와미 사라다난다Swami Saradananda가 쓴 《위대한 스승 라마크리슈나》(Ramakrishna the Great Master), 〈스와미 비베카난다 전집〉, 그리고 라마크리슈나의 직계 제자 몇몇의 전기는 내가 가장 좋아하는 책들이었다.

또한 나는 라마크리슈나 선교회의 회장이자 사라다 데비의 직계 제자인 스와미 비레슈와라난다Swami Vireshwarananda, 캘커타에 라마크리슈나 문화연구소가 세워질 수 있도록 노력한 스와미 랑가나타난다Swami Ranganathananda 등 라마크리슈나 수도회의 대표적인 수도자들을 만나 볼 수 있었다. 그해 두르가 푸자Durga Puja* 축제가 열렸을 때, 내게는 카르 지부를 방문한 다른 부류의 원로 수도자들과 교류할 기회가 주어졌다. 이들은 탄트라 수행의 전문가들이었는데, 몇몇은 영적으로 대단히 높이 진화한 수행자들이었다.

수도자가 되고 싶었다면 무트만큼 안성맞춤인 곳이 없었겠지만, 나는 사원 관리인으로 살아가야만 했다. 어쨌든 나를 수도자로 만드는 것은 바바지의 계획도 아니었다. 1년 반 후, 나는 조용히 카르의 라마크리슈나 선교회를 떠나 다시 한번 자유롭게 세상을 떠돌아다닐 수 있었다.

스리 라마크리슈나와 스와미 비베카난다에 관한 대부분의 책을 읽은 후, 캘커타의 닥쉬네슈와르 칼리 사원(Dakshineshwar Kali temple)과 벨

---

* 힌두교 여신인 두르가를 숭배하는 연례 축제. 보통 가을에 열리며 10일간 지속된다.

루르 무트Belur Mutt 두 곳을 직접 가보고 싶다는 강한 욕구가 생겼다. 전자는 라마크리슈나가 평생을 보낸 사원으로, 후글리Hoogly 강 유역에 있으며 후자는 강 건너편에 있는 라마크리슈나 선교회의 본부다.

나는 바바지가 보내는 신호를 기다리고 있었지만, 끝내 그의 신호는 오지 않았다. 그래서 뭄바이 중앙 기차역으로 가서 캘커타행 기차표를 샀다. 기차표를 사고 나니 돈이 없어서 하우라Howrah 역에서 닥쉬네슈와르까지 걸어가야만 했다. 끼니마다 맛있는 음식을 먹는 것에 익숙해져 있던 나는 닥쉬네슈와르에 도착하자 매우 피곤하고 배가 고팠다. 그런데 칼리 사원 정문 밖에 낯익은 사람 한 명이 서 있었다. — 사랑하는 바바지였다. 내가 그를 보았을 때 얼마나 기쁘고 흥분되었을지 상상해보라. 피로도 허기도 잊은 채 나는 그의 발을 만지기 위해 달려갔다. 그는 나를 따뜻하게 안아주며 이렇게 말했다. "우선 배고픈 브라마차리 마하라즈를 위해 음식을 좀 먹어야겠구나?"

루치, 감자 커리, 산데쉬sandesh*로 맛있는 식사를 한 후 우리는 사원 건물에 들어섰다. 150년 전 라니 라스모니Rani Rasmoni가 지은 이 사원 한쪽에는 고팔 크리슈나Gopal Krishna의 작은 사원이 있었고, 다른 한쪽에는 바드라칼리의 본당이 있었다. 바드라칼리는 분노에 찬 사나운 여신으로, 그 일촉즉발적이고 폭발적인 형상 속의 순수한 에너지를 상징한다. 사원에 들어서면 오른쪽에 열두 개의 신성한 죠티르링가Jyothirlinga**를 상징하는 열두 개의 링감이 있는데, 이는 시바의 남근

* 우유와 설탕으로 만든 디저트.

** 빛의 링감이라고도 한다. 전설에 따르면 한때 브라마(창조의 신)와 비슈누(보존의 신)가 패권을 두고 싸우자 시바가 거대하고 무한한 빛의 기둥인 죠티르링가로 나타났다고 한다. 원래는 예순네 개의 죠티르링가가 있다고 하나 그중 열두 개가 매우 상서로운 것으로 여겨진다.

을 상징하며 칼리는 그의 아내다.

사원 입구에 들어서자마자 머리가 쭈뼛 서고 기분이 살짝 바뀌는 것이 느껴졌다. 바바지의 얼굴도 그날따라 유난히 진지해 보였다. 우리는 바드라칼리 본당으로 향했다. 평일이라 다르샨 줄은 그리 길지 않았다. 몇 분 만에 우리는 계단을 올라 우주의 어머니인 사나운 여신을 마주했다.

닥쉬네슈와르의 우상인 바드라칼리는 '마하비디야Mahavidya*'라고 불리는 탄트라의 거대한 열 가지 에너지 중 가장 분노에 찬 모습이다. 그녀의 피부는 검은색이며 사나운 눈은 화가 난 것처럼 보인다. 혀에서는 피가 뚝뚝 떨어지고 있고, 풍성한 머리카락은 바람에 휘날려 산발이 되어 있다. 그녀는 알몸 차림인데, 목에 사람의 머리로 만든 화환을 걸고 허리 아래로는 사람의 손으로 만든 치마를 입고 있다. 팔은 네 개다. 한 손바닥은 아래를 향하고 있고, 다른 손바닥은 축복의 의미로 들어 올리고 있으며, 세 번째 손은 피가 뚝뚝 떨어지는 칼을 들고 있고, 네 번째 손은 잘린 지 얼마 되지 않았는지 피를 흘리고 있는 사람의 머리를 들고 있다.

미동 없이 누워 있는 시바 신의 가슴에 한쪽 발을 얹고 다른 한쪽 발은 춤추는 자세로 들어 올린 채 거의 격분에 가까운, 광기 어린 황홀경에 빠져 춤을 추는 바드라칼리의 모습은 전체적으로 보면 잔혹해 보였다. 하지만 내 시선이 그녀에게로 향하는 순간, 놀라운 일이 일어났다. 이전에 나는 바바지에게서 척추 아래쪽의 에너지를 활성

* 열 명의 힌두 탄트라 여신으로 이루어진 그룹을 말한다.

화하는 방법과 그것이 머리 쪽으로 올라가도록 유도하는 법을 배운 적이 있었다. 그런데 이번에는 척추 아래쪽에서 잠자고 있던 그 불타는 듯한 에너지가 저절로 풀려나면서 불이 척추를 타고 올라오는 듯한 진동을 실제로 느낄 수 있었고, 그것이 정수리에 이르자 무지갯빛으로 부서지는 것을 느꼈다. 나는 신음하며 쓰러졌다.

정신을 차려 눈을 떠보니 나는 사원 앞의 무도장 구석에서 바바지의 무릎을 베고 누워 있었다. 그는 내 머리를 부드럽게 쓰다듬으며 이렇게 말했습니다. "너무 격했던 모양이구나. 몸이 충격을 견디지 못한 게야. 내가 곁에 있어서 천만다행이었어. 그렇지 않았다면 너는 미쳐버렸을지도 모른단다."

"온몸이 한 번도 경험해보지 못한 지복으로 맥동하고 있습니다." 내가 가냘픈 목소리로 말했다.

"이제 괜찮을 거란다. 자리에서 일어나보렴. 주변을 구경시켜주마."

우리는 사원 건물을 산책했다. 지복의 느낌은 조금 누그러졌지만 나는 술 취한 사람처럼 비틀거리며 걷고 있었다. 우리는 크리슈나의 작은 성상이 있는, 유명한 고팔 크리슈나 사원으로 들어갔다. 이 성상은 옛날에 성상을 닦던 사제가 손에서 그것을 떨어뜨리는 바람에 다리가 부러진 적이 있었다. 부서진 성상을 숭배해도 될지 결정하기 위해 사원에 경전 전문가들이 모였었는데, 일반적으로 부서진 성상을 숭배하는 것은 불길하다는 것이 그들의 결론이었다.

하지만 사원의 창시자인 라니 라스모니는 칼리 사원의 성스러운 젊은 사제, 가다다르 차토파다야Gadadhar Chattopadhyaya(나중에 그의 신도들이 그에게 붙여준 이름이 바로 스리 라마크리슈나 파라마한사다)가 신성한 영감을 받았다고 생각했기 때문에 그에게도 자문을 구해야 한다고 생각했다. 젊은 라마크리슈나는 이렇게 말할 뿐이었다. "나는 여기 있는 저명한 석학들처럼 학식 있는 학자는 아니지만, 질문이 하나 있습니다. 만약 당신의 사위가 넘어져서 다리가 부러졌다면, 당신은 그를 강가 강에 던져버리고 새 사위를 얻으시겠습니까? 부러진 다리가 걱정이라면, 아무도 깨진 자국을 볼 수 없을 정도로 제가 완벽하게 고쳐놓을 수 있습니다. 그렇긴 해도 결정은 어디까지나 당신의 몫입니다." 그렇게 라마크리슈나가 고쳐놓은 성상은 다시 사원에 배치되었고, 오늘날까지도 그 성상은 숭배되고 있다.

우리는 지고의 한 존재인 사다시바Sadashiva, 즉 영원한 상서로움을 상징하는 열두 개의 링가가 있는 곳으로 가서 그곳 주변을 돌았다. 그런 다음 사원 건물에서 나와 스리 라마 크리슈나가 대부분의 생애를 보냈던 강변의 작은 방으로 들어갔다. 본명이 나렌드라나쓰 두타Narendranath Dutta였던 스와미 비베카난다를 비롯해 바이라비 브라마니Bhairavi Brahmani, 고팔 마Gopal Ma, 토타푸리Totapuri 등 위대한 사다크sadhak* 들과 영적 스승들이 스리 라마크리슈나와 함께 의미심장한 시간을 보냈던 방이 바로 이곳이었다. 라마크리슈나가 사용했던 간이침대 옆에 바바지와 함께 앉자 몸이 다시 진동하기 시작했고 눈에서는 눈물이 끊임없이 흘렀다. 눈을 감자 마치 영화처럼 구루와 그의 제자들이 웃고, 이야기하고, 산데쉬를 먹으며 즐거운 시간을 보내는 비전이 보였다. 오랜 시간이 지난 후, 바바지의 목소리가 들렸습니다. "이

* 영적인 발전과 깨달음을 추구하는 사람.

제 가자꾸나." 우리는 나와서 베란다 근처에 서 있었다. 라마 크리슈나가 창녀의 발 앞에 엎드려 "아, 어머니 칼리! 당신은 얼마나 무수한 모습으로 이렇게도 아름답게 나타나십니까!" 하고 외쳤던 바로 그 베란다였다.

우리는 나하밧Nahabat을 찾아갔다. 스리 라마 크리슈나의 아내이자 성스러운 어머니인 사라다 데비는 거기 살면서 종종 자신의 육체적 필요를 잊곤 하는 성스러운 남편을 위해 요리를 하곤 했다.

나하밧에서 우리는 강가 강 유역으로 걸어갔다. 바바지는 내게 판차바티Panchavati 숲을 보여주었다. 그곳은 라마크리슈나가 자신을 쿤달리니의 신비에 입문시켜준 여자 스승 바이라비 브라마니의 지도하에 강도 높은 탄트라 의식을 행했던 곳이었다. 바바지는 가다다르(라마크리슈나 파라마한사 — 역주)가 트랜스 상태에 빠져 있을 때 바이라비 브라마니가 그에게 음식을 조금만 먹어보라고 회유하는 모습을 본 적이 있다고 했다. 몇 년 전이었다면 서른 살도 안 되어 보이는 바바지가 어떻게 그런 오래전의 일을 볼 수 있었는지 의문을 품었을 것이다. 하지만 이때의 나는 그를 대할 때 시공간에 대한 모든 인습적인 생각을 버려야 한다는 것을 이미 배운 상태였다.

바바지의 말에 따르면 바나라스의 벌거숭이 트라일랑가 스와미Trailanga Swami의 제자, 바이라비 브라마니는 고도로 진화한 요기니였으며 그녀는 스리 라마크리슈나가 평범한 사다크가 아니라 일종의 신성의 화신이라고 믿었다고 한다. 그러면서 그는 흥미로운 이야기를 들려주었다.

스리 라마크리슈나를 신성의 화신으로 공식 선언하고 싶었던 그녀는 박식한 종교학자들과 전문가들을 닥쉬네슈와르로 초대하여 자신의 이론을 심의했다. 대부분의 학자들은 칼리 사원의 그 젊은 사제가 아바타avatar*가 갖춰야 할 특별한 자질과 특징들을 가지고 있다는 데 동의했다. 마침내 그들은 당사자가 이에 대해 어떻게 생각하는지 알아보기 위해 직접 젊은 사제와 이야기를 나눠보기로 결정했다.

논의가 있기 며칠 전, 스리 라마크리슈나는 반쯤 트랜스 상태에 빠진 채 사원 근처에서 미끄러져 넘어져 팔이 부러진 상태였다. 그는 부러진 팔을 붕대로 감은 채 학자들 앞에 나타났다. 사람들이 그의 생각을 묻자 그는 웃으면서 이렇게 말했다. "경전에는 뭐라고 나오는지, 또 여러분이 저를 어떻게 생각하는지는 잘 모르겠지만 제가 정말 아바타라고 생각한다면 부러진 팔을 붕대로 감고 있는 아바타는 제가 최초겠군요."

그러나 바이라비 브라마니는 의심할 여지 없이 그가 신의 현현이라고 확신했다.

"바바지께서는 어떻게 생각하십니까?" 내가 물었다.

"그래, 그분은 아바타셨지." 그가 말했다.

우리는 닥쉬네슈와르에서 보트를 타고 강가 강을 건너 라마크리슈나 선교회의 본부가 있는 벨루르 무트로 향했다. 1만 제곱미터가 넘는 크기의 숲 속에 있는 벨루르 무트 수도원에는 약 200명의 수도자와 복사들이 항시 거주하고 있으며, 수도원은 여러 건물들로 이루어

---

* 신이나 신성한 존재가 인간의 형상으로 세상에 나타난 것을 의미하는 용어.

져 있다. 하지만 그중에서도 가장 장엄한 건물은 스리 라마크리슈나에게 헌납된 사원이다. 갈색 석재와 화강암으로 만들어진 이 사원에는 정교하게 만들어진 둥근 지붕과 대리석 바닥이 있었고, 경이로운 수준의 건축적 탁월성을 자랑했다.

지성소에는 흰색 대리석으로 만든 실물 크기의 스리 라마크리슈나 신상이 있었다. 가부좌 자세로 앉아 트랜스 상태에 빠져 있는 모습이었다. 신상이 앉아 있는 단상 아래에는 스리 라마크리슈나의 유골이 놓여 있었는데, 스와미 비베카난다가 직접 머리에 이고 가져와서 안치해둔 것이라고 한다. 우리는 다음으로 작은 사당을 찾아갔다. 스와미 비베카난다와 성스러운 어머니인 사라다 데비 등 스리 라마크리슈나의 제자들의 유해가 뿌려졌던 강을 따라 강변에 세워져 있는 사당이었다.

바바지는 나를 구내식당 근처의 건물 1층으로 데려갔는데, 그곳에는 강가 강이 내려다보이는 발코니가 있었다. 발코니와 이어져 있는 창문 너머로는 잘 꾸며진 아름다운 침실이 보였다. 높은 기둥 네 개가 달린 로즈우드 침대, 타원형 거울이 달린 클래식한 경대, 고풍스러운 소파, 덮개와 서랍이 달린 책상과 쿠션 처리된 의자, 그리고 바닥에는 터키식 러그가 깔려 있었다.

나는 침실 문이 어디 있는지 살펴봤다. 문은 왼쪽에 있었지만 잠겨 있었다. 문틀 위에는 '스와미 비베카난다의 방'이라고 적힌 문패가 있었다. 그가 연주하던 악기들이 방 한구석에 놓여 있었고, 다른 한 구석에는 그가 쓰던 세련된 지팡이와 가죽 부츠, 송아지 가죽으로 만든 서류 가방이 놓여 있었다. 나는 스와미 비베카난다 같은 위대한 수도자가 어떻게 이런 호화로운 환경에서 살 수 있었을까 궁금했다.

바바지는 침묵을 깨고 이렇게 말했다. "스와미지는 내적으로나 외적으로나 라자(왕 — 역주) 요기였단다. 그는 실로 자기 주변의 모든 것들을 소유하고 또 다스릴 수 있는 왕이었지. 위대한 요기의 거주지나 행동거지는 그들이 지닌 삶의 사명에 따라 다른 거란다. 정말로 중요한 것은 외적인 것이 아니라 태도야. 스와미지의 삶은 그가 유명해지고 벨루르 무트가 세워진 후에야 외적으로 편안해졌단다. 젊었을 때 그는 때때로 제대로 된 식사도 하지 못할 정도로 무수한 고통을 겪었지. 삶이 어느 정도 편해진 후에도 그는 언제든 가진 것 하나 없이 그저 카만달루 하나만 집어 들고서 다시 한번 떠돌이 수도자로 살 마음의 준비가 되어 있었단다. 이런 마음 자세는 그의 삶에서 일어난 여러 사건들 속에서 잘 드러나고 있지.

기억하렴. 자나카Janaka*는 비데하Videha의 왕인 동시에 리쉬이기도 한, '라자 리쉬'였다는 사실을 말이야. 너도 라자 리쉬처럼 살게 될 거란다."

"제가요?" 내가 되물었다. "만약 제가 히말라야에서 아무 걱정 없이 돌아다니며 살 수 있도록 바바지께서 허락하셨다면 저는 더 좋았을 겁니다. 하지만 제가 좋은 차를 운전하는 것을 좋아한다는 사실만큼은 인정해야겠군요."

바바지가 말했다. "절제만 좀 연습하면 괜찮을 거란다. 너는 운전

* 기원전 7~8세기의 왕. 물질적 소유에 집착하지 않았으며 영적 배움에 관심이 많았다.

을 너무 빠르게 하는 경향이 있어. 그러니 조심하렴."

우리는 벨루르 무트의 구내식당에서 맛있는 식사를 하고 정문으로 걸어갔다. 밖으로 나가자 바바지가 돈을 주며 말했다. "이제 집으로 돌아가서 다시 방랑벽이 도질 때까지 기다리렴. 너는 나중에 벨루르 무트에 다시 찾아오게 될 건데, 그때는 지금보다 더 오래 머물게 될 거란다." 바바지는 이 말만을 남기고 저 멀리 걸어갔다. 내가 벨루르 무트에 다시 오게 될 것이라는 그의 예언은 몇 년 후 실현되었다.

집으로 돌아가는 길에 부바네스와르Bhubaneswar와 푸리Puri를 들렀다. 나는 자간나쓰Jagannath 사원에서 영적인 감정이 북받쳐 오르는 것을 느꼈다. 내 가슴은 지복으로 가득 찼고, 나는 사원 안뜰 바닥에 앉은 채로 차이타냐 마하프라부Chaitanya Mahaprabhu*의 삶의 장면을 연이어 보게 되었다. 자간나쓰 앞에서 황홀경에 빠진 채 드럼과 심벌즈 반주에 맞춰 춤을 추는 두 청년, 고랑가Gauranga와 니타이Nitai**를 보게 된 것이다.

나는 또한 차이타냐 마하프라부가 즐겨 앉던 자리, 그리고 차이타냐의 절친한 벗이자 제자였던 하리다스 프라부Haridas Prabhu가 살았던 바다 근처의 작은 장소를 찾아가보았다. 하리다스는 무슬림 집안에

---

* 15세기 인도 성인으로, 자간나쓰 신에게 끌림을 느껴 푸리에서 오랫동안 살았다. 특히 자간나쓰 사원을 자주 갔다.

** 고랑가는 차이타냐 마하프라부의 다른 이름이며 니타이는 뒤에 나오는 하리다스 프라부의 다른 이름이다. 이 둘은 고라-니타이Gaura-Nitai라는 하나의 이름으로 불릴 정도로 절친한 사이였다. 차이타냐 비슈누파(Chaitanya Vaishnavism)에 따르면 니타이는 크리슈나의 동생 발라라마Balarama의 현현이며 차이타냐는 그의 형이자 벗인 크리슈나의 화신이라고 한다.

서 태어났기 때문에 자간나쓰 사원에 들어갈 수 없었다. 그래서 차이타냐 마하프라부는 사원에서 나올 때마다 항상 그의 집으로 곧장 향했다. 하리다스 프라부는 세상을 떠날 때 차이타냐 마하프라부의 발을 자신의 가슴에 얹고서 "하리 하리"라는 말을 남겼다고 한다.*

* 하리Hari는 크리슈나의 별칭이며 '하리 하리'라는 말은 그의 별칭을 두 번 언급함으로써 그에 대한 존경심을 크게 나타내는 말이다. 크리슈나의 화신으로 여겨지는 스승의 발을 자신의 가슴에 두고, 그를 찬양하는 말을 마지막으로 남긴 채 죽은 하리다스의 이야기를 통해 크리슈나에 대한 그의 헌신이 얼마나 대단했는지 알 수 있다.

38장 ॐ 스리 데비와 님 카롤리 바바

집으로 돌아온 지 8개월 만에 나는 다시 길을 떠났다. 이번에는 델리로 가서 얼마 전 기차에서 만나 친해진 발라찬드란 나이르Balachand-ran Nair와 함께 일하게 되었다. 나이르는 나보다 훨씬 나이가 많았고, 영성과 문화를 주제로 다루는 잡지인 〈악센트Accent〉를 편집 및 발행하고 있었다. 나는 그에게서 편집의 기초를 배웠고, 잡지에 들어갈 도표도 그렸다. 내가 체탄Chettan, 즉 형이라고 불렀던 그는 현재 케랄라의 칸잔카드Kanjankad라는 조용한 바닷가 마을에 살고 있으며, 스리칸트Srikant라는 필명으로 영적 주제에 관한 훌륭한 책을 출판하고 있다.

얼마 후 나는 잡지 일을 그만두고 히말라야로 떠났다. 하지만 이번에는 좀 다른 방향으로 여행을 떠났다. 먼저, 할드와니Haldwani를 지나 오래전의 인물인 헤라쿤드 바바Herakund Baba가 살았던 동굴을 가보았다. 위대한 싯다인 그는 스리 구루 바바지의 제자로 여겨진다. 그다음으로 라니켓Ranikhet과 드와라핫Dwarahat을 거쳐 쿠쿠치나Kukuchina로 향했다. 위대한 수행자 시야마 차란 라히리가 처음으로 스리 구루를 만난 동굴, 그리고 스리 구루로부터 입문을 받은 그 동굴로 가기 위해서였다.

나는 판두칼리Pandukhali를 트레킹했는데, 현지인들은 추방된 판다바 형제들이 얼마간 이곳에서 살았다고 믿는다. 나는 바위 언덕을 기어 내려가 동굴에 도착했다. 동굴 안에는 아무도 없었고, 정말로 고요하며 평온했다. 동굴에 앉아 크리야를 하는 동안 나는 자연스럽게 변화된 의식 상태 속으로 깊이 빠져들었다. 가슴 중심에서 스리 구루의 존재를 확연하게 느낄 수 있었다. 나는 트랜스 상태에서 나와 동굴 속의 미로 같은 터널들을 탐험하기로 했다. 터널은 동굴 내부의 오른쪽에 있는 입구를 통해 들어갈 수 있었다.

분명 만날 수 있을 줄 알았던 바바지가 보이지 않자 조금 아쉬운 마음이 들었다. 아무튼 나는 터널 안으로 들어갔고, 내부가 어두워서 터널 벽과 천장을 손으로 더듬으면서 길을 찾았다. 하지만 뱀이나 히말라야 곰이 어둠 속에 숨어 있을지도 모른다는 생각이 들자 두려워서 다시 입구로 돌아가기로 했다. 그런데 바로 그때, 저 끝에서 희미한 빛이 보였다. 나는 용기를 내어 앞으로 걸어갔다. 걸어갈수록 빛은 점점 더 밝아졌고, 터널은 동쪽에 입구가 나 있는 또 다른 큰 동굴과 이어져 있었다.

거기에 두니가 타오르고 있는 것이 보였다. 내 가슴은 기쁨으로 뛰었다. 바바지가 허리를 꼿꼿이 펴고 가부좌 자세로 앉아 불을 응시하고 있었다. 그는 뒤도 돌아보지 않고서 이렇게 말했다. “이리 오렴,

마두지Maduji. 오랜만이구나?" 나는 그의 발 앞에 절한 다음 앉아서 그와 오랫동안 이야기를 나누었다. 그는 평소처럼 나를 위해 친절하게 차파티, 달, 야채 카레 등의 음식을 준비해주었다. 길게 명상을 한 다음 저녁 식사를 마치자 그는 내게 이만 자라고 했다.

"이곳 판츠쿨리Panchkuli는 위대한 요기와 싯다들의 마지막 안식처였단다." 바바지가 말했다. "자세히 보면 이 산 전체에 무덤이 아주 많은 것을 알 수 있지. 한때 이곳은 스리 구루께서 지내시던 곳이자 내가 가장 좋아하는 동굴이었단다. 요즘 우리는 여기에 자주 오지 않아." 나는 침낭을 펴고 바바지를 조금 웃겨드린 다음 잠에 들었다. 어느 순간, 동굴 안에서 기분 좋은 향기가 났다. 이때 나는 자는 것도 깬 것도 아닌 독특한 의식 상태에 있었다. 몸을 일으키진 않았지만 잠을 떨쳐내고 정신을 바짝 차렸다.

그때 반투명한 백색 옷을 입은, 빛나는 인간의 형체가 동굴 안으로 날아 들어왔다. 바닥에 착지해서 두니 앞에 선 그 형체를 자세히 보니 풍성한 검은 머리를 길게 늘어뜨린, 극도로 아름다운 여성적 존재라는 것을 알 수 있었다. 바바지는 일어서서 그녀의 발 앞에 엎드렸다. 나도 침낭에서 나와 엎드렸다. "아주 오래전에 우리와 알고 지내던 그 어린 영혼이군요." 그녀가 감미로운 목소리로 말했다. "아가, 이리 가까이 오렴."

나는 그녀에게 다가갔다. 그녀는 내 머리카락을 자신의 손가락으로 빗겨주었고, 내 뺨을 어루만진 후 나를 가슴께에 안아주었다. 기분 좋은 향기가 내 영혼에 배어들어 온몸의 세포에서 맥동하고 있었다. 오래전 잃어버렸던 어머니와 재회한 아기가 된 것 같은 기분이

들었다. "스리 구루께서 당신이 여기 있다고 말씀하셨습니다." 그녀가 바바지에게 말했다. "그래서 이 청년을 보게 될 줄 알았지요. 이제 가봐야겠습니다." 그녀는 들어왔을 때와 똑같이 공중으로 날아올랐고, 우리 둘은 엎드려 절했다.

"정말로 보기 드문 일이 일어났구나." 바바지가 말했다. "방금 그 분은 스리 구루 바바지의 여동생 스리 데비Sri Devi셨단다. 스리 데비는 고도로 진화한 존재이시고, 평소에는 좀처럼 누군가와 만나는 일이 없으시지. 네가 운이 정말 좋았구나!"

"다 바바지의 축복 덕분입니다." 나는 이렇게 말하고 나서 다시 자리에 누웠다. 이 특이한 경험을 곱씹다 보니 '집에 돌아가 이 사건을 이야기한다면 누가 날 믿어줄까?' 하는 생각이 들었다. 그러다 잠에 들었다.

다음 날 우리는 동굴을 나와 드와라핫으로 갔다. 헤어지기 전, 바바지는 스와미 비베카난다가 피토라가르Pithoragarh 지역의 마야와티Mayawati에 세운 아드바이타 아쉬람에 가보라는 제안을 했다. 그런 다음 미히르톨라Mihirtola에 있는 우타라 브린다반Uttara Brindavan 아쉬람으로 가서 그곳의 수장인 스리 마다브 아시쉬Sri Madhav Ashish를 만나보라고도 했다. 나는 이에 더해 라니켓과 알모라Almora 사이에 있는 카얀치Kayanchi로 가서 아바두타 마하라즈 님 카롤리 바바Avadhoota Maharaj Neem Karoli Baba를 본 다음, 바라나스의 세바Seva 아쉬람에 머물다가 캘커타의 벨루르 무트로 갈 계획을 세웠다.

나는 드와라핫에서 로하갓Lohaghat행 버스를 탄 다음, 히치하이크를 해서 마야와티로 가는 지프차를 얻어 탔다. 그리고 마야와티의 아드

바이타 아쉬람에서 그곳의 수장인 스와미지를 만났는데, 아쉽게도 그의 이름은 기억이 나지 않는다. 〈프라붓다 바라타Prabuddha Bharata〉* 의 편집장이기도 했던 그 스와미는 보통 사전 허락 없이는 아쉬람에 머물 수 없지만 특별한 경우라면 이틀 정도 머물 수 있다고 설명해주었다.

그곳은 내가 가본 히말라야 주변 아쉬람 중에서도 손에 꼽힐 정도로 아름다웠다. 아드바이타 아쉬람은 스와미 비베카난다가 베다적인 삶의 방식을 사랑하고 우상 숭배를 꺼리는 사람들을 위해 특별히 세운 곳이다. 이곳에는 스리 라마크리슈나에게 헌정된 사원이 없기 때문에 날마다 예배나 푸자를 하지도 않는다. 나는 스와미지가 지내던 방을 볼 기회를 얻어 정말 신났었다. 이 아쉬람에서 나는 라마크리슈나 수도회의 수도자가 된 이라크 의사, 스와미 데바트마난다Swami Devatmananda를 만났다. 우리는 좋은 친구가 되었고, 내가 바나라시에 갈 거라고 말하자 그는 자신도 며칠 안에 거기 갈 거라면서 라마크리슈나 세바 아쉬람의 수장에게 쓴 편지를 내게 주었다.

나는 마야와티에서 미히르톨라로 간 다음, 스리 크리슈나프렘Sri Krishnaprem의 우타라 브린다반 아쉬람으로 향했다. 가까운 이들은 고팔 다Gopal Da라는 이름으로도 부르곤 했던 스리 크리슈나프렘은 1965년 세상을 떠났으며, 나는 그의 제자이자 후계자인 스리 마다브 아시쉬를 만날 생각이었다.

---

* '깨어난 인도'라는 뜻으로, 라마크리슈나 수도회의 영어 월간지.

알모라에서 35킬로미터 거리의 미히르톨라에 위치한, 작고 아름다운 크리슈나 사원이 딸려 있는 이 아쉬람은 성스러운 벵골 여인 야쇼다 마이Yashoda Mai가 세운 곳이다. 그녀는 캘커타 고등법원 판사인 차크라바르티Chakravarthy의 딸로, 스와미 비베카난다에 의해 겨우 일곱 살 때 신성한 어머니의 상징으로 숭배받는 영예를 누린 적이 있다. 이러한 관행을 쿠마리 푸자Kumari Puja*라고 한다. 차크라바르티 판사는 신지학 협회의 애니 베산트Annie Besant와 가까운 사이였으며 그 자신도 신지학자였기 때문에 히말라야에 불로불사의 스승이 존재한다고 믿었다. 반면 야쇼다 마이는 정통 비슈누파 사다크였으며, 크리슈나 신은 그녀의 모든 것이었다.

속세와 연을 끊기 전, 크리슈나프렘**의 이름은 로널드 닉슨Ronald Nixon이었다. 영국인인 그는 케임브리지 대학을 우수한 성적으로 졸업한 후 인도의 러크나우Lucknow 대학과 바나라시 대학에서 영문학 교수로 재직했다. 그는 산스크리트어와 팔리어(Pali) 학자였으며 벵골어와 힌디어에도 능통했다. 나는 크리슈나프렘에 대한 이 모든 이야기를 영국인인 스리 마다브 아시쉬에게서 들을 수 있었다.

아쉬람은 소나무가 빼곡한 산과 깊은 계곡으로 둘러싸인 한적한 곳에 있었다. 문 안으로 들어서자마자 마법의 정원에 온 듯한 기분이 들었다. 사방에 화사한 꽃들이 피어 있었고 녹음도 무성했지만, 무엇보다도 고요가 느껴졌다. 우거진 수풀 가운데 사원의 회색 돔이 보였다. 나는 계단을 오른 다음 사원 문 바깥쪽에 가죽 샌들을 벗어 놓고

* 힌두교 의식 중 하나로, 두르가 여신의 아홉 형태를 상징하는 아홉 명의 어린 소녀들을 숭배한다.

** 야쇼다 마이의 제자로, 스승과 함께 아쉬람을 세웠다.

안으로 들어갔다. 사원은 라다와 크리슈나의 아름다운 이미지가 있는 전통적인 비슈누파 사원이었는데, 모든 것이 비슈누파 방식대로 갖춰져 있었다.

불을 붙이고 종과 징을 울리는 정기적인 아르티를 비롯한 모든 의식이 부지런히 진행되고 있었다. 소라고둥을 불면서 음식을 공양하는 오후 보그Bhog도 행해지고 있었다. 사실, 아쉬람 전체는 사원을 중심으로 돌아가고 있었으며 고다 비슈누파(Gauda Vaishnava)* 신앙에서와 마찬가지로 라다와 라스비하리 크리슈나Rasbihari Krishna는 마치 살아있는 존재처럼 취급되고 있었다. — 사람들은 이 두 신들을 재우기도 하고 깨우기도 했다.

저녁 아르티 시간이 되었을 때, 나는 사원 안에 서 있었는데 전형적인 비슈누파의 모습을 한 서양인이 들어왔다. 황토색 도티를 입은 그의 이마에는 비슈누파 카스트 표식이 그려져 있었으며, 뒤통수에만 약간 남겨둔 머리카락 한 다발을 빼면 머리도 모조리 민 상태였다. 그는 나를 쳐다보더니 곧장 지성소로 걸어갔다. 이 키 큰 서양인은 세부적인 요소 하나조차 놓치지 않고 정교한 푸자 의식을 능숙하게 해냈다. 사원에는 나를 포함해 두세 명밖에 없었다. 푸자가 끝날 무렵, 그는 밖으로 나와 내게로 다가왔다. 나는 예의를 갖춰 인사를 하고 그의 발을 만졌다. "마다브 아시쉬라고 하네." 그가 영국식 영어로 말했다. "야쇼다 마이와 크리슈나프렘의 제자지. 방금 들어왔는가?"

"네, 마하라즈." 내가 답했다. "저는 히말라야를 여행하는 중인데,

* 위에서 언급된 차이타냐 마하프라부에게서 영감을 받아 만들어진 종파. 차이타냐 비슈누파라고도 불린다. 라다와 크리슈나를 헌신적으로 숭배하는 것에 초점을 맞춘다.

제 구루께서 이 아쉬람에 꼭 들르라고 하셨습니다. 여기서 하룻밤 머물러도 될까요?"

"편하게 있게나, 젊은이." 그가 말했다. "방을 보여주겠네. 다행히도 지금은 방문객이 거의 없다네."

채식으로 저녁을 맛있게 먹은 후, 늦은 밤이 되자 스리 마다브 아시쉬는 담소를 나누자며 나를 집으로 초대했다. "내가 담배를 피우는 습관이 있는데, 신경 쓰지 말게나." 그는 이렇게 말하며 파이프에 불을 붙였다. 질 좋은 담배 냄새가 방 안을 가득 채웠고, 우리는 그날 밤 늦게까지 이야기를 나누었다.

"그래, 아까 말했듯 이곳에서 우리는 우리가 정한 대로 정통 비슈누파 사람들이지." 그가 말했다. "바바가 시킨 대로 따르게. 그것이 자네에게 최선일 것 같네. 자네의 눈에서 총기가 느껴지는군. 혹시 바바지께서 자네에게 바이슈나브Vaishnav 만트라를 가르쳐주신 적이 있는가?"

"네. 토카르 크리야를 할 때 우리는 '옴 나모 바가바데 바수데바야*' 하고 챈팅해야 하지요."

"하리! 하리! 자이 스리 크리슈나." 그가 벅찬 감정을 표현하며 말했다. "우리에게는 히말라야에 살고 계신 위대한 마스터들의 존재를 믿을 만한 이유가 있네. 자네는 우리와 어떤 연이 있는 것 같군. 자, 시간이 늦었네. 이제 방으로 돌아갈 시간이야!" 우리는 그날 그렇게 대화를 마쳤다.

---

* Om Namo Bhagavathe Vasudevaya.

오랜 시간이 지난 후, 나는 카슈미르의 카란 싱Karan Singh 박사로부터 스리 마다브 아시쉬라고도 불렀던 아시쉬 다Ashish Da가 오랜 투병 끝에 세상을 떠났다는 소식을 들었다. 암은 이 성스러운 영혼에게도 자비가 없었다. 나는 고팔 다가 쓴 두 권의 훌륭한 책을 읽었다. 하나는《바가바드 기타의 요가》(The Yoga of the Bhagavad Gita)였고 다른 하나는《카타 우파니샤드의 요가》(The Yoga of the Kathopanishad)였다. 이 책들은 진지한 구도자들에게 정말로 통찰력 있고 유용한 정보들을 알려준다.

다음 날, 나는 스리 마다브 아시쉬와 작별하고 위대한 님 카롤리 바바를 잠시라도 흘낏 볼 수 있기를 바라며 카얀치를 향해 떠났다.

나는 운이 정말 좋았다. 카얀치에 도착하자 님 카롤리 바바도 바로 어제 이곳에 도착했으며, 며칠 동안 그곳에 쭉 머물 예정이라는 소식을 들을 수 있었다. 님 카롤리 바바가 시간을 보내는 대부분의 장소와 마찬가지로, 아쉬람 안에도 원숭이 얼굴의 신, 하누만의 거대한 성상이 세워져 있었다. 바람 신의 아들이라고도 알려진 하누만은 엄청난 힘과 용맹함으로 유명한데, 아요디아Ayodhya의 왕자 라마가 매우 사랑하는 존재이기도 했다. 성상 근처에는 어머니 여신의 사원도 있었다.

많은 사람들이 바바만을 바라보고 있었다. 그는 약간 높은 베란다에 앉아 있었고, 바닥에는 백 명이 넘는 사람들이 깔끔하게 줄을 지어 앉아 있었다. 맨 앞줄은 대부분 서양인들이 차지하고 있었다. 님 카롤리 바바는 완벽하게 미친 현자(mad sage)의 모습을 하고 있었다. 그는 꽤 뚱뚱하며 체격이 컸고, 흰머리를 짧게 자른 모습이었다. 얼굴은 통통했으며 풍성하게 기른 콧수염이 윗입술을 꾸며주고 있었다. 가슴을 그대로 드러낸 그는 빨간색, 흰색, 검은색 체크무늬가 그려진 담요로 뚱뚱한 배를 감싸고 있었다. 나중에 나는 비가 오는 날이나 더운 여름날이나 상관없이 그가 항상 그런 차림으로 있다는 것을 알게 되었다.

그는 큰 소리로 웃고, 격렬하게 손짓하고, 때로는 어떤 은밀한 기쁨에 빠진 듯 몸을 앞뒤로 흔들었다. 그는 가끔 몇 가지 불완전한 문장으로 질문에 대답했지만, 대부분은 큰 소리로 "람! 람!*" 하고 외쳤다. 한번은 누군가가 그에게 절을 하자, 바바가 그의 등을 세게 치면서 힌디어로 이렇게 말했다. "도대체 그분을 어디에서 찾고 있는 거야? 그분은 어디에나 있다고. '람 람'이라고 말해봐." 그러더니 영어로 이렇게 말했다. "베리 굿. 람 람."

나는 이런 장면을 멀리서 지켜보면서 그가 지금 막 도착한, 나처럼 보잘것없는 사람까지도 알고 있을지 궁금했다. 이런 생각은 나의 오산이었다. 갑자기 그는 목을 길게 빼더니 나를 쳐다보았다. 그의 눈이 휘둥그레졌다. 이때, 목에서부터 머리까지 전기에 감전된 듯한 느낌이 들었다. "바바지 카 바차." 그는 나를 바바지의 아이라고 부르며 내게 인사를 건넸다. 그리고 나를 가리키며 앞으로 나오라고 했다.

그래서 갔다. "우파르 아오(올라와)." 그가 말했다. 나는 계단을 올라 그의 옆에 섰다. 향냄새가 났다. 그는 손을 뻗어 나를 잡아당겼고, 나는 앉은 자세로 그의 무릎 위에 쓰러졌다. "좋아, 좋아." 그는 접힌 담요 사이로 손을 뻗더니 썩은 사과를 물질화했다. "먹어." 그가 사과를

---

* 인도에서는 Ram Ram이 일상적인 힌디어 인사말로 사용된다. 하지만 람은 힌두교 신 라마의 이름이기도 하다. 따라서 '람 람'은 라마의 이름으로 인사하는 종교적인 의미의 인사말이다.

내 손에 쥐여주며 말했다. 그의 무릎에 앉은 채 나는 이 썩은 사과를 먹어야 하나 말아야 하나 잠시 고민했다. 하지만 이내 내게 다른 선택권이 없다는 것을 깨닫고는 사과를 재빨리 먹어 치웠다. 이상하게도 썩은 사과 맛이 아니었다.

"바바지에게 안부 전해줘. 그리고 그에게 '람 람'이라고 말해줘. 이제 가도 돼." 그는 나를 무릎에서 밀어냈고, 내 엉덩이를 찰싹 때렸다. 나는 그에게 절을 한 뒤 원래 있던 마지막 줄 자리로 되돌아갔다. 친절하게도 누군가가 먹을 음식과 잘 곳을 내주었기에 그날 밤은 아쉬람에서 머물렀다. 하지만 밤새 잠을 이룰 수 없었다. 나는 깊은 명상에 빠져 있었다. 아침이 되었고, 나는 멀리서 님 카롤리 바바에게 절을 한 후 아쉬람을 떠났다. 명상 중에 느껴진 지복감이 계속 남아 있었다.

전날 밤, 나는 저녁 식사 전에 님 카롤리 바바에 대한 굉장한 이야기를 많이 들었다. 그중에서도 가장 인상 깊고 재미있었던 건 LSD 이야기였다. 그 시절은 히피들의 시대였고, 나중에 이름을 람 다스Ram Dass로 바꾼 리처드 앨퍼트Richard Alpert* 덕분에 많은 사람들이 님 카롤리 바바에게 이끌리게 되었다.

어느 날 바바는 한 서양인이 작은 병을 슬그머니 주머니에 집어넣는 것을 보고 "그게 뭐야?" 하고 물었다.

"병입니다." 히피가 말했다.

---

* 1931-2019. 1960년대 하버드 대학교에서 LSD의 효과에 대해 티모시 리어리Timothy Leary와 연구를 진행하다 해고되었다. 1967년 인도로 여행을 떠나 님 카롤리 바바의 제자가 되었고, 그에게서 '람(신)의 종'이라는 뜻의 람 다스라는 이름을 받았다. 대표적인 저서로 정신세계사에서 출간된 《Be Here Now》가 있다.

"병 안에 뭐가 들었는데?"

"약입니다." 히피가 말했다.

"무슨 약?"

"LSD입니다, 바바."

"이리 줘봐."

"하지만 바바, 이건 정말로 센 약입니다."

"이리 줘봐, 당장."

두려움과 불안에 떨며 히피는 병을 건넸다. 바바는 뚜껑을 열고 열 개 남짓한 LSD 알약을 한꺼번에 입에 털어 넣었다. LSD 과다 복용이 어떤 치명적인 결과를 가져다주는지 잘 알고 있던 모든 서양인들은 그 장면을 보고 입을 다물지 못했다. 잠시 후 바바는 갑자기 이상한 행동을 보이기 시작했다. 그는 포효하고, 비명을 지르고, 눈을 굴리고, 혀를 내밀고, 원을 그리듯 몸을 움직였다. 히피들은 약효가 나타났다고 생각하면서 최악의 상황을 예상하고 있었다. 하지만 바바의 이상한 행동은 시작과 마찬가지로 갑자기 뚝 멈췄다. 그는 크게 웃으며 이렇게 말했다. "아무 일도 없었어. LSD는 없어. 람 남Ram Naam이라고 말해. 람 람이라고 챈팅해."

서양인들로서는 상상도 할 수 없는 일이었다. 이 일은 '물질을 뛰어넘는 정신'의 진정한 증거이자 기적이었다.

39장 ॐ 바나라스의 아고리

나는 알모라에서 델리로, 델리에서 바나라스로 갔다. 바나라스에 도착해서는 곧장 라마크리슈나 수도회의 세바 아쉬람으로 찾아갔다. 이전에 약속했던 대로, 이라크 의사 스와미 데바트마난다가 그곳에 와 있었다. 그는 내게 나이 많은 스와미 한 명을 소개해주었는데, 그 스와미 역시 의사였고 매우 친절한 사람이었다. 두 의사 스와미는 당시 벨루르 무트에서 지내던, 라마크리슈나 선교회의 사무국장 중 한 명인 스와미 히란마야난다에게 편지를 써보라고 나를 부추겼다. 벨루르 무트에 복사로서 합류하고 싶다는 편지를 쓰라는 것이었다. 그들은 답장이 오기 전까지 라마크리슈나 세바 아쉬람에서 머무르라고 했다.

그래서 나는 스와미 히란마야난다에게 편지를 쓰고 바나라스에서 한 달 정도 머물면서 답장을 기다렸다. 고대 도시인 바나라스를 탐험할 수 있는 멋진 기회였다.

고대 시대부터 '빛'을 뜻하는 '카쉬Kashi'로 알려져 있던 이 신성한 도시는 학문과 문화 그리고 종교 전통의 중심지였다. 5세기에는 법현法顯이 헹Heng(강가) 강을 따라 카쉬 왕국의 바나라스 마을에 이른 적이 있으며, 7세기의 현장玄奘은 이곳을 바라나시Varanasi라고 불렀다.* 일부 무슬림 통치자들은 이 도시의 이름을 무함마다바드Muhammadabad로 바꾸려고 했지만 카쉬는 계속해서 카쉬 또는 바라나시로 불렸다. 여러 고대 성전(Purana)에서도 이곳을 아비묵타 크셰트라Avimukta Kshetra, 마하스마사나Mahasmasana, 아난다바남Anandavanam 등으로 부르면서 신성한 도시로 여겼다.** 지금도 대다수의 힌두교도들은 이곳을 카쉬라고 부르고 있다.

북적거리는 순례자들, 좁은 길에서 풍기는 악취, 활개를 치고 다니는 교활한 원숭이들, 공기 중에 떠다니는 먼지와 날아다니는 파리, 탐욕을 부리는 사제(panda)들, 뿔 달린 황소들이 자유롭게 돌아다니는 위험한 곳, 바라나시. 그런데도 바라나시에서는 어떤 평화와 평온을 느낄 수 있었다.

나는 아쉬람에서 멀지 않은 다사슈와메다 가트Dasashwamedha Ghat에 매일 가는 습관을 들였다. 그곳에 가려면 자전거 인력거, 황토색 옷을 입은 산야신, 벌거벗은 나가, 거지 등 사람들 사이를 힘겹게 헤쳐나

---

* 법현은 중국의 승려로서 인도를 여행하면서 〔대반열반경〕을 번역했다. 현장은 중국 당나라 때의 승려로, 〔대당서역기〕를 저술했으며 서유기에 나오는 삼장법사의 모티브였다.

** 아비묵타 크셰트라는 '해방된 지역'이라는 뜻이며 마하스마사나는 '거대한 화장장'이라는 뜻으로, 바라나시가 죽음과 부활의 상징적인 장소임을 나타내는 이름이다. 아난다바남은 '기쁨의 숲'이라는 뜻이며 바라나시가 구도자들에게 기쁨과 평화를 준다는 의미가 있다.

가야 했다. 가트 주변에는 다양한 종파의 아카다(수도원)가 많이 있었고, 서양에서 온 히피들은 사두들과 함께 어울렸다. 스리 요기라자 스리 108 바그완 다스지카 아카다 칵 찬카*에서는 라마밧Ramavat 사두**들이 대마초를 피워댔다.

나는 또한 매일 수많은 시신을 화장하는 마니카르니카 가트Manikarnika Ghat와 하리쉬찬드라 가트Harishchandra Ghat도 방문했다. 카쉬의 수행자들 대부분은 샹카라 학파의 다사나미 산야신들이지만 비슈누파 역시 이곳에 중심지를 두고 있다. 나는 가능한 한 많은 종파들을 경험해보려 노력했다. 불교, 자이나교, 시크교, 니르말라Nirmala, 우다시, 카비르 판쓰, 나낙 판쓰, 라마난디Ramanandi, 라마누지Ramanuji, 발라브Vallabh, 마다브Madhav, 님바르카Nimbarka, 고디야Gaudiya, 비라 샤이비즘Veera Shaivism, 그리고 물론 바바지가 속한 나쓰 판쓰(고라크 판쓰)까지.*** 나는 유명한 단디 산야신을 비롯한 많은 학자들과 성자들을 만났고, 스와미 카르파트리지Swami Karpatriji 사두에게서 '카쉬'가 빛을 의미하며 브라마의 빛(브라마 프라카쉬Brahma Prakash)에 이르러야만 카쉬에서의 삶의 장점을 온전히 취할 수 있다는 것을 배웠다. 나는 이 성스러운 학자와 여러 차례 베단타 토론을 벌이면서 베단타 철학에 대한 새로운

---

* Sri Yogiraja Sri 108 Bhagwan Dasjika Akhada Khak Chanka. 어느 아카다의 이름으로 추정된다.

** 라마 신의 가르침을 따르는 사두들.

*** 니르말라는 시크교의 한 종파. 나낙 판쓰는 구루 나낙Guru Nanak과 그의 가르침을 따르는 시크교 종파. 라마난디는 비슈누파에서 가장 큰 종파로 위에 언급한 라마밧과 같다. 라마누지는 11세기 비슈누파 성자인 라마누자Ramanuja를 따르는 종파. 발라브는 15세기 힌두 철학자 발라바Vallabha가 창시한 종파. 마다브는 마드바차리야Madhvacharya의 철학을 따르는 마드바 종파를 일컫는 것으로 추측된다. 님바르카는 13세기 살았던 브라만 요기이자 철학자인 님바르카가 창시한 비슈누파의 한 종파. 고디야는 차이타냐 비슈누파를 말한다. 비라 샤이비즘은 힌두교 시바파의 한 종파다.

관점들을 많이 배울 수 있었다.

스와미 히란마야난다의 답장이 도착하기 사흘 전, 나는 저녁에 카쉬 비스와나쓰Kashi Viswanath(우주의 주님) 사원에 있는 링감의 다르샨을 받으러 나갔다. 시바 링감을 보고 만진 후에는 사원 밖으로 나와 마니카르니카 가트까지 걸어갔다. 그곳에서는 많은 시체가 불타고 있었다. 가트의 계단을 내려간 다음 비교적 조용한 곳을 찾아 강가 강을 마주 보고 앉아 있자니 바바지 생각이 났다. '그분은 지금 어디 계실까? 히말라야 어딘가를 돌아다니고 계실까? 지금 그분이 내 옆에 앉아 계신다면 얼마나 좋을까. 바바지께서는 바나라스에서 오랫동안 산 적이 있다고 말씀하셨었지. 혹시 우연히 바나라스에 오실 일이 있지는 않으셨을까? 만약 여기 계신다면 분명 나를 피하지는 않으셨을 텐데….'

해가 지고 있었고, 주변 사원들에서 징과 종소리가 울려 퍼졌다. 몇몇 가트에서는 신성한 강가 강을 위한 아르티를 하고 있었다. "마두!"

나는 익숙한 목소리에 깜짝 놀랐다. 바바지 외에 그렇게 애정을 담아 나를 "마두"라고 불러줄 수 있는 사람은 없었다. 그는 내게서 세 걸음 정도 떨어져 서 있었다. 나는 "바바지!" 하고 기쁜 마음으로 외친 뒤 그의 발을 만지며 인사했다.

"브라마차리 마하라즈, 어떻게 지내고 있었니?" 그가 웃으며 내 어깨에 손을 얹었다.

"잘 지내고 있었습니다, 바바지." 내가 말했다. "당신이 그리웠다는 것만 빼고요."

"티크 하이(그래), 앞으로 한두 시간 정도는 너와 함께할 수 있을 것 같구나. 빛의 도시 카쉬라고 불리는 이 기묘한 대조의 도시에는 영적으로 대단히 진화한 이들이 자신의 정체를 숨긴 채로 살아가고 있단다. 시야마 차란 라히리나 트라일랑가 스와미와 같은 위대한 영혼들은 특정한 목적 때문에 유명해진 거지만, 이들 대부분은 대중에게 알려지지 않았지. 대중에게 알려진 이들보다 알려지지 않은 이들의 수가 훨씬 더 많단다.

오늘은 그중에서도 이곳, 마니카르니카 가트의 화장터에 사는 분을 만나보는 게 좋겠구나. 그분은 아고리Aghori*이신데, 사람들은 그가 반쯤 불에 탄 시체의 살점을 먹고 완전히 미친 사람처럼 행동한다고 믿기 때문에 그를 기피하지. 그분은 절대 몸을 씻지 않아서 벌거벗은 몸이 온통 먼지로 뒤덮여 있으며, 사람과 동물의 뼈가 쌓여 있는 화장터의 낡은 오두막에서 살고 계신단다. 그러나 이 모든 것은 효과적인 위장 또는 장막이라는 것을 명심하렴. 그래야만 사람들에게 방해받지 않고 영적 고독이라는 지복을 누릴 수 있고, 또 그래야만 자격이 있는 사람들과 그런 지복을 나눌 수 있으니까 말이야. 자, 가자꾸나."

날이 어둑해졌을 때쯤, 우리는 화장터를 지나 마니카르니카 가트의 외딴 구석에 도착했다. 양철 지붕을 얹은 작은 오두막 쪽에서 누군가가 큰 목소리로 매우 심한 힌디어 욕설을 하는 것이 들려왔다.

* 시바파의 종파 중 하나. 이 종파에 속하는 수행자들 역시 아고리라 부른다. 산스크리트어 '아고라'에서 유래한 말로, '두려워하지 않는'이라는 뜻이다. 아고리들은 묘지나 화장터에서 살아가며 유골 가루를 몸에 바르기도 한다. 사람의 두개골을 장식에 쓰거나 대접으로 쓰고, 심지어는 시체 위에 앉아 명상을 하기도 한다. 또한 이들은 노화를 방지하는 등의 신체적 유익이나 영적 유익을 위해 인육을 먹고 수치심을 극복하기 위해 나체로 생활한다.

오두막에 가까이 다가가자 수염을 기른 뚱뚱한 남자가 보였다. 그는 드레드록 머리를 터번처럼 둘둘 감고 옷도 입지 않은 채로 구석에 앉아 있었다. 그 앞에는 남녀가 서 있는 것이 보였다. 오두막 한가운데에 켜져 있는 작은 등잔불 빛에 의지해 그 주변을 둘러보니 여기저기 뼛조각이 흩어져 있는 게 보였다. 바바지는 나를 멈춰 세웠다. "잠깐." 그가 속삭였다. "뭘 하고 계신 건지는 모르겠지만 일단 일을 마무리하실 수 있게 잠시 기다리자꾸나."

아고리는 목청껏 이렇게 소리쳤다. "날 속일 수 있을 것 같냐, 이 사채업자야! 너는 돈을 빌려준 다음 터무니없이 높은 이자를 요구하지. 거머리 같은 놈! 높은 이자 때문에 대출금을 못 갚은 사람들에게서 네가 빼앗은 조그만 땅들이 얼마나 많더냐? 그 여자도 너 때문에 가진 걸 다 잃어서 자살했지. 이 불한당 자식아, 그런 짓을 해놓고 나한테 과자를 바친다고? 그런다고 네 죄가 씻길 것 같으냐, 개자식아! 나가! 네가 준 건 먹지 않을 거니까. 그런 걸 먹었다간 내 몸에 독이 될 거야. 얼른 나가, 쫓아내기 전에!"

실크 셔츠를 입은 고리대금업자는 뭐라고 중얼거렸고, 아고리는 과자 상자들을 던져버렸다. 과자 상자 하나가 내 근처로 날아와 머리에 거의 맞을 뻔했다. 당황한 남자는 크게 노한 아고리를 피해 오두막에서 도망친 다음 우리를 지나쳐 갔다.

이제 오두막에는 여자와 아고리 단둘만 남아 있었고, 나는 그녀의 배짱에 감탄했다. 그녀는 이런 장면을 목격하고도 여전히 거기 남아 있었다. 아고리는 그녀를 바라보며 말했다. "당신은 여기 왜 남아 있어? 보다시피 난 미친 사람이야. 다치게 하기 전에 나가."

여자는 계속 거기 남아 있길 고집했다. "저는 두렵지 않습니다, 바바. 위대한 성인들은 미친 사람처럼 행동한다고 들었습니다. 저는 세상의 모든 면면들을 보았고 이제는 지쳤습니다. 저는 오직 '진리'만을 원합니다. 당신이 원하는 것이라면 무엇이든 하겠습니다. 당신께 완전히 엎드리겠습니다."

아고리가 크게 웃으며 말했다. "하! 대단한 사다크 납셨군. 너는 평생 영화계라는 거짓 세계에서 살아왔고, 또 네가 가진 훌륭한 연기 실력으로 모든 사람을 속일 수 있다고 생각하지. 내 발아래에 '완전히 엎드려'봐. 뭐든 하겠다고 했지? 좋아, 그럼 지금 옷을 다 벗어봐. 지금 당장. 네 젖꼭지를 빨고 네 가슴을 핥고 싶으니까."

여자는 충격을 받아 잠시 말없이 서 있었다. 그러고는 이렇게 소리쳤다. "이 더럽고 상스러운 새끼! 난 네 놈이 성자라고 생각했건만, 너 같은 놈은 감옥에 가야 해!" 그녀는 큰 소리로 욕을 하면서 오두막 밖으로 뛰쳐나갔다.

우리는 잠시 기다렸다. 아고리는 기뻐서 손뼉을 치며 이렇게 말했다. "멍청한 놈들. 신께서는 너희들이 어떤 놈들인지 다 아신다고. 다들 말 같지도 않은 소리를 하고 있군. 녀석들을 몰아냈다, 야호! 요기 마하라즈, 어둠 속에 숨어 계시지 말고 이리 나오세요. 기다리게 해서 죄송합니다." 우리가 오두막 안으로 들어가자 아고리가 자리에서 일어나 우리를 반겼다. "앉으세요." 그는 우리가 앉을 때까지 기다리며 말했다. 주위에 오물과 쓰레기가 많았는데도 악취가 전혀 나지 않아서 놀랐다. 오히려 장미 향기가 은은하게 풍기고 있었다.

"요기 마하라즈, 오랜만에 뵙네요. 방금의 드라마를 재밌게 보셨기를 바랍니다. 옆의 이 친구는 당신께서 찾으신 젊은 친구군요. 흠! 내가 무섭냐?"

"아니요." 내가 말했다.

"당신께 보여드리려고 데려왔습니다." 바바지가 말했다. "시간이 그렇게 넉넉하진 않네요. 스리 구루께서 당신을 만나보라고 하셨습니다. 당신께서 이 친구에게 변신하는 모습을 보여주시면 좋겠습니다. 이 아이는 지금까지 그런 것을 본 적이 없지요."

"요기 마하라지께서는 저보다 더 대단한 것들을 보여줄 수 있으셨을 텐데요. 뭐, 그리 말씀하시니 보여드려야지요. 자, 합니다!"

순간, 아고리의 몸이 스르르 사라지더니 그가 있던 자리에 붉은 실크 샬바를 입고 크리스털 염주를 목에 걸고 있는, 엄청나게 잘생긴 청년이 나타났다. 나는 스리 구루 말고는 그렇게 매력적인 사람을 평생 본 적이 없었다.

오두막을 떠날 때쯤, 바바지는 내게 이렇게 말했다. "이게 이분의 진짜 모습이란다. 그전의 모습은 위장한 모습이지. 이제 아쉬람으로 돌아가렴. 오늘 본 것에 대해서는 아무에게도 발설하지 말아야 해. 곧 있으면 벨루르 무트에서 편지가 도착할 거란다. 벨루르 무트에 가서 시간을 좀 보내렴. 언젠가 다시 연락하마." 나는 엎드려 절했고, 몸을 일으키자 그들은 이미 사라져 있었다.

나는 밤늦게 아쉬람으로 돌아갔다. 그리고 내게 배정된 작은 방으로 가서 잠시 명상을 한 다음 잠들었다.

스와미 히란마야난다의 편지가 도착했다. 벨루르 무트로 오면 예비복사 교육센터에 합류하게 해주겠다는 내용의 편지였다. 하지만 먼저 스와미 아트마스타난다Swami Atmastananda 사무차장에게 이를 보고해야 했다. 그래서 나는 캘커타행 기차를 타고 벨루르 무트로 갔다. 사무차장은 나와 면담한 후 교육센터 입소를 허락해주었다. 대화를 나눠보니 그가 아주 훌륭한 사람이라는 것을 알 수 있었다.

나는 벨루르 무트에서 라마크리슈나 수도회의 회장과 사무국장 등 고위 스와미들을 만나 그들의 축복을 받는 영광을 누릴 수 있었다.

두 달 후, 나는 비하르Bihar 주 데오가르Deoghar에 있는 남자 기숙학교인 라마크리슈나 비디야피쓰Ramakrishna Vidyapith의 교장 찬단 마하라즈Chandan Maharaj를 소개받았다. 그리고 그의 요청으로 비디야피쓰로 전근을 가게 되었다. 비디야피쓰에서의 생활은 지금까지의 그것과 무척 달랐다. 나는 고학년 학생들에게 영어를 가르쳐주었고 그들이 지내는 기숙사의 사감이 되었다. 그리고 시간이 남으면 관심을 보이는 학생들에 한해서 마술과 가라테를 가르쳐주었다. 학생들은 처음에는 제멋대로 굴다가 얼마 안 있어 나와 친해졌고, 내게는 '가라테 마하라즈', '마술사 마하라즈'라는 별명이 붙었다.

내게는 또한 교장 선생님과 함께 후글리Hooghly 지역 곳곳을 여행하고, 카마르푸쿠르Kamarpukur와 자이람바티Jayrambhatti 등 스리 라마크리슈나와 연관이 있는 장소를 직접 가볼 수 있는 기회가 주어졌다. 벵골의 이런 시골 지역들은 나를 매료시켰다.

열두 개의 죠티르링가(빛의 상징) 중 하나로 여겨지는 유명한 시바 사원인 바이디야나쓰Vaidyanath 사원은 비디야피쓰에서 멀지 않은 곳에 있었다. 나는 이 사원을 두 번 가보았다. 아마 암스테르담을 제외하면 이곳이 세계에서 유일하게 순례자들에게 대마초를 판매하는, 인가받은 상점이 있는 곳이 아닐까 한다. 순례자들은 바이디야나쓰 시바에게 대마초를 바치고 축성받은 프라사드를 집으로 가져가서 경건한 마음으로 맛있게 먹는다. 사원 근처에는 스리 시야마 차란 라히리에게 크리야 요가를 배웠던, 그 유명한 발라난다 브라마차리Balananda Brahmachari가 지은 명상 동굴이 몇 곳 있다.

나는 떠나라는 신호를 받기 전까지 거의 1년을 데오가르에서 보냈다. 그러던 어느 날 밤, 꿈에 바바지가 나타나서 이렇게 말했다. "학교 선생님 역할은 그만두렴. 떠나야 해. 이제 집에 가야 해." 그는 이 말을 세 번이나 반복했다.

다음 날, 나는 짐을 싸서 데오가르를 떠났다. 그리고 며칠 후 집으로 돌아갔다. 그때쯤 부모님은 첸나이로 이사를 가신 상황이었는데, 나는 어느 날 오후 그 집에 불쑥 들어갔다. 오랫동안 사라졌다가 갑자기 돌아오는 일은 이제 거의 일상적인 일이 되어 버렸기 때문에 가족들은 별 반응을 보이지 않았다. 물론, 부모님은 내가 무사하다는 사실에 안도하시긴 했다.

얼마 후 나는 집에 눌러살면서 아버지가 시작하신 제약 사업을 도왔다. 그리고 시간이 날 때마다 라마크리슈나 선교회나 영적으로 중요한 다른 장소들을 찾아다녔다. 이사한 집이 바다와 가까웠기 때문에 주로 해변을 많이 다녔다. 나는 이전에 지두 크리슈나무르티의 저서를 읽은 적이 있었지만 그의 육성 강연을 처음으로 들은 것은 크리슈나무르티 재단 본부가 있는 바산트 비하르Vasant Vihar에서였다. 나는 그의 성격, 그리고 직접적이고 간결한 그의 강연 내용에 깊은 인상을 받았다. 하지만 그를 개인적으로 만나보고 싶다는 생각은 크게 없었다.

내가 학생이었을 적에 나와 가깝게 지내던 스와미 타파시아난다는 원래 라마크리슈나 선교회 트리반드룸 지부장이었지만 이제는 첸나이 지부장이 되어 있었다. 그는 세계 라마크리슈나 선교회의 부회장이기도 했다. 나는 라마크리슈나 물라moola 만트라에 적합하다고 생각되는 이들을 입문시킬 권한이 벨루르 무트의 선교회 회장뿐 아니라 그에게도 있다는 것을 알게 되었다.

어떤 이유에서인지, 나는 그에게서 만트라를 전수받고 싶다는 엄청난 열망을 느꼈다. 그래서 어느 일요일 날 무트로 가서 그를 만나 이러한 나의 마음을 전했다. 그는 조금의 망설임도 없이 이렇게 말했다. "내일모레가 구루푸르니마 날이니 입문 준비를 하고 오렴. 오기 전에는 목욕을 하고 새 도티와 꽃, 그리고 스리 라마크리슈나에게 닥쉬나로 바칠 약간의 돈을 가져오면 된단다."

그렇게 나는 구루푸르니마 날에 스리 라마크리슈나의 만트라에 입문하게 되었다. 스와미 타파시아난다는 만트라를 들려주는 몇 분 동안 얼굴이 붉어지면서 평소와 상당히 달라 보였다. 타쿠르Thakur*가 내 가슴 차크라의 연꽃에 앉아 있는 모습을 생생하게 심상화하는 동안, 내 마음은 기쁨으로 가득했다.

나는 첸나이에서 부모님과 함께 8개월을 지내며 바바지가 다시 신호를 주기를 기다렸다.

---

* 마스터, 신, 주님을 뜻하는 단어.

40장 ॐ 알란디, 쉬르디 그리고 문 투과하기

어느 날 저녁, 바바지의 신호를 받았다. 첸나이의 신지학회 본부에 딸린 사유 해변인 엘리엇츠 비치Elliot's Beach에 앉아 조용히 파도를 바라보고 있을 때였다. 그곳 분위기가 너무 평온한 나머지, 푹푹 찌는 더운 여름인데도 나는 잠깐 잠이 들었다. 그러다 귀에 익은 바바지의 목소리가 다음과 같이 말하는 걸 듣는 동시에 잠에서 깨어났다. "사흘 안에 알란디에 있는 나네슈와르의 사마디로 가라."

그래서 다음 날 라마크리슈나 무트 도서관에 가서 그곳의 위치를 30분 정도 찾아보았다. 나는 거기서 마하라쉬트라 주의 위대한 성자인 나네슈와르의 짧은 전기문을 읽다가 알란디가 푸네에서 불과 18킬로미터밖에 떨어져 있지 않다는 사실을 알게 되었다. 그래서 이틀 후 푸네로 가는 기차를 탔고, 거기서 다시 버스를 갈아타 알란디에 도착했다.

알란디는 정말로 조용하고 아름다운, 작은 마을이었다. 나는 나네슈와르의 사마디까지 걸어갔다. 사당 주변에는 많은 사람들이 앉아 있었다. 그중 몇몇은 《나네슈와리Jnaneshwari》를 읽고 있었다. 산트 나네슈와르Sant Jnaneshwar가 〔바가바드 기타〕를 훌륭하게 번역하고 거기에 해설을 덧붙인 책이었다. 또 어떤 사람들은 눈을 감고 명상을 하고 있었다. 대부분 노인들이었는데, 다들 마하라쉬트라 사람인 것 같았다. 바바지는 어디에도 보이지 않았다. 나는 사마디에서 그리 멀지 않은 보리수나무 아래에 앉아서 깊은 명상에 빠졌다.

이쯤에서 산트 나네슈와르에 대한 간략한 소개가 필요할 것 같다.

나네슈와르의 아버지 비탈판트Vithalpant는 아내 루크미니바이Rukminibai에게 말도 없이 속세를 떠나 산야신이 되기 위해 카쉬로 떠났다고 전해진다. 카쉬에서 그는 스리 라마난다 스와미Sri Ramananda Swami의 제자가 되었다. 라마난다 스와미는 어느 날 알란디를 들렀다가 우연히 루크미니바이를 만났고, 그녀에게 "행복한 결혼 생활을 영위하길 바란다"는 축복을 해주었다. 하지만 루크미니바이는 눈물을 흘리며 남편이 카쉬로 떠나 산야신이 된 이후로는 그런 생활이 불가능하다고 말했다. 그녀의 남편이 다름 아닌 자신의 제자 비탈판트임을 알게 된 라마난다 스와미는 카쉬로 돌아가 비탈판트를 질책하고 그를 알란디로 돌려보냈다. 그는 알란디로 돌아가 아내를 만났고, 다시 한 집안의 가장이 되었다.

이 둘 사이에서는 성스러운 자녀 네 명이 태어났다. 물론 산야신이 되었다가 나중에 가정으로 돌아간 사람은 추방자로 간주되는 것이 일반적인 규칙이었기 때문에 그 지역 정교회는 그들을 파문시켰다.

따라서 그들은 가장 낮은 카스트들보다 더 낮은 취급을 받는 사람들과 함께 도시 외곽에서 살아야만 했다.

그들의 첫째 아들 니브리티나쓰Nivrithinath는 가히니나쓰Gahininath의 제자가 되었다. 그리고 둘째 아들인 나네슈와르는 형의 제자가 되었는데, 그의 위대한 영적 성취 덕분에 형보다 더 위대한 인물로 여겨진다. 이 둘의 여동생 묵타바이Muktabai도 매우 진보된 요기니였다. 마하라쉬트라에는 이 남매들의 기적적인 삶에 대한 수많은 이야기들이 널리 퍼져 있다.

이런 이야기 중에서도 나는 〔베다〕를 챈팅하는 소 이야기를 좋아하는데, 그 내용은 다음과 같다.

어느 날, 지역 정통 사제들이 〔베다〕 챈팅 대회를 열겠다고 발표했다. 그들은 1등에게 멋진 칭호를 수여해주기로 했다. 대회장에는 학자들이 많이 모였고 그중에는 어린 나네슈와르도 있었다. 학자들은 그를 보고 분개했다. 어떻게 산야신이었다가 파문된 자의 아들, 즉 추방자가 정통 브라만들의 모임에 낄 수 있단 말인가? 그래서 그들은 나네슈와르에게 독설을 퍼부으며 떠나라고 말했다. 그들은 추방자에게는 〔베다〕를 챈팅하는 것이 금지되어 있다고 주장했다. "어린애가 하면 얼마나 하겠어?" "애는 〔베다〕가 뭔지 알기나 할까?" 학자들은 나네슈와르를 조롱했다.

그러자 나네슈와르가 말했다. "그까짓 거 별것도 아니죠. 심지어 소도 〔베다〕를 챈팅할 수 있어요." 그는 지나가던 소의 머리에 자신의 손을 얹고 축복을 내려주면서 소에게 〔베다〕를 챈팅하라고 시켰다. 그러자 소는 그의 말에 따르면서 〔베다〕를 토씨 하나 틀리지 않고 완벽하게 챈팅했다. 자신의 주장을 증명한 나네슈와르는 군중 속을 빠져나와 유유히 걸어갔다고 한다.

마하라쉬트라에서 〔바가바드 기타〕보다 더 인기 있는 《나네슈와리》를 어린 나이에 완성한 후, 나네슈와르는 자신이 할 일을 모두 마쳤으며 이제 물질세계를 떠날 때가 되었다고 말했다. 그는 가부좌 자세로 앉아 있을 수 있을 만큼 큰 구덩이를 팠다. 그리고 그 안에 들어가 최후의 크리야라고 불리는 호흡법을 수행한 뒤 움직임을 멈췄다. 구덩이는 그의 지시에 따라 석판으로 덮였고, 그 위로 능묘가 만들어졌다.

이곳은 나네슈와르의 지바 사마디라고 불린다. 그가 물질적으로는 움직이지 않아도 그의 영적인 몸이 여전히 거기 살아 있다고 믿어지기 때문이다. 대중들은 그를 위대한 성인으로 여기지만, 그가 속한 나쓰 종파는 그를 가장 걸출한 요기 중 하나로 여긴다.

다섯째 날 새벽 4시, 명상을 하러 사마디에 갔다. 그곳에는 《나네슈와리》를 읽고 있는, 하얀 콧수염을 풍성하게 기른 노인 외에 아무도 없었다. 그에게서 조금 떨어진 곳에 앉으려고 하는 찰나, 긴 머리를 한 10대 청년이 흰색 샅바만을 입고 내 쪽으로 걸어오는 것이 보였다. 그는 미소를 지으며 나를 안아주었다. 내 몸과 마음은 지복의 암브로시아ambrosia*로 가득 찼다. 왠지 그가 나네슈와르인 것 같다는 생각이 마음속에 떠올랐다.

그는 힌디어로 부드럽게 말했다. "내 형제 마헤쉬와르나쓰가 쉬르

---

* 신의 음식. 먹으면 불로불사한다고 한다.

디에 있는 사이나쓰의 아스탄aasthan*에서 널 기다리고 있단다. 오늘 그곳으로 가렴."

그런 다음 그는 사마디로 걸어 올라가 반얀나무 뒤로 사라졌다. 나는 그를 뒤쫓아 나무 뒤로 가보았지만 그의 모습은 어디에도 보이지 않았다. 그때 나는 그것이 비전이었음을 깨달았다. 《나네슈와리》를 읽고 있는 노인 역시 별것을 못 본 듯 그저 책만 계속 읽고 있을 뿐이었다.

나는 푸네에서 쉬르디행 버스를 탔고, 늦은 밤에야 목적지에 도착했다. 사마디 단지 입구에 바바지가 서 있었다. "젊은 요기를 만났구나." 그가 말했다. "지금은 시간이 늦어 문을 연 곳이 없으니 사이나쓰가 주로 잠을 자던 차바디chavadi 건물을 가보자꾸나."

우리는 사마디, 구루스탄gurusthan, 두니 불이 타오르는 드와르카마이Dwarkamai를 지나 차바디라는 작은 건물에 도착했다.** 떠돌이 개 몇 마리를 제외하면 주변에는 아무도 없었고, 나무 문이 굳게 닫혀 있었다. 나는 바바지가 들어가서 뭘 하려는 건지 궁금했다. 그가 말했다. "자, 들어가자."

"문이 잠겨 있습니다." 내가 말했다.

"안다." 그가 말했다. "눈을 감고 문으로 들어가는 것처럼 행동해

---

* 힌디어로 '장소'라는 뜻. 사원, 성지 등 주로 종교적인 장소를 가리킨다.

** '구루의 장소'라는 뜻의 구루스탄은 사이나쓰가 명상을 하고 가르침을 행하던 나무 아래 장소다. 드와르카마이는 도시 이름인 드와르카Dwarka와 어머니라는 뜻의 마이mai를 합한 말로, 사이나쓰가 직접 지은 이름이다. 그는 이곳에 직접 두니를 지폈고, 그것은 지금까지도 타오르고 있다. 사이나쓰가 주로 지내던 차바디는 '고정된 장소'라는 뜻으로, 그가 쉬르디에 지내는 동안 주로 머물던 곳이었다.

보렴."

"하지만 바바지…."

"일단 해보렴. 눈은 뜨지 말고."

그래서 나는 눈을 감고 오른발을 앞으로 내디뎠다. 팽팽하게 당겨진 큰 천을 밀고 들어가는 느낌이었다. 몸의 나머지 부분이 문에 닿았을 때도 같은 느낌이 들었다. 그러다 순식간에 그 느낌은 사라졌고, 바바지가 이렇게 말하는 것이 들렸다. "좋아, 이제 눈을 떠보렴."

눈을 뜨자 나는 바바지와 함께 차바디 안에 있었다. 문은 여전히 잠겨 있었다. 굳게 닫혀 있는 문을 통과해 들어왔다는 사실에 깜짝 놀란 마음을 가라앉히기도 전, 내 눈앞에는 믿을 수 없을 만큼 더욱 놀라운 일이 펼쳐졌다.

차바디 건물에는 지붕에 찢어진 낡은 천 조각을 밧줄처럼 꼬아 연결해서 나무판자를 매달아 둔 것이 있었는데, 바로 그 판자 위에 1918년 세상을 떠난 것으로 추정되는 쉬르디의 사이 바바가 누워 있었다! 나는 그를 경이와 경외의 마음으로 바라보았다. 머리카락이 쭈뼛 서고 온몸이 덜덜 떨렸다. 그는 일어나서 판자 위에 앉았다. 1.8미터 높이에 매달려 있는 그 이상한 침대에서 어떻게 내려올 수 있을까 궁금해하고 있던 찰나, 그는 조용히 공중에서 바닥까지 천천히 내려와 착지했다. 그는 평소 착용하던 두건을 하고 있지 않았고 머리가 깔끔하게 밀려 있었다. 우리 옆에 선 그는 키가 180센티미터는 되어 보였고, 체격도 레슬링 선수처럼 아주 좋았다.

그는 무슬림식으로 바바지를 안은 다음 서로의 코에 가볍게 입을 맞췄고 나는 그의 발 앞에 엎드렸다. 그는 나를 일으켜 세우면서 이렇게 말했다. "살람. 훌륭한 구루, 훌륭한 무르쉬드murshid*를 만났구나 얘야. 내게도 위대한 구루이신 벤쿠샤Venkusha 님이 계셨는데, 내가 한 거라곤 그저 그분을 바라본 게 다였지. 알라 말릭 하이Allah malik hai**, 람 람."

바바지가 말했다. "이 아이를 축복해주세요, 바바."

"알라 말릭 하이, 너도 내가 하는 것과 비슷한 일을 좀 다른 방식으로 해야겠구나. 쉽지 않겠는걸. 이 세상은 미쳤고, 세상 사람들은 내가 미쳤다고 생각하지. 후 알라Hu Allah***, 람, 람, 람. 카비르의 일을 하렴. 구루의 축복이 있기를." 그는 판자를 덮고 있는 시트 아래로 손을 뻗어 돈다발을 꺼냈다. "자. 알라 발라 카레가Allah bhalla karega(신이 돌봐주실 것이다). 이 돈을 가지고 가나가푸르Ganagapur, 피타푸르Pithapur, 아칼콧Akkalkot으로 가거라. 자, 어서 가렴."

나는 돈을 받기를 망설였다. 그러자 바바지가 속삭였다. "받으렴." 그래서 나는 돈을 받고 다시 절을 했다. 바바지와 사이나쓰는 서로를 껴안았고, 우리 둘은 들어왔을 때와 같은 방식으로 밖으로 나갔다. 바바지는 농담 삼아 이렇게 말했다. "다음부터는 닫힌 문을 통과하지 말렴. 코가 납작해질지도 모르니까." 밖은 아직 어두웠지만 좀 있으면 날이 밝을 것이었다.

바바지는 돈을 잘 가지고 있다가 내일부터 여행을 떠나라고 말했

---

* 이슬람교 스승을 말한다.

** '신께서 모든 일을 통치하신다'는 뜻. 주로 이슬람교에서 많이 쓰는 말이다.

*** 이슬람의 수피 전통에서 반복적으로 챈팅하는 말이다. 수피즘에서 '후'는 그(he) 또는 그것(that)을 의미하며 알라는 신을 뜻한다. 따라서 후 알라는 '그것은 신이다'라는 뜻으로 해석할 수 있다. 수피들은 이 구절을 반복적으로 말함으로써 명상을 하기도 한다.

다. "필요할 때 또 보자꾸나." 그는 이렇게 말하면서 사이나쓰가 말한 장소로 가는 길을 알려주고 떠났다.

새벽에 나는 구루스탄, 사마디, 두니가 타고 있는 드와라카마이, 그리고 차바디를 다시 한번 가보았다. 나는 차바디에 서서 커다란 사이 바바의 사진을 바라보았고, 지난밤에 얼마나 특별한 경험을 한 건지 떠올리면서 새삼 놀라움을 느꼈다. 아침 식사를 한 다음에는 버스를 타고 코페르가온Kopergaon 기차역으로 가서 기차를 기다렸다.

이 장을 마무리하기 전에 쉬르디의 사이 바바에 대한 아주 간단한 전기를 알려드리겠다.

1800년대 후반, 당시에는 아는 사람이 별로 없던 쉬르디의 조용한 작은 마을에 무슬림 파키르처럼 보이는 젊은 떠돌이 성자가 나타났다. 아무도 그의 이름이나 출신지를 알지 못했지만 칸도바Khandoba 사원의 사제 마할라샤파티Mahalashapathi는 "야 사이Ya Sai"(성자여, 오소서)라는 말로 그를 환영했다. — 칸도바 사원은 오늘날 사이 바바의 사마디 건너편에 있다. 그 후 그는 사이 바바라는 이름으로 불리게 되었다.

그는 1년 정도 쉬르디에 살면서 멀구슬나무 아래에서 잠을 잤고, 그 나무를 구루스탄(구루의 장소)이라고 불렀다. 한참 후, 성자의 지시에 따라 누군가가 멀구슬나무 옆의 땅을 파다가 동굴로 이어지는 터널을 발견했다. 동굴 안에는 밝게 타오르고 있는 세 개의 기름 램프가 있었다.

그로부터 얼마 되지 않아 사이 바바는 잠시 다른 곳으로 떠났다가 이웃 지역인 라하타Rahata에서 온 무슬림 찬드 파틸Chand Patil의 결혼식에 참석하기 위해 다시 돌아왔다. 그 후 그는 쉬르디를 다시는 떠나지 않았고, 낡고 허름한 모스크에 드와르카마이라는 이름을 붙인 후 거기서 살았다. (드와르카는 〔마하바라타〕의 크리슈나가 살았던 도시 이름이다.)

사이나쓰라고도 알려진 사이 바바는 나쓰 종파의 관습에 따라 신성한 두니를 피우고 하루 대부분을 두니 앞에서 보냈다. 그러다 저녁이 되면 기름 램프에 불을 붙인 다음, 발찌를 찬 채로 춤을 추며 노래를 불렀다. 나중에 차바디가 지어졌을 때, 그는 그곳에서 잠을 잤다. 그의 침대는 1.8미터 높이에 매달린 좁다란 판자였다. 판자는 차바디 지붕 중앙에 연결된, 낡은 헝겊을 꼬아 만든 밧줄에 매달려 있었다. 받침대도 쓰지 않는 그가 어떻게 침대 위로 올라가는지는 아무도 몰랐다. 심지어 그는 헝겊으로 감싼 벽돌을 베개 삼아 잤다.

그는 발목까지 오는 긴 흰색 로브를 입고 머리에 천을 두르고 다녔는데, 거의 항상 더럽고 찢어진 옷차림이었다. 머리는 깨끗하게 밀고 다녔고, 무슬림 파키르처럼 잘 다듬어진 턱수염과 콧수염을 유지했다. 그는 "람 람"과 "알라 말릭 하이"를 반복적으로 말했고 때로는 열화같이 화를 내기도 했다. 그럴 때면 미친 사람처럼 행동하면서 사람들을 때리겠다고 위협했다. — 하지만 그렇지 않을 때는 너무나도 친절하고 자비로워서 모두가 그를 사랑했다.

그는 오랫동안 쉬르디에 살면서 수많은 기적을 행했으며 자신을 찾아오는 모든 사람들의 슬픔을 없애주었다. 1886년에 그는 임상적으로 사흘간 죽었다가 다시 살아났다고 하며 1918년 10월 15일에 사망했다. 죽기 전에 그는 "나는 죽은 후에도 쉬르디에 머무를 것이며 성실하고 헌신적인 마음으로 나를 찾아오는 사람들과 대화하겠다"고 했다. 그가 그날 밤 차바디에서 그 잠깐의 드라마를 연기하지 않았다면 극도로 회의적인 내 마음은 이 말을 결코 믿지 않았을 것이다. 믿음이 거의 없는 나 같은 회의론자까지도 친절하게 대해준 그에게 영원한 감사를 드리며 절하고 싶다. 또, 나를 쉬르디로 데려다준 사랑하는 바바지께 지극한 겸손과 애정을 담아 감사드리고 싶다.*

* 쉬르디 사이 바바의 믿을 만한 전기문을 읽고 싶다면 《사이 삿 차리타Sai Sat Charita》를 참조하라. 저자 주.

41장 ॐ 더 많은 여행: 새로운 앎

나는 쉬르디를 떠나 가나가푸르와 나르소와디Narsowadi를 여행했는데, 가나가푸르는 다타트레야Dattatreya*의 화신으로 여겨지는 스와미 나라시마 사라스와티Swami Narasimha Saraswati가 그의 생애 대부분을 보낸 지역이다. 나는 가나가푸르에서 아칼콧으로 향했다. 아칼콧카르 마하라즈Akkalkotkar Maharaj의 사마디를 찾아가기 위해서였다. 스와미 사마르쓰Swami Samarth라고도 알려져 있는 그 역시 다타트레야의 화신으로 여겨지고 있다.

아칼콧카르 마하라즈는 쉬르디 사이 바바와 동시대 인물로, 1878년에 세상을 떠났다. 그는 아칼콧의 반얀나무 아래에서 살았기 때문

* 창조신 브라마, 유지의 신 비슈누, 요기 신 시바가 모두 합쳐진 신성한 현현으로 여겨진다. 다타트레야는 모든 규칙, 심지어 종교적으로 정해진 규칙마저도 모두 어기고 바람처럼 자유롭게 방랑하는 성자들의 수호신이다. 이런 성자들을 아바두타라고 하며 이들 중에서도 벌거벗은 자들은 디감바라라고 한다. 〔아바두타 기타Avadhoota Gita〕에는 아바두타들의 가르침과 수행법이 적혀 있다.

에 바타 브릭샤* 마하라즈Vata Vriksha Maharaj라고도 불렸다. 강력한 신인神人으로 널리 알려진 그는 수많은 기적을 행했으며 마하라쉬트라와 북부 카르나타카 주에서 큰 존경을 받았다. 또한 그는 아칼콧의 자택에 있는 동시에 멀리 떨어져 있는 자신의 헌신자들에게도 모습을 드러낸 적이 있다고 한다. 그의 추종자 중에는 마하라쉬트라의 왕국을 통치하는 많은 군주들과 괄리오르Gwalior 지역의 신디아Scindia** 가문 사람들이 있다.

나는 아칼콧의 작은 촐트리choltry***에 사흘간 머물렀다. 셋째 날에는 꿈에 아칼콧카르 마하라지가 붉은 샅바를 입고 나타나서 이렇게 말하는 꿈을 꾸었다. "나는 쉬르디의 사이 바바와 동일하다. 이제 피타푸르로 가서 스리 파다 발라바Sri Pada Vallabha께 경의를 표하라."

나는 안드라 프라데쉬Andhra Pradesh 주 카키나다Kakinada 근처의 피타푸르로 가서 다타트레야의 화신으로 여겨지는 스리 파다 발라바의 사원을 방문했다. 그런 다음 카르나타카 주 굴바르가Gulbarga에 있는 마닉나가르Maniknagar로 가서 역시 다타트레야의 화신으로 여겨지는 스리 마닉 프라부Sri Manik Prabhu의 사마디를 방문했다. 그리고 여기서 깊은 트랜스 상태에 빠져 있을 때, 바바지가 나타나 이런 말을 했다. "첸나이에 있는 네 친구 발라찬드라 메논Balachandra Menon의 집으로 가렴. 거기서부터는 사두처럼 옷을 입고 티루반나말라이Tiruvannamalai에 있는 성스러운 횃불의 산, 그러니까 시바의 거처인 아루나찰라

---

* 산스크리트어로 보리수나무라는 뜻.

** 인도의 귀족 가문. 마하라쉬트라에서 큰 권력과 영토를 가지고 있다.

*** 여행자나 순례자가 묵고 갈 수 있는 숙소.

Arunachala*로 가거라. 가서 라마나 마하리쉬의 사마디에서 시간을 보내렴."

나는 첸나이로 가서 바바지가 시키는 대로 했다.

어느 날 아침 새벽, 탁발 수도자 차림으로 내 친구 메논의 집을 떠났다. 나는 버스와 기차를 탔고, 또 때로는 걷기도 하면서 스리랑감Srirangam에 있는 랑가나타스와미Ranganathaswamy('드라마의 주님'이라는 뜻) 사원에 처음 도착했다. 이곳은 비슈누 사원인데, 머리가 다섯인 뱀 아난타 위에 누워 있는 비슈누를 숭배한다. 스리랑감은 스리 라마누자차리야Sri Ramanujacharya가 창시한, 베단타의 비시슈타 아드바이타Visishta Advaita 학파에서 가장 중요한 사원 중 하나로 꼽힌다.

스리랑감에서 멀지 않은 곳에는 벨란카니 마타Vellankani Matha 교회라는, 매년 수천 명의 사람들이 찾아오는 유명한 성모 마리아 교회가 있었다. 나는 이 교회에 들어가서 몇 분간 조용히 앉아 있었다. 교회 내부는 조용하고 평화로웠다.

그런 다음 나고레Nagore라는 지역에 있는 한 수피 성인의 다르가로 걸어갔다. 압둘 카더Abdul Khader라는 이름의 이 성자는 '나고레의 군주'라는 뜻의 나고레 안다바르Nagore Aandavar로 널리 알려져 있으며 그에 대한 기적적인 이야기도 많이 전해지고 있다. 그는 종종 며칠 동안

---

* 전설에 따르면 브라마와 비슈누 사이에 누가 더 우월한지에 대한 분쟁이 일어나 지상에 혼란이 생겨났다. 이에 데바deva(신)들은 시바에게 이를 해결해달라고 부탁했고, 시바는 두 신 앞에 빛의 기둥(혹은 불기둥)으로 나타났다. 시바는 기둥의 끝을 찾아낸 자가 더 우월하다는 말을 남기고, 브라마와 비슈누는 이를 찾기 위해 각각 위와 아래로 향한다. 하지만 둘 다 기둥의 끝을 찾지 못했다. 그 후 열기를 버틸 수 없었던 데바들은 시바에게 평화를 빌었고 시바가 그들의 요청에 따라 산을 향해 절을 하자 산꼭대기에 횃불이 나타났다. 이때 불이 나타난 지점이 바로 아루나찰라다. 현재 아루나찰라 산기슭에는 스리 라마나 아쉬람이 있다.

지하 저장고로 사라졌다가 다시 나타나자마자 어린아이들에게 엄청난 양의 과자를 나눠주곤 했다. 그런가 하면 또 이런 이야기도 있다. 한 번은 그가 어린 소년을 등에 업고는 잠시 눈을 감았다가 다시 뜨라고 했다. 눈을 감았다 뜨자 소년은 성스러운 도시 메카에 있었다. 그는 같은 방법으로 소년을 다시 나고레로 데려다주었다. 깜짝 놀란 소년의 부모는 메카 순례를 마친 사람이라는 뜻의 하지Haji라는 이름을 소년에게 지어주었다.

나는 나고레에서 다소 우회적인 경로를 택해 티루반나말라이로 출발했다. 칸치푸람Kanchipuram에서 대단히 존경받는 존로尊老이자 칸치무트Kanchi Mutt의 샹카라차리야인 스리 찬드라세카렌드라 사라스바티Sri Chandrasekharendra Sarasvati를 만나고 싶었기 때문이다.

하지만 그를 만날 가능성은 희박했다. 듣자 하니 그는 대중과 교류하지 않은 지가 꽤 됐다. 운이 좋아봤자 방문객들을 축복하기 위해 잠시 모습을 드러낸 그를 멀리서 힐끔 보는 게 최선일 터였다. 나는 아차리야가 모우나mouna(묵언) 중이니 말하거나 질문하지 말라는 당부를 받았다. 하지만 저녁이 되자 그가 묵언 상태를 깨고 몇 마디 할지도 모른다는 소문이 퍼졌다. 사람들은 줄을 서서 작은 초가집 앞 바닥에 쪼그리고 앉아 있는 그를 지나쳤다.

그는 매우 마르고 연약해 보이는 노인이었다. 허리에 두른 황토색 천과 머리를 덮은 천을 제외하면 입은 것도 없었다. 손에는 아디 샹카라차리야가 창시한 다사나미 교단 소속임을 나타내는 단디를 들고 있었다. 그는 두꺼운 안경을 쓰고 있었고, 이마에는 시바 추종자임을 표시하는 성스러운 재가 칠해져 있었다. 헌신자들이 그의 앞에 절을 한 다음 지나갈 때마다 그는 오른손을 들어 축복을 내렸는데, 어떨 때는 몇 마디를 주고받기도 했다. 가슴에 성스러운 실을 대각선으로 두른 건장한 브라만들이 사람들을 통제하고 있었다.

나도 사람들을 따라 줄을 섰고, 마침내 내가 그의 앞에 서자 그는 나를 예리한 눈빛으로 쳐다보며 타밀어로 "이름이 어떻게 되는가?" 하고 물었다.

나는 아차리야 옆에 서 있던 건장한 브라만의 지시에 따라 합장한 손을 입 앞에 대고 "마두입니다"라고 대답했다. 성자에게 내 입김이 닿으면 안 되기 때문이었다.

그는 살짝 웃으며 "자네 구루가 지어준 이름이구먼, 그렇지? 이스마일Ismail 판사에 대해 들어본 적 있는가?"

"아니요. 못 들어봤습니다." 내가 솔직하게 답했다.

"자네와 비슷한 사람이네. 〔캄바 라마야나〕*에 대한 전문가지. 흠! 할 일이 많구먼. 삿상이 중요해."

그는 이 말을 끝으로 오른손을 들어 축복했고, 나는 그의 수행원들에 의해 쫓겨났다. 그로부터 많은 시간이 흐른 후, 친구들이 내 일을 돕기 위해 재단을 만들고 싶어할 때가 있었다. 이때 우리는 적절한 이름을 찾고 있었는데 마침 삿상이라는 단어가 떠올라서 삿상 재단이라고 이름을 지었다. 여기서 '삿sat'은 진리를 뜻하고 '상'의 원어인 '상가sanga'는 모임이나 집단을 뜻한다. 그러니 삿상은 진리를 찾는 사람들의 모임, 또는 선하고 진실한 사람들의 모임으로 번역할 수 있

* 라마바타람Ramavataram이라고도 한다. 12세기 타밀 시인 캄바르Kambar가 쓴 타밀 서사시다.

다. 아니면 진리를 위해 함께한다는 의미로도 해석할 수 있다. 나는 아차리야의 마지막 말이 이 재단과 어떤 관련이 있었던 것일까 궁금했다.

티루반나말라이에 도착한 뒤에는 먼저 람 수랏 쿠마르Ram Surat Kumar라고도 불리는 판카 바바Pankha Baba라는 성인을 찾아보기로 했다. 나는 칸치푸람에 사는 어떤 은퇴한 교수로부터 판카 바바가 어린아이 같은 사람이며 종종 미친 사람처럼 행동한다는 이야기를 전해 들었다. 그는 한때 북인도에서 학교 교사로 일했으며 영어와 힌디어를 잘 구사했다.

나는 사원 수레(temple chariot)* 옆의 작은 오두막에서 그를 찾을 수 있었다. 사람들 몇몇이 그의 주위에 서 있었다. 피부가 희고 통통한 그는 백발 머리와 흰색 수염을 길게 기르고 있었고, 도티와 낡은 서양식 크림색 코트를 입고 있었다. 몇 달 동안 세탁하지 않은 것 같았다.

그는 안쪽에서 나를 쳐다보며 손을 흔들었다. "이리 와, 이리 와. 여기 앉아." 그가 맑고 다정한 목소리로 말했다. 나는 오두막에 들어가 앉았다. "더 가까이, 더 가까이 와." 그가 말했다. 그래서 앞으로 더 가까이 갔다. "흠, 이름 뭐야?" 그가 물었다.

"마두입니다, 바바." 내가 말했다.

"마두, 마두." 그는 내 이름을 부르는 게 즐겁다는 듯이 계속 말했다. "마두! 그럼 나마즈Namaz**도 알아?"

"네, 알고는 있지만 안 합니다. 그 대신 명상을 합니다."

---

* 힌두교 축제일에 성상을 운반하기 위해 사용하는 커다란 수레. 보통 신도들의 인력으로 끈다.

** 이슬람교의 기도를 의미하는 말.

"명상, 나마즈 둘 다 똑같아." 그가 말했다. "명상(Meditaion), 마두Madhu. 다 M, M, M, M, 냠냠 너는 M이야. 하하하!" 그가 웃었다. 그의 웃음소리는 그의 뱃속 깊은 곳에서부터 우러나와 큰 소리로 터져 나왔다. "M, M, 하하!"

그가 웃으며 몸을 들썩이다가 오른손으로 내 어깨를 세게 내리치는 바람에 내가 들고 있던 천 가방이 날아가서 그의 발에 떨어졌다. 가방에서 땅콩 몇 알이 굴러떨어졌다.

"땅콩이다. 이 거지님께서는 땅콩을 아주 좋아하신다고." 그는 이렇게 말하더니 땅콩 몇 알을 아주 맛있게 먹었다. "좋아, 좋아. 이제 어디로 가려고?"

"라마나 아쉬람으로 가려고 합니다." 내가 말했다.

그는 다시 큰 웃음을 터뜨렸고, 계속 웃으면서 "라마나가 거기 있나?" 하고 말했다. "거기에는 오직 삼매만이 있어. 라마나는 어떤 한 장소에만 존재하지 않아. 여기, 저기, 모든 곳에 있지. 좋아, 좋아. 가서 즐기라고." 그는 내 어깨를 한 번 더 때렸다.

나는 이제 가보려고 자리에서 일어났다. 그때 누군가가 말했다. "스와미, 저는 아무것도 원하지 않습니다. 오로지 마음의 평화만을 원합니다."

"마음의 평화!" 판카 바바가 외쳤다. 그의 온몸이 다시 큰 웃음으로 들썩거렸다. "이 사람은 마음의 평화(peace of mind)를 원하는데 이 거지의 마음은 산산이 조각(piece)났다. 하하!"

나는 가방을 들고 그에게 절을 올린 다음 밖으로 걸어 나갔다.

"M, M!" 그가 내 뒤에 대고 외쳤다. "마음이 산산이 조각났어. 아무 마음도 없다고. 라마나에게 전해."

나는 라마나 아쉬람의 사무실로 걸어가 숙소 배정을 요청했고, 다른 사두들이 몇 명 있는 공동 침실에서 묵을 수 있었다. 이 아쉬람은 매우 평화로운 곳이었으며 고대부터 시바의 가장 신성한 거처 중 하나로 알려져 있는 신성한 횃불의 산, 즉 아루나찰라 산과도 가까웠다. 〔스칸다 푸라나Skanda Purana〕에서는 아루나찰라를 시바의 신성한 가슴 중심이라고 말한다. 독실한 순례자들은 특히 보름달이 뜨는 밤이면 이 산을 한 바퀴 돈다.

라마나 아쉬람의 어원이 되는 인물, 라마나 마하리쉬는 아루나찰라를 위대한 영적 중심지로 여겼고, 젊은 시절에는 이곳에 불가항력적으로 이끌렸다고 한다. 인도를 위시하여 전 세계 많은 사람들이 스리 라마나 마하리쉬에 대해 잘 알고 있지만, 그를 모르는 독자 여러분을 위해 이 위대한 영혼을 간략히 소개해보겠다.

타밀 나두의 작고 외딴 마을 티루출리Tiruchuli의 브라만 가정에서 1879년 12월 30일에 태어난 벤카트라마나Venkatramana(나중에는 짧게 라마나라고만 불린다)는 뛰어노는 것을 좋아하는, 귀엽고 총명한 아이였다. 하지만 그는 한번 잠에 들면 갖은 노력을 들여 깨워야 할 정도로 깊은 잠에 곧잘 빠졌다. 벤카트라마나는 열두 살 때 아버지를 여의고 삼촌과 함께 마두라이Madurai에 살게 되었다. 열여섯 살이었던 그에게 특이한 경험이 저절로 일어난 곳도 바로 이곳 마두라이에서였다.

그의 말을 들어보자.

마두라이를 영영 떠나기 약 6주 전, 내 인생에 큰 변화가 일어났다.

아주 갑작스러운 일이었다. 나는 삼촌 집 1층 방에 혼자 앉아 있었다. 나는 몸이 아픈 때가 거의 없었고 그날도 건강에는 아무런 이상이 없었다. 하지만 갑작스럽고 격렬한, 죽음에 대한 두려움이 나를 집어삼켰다. 나는 너무나 건강했기에 왜 갑자기 이런 두려움이 드는 건지 알 수 없었고 딱히 그것을 이해하려는 노력도 하지 않았다. 또, 이 두려움에 대한 다른 이유가 있는지 알아보려 하지도 않았다. 나는 그저 곧 죽을 것이라고 느낄 뿐이었으며 무엇을 어떻게 해야 할까 생각하기 시작했다. 의사나 연장자 혹은 친구와 이 문제를 논의해야겠다는 생각은 들지 않았고 그 문제를 바로 그 자리에서 직접 해결해야만 한다고 느꼈다.

죽음에 대한 두려움이 준 충격이 내 마음을 자꾸만 내면 깊숙이로 몰고 갔고, 나는 언어가 아닌 어떤 느낌으로써 나 자신에게 이렇게 말했다. '죽음이 눈앞에 다가왔구나. 그런데 죽음이라는 건 뭘까? 죽는다는 것은 뭐지? 이 몸이 죽는다.' 그러자 곧바로 죽음이라는 사건이 연극처럼 표현되었다. 나는 사후 강직을 모방하여 사지를 경직시켜 쭉 뻗은 채로 누워 시체 흉내를 냈다. 그래야 이 탐구에 더 큰 현실감이 부여될 것 같았다. 나는 숨을 참았고, 아무 소리도 낼 수 없도록 입을 꾹 닫았다. 그러면 '나(I)' 혹은 기타 다른 말을 뱉지 못할 것이었다. 그런 다음 마음속으로 말했다. '이 몸은 죽었다. 뻣뻣하게 굳은 이 몸은 화장터로 운반될 것이고, 불에 타서 한 줌의 재가 될 것이다. 그러나 이 몸이 죽으면 나도 죽는가?'

'이 몸이 나인가?' 몸은 침묵했고 아무 움직임도 없었지만 나는 내 인격의 온전한 힘을 느낄 수 있었고, 내 안의 '나(I)'의 목소리도 몸과는 따로 떨어져 있었다.

따라서, 나는 육체를 초월한 영이다. 육체는 죽지만 육체를 초월한 영은 죽음에 이를 수 없다. 그러니 나는 불사의 영이다.

이 모든 것들은 한낱 흐릿한 생각이 아니라 사고과정 없이 직접적으로 인식되는, 생생히 살아 있는 진리와 같았다. 이러한 느낌은 마치 번개처럼 나를 스쳐 지나갔다. '나(I)'는 무언가 아주 실재적인 것, 나의 현 상태에서 유일하게 실재적인 것이었다. 내 몸과 연결된 모든 의식 활동은 그 '나(I)'에 집중되어 있었다. 그 순간부터 '나(I)' 또는 '자아(Self)'는 스스로에 강력하게 매혹되어 그 자신에게 주의를 집중했다. 죽음에 대한 두려움은 완전히 사라졌다. 그때부터 자아(Self)에 대한 몰두가 끊임없이 이어졌다.

다른 생각들은 음악의 여러 음들처럼 왔다 가지만, '나(I)'는 다른 모든 음의 근간이 되면서도 모든 음과 조화를 이루는 근음(shruti note)* 처럼 계속 이어졌다. 몸이 말을 하든, 독서를 하든, 다른 어떤 일을 하든 간에 나는 여전히 '나(I)'라는 중심에 있었다. 이 사건 이전에 나에게는 자아(Self)에 대한 명확한 인식이 없었으며 의식적으로 자아에 끌리지도 않았다. 딱히 자아에 대한 직접적인 관심도 없었고, 자아에 영원히 거하고 싶다는 마음도 없었다.

이 사건 이후 라마나는 곧 마두라이를 떠났고, 떠나면서 '진리를

* 인도 음악은 서양 음악과는 다른 음계 체계를 가지고 있다. 서양 음악에서는 반음이 최소 음 간격이지만 인도 음악에서는 쉬루티shruti라고 불리는 미세한 음 차이로 음을 세분화한다. 여기서 라마나가 말하는 쉬루티 노트는 음악의 근음(root note)을 뜻한다.

찾는 고결한 구도행을 떠났으니 자신을 찾지 말라'는 메모를 남겼다. '아루나찰라'라는 단어는 언제나 그를 매료시켰고, 스스로 모습을 드러낸 내적 자아(Self)와 영원히 하나가 되고 싶다는 불가항력적인 충동을 느낀 그는 기차를 타고 티루반나말라이로 향해 1896년 9월의 어느 날 목적지에 다다른다. 그는 사랑하는 아루나찰라 시바 — 빛으로 상징되는 지고의 존재이자 성스러운 횃불의 산으로 대표되는 — 의 거처에 도착했다.

스리 라마나는 이때 아루나찰라 시바의 위대한 사원으로 서둘러 발걸음을 옮기면서 가슴이 기쁨으로 두근거렸다고 말한다.

지성소에 들어선 그는 완전한 황홀경에 빠져 아루나찰레슈와라 링가Arunachaleshwara linga를 껴안았다. 마두라이에서부터 시작된 타는 듯한 느낌은 사라져서 빛과 합쳐졌다. 그는 마음 중심부에서 진리, 지복이 넘치는 지고의 자아를 발견함으로써 여정을 마쳤다. 그 후 그는 그 고양된 상태에 몰두하기 위해 혼자 있기만을 원했다.

처음에 라마나는 사원의 지하실에서 살다가 셰샤드리 스와미Sheshadri Swami라는 그 지역 성자에게 발견되었는데, 성자는 "여기 누구도 알아보지 못한 다이아몬드가 있다"고 말했다. 그는 전갈에 물린 라마나의 몸을 친절하게 보살펴주었다. 곧 라마나는 다른 외딴곳의 사원으로 옮겨갔고, 한 사원에서 또 다른 사원으로 계속 옮겨 다녔다. 그는 말을 하지 않았기 때문에 '침묵의 브라만 스와미'라고 알려지기 시작했다. 그는 대중의 관심을 피하기 위해 산으로 자리를 옮겨 여러 동굴과 외딴곳에 있는 사원들에서 시간을 보낸 후 비루팍샤Virupaksha 동굴에 17년 동안 정착해 살았다.

곧 몇몇 헌신자들이 그의 주위로 모여들었다. 위대한 학자이자 구도자인 카브야 칸타 가나파티 사스트리Kavya Kanta Ganapathy Sastri가 동굴을 찾아왔다. 그는 고대 〔우파니샤드〕에 적혀 있는 최고의 진리를 터득한 위대한 현자가 실제로 살아 있다는 말을 처음 퍼뜨린 사람이었다.

라마나의 첫 서양인 추종자라고 할 수 있는 영국 경찰관 F. H. 험프리스도 이곳에서 라마나를 만났다. 라마나의 어머니도 거기에 정착했는데, 그녀는 죽는 날까지 아들과 함께 지냈다. 그때쯤 스리 라마나는 마하리쉬(위대한 현자)라고 불렸다. 카브야 칸타 가나파티 사스트리가 그에게 붙여준 이름이었다. 어떤 이들은 그를 바그완(신)이라고 부르기도 했지만, 그는 티루반나말라이에 처음 도착했을 때와 마찬가지로 계속 소박한 모습으로 지냈다.

비루팍샤 동굴에 살던 마하리쉬는 스칸다Skanda 아쉬람으로 거처를 옮겼다. 그의 추종자 중 하나가 산 경사면에 지은 것이었다. 그의 어머니는 세상을 떠난 후에 스칸다 아쉬람에서 조금 떨어진 곳에 묻혔다. 이후 마하리쉬는 어머니의 무덤 주변에 있는 소박한 아쉬람으로 거처를 옮겼고, 1950년 세상을 떠날 때까지 그곳에서 조용히 살았다. 스리 라마나 마하리쉬는 그를 만난 영국 저널리스트 폴 브런튼의 책 덕분에 영어를 쓰는 인도 대중들을 비롯해 전 세계에 널리 알려지게 되었다.

라마나 마하리쉬는 여행을 하지 않았다. 그는 티루반나말라이에 쭉 머물렀고, 말년에는 항상 자신의 다르샨을 받으러 온 사람들을 만나 그들에게 침묵의 가르침을 주었다. 그는 말을 거의 하지 않았지만 많은 사람들이 그의 현존 안에서 불가해한 평화와 평온을 찾을 수 있었으며 어지러운 생각들이 저절로 가라앉는 경험을 했다.

나는 티루반나말라이에서 스리 라마나 마하리쉬의 사마디, 스칸다 아쉬람, 비루팍샤 동굴, 아루나찰라 산의 기타 여러 곳을 돌아다니며 사흘 동안 명상을 했다. 마지막 날, 거북이 바위 위에 홀로 앉아 고독을 즐기고 있었는데 문득 평소와 달리 바바지의 육체적 존재가 더 이상 그립지 않다는 것을 깨달았다. 원래 나는 그를 티루반나말라이에서 만날 수 있을 거라고 생각했지만 만나지 못했고, 그런데도 전혀 속상하지 않았다.

햇볕이 뜨거웠고 불어오는 바람도 뜨거웠지만 내 마음은 가슴께에서 시작되어 머리로 퍼지는 기분 좋은 온기와 하나가 되었다. 그때, 바람이 불어 찢어진 종잇조각이 내 발 주변으로 떨어졌다. 나는 그것을 집어 들어 살펴보았는데, 어떤 책의 한 페이지인 듯했다. 읽어보니 스리 라마나 마하리쉬의 말을 적어놓은 것이었다. 그 내용은 다음과 같았다.

"겸손하게 행동할수록 유익을 보는 것은 우리 자신이다. 우리가 다른 사람에게 주는 모든 것은 실은 한 자아(One Self)께 바치는 봉헌이다. 자신의 진정한 자아와 무관한 것을 욕망하지 않는 것은 바이라기야Vairagya, 즉 무념이다. 자신의 참자아(true Self)에 계속 머무는 것은 즈냐나jnana, 즉 깨달음이다. 바이라기야와 즈냐나는 같다. 모든 이는 자신 안으로 깊이 들어가서 고귀한 아트만Atman*을 깨달아야 한다.

---

* 숨 쉬는 생명인 '나'. 힌두교에서는 개인에 내재하는 원리인 아트만과 우주의 궁극적 근원인 브라흐만이 동일한 것이라고 가르친다.

신과 구루는 하나다. 구루의 은총을 받은 자는 절대 버림받지 않도록 되어 있지만 제자는 반드시….”

이 글을 읽자 바바지가 내 영혼(psyche)의 없어서는 안 될 부분이라는 생각이 즉시 떠올랐다. 내가 어떻게 나 자신을 잃을 수 있겠는가? 바로 이거였다.

티루반나말라이에서 첸나이로 돌아온 나는 열 달 동안 집에 머물렀다. 낮에는 아버지의 제약 사업을 돕고 저녁에는 해변을 산책하며 시간을 보내는 식이었다. 그러는 동안 크리슈나무르티 재단 본부에 가서 두 번이나 크리슈나무르티의 강연을 들었다. 이전에 바바지가 크리슈나무르티를 만나라고 하긴 했지만 그때는 딱히 그러고 싶지가 않았다. 일요일이 되면 나는 보통 신지학회의 도서관에서 시간을 보내거나 고대의 카팔레슈와르Kapaleshwar 사원에 갔다. 그리고 가끔은 쉬르디 사이 바바 사원이나 에그모어 기차역 근처에 있는 수피 성인 모티 바바의 다르가에 가곤 했다.

한편, 나는 〈프로브Probe〉라는 잡지에 인도 남부의 사원과 히말라야 성지에 관한 기사를 쓰기 시작했고 그러던 중 안다만Andaman 제도의 포트 블레어Port Blair에서 발행되는 〈안다만 타임즈〉라는 지역 신문을 읽게 되었다. 신문과 책을 통해 안다만 제도를 꼼꼼히 공부한 후, 그곳에 가기로 결심했다. 나는 〈안다만 타임즈〉의 편집장에게 일자리를 문의했고, 그도 기꺼이 나를 써보고 싶다고 했기 때문에 이번에는 부모님께 취직 소식을 전하며 포트 블레어로 출발할 수 있었다. 나는 저널리스트가 될 것이었다. 이번에는 부모님도 기뻐하셨다.

42장 ॐ 타즈 뭄바이의 바바지

관광청이 '금잔화 색 해가 뜨는 땅'이라고 선전하는 안다만 제도는 정말로 아름다운 곳이었다. 나는 기자 신분증을 소지하고 있었기 때문에 안다만 제도와 니코바르Nicobar 제도에서 일반 관광객은 출입할 수 없는 곳을 가볼 수 있었다. 덕분에 자라와Jarawa 보호구역에 들어가 식인종으로 알려진 자라와족을 볼 수 있었고 외부와 단절된 노스 센티넬North Sentinel 섬에 사는, 센티넬족이라는 키 큰 부족도 볼 수 있었다. 센티넬족은 소금 사용법조차 배운 적이 없었으며 벌거벗은 채로 살아갔다.

기자 신분증을 가지고 있으면 누구의 사무실이든 다 들어갈 수 있었고, 현지 정치인들이 벌이는 정치적 논쟁을 접할 수도 있었다. 나는 새로운 정보를 수집하는 방법, 그리고 핵심을 놓치지 않으면서도 지면 크기에 맞게 글을 편집하는 방법을 배웠다. 이러한 경험은 단편 소설을 집필하는 데 도움이 되었다. 나는 〈섬 소년〉(The Island Boy)이라는 단편 소설을 쓴 적이 있는데, 이 작품은 〈힌두스탄 타임즈Hindustan Times〉의 소설 면에 게재되었다.

포트 블레어는 역사적으로 흥미로운 곳이기 때문에 나는 인도 본토에서 발행되는 신문에도 이 지역에 관한 기사를 여러 번 썼다. 예를 들어 2차 세계대전 당시에는 포트 블레어를 일본이 잠시 점령했었는데, 일본군은 이곳을 첸나이(당시 마드라스)를 폭격하기 위한 기지로 사용했다. 그때의 지하 터널과 벙커들은 이 지역 도시와 아주 가까운 곳에 아직도 남아 있다. 포트 블레어에는 식민 시절 영국이 상습범들을 수감했던 악명 높은 셀룰러cellular 감옥도 있는데, 나중에 이곳은 비어 사바르카르Veer Savarkar 같은 정치 혁명가를 수감하는 데 사용되기도 했다. 포트 블레어에는 글을 쓸 만한 소재들이 아주 많았으며 사색하기에도 아주 좋은 곳이었다. 도시 어느 곳에 있든 몇 분만 가면 해변이 금방 나오기 때문이다.

나는 안다만 제도에서 부유한 모팔라Mopalah* 상인이나 부동산 부자의 사위가 되지 않도록 조심하면서 즐겁고도 알찬 1년을 보냈다. 섬의 부유한 정착민들은 항상 인도 본토에서 온, 젊고 교육 수준이 높으며 잘생긴 남자를 자신의 딸과 결혼시키려고 했다. 그곳 여성들은 정말 아름답고 똑똑했지만 나는 경고를 받은 적이 있었기 때문에 이를 경계했다.

이 시기에 안 좋은 사건을 딱 한 번 겪은 적이 있다. 바로, 정수되

* 인도 케랄라 지역에 거주하는 말라얄람인을 가리키는 말.

지 않은 물을 마시는 바람에 심한 아메바성 질환에 걸린 일이었다. 또 하나 위험할 수 있었던 것은 뇌 말라리아였는데, 밤에 모기장을 치고 잠으로써 이를 피할 수 있었다. 영적으로 큰 의미가 있는 일은 딱히 일어나지 않았다. 나는 연말에 사직서를 낸 다음 배를 타고 캘커타로 떠났다. 3일간의 항해였다.

캘커타에 도착한 나는 다시 한번 벨루르 무트와 닥쉬네슈와르에 있는 칼리 사원을 방문했다. 또, 닥쉬네슈와르에 있는 요고다 삿상협회(Yogoda Satsang Society) 본부를 방문하여 스와미 샨타난다Swami Shantananda와 크리야를 주제로 개인적인 대화를 나눴다. — 그는 나이 많은 미국인 스와미로, 아주 신사적이었고 말투도 부드러웠다.

도시로 돌아온 후, 나는 스리 구루 바바지의 제자이자 유명한 크리야 요가 마스터의 증손자인 스리 사티야 차란 라히리Sri Satya Charan Lahiri가 자신의 추종자와 함께 지내고 있다는 소식을 지인으로부터 전해 들었다. 그래서 나는 그를 찾아가 한 시간 동안 대화를 나눴다. 인자하고 교양이 있던 그는 자신의 증조부인 시야마 차란 라히리 마하사야에 대한, 이전까지는 잘 알려져 있지 않았던 여러 사실들을 알려주었다. 우리는 크리야 요가에 관해서도 이야기를 나눴다. 나는 직접적인 대면 가르침 없이는 크리야를 배울 수 없으며 이를 배우려면 반드시 스승과 제자 간의 긴밀하면서도 개인적인 교제가 필요하다고 생각했는데, 그도 이런 내 의견에 동의했다.

그는 뭄바이에 방문했을 때 있었던 일을 내게 들려주며 크게 웃었다. 그 이야기는 이렇다. 그에게 한 여성이 찾아왔었는데, 그녀는 자신이 히말라야에 가서 스리 구루 바바지를 만난 적이 있다고 했다.

— 정확히 말하자면, 요가난다가 붙인 이름인 마하바타르 바바지를 만났다고 했다. 그러면서 자신이 그와 함께 세 시간 동안 명상을 했다고 말했다. 이 여성은 바바지와 만났다는 이야기를 꺼낸 지 몇 분밖에 되지 않았을 때 불쑥 그에게 크리야 요가에 입문시켜달라고 부탁했고, 그는 이를 거절했다. "하다 하다 이제는 바바지를 그런 수작을 부리는 데 써먹는단 말이지." 사티야 차란 라히리가 슬프게 고개를 저으며 말했다. 그는 이어서 이렇게 말했다. "앞으로 톰, 딕, 해리들이 자기가 바바지와 직접적인 연이 있다고 주장하면서 사업을 하려 들 걸세."

나는 캘커타에서 바나라스로 향했다. 이번이 두 번째 바나라스 여행이었다. 물론 카쉬 비스와나쓰 사원을 다시 한번 가보고 싶다는 바람도 있었지만 무엇보다도 사르나쓰Sarnath에 가보고 싶었기 때문이었다. 사르나쓰는 부처가 첫 설법을 한 장소이자 그가 '법륜'(Wheel of Dharma)이라 부른 것을 처음 가르친 곳이다. 나는 바라나스로 가는 길에 라즈가트Raj Ghat에 위치한 크리슈나무르티 재단이 운영하는 크리슈나무르티 센터와 바산타Vasanta 대학 그리고 그 부속 학교를 방문했다.

문득, 얼마간 여행을 할 수 있을 만큼 가진 돈이 충분하다는 것을 깨닫게 된 나는 뭄바이의 엘레판타Elephanta 동굴을 가봐야겠다는 생각이 들었다. 카슈미르의 아난트나그Anantnag 근처에 있는 반조Bhanjo의 동굴 사원들과 마찬가지로 고대 입문식에 이 동굴이 쓰였다는 이야기를 오래전에 바바지에게서 들은 적이 있었다. 이 동굴은 인도 문에서 보트를 타면 얼마 안 걸리는 거리에 있었다. 나는 관광객들이 이용하는 수많은 보트 중 하나에 올라타 곧 동굴에 도착했다.

마라티어(Marathi)로 가라푸리Gharapuri 동굴이라고 알려진 엘레판타 동굴은 아라비아 해의 한 섬에 자리해 있다. 바바지가 알려준 이 동굴의 원래 산스크리트어 이름은 아그라하르푸리Agraharpuri였다. 아그라하라Agrahara는 '가장 중요한 목걸이'라는 뜻으로, 브라만 공동체가 살던 곳을 의미하는 말이다. 바바지의 설명에 따르면 그 당시에는 영적 신비에 입문한 자들 중 고도로 진화한 자들만 브라만이라고 불렸고, 이 스승들이 그 동굴에 공동체를 형성했기 때문에 그런 이름이 붙었다고 한다. 영적 신비에 입문하려는 초심자들은 이 동굴로 보내졌다.

포르투갈인들은 어떤 이유에서인지 동굴을 엘레판타라고 이름 지었고, 17세기에 이곳을 사격 연습에 사용함으로써 많은 조각품들을 훼손시켰다.

바위를 깎아 만든 이 석조 단지에는 메인 회관, 안뜰, 부속 성소(subsidiary shrine)가 있으며 웅장한 부조와 조각품들 그리고 시바 신전까지 있다. 회관 안에는 시바가 아르다나리슈바라Ardhanarishvara*로 표현되어 있는데, 그의 왼쪽은 여성 에너지를, 오른쪽은 그의 남성적 측면인 시바를 상징한다.

바바지는 이것이 자신 안에서 남성과 여성의 특성을 균형 있게 조화시킨 완벽한 요기의 상징이라고 했는데, 척추 양쪽의 이다ida 에너지와 핑갈라pingala 에너지가 결합되어 중추 신경계에 있는 슈숨나shushumna라는 중앙 통로가 열리면 이러한 조화가 가능해진다고 말했다. 깨달은 요기는 중앙 통로가 열려 있어 위대한 창조 에너지인 샥

* 남성과 여성이 반씩 합쳐진 형태의 신을 의미한다.

티Shakti가 아무 방해 없이 지고의 존재인 시바에게로 약동해 올라갈 수 있으며, 이 에너지가 크라운 차크라에 이르면 시바의 품에 안기게 된다. 이 결합의 엄청난 황홀경은 인간을 매우 확장된 의식을 지닌 초인으로 변형시킨다.

동굴 밖에는 창조, 보존, 파괴의 상징을 결합한 트리무르티 시바Trimurti Shiva의 6미터 높이 조각상이 있었다. 홀 안에는 무희의 왕 나타라자Nataraja의 모습으로 황홀경에 빠져 춤을 추는 시바 조각상이 있었다. 나는 이런 멋진 조각품들에 감탄을 금하지 못했는데, 먼 옛날 언젠가 이것들을 이미 봤던 기억이 순간적으로 번뜩 들었다. 잠시 나는 사색에 잠겼다. 그러다 다시 육지로 돌아가야 한다는 생각이 떠올라 보트에 올라 인도 문으로 돌아갔다.

인도 문에서는 100년이 넘는 세월 동안 군주, 재벌, 정치인, 사회 각계각층의 주요 인사들이 묵었던, 경이롭고 웅장한 건축물인 타지마할 팰리스 호텔을 볼 수 있다. 뭄바이 시민들에게는 이 호텔이 인도 문 못지않게 기념비적인 건축물이다. 나는 타지마할 호텔 입구로 걸어가서 정복을 차려입은 경비원들을 바라보고 있었다. 들어가 비싼 커피를 한 잔 마시면서 주변을 둘러볼까 고민하는 중이던 바로 그때, 윤이 나는 검은색 메르세데스가 호텔 입구로 미끄러지듯 다가와 멈췄고, 제복을 입은 운전기사가 차에서 뛰어나와 차 문을 열었다. 앞문에서는 깔끔하게 면도한 정장 차림의 중년 남성이 나왔는데, 피부색과 전반적인 태도로 보아 파시교도(Parsi)*인 것 같았다. 뒷문에

* 인도에 거주하는 페르시아 계통의 조로아스터교도의 자손.

서는 잘 다려진 담갈색 양복을 입은, 키가 크고 아름다운 젊은 여성이 나왔다. 여성 다음으로는 남색 스리피스 정장에 같은 색 터번을 쓴, 흰 피부의 키 크고 잘생긴 시크교도 남성이 나왔다. 그 시크교 신사와 숙녀는 둘 다 선글라스를 끼고 있었다.

내 시선을 사로잡은 것은 시크교 신사였다. 그 사람은 왠지 모르게 꽤 친숙해 보였다. 기품 있는 걸음걸이 때문이었을까, 아니면 180센티미터의 큰 키 때문이었을까, 그것도 아니면 매우 흰 피부색과 잘생긴 이목구비 때문이었을까? 이렇게 이유를 알아내려고 노력하던 중, 그가 선글라스를 벗었다. 그의 눈이 나를 바라보고 있었다. 그것은 한 치의 오차도 없이 내 벗이자 스승인 바바지의 눈이었다. 나는 시크교도로 변장한 바바지의 모습이 너무 웃겨서 웃음을 터뜨리기 시작했다. 사르다르sardar*가 일행들에게 무언가를 속삭이자 그들은 호텔로 들어갔다. 그는 내가 서 있는 곳으로 걸어왔다. "그만 웃으렴, 마두. 공공장소에서 절하지도 말고."

나는 겨우 웃음을 참으며 "도대체 왜 사르다르로 변장하고 있는 거죠, 바바지?" 하고 물었다.

"이리 오렴." 그가 말했다. 우리는 길을 건너 인도 문에 도착했다. "너도 아까 내 일행들을 보았겠지. 그들은 파시교도들이며 매우 서구화된, 부유한 가문의 사람들이란다. 남편은 대기업을 이끌고 있고 그의 아내는 외국에서 교육받은 젊은 여성이야. 하지만 지금 그녀는 알코올 중독자가 되었단다. 나는 그녀의 아버지의 구루였고, 그가 임종

---

* 시크교도에 대한 경칭.

할 때 외동딸을 잘 돌봐주겠다고 약속했단다. 그래서 그때 한 약속을 지키고 있는 거야. 그녀는 나를 영적인 힘을 지닌 시크교 사업가라고 알고 있고, 내가 아버지의 구루였다는 것도 알고 있단다. 내가 그녀의 아버지와 50년 넘게 알고 지냈다는 사실을 고려했을 때, 내 젊어 보이는 외모는 이들 부부에게 풀리지 않는 미스터리지."

"지금은 알코올 중독이 좀 나아졌나요?" 내가 물었다.

"시간이 좀 걸리겠지만 결국 그녀도 변하긴 할 거란다. 내가 그녀를 위해 선택한 방법은 네가 듣기에는 꽤 놀라운 것인데, 나는 때때로 그녀와 함께 앉아 술을 마시지. 이제 조금 있으면 그녀는 자발적으로 술을 끊게 될 거란다. 이상한 방법이긴 하지만 아마 몇 년 후면 너도 전생에 연이 있었던 특별한 사람들에게 이와 같은 일을 하게 될 거야. 일단 지금은 올라가서 그녀와 함께 술을 마셔야겠구나. 아 참, 엘레판타 동굴에는 가봤니?"

"네, 바바지. 가서 훌륭한 조각품들을 다 보고 왔어요."

"잘했구나. 이제 가봐야겠다. 아직도 호텔에 들어가서 커피 한잔 하고 싶다는 생각이 드니?"

"아니요, 다시 생각해보니 딱히 그러고 싶지 않네요."

"그래, 그럼 뭄바이를 떠나기 전에 하지 알리Haji Ali의 다르가를 가보렴. 그런 다음에는 델리에 가서 시간을 좀 보내는 게 좋겠구나. 거기서 저널리스트 일감을 찾을 수 있을 거야. 1년 정도 후에는 첸나이로 가서 지두 크리슈나무르티를 만나렴. 그는 네가 만나야 할 마지막 주요 인물인데, 네가 영적으로 완전히 성숙하는 데 필요한 정보들을 알려줄 거야. 델리에 있는 동안에는 카슈미르로 가서 아난트나그 근처의 동굴 사원을 찾아가렴. 자, 이제 가봐야겠구나. 여기서는 절하지 말고 발만 만지렴."

사르다르 바바지는 걸어서 타지마할 팰리스 호텔로 들어갔다. 나는 해안과 아주 가까운, 아라비아 해의 작은 바위섬에 지어진 하지 알리 다르가를 찾아갔다. 섬과 육지를 잇는 도로가 만들어져 있어 쉽게 갈 수 있었다.

다다르Dadar의 작은 노점 식당에서 맛있는 마하라쉬트라식 점심을 먹고 나서는 뉴델리행 표를 예매했다. 운 좋게도 다음 날 떠나는 침대차 표가 있어서 뭄바이 중앙역과 가까운 숙소에서 하룻밤을 잔 다음, 아침 기차를 타고 뉴델리로 향했다.

43장 ॐ 락스만 주와 지두 크리슈나무르티를 만나다

뉴델리 기차역에 내린 나는 파하르간즈Paharganj 지역의 작은 숙소에 방을 잡았다. 간단히 목욕을 마친 후 삼륜 택시를 타고 〈오거나이저Organiser〉라는 영국 주간지 사무실로 향했다. 그때는 그 잡지가 극우 힌두교 단체인 RSS, 즉 라쉬트리야 스와얌세박 상Rashtriya Swayamsevak Sangh의 대변지라는 사실을 몰랐다. 나의 친구 나이르 씨는 〈악센트〉 잡지를 폐간하고 첸나이로 돌아갔고, 바바지의 제자였던 펀자브인 사업가는 세상을 떠났기 때문에 내가 델리에서 알고 있는 주소는 이곳이 유일했다.

예전에 나는 나이르 씨를 통해 〈오거나이저〉의 첸나이 특파원을 소개받은 적이 있었다. 지금은 이름을 잊어버린 이 신사는 그때 내게 힌두교의 의미와 힌두인(Hindu)으로 불리는 것이 자랑스러운 이유에 관한 기사를 써달라고 부탁했었다. 나는 비힌두교인으로 태어났는데도 힌두스탄이라는 고대의 위대한 땅에 속해 있기 때문에 힌두인이 맞다고 주장하면서 말이다. 〈오거나이저〉에 '내가 힌두인으로 불리는 것이 자랑스러운 이유'라는 제목의 글을 쓴 이후 나는 힌두교 철학과 종교에 관한 글을 몇 편 더 기고했다. 그리고 이것이 계기가 되어 지금은 고인이 되신, 당시의 편집자 K.R. 말카니Malkani 씨와 연락이 닿았다. 그는 내게 편지를 보내 델리에 올 일이 있으면 꼭 자신을 찾아오라고 했다.

그리하여 막상 말카니 씨를 만나보니 그는 철저하게 서구화된 푸카 사히브Pukka sahib*였고, 무슬림을 혐오하고 반기독교적인 RSS와는 전혀 다른 사람이었다. 나나지 데쉬무크Nanaji Deshmukh도 이러한 예외적인 사람 중 하나였다. 그는 RSS의 일원이었지만 매우 공정한 관점을 지닌 사람이었으며 나이가 아주 많았다. 말카니지는 내게 나나지 데쉬무크를 소개해주었고, 나와 마찬가지로 케랄라 출신인 젊은 부편집장 발라샨커Balashanker 씨도 소개해주었다.

발라샨커 씨는 내가 델리에서 지낼 수 있도록 숙소를 구해주었고, 나는 간이식당을 운영하는 케랄라 출신의 젊은 RSS 남성들과 함께 한집에서 지내게 되었다. 이곳에서 나는 RSS의 이념과 그들의 내부 활동을 처음 접하게 되었다. 그들은 훌륭한 네트워크를 구축하고 있었다. 생각지도 못한 곳에도 RSS의 일원들이 존재했다. 한 가지 예를 들자면, 델리에서 함께 숙소를 사용했던 RSS 청년 중 한 명은 나중에

* 인도가 영국의 지배를 받았을 때 사용되던 용어. 원래는 인도의 영국인 상류층이나 권력자를 의미하는 말이지만 여기서는 '편향된 판단을 내리지 않고 올곧은 심지를 가진 권력자'를 표현하는 말로 썼다.

P.V. 나라시마 라오Narasimha Rao 국무총리의 집무실에서 일하게 되었는데, 라오 총리가 내가 녹음한 〔바가바드 기타〕 카세트를 듣는 것을 봤다고 그가 나에게 편지를 보내온 적도 있었다.

마찬가지로 언론, 사법부, 군대, 국가 관료 등 모든 부문에 RSS 일원 또는 RSS 지지자들이 있었다. 그들의 이념에 대해 사람들이 뭐라고 말하든 간에 그들은 열심히 일했고, 또 철저한 훈련을 받았다.

나나지 데쉬무크는 순식간에 나를 좋아하게 되었다. 내가 쓴 샘플 글 몇 가지를 본 그는 다음 주 월요일에 디엔다얄 연구소(Deendayal Research Institute, DRI)의 소장이자 연구소의 분기별 연구 저널인 〈만탄Manthan〉*의 편집장이었던 데벤드라 스와루프 아가르왈Devendra Swaroop Agarwal에게 가보라고 했다. 나나지는 DRI의 설립자이자 회장이었다.

나는 DAV 대학(Dayanand Anglo-Vedic College)의 역사학 교수인 아가르왈 씨를 만나 면접을 봤고, 그를 도와 〈만탄〉의 영문판 편집을 맡게 되었다. 내 사무실은 DRI의 하이테크 본부에 있는 아가르왈 씨의 사무실 옆에 있었는데, 힌디어판 편집을 도와주고 있는 찬드라칸쓰 바르드와즈Chandrakanth Bhardwaj 씨와 공용으로 사용하는 곳이었다. 찬드라칸쓰 씨는 사무실에 자주 출근하지 않았기 때문에 나는 보통 사무실을 혼자 사용했다. 책이 잘 구비되어 있는 자료실과 필요할 때마다 차를 마실 수 있는 이 공간은 독서와 사색, 글쓰기에 열중하는 나 같은 젊은이에게는 이상적인 공간이었다.

* '섞다', '휘젓다'를 의미하는 말. 우유 바다를 휘젓는 '사무드라 만타나'라고 하는 힌두교의 창세 신화와도 관련 있다. 정치·사회·문화적으로 다양한 의견들이 충돌하는 혼란스러운 상황에서 의견을 조정한다는 뜻의 말이기도 하다.

데벤드라지와 나는 4층에 있는 나나지의 자택에서 점심을 먹었다. 나나지는 시내에 있을 때면 우리와 함께 식사를 하곤 했는데, 그와 점심시간에 나누는 대화는 꽤 유익했다. 나나지 데쉬무크는 긴 세월 동안 RSS의 충실한 지지자였으며 RSS의 정치 전선인 얀 상Jan Sangh 당의 국회의원으로 선출된 바 있다. 그는 당시 국무총리였던 인디라 간디Indira Gandhi가 선포한 독재적인 긴급 법령에 반대하는 혁명 운동에 나이 지긋한 사회주의자 제이프라카쉬 나라얀Jayprakash Narayan을 끌어들였다.

이로 인해 인디라 간디 정부는 전복되었고, 총선거가 선언되어 자나타Janata당이 집권하게 되었다. 나나지는 우파와 사회주의자들의 전례 없는 연합이었던 이 당의 창립 멤버였다. 하지만 자나타 당의 통치는 불과 2~3년밖에 지속되지 않았다. 독창적인 실험으로 시작되었던 자나타 정권은 내부 분쟁과 권력에 눈이 먼 몇몇 사람들로 인해 막을 내리게 되었다.

이후 나나지는 당에서 사임하고 정계로부터 은퇴했다. 그는 사회사업으로 눈을 돌려 이 분야에서 놀라운 일을 해냈다. 그는 자신의 실수를 인정할 줄 아는 사람이었고 자신과 대척했던 간디 여사에게도 악감정이 없었다는 점에서 보통의 평범한 정치인들과는 달랐다. 내가 기억하기로, 그는 간디 여사가 몇몇 간부들에게 속아 비상사태를 선포하는 실수를 저지르긴 했지만 그럼에도 위대한 지도자라고 말한 적이 있었다.

나나지와 함께 일하고, 때로는 같이 여행도 하면서 나는 다양한 정치·사회·문화적 이념을 접할 수 있었다. 그리고 그 이념에 따라 일하는 사람들과 지도자들을 만나보면서 지금까지 알지 못했던, 국정을 주도하는 사람들의 세계에 눈을 뜨게 되었다. 발라사헵 데오라스 Balasaheb Deoras, K.S. 수다르샨Sudarshan 같은 RSS 지도자부터 조지 페르난데스George Fernandes 같은 사회주의자에 이르기까지 모두가 나나지의 벗이자 동료였기 때문에 나도 그들과 교류할 기회를 얻을 수 있었다.

1년도 안 되어 나는 영문판 〈만탄〉의 공동 편집장이 되었고, 책을 검토하고 특정 저널 주제를 연구하면서 종교의 정치적인 면에 대해 많은 것을 배우게 되었다. 일을 하지 않을 때면 나는 델리에 널려 있는 고대 유적지를 찾아가기도 하고 아그라Agra, 파테푸르 시크리 Fatehpur Sikri 등 역사적으로 중요한 지역들을 여행하며 시간을 보냈다. 델리에서 그리 멀지 않은 하리드와르, 리시케시, 마투라Mathura, 브린다반도 찾아갔다. 하리드와르와 리시케시에 갔을 때, 바바지가 좋아하는 유적지를 모두 가보아도 그를 만날 수는 없었다. 그러나 나는 혼자서도 잘 지냈기 때문에 그게 별문제가 되지는 않았다. 그리고 이러한 내 자립은 바바지가 바라는 것이기도 했다.

나를 독립적으로 만들어주고, 또 명상이라는 귀중한 보물을 알려준 바바지를 향한 무한한 감사가 느껴졌다. 나는 눈을 뜨고 있을 때나 감고 있을 때나 항상 쉼 없이 명상을 했지만 매일 새벽마다 앉아서 명상을 하고 의식 중심에 온 주의를 집중하는 수행법을 엄격하게 따르고 있기도 했다. 나는 나의 특별한 능력들을 일반 대중이 알 수 없도록 용케 숨길 수 있었다. 좋은 삶이었다. — 일하면서 생계를 꾸려나가는 동시에 내적으로는 영적인 지복을 누리는, 그런 삶이었다.

하지만 얼마 지나지 않아 연구 저널이라는 좁은 분야에서 일하는 게 갑갑하게 느껴지기 시작했고, 현장 저널리즘에도 도전해보고 싶다는 생각이 들었다.

그러던 차에 인도 국제센터에서 열린 공동체 화합 콘퍼런스에서 주간 타블로이드지 〈뉴 웨이브New Wave〉의 편집장인 가네쉬 슈클라Ganesh Shukla를 만나게 되었다. 나는 예전에 그 타블로이드지를 읽어본 적이 있었는데, 약간 좌파 성향이 있어 보였지만 기사 내용과 스타일이 마음에 들었었다. 내가 〈뉴 웨이브〉에서 일하고 싶다는 의사를 밝히자 슈클라 씨는 흔쾌히 동의했다. 그래서 다음 날 〈만탄〉을 나와 〈뉴 웨이브〉에 들어갔다. 물론 〈만탄〉의 편집장은 화를 냈지만 나나지는 변화를 원하는 내 마음을 이해해주었다.

〈뉴 웨이브〉에서 특파원으로 일하는 동안, 내 영적 삶과 직결된 두 가지 중요한 사건이 일어났다. 하나는 카슈미르에서 카슈미르 시바파의 큰 스승인 스와미 락스만 주Swami Laxman Joo를 만난 것이었고, 다른 하나는 델리의 컨스티튜션 클럽Constitution Club*에서 지두 크리슈나무르티와 잠시 만난 일이었다.

카슈미르는 경이로울 정도로 아름다운 땅일 뿐만 아니라 고대 아리아 문명의 발상지로도 알려져 있다. 위대한 수학자 피타고라스는 자신의 수학적, 영적 지식에 대해 '카슈미르의 브라흐만'에게 은혜를 입은 것이라고 술회한 바 있다. 또, 서기 631년에 지식을 쌓기 위해 카슈미르를 방문한 중국의 위대한 여행가이자 역사가인 현장은 카슈미르 지역 석학들의 방대한 학문과 학식에 찬사를 보냈다. 이어 서기

* 인도 제헌의회 의원들을 위해 만들어진 클럽. 전·현직 국회의원들의 교류의 장으로 쓰이고 있다.

760년에 카슈미르에서 불교 비구로 지냈던 중국인 여행가 오공悟空 역시 카슈미르에 300개 이상의 수도원이 있었으며 여기서 종교와 철학에 관한 심층적인 연구가 이루어졌다고 말한다.

다시 돌아가서, 카슈미르 시바파는 시바 추종자들의 사상과 수행에 관한 심원한 접근법인데, 그런 면에서 이 종파는 신비주의와 그 수행에 대한 특별한 재능을 갖고 있다고 볼 수 있다.

카슈미르 계곡의 아름다운 경치에 관해 말하자면, 이 아름다운 땅에 딱 한 번만 가보더라도 무굴 황제들이 왜 이곳을 '지상 낙원'이라고 불렀는지 바로 이해할 수 있을 정도다. 그들은 페르시아어로 이렇게 말했다. "아가르 피르다우스 바르 루 자민 아스트, 하민 아스트, 오 하민 아스트, 오 하민 아스트.*" — 지상 낙원이라는 것이 존재한다면 그게 바로 이곳이다, 그게 바로 이곳이다, 그게 바로 이곳이다. 동쪽으로는 티베트, 북쪽으로는 중국 신장 위구르 자치구와 러시아, 서쪽으로는 아프가니스탄에 둘러싸인 이곳의 삶과 문화는 각국에서 받은 다양한 영향들을 한데 잘 어우르고 있다. 샤 하마다니Shah Hamadhani와 같은 위대한 수피들 역시 이 혼합 문화에 기여한 바 있다. 독재적인 무굴 황제 아우랑제브Aurangzeb의 동생이자 성자인 다라 시코Dara Shikoh가 스리나가르Srinagar에 살았을 때 카슈미르인 수피의 가르침을 깊이 공부하게 되면서 최초로 〔우파니샤드〕의 페르시아어 번역을 계획하고 실행했다는 사실을 아는 사람은 거의 없을 것이다.

나는 당시 카슈미르를 방문할 때 위대한 요기인 스리 락스만 주를

---

* Agar firdaus bar rue zamin ast, hamin ast, o hamin ast, o hamin ast.

만나는 것 그리고 바바지가 언급했던, 반조에 위치한 5~6세기경의 사원들을 방문하는 것에 특히 관심이 갔다. 이 사원들은 한때 고차적인 종교 지식과 관련한 비밀 입문에 쓰였다. 고대에는 이집트 피라미드 사원의 신비 의식 사제(Hierophant)들까지도 이러한 신비에 입문하기 위해 먼 길을 찾아왔다. 전설에 따르면, 예수 그리스도도 카슈미르에서 얼마간 시간을 보냈다고 한다.

나는 이러한 동굴 사원들을 구경한 후 그 유명한 하즈라트 바알Hazrat Baal을 위시한 여러 수피들의 묘를 방문했다. 그러고 나서 아디 샹카라차리야 언덕에 올라갔다. 이 언덕에는 스리 샹카라가 세운 링감이 오늘날까지도 존재한다.

하지만 단언컨대 가장 중요한 사건은 카슈미르 시바파의 대스승인 스리 락스만 주를 만난 일이었다.

사람들이 스와미지라고 부르는 스리 락스만 주의 아쉬람에 도착한 것은 어느 일요일 오후 3시 반쯤이었다. 전해 듣기로, 그날은 스와미지가 추종자들을 만나는 날이었다. 색색의 화려한 정원이 있는 아름다운 이 아쉬람은 스와미지가 사유한 그의 거주지였는데, 산 중턱에 있는 니샤트 바그Nishat Bagh의 무굴식 정원 근처, 즉 달 호수(Dal Lake) 맞은편에 위치해 있었다. 이곳 주변은 탁 트여 있어서 먼 곳까지 훤히 내다보였고, 아쉬람은 노소를 막론한 인파들로 가득했다. 나는 사람들 틈에 서서 스와미지를 기다렸다. 언젠가 바바지는 스와미지에 대해, 카슈미르 시바파에 관해서라면 그가 현존하는 인물들 중 가장 위대한 권위자라고 말한 적이 있었다. 이는 단순히 이론적인 지식의 권위만을 뜻하는 말이 아니었다.

잠시 후, 군중들이 일제히 침묵했다. 고개를 들어보니 그가 보였다. — 키가 180센티미터 가까이 되는 마른 체격의 그는 흰 머리를 짧게 깎고 깔끔하게 면도한 얼굴이었는데, 대단히 잘생긴 외모였다. 카슈미르 전통 의상인 페란pheran을 입은 그가 현관에서 걸어 내려오고 있었다. 나이는 일흔 정도 되어 보였지만 걸음걸이가 상당히 기운차 보였고, 몸가짐도 어딘가 귀족 같은 느낌이 들었다. 나는 군중들 사이에 조용히 서 있다가 그 위대한 이를 향해 절을 했다. 과연 내가 그와 개인적으로 만날 기회를 가질 수 있을까 하는 생각이 들었다. 놀랍게도, 그는 거기 모여 있는 사람들과 잠시 인사를 나누고 그들에게 축복을 내려준 후 내가 서 있는 곳으로 곧장 다가와 밝은 얼굴로 내 손을 잡았다. 그는 마치 무언가를 찾고 있는 듯한 눈길로 내 눈을 응시했다. 지복의 전율이 온몸을 스쳐 지나갔고, 나는 전율하며 몸을 떨었다.

그 자리에 모여 있던 사람들 모두가 놀란 순간은 그가 내 손을 잡은 채로 "따라오렴, 저리로 가자" 하고 명상 홀이라 불리는 건물 안으로 나를 끌고 갔을 때였다. 그는 안으로 들어가서 카슈미르식 러그 위에 앉더니 앞에 놓인 다른 러그 위에 앉으라고 손짓했다. 그는 앞으로 몸을 기울이더니 "얘야, 더 가까이 오렴. 널 기다리고 있었단다. 못 믿겠니? 흠! 의심 많은 녀석일세."

그는 페란 안에서 시커먼 물체를 꺼내 내 눈앞에 들이대며 이렇게 말했다. "이게 뭔지 알아보겠니?"

나는 깜짝 놀랐다. 그 물건은 바바지가 목에 걸고 다니던 루드락샤 염주와 매우 비슷했지만 조금 더 크고 까맸다. "이건 내가 스무 살 때 바바 마헤쉬와르나쓰께 하사받은 것인데, 지금까지 아무도 이 사실을 아는 사람이 없었단다. 이제 너와 나만 아는 사실이지. 그로부터 1년 후 나는 아비나바굽타Abhinavagupta의 해설이 추가된 〔바가바드 기타〕를 출판했단다. 바바의 뜻이었지. 네 스승께서 너를 내게 보내주시다니 매우 기쁘구나. 바바지는 내 개인적인 구루는 아니시지만 내 스승이신 스와미 메탭 칵Swami Mehtab Kak이나 그분의 스승이신 스와미 람Swami Ram만큼 내가 존경하는 분이지. 바바지께서 너를 찾아내신 것 그리고 네가 스리 구루와의 연을 다시 이어나갈 수 있다는 것은 큰 축복이란다."

나는 눈물을 흘리며 말했다. "스와미지, 저에 대한 모든 것을 알고 계실 텐데 제가 더 이상 뭐라고 말할 수 있겠습니까?"

우리는 카슈미르 시바파의 특정 측면과 그 수행에 관해 30분 정도 이야기를 나눴다. 그는 내 크리야 수련법에 몇 가지 변화를 주는 것이 좋겠다고 했고, 〔프라타biㅑ흐르다얌Pratyabhijnahrdayam〕, 〔비갸나 바이라바Vijñāna Bhairava〕, 〔파라트리시카 비바라나Paratri'sika Vivarana〕를 읽어보라고 했다. 그는 만남을 끝내기 전에 작은 책자 두 권을 주었다. 산스크리트어 문헌인 〔보다판카다시카Bodhapancada'sika〕와 〔파라프라베시카Parapraveʼsika〕를 그가 영어로 번역해서 낸 책이었는데, 각각 《지혜의 열다섯 구절》(Fifteen Verses of Wisdom)과 《지고한 실재로의 출입문》(Entrance into Supreme Reality)이라는 제목이었다.

나는 그의 발 앞에 절을 한 뒤 아쉬람을 떠났다. 그가 말했다. "바바지를 만나게 되면 인사 전해드리렴. 해탈의 감로(Nectar of Liberation)의 주님이신 암리테스와라 바이라바Amriteswara Bhairava께서 너를 해방시켜주시길.” 이것이 그의 작별 인사말이었다.

나는 카슈미르에서 뉴델리로 돌아갔다.

델리로 돌아온 지 2주쯤 되었을 때, 나는 지두 크리슈나무르티가 이틀 동안 컨스티튜션 클럽에서 저녁 강연을 한다는 소식을 들었다. 첫날에는 여러 가지 사정이 있어 참석하지 못했지만 둘째 날에는 강연 시작 몇 분 전에 도착할 수 있었다. 그곳 청중들은 재계 거물, 기업가, 여러 정당에 속한 정치인들, 지식인, 과학자, 언론인 등 모두 엘리트층이었다. 기자였던 나는 연사를 잘 볼 수 있는 좋은 자리를 간신히 차지할 수 있었다. 모두 조용히 그를 기다리고 있었다.

6시 정각이 되자 크리슈나무르티는 연갈색 실크 쿠르타와 흰색 파자마를 깔끔하게 차려입고 걸어와 단상에 가부좌 자세로 앉았다. 백발에 잘생긴 얼굴을 한 그는 두 손을 모아 인사하고 강연을 시작했는데, 마치 현대의 부처님 같은 모습이었다. 어떠한 소개도, 조명 장치도, 연출도 없었다. 그는 곧바로 강의 주제에 관해 이야기했다. 나는 아주 오래전 그때, 그가 꺼낸 첫마디를 아직도 생생하게 기억한다. “나는 우리가 어떤 이상, 조직, 신념을 선전하고 있는 게 아니라는 점을 지적하고 싶습니다. 우리는 다 함께 이 세상에 어떤 일들이 일어나고 있는지를 숙고해보고 있습니다….”

크리슈나무르티가 폭력의 해부학과 생리학을 낱낱이 밝혀내고, 수세기에 걸쳐 종교가 폭력을 조장하고 장려해온 방식을 폭로하는 그 한 시간 동안 장내에는 완전한 침묵이 흘렀다. 그는 우리 자신이 마음속 깊은 곳에서 얼마나 폭력적인지를 인식하도록 촉구하면서 폭력이 초래한 막대한 해악을 우리 눈으로 직접 확인하고, 일상생활에서 의식적으로 모든 폭력을 떨쳐버리자고 두 손 모아 간청했다.

이 강연은 어떤 이데올로기나 사상에 대한 설명이 아니라 잠재의식과 무의식으로의 여정, 자아 발견의 여정이었다. 청중들은 크리슈나무르티가 강연을 끝낸 후에도 몇 분 동안 아무도 꿈쩍하지 않을 정도로 강연에 몰입해 있었다. 그는 나마스테 자세로 손을 합장한 후 단상에서 내려왔다. 바로 이때, 나만이 감지할 수 있는 어떤 일이 일어났다. 그는 걸어가다가 갑자기 걸음을 멈추고 돌아서서 몇 초 동안 내 눈을 똑바로 바라보았다. 그러고는 다시 돌아서서 걸어갔다.

나는 내 몸속으로 어떤 실제적인 힘이 들어오는 것을 느꼈다. 버스를 타고 숙소로 돌아와서도 그 이상한 에너지의 영향은 계속 남아 있었다. 설명할 수 없는 어떤 미묘한 지복감에 취한 것 같은 기분이었다. 위층에 살던 ― 나중에 압둘 칼람Abdul Kalam 대통령의 개인 비서가 될 ― 내 친구 셰리던Sheridan은 방에 들어가는 나를 보더니 술을 마셨냐고 물었다. 내가 비틀대고 있었기 때문이다. 이 느낌은 밤새도록 계속되었고 나는 새벽이 되어서야 겨우 잠에 들 수 있었다.

바로 다음 날 나는 사직서를 내고 〈뉴 웨이브〉를 그만뒀다. 그리고 그다음 날 기차를 타고 바나라스로 향했다. 바나라스에서 나는 주나 아카다에 머물러도 된다는 허락을 받았다. 라즈 가트 근처에 크리슈나무르티 센터가 있었지만 딱히 그곳에는 끌리지 않았다. 대신 나는 수많은 가트를 따라 걷고, 또 가끔 카쉬 비스와나쓰 사원을 방문하면서 1년이라는 시간을 보냈다. 나는 절대적이고 무조건적인 자유를 만끽하고 있었다.

44장 ॐ 바산타 비하르

보름달이 뜬 어느 날 밤이었다. 나는 마니카르니카 가트를 지나가는 보트를 바라보고 있던 중에 크리슈나무르티를 개인적으로 만나고 싶다는, 거부할 수 없는 욕망을 느꼈다.

다음 날 아침, 나는 라즈 가트로 가서 당시 크리슈나무르티 센터의 센터장이었던 우파사니Upasani 씨를 만났다. 그는 크리슈나무르티가 일주일 정도 후에 첸나이에 도착할 것이라고 알려주었다. 그러면서 그 전에 첸나이로 가서 유명한 자유 운동가이자 크리슈나무르티 재단의 부회장이었던 아크윳 파트와르단Achyut Patwardhan 씨를 만나보라고 제안했다. 어쩌면 그가 크리슈나무르티와의 만남을 주선해줄 수 있을지도 몰랐다.

며칠 후 첸나이에 도착한 나는 부모님 댁에 가는 대신 그린웨이즈 로드Greenways Road에 있는 크리슈나무르티 재단 본부로 곧장 향했다.

그리고 그곳 사무실에서 스리 아크윳 파트와르단 씨에게 면담을 요청했다. 나는 넓은 홀에서 기다리라는 안내를 받았다. 그렇게 30분 정도 기다리자 파트와르단 씨가 걸어왔다.

나는 이미 전설적인 자유 운동가 아크윳 파트와르단 씨에 대해 들은 바가 있었기 때문에 멋지고 건장한 체격의 남자를 만나게 될 거라고 생각했다. 그는 어린 나이일 때 인도 철수운동(Quit India movement)*의 일환으로 동료 아루나 아사프 알리Aruna Asaf Ali와 함께 인도 제국 본부로 걸어가 거기 걸려 있던 영국 국기를 내리고 인도 국기를 게양한 적이 있었다.

하지만 이런 내 생각과는 달리 그는 키가 작았고 생긴 것도 쥐 같았다. 다만 눈빛이 날카롭고 예리했으며, 칠십 넘은 노인으로 보이지도 않았다. 기운차면서도 매우 예의 바른 사람이었다. 그는 나를 만나기 전에 이미 나에 대해 들은 바가 있다고 했다. 라즈 가트의 우파사니 씨에게 전화로 내 얘기를 미리 전해 들었고, 델리에 있는 나나지 데쉬무크가 나와 친한 사이라는 것도 확인했다면서 말이다. 그는 나를 신임할 수 있는 사람으로 여기면서 내 여러 가지 인적사항들에 대해 흡족해했고, 나를 성심성의껏 대해 주었다.

그는 크리슈나무르티가 한 달 안에 첸나이에 찾아올 것이라고 말하며 그때까지는 본부인 바산타 비하르Vasanta Vihar에 머무르라고 했다. 또, 그는 내게 'K(크리슈나무르티)'와의 개인 면담 시간을 만들어주겠다고 했다. 나는 감사를 표하며 알겠다고 했다. 내게 주어진 방은 구내

* 1942년 8월 인도에서 일어난 대규모의 반영국 운동. 인도의 독립을 요구하고 영국의 제국주의에 대한 항거를 표시하기 위해 시작되었다.

식당 근처의 작은 방이었고, 그날은 아크웃 씨와 구내식당에서 저녁 식사를 함께했다. 식당에는 점심이나 저녁 시간에 가끔 손님이 몇 명 오기도 했다. 이곳 캠퍼스는 채식주의 구역이었고, 술과 담배도 금지되어 있어서 나와 잘 맞았다.

나는 저녁이 되면 22,000제곱미터에 달하는, 숲이 우거진 캠퍼스에서 아크웃 씨와 함께 산책을 하거나 차를 타고 근처에 있는 신지학회의 드넓은 부지로 바람을 쐬러 나갔다가 다시 돌아오곤 했다.

그는 나보다 세 배 이상 나이가 많았고 정계와 사회계에서 잘 알려진 사람이었다. 이렇게 나이 차도 크고 사회적 지위에도 큰 차이가 나는 둘이었지만 우리는 좋은 친구가 될 수 있었고, 다양한 주제에 관한 얘기를 나눌 수 있었다. 나는 높은 위업을 이룬 그에게서 배울 점이 정말 많았다. 그때 그에게서 들었던, 잊을 수 없는 이야기 중 하나는 젊은 시절 그가 K에게 마하트마 간디가 주도한 인도 자유투쟁에 참여해도 될지 물어봤던 일이다. K는 자신에게 있어 '자유'란 편견, 분열, 폭력으로부터의 절대적인 자유라고 말하면서 "자유투쟁을 통해 이를 이룰 수 있겠다는 생각이 들면 참여하라, 내게 묻지 말라"고 했다고 한다.

그 후 영국이 물러났고 인도와 파키스탄의 분단 그리고 그에 따른 참혹한 폭력과 유혈 사태가 벌어졌다. 이후 아크웃 씨가 다시 K를 만났을 때 K는 분단을 둘러싼 무분별한 폭력과 유혈 사태가 진정한 '자유'인지를 냉소적으로 물었다.

크리슈나무르티를 기다리는 동안 나는 그에 관한 모든 문헌을 읽었고 그의 오디오 테이프도 들었다. 그와의 개인적인 만남을 설명하기 전에, 먼저 그를 간략히 소개하는 것이 좋겠다.

모든 일은 1873년, 러시아 귀족 가문 출신의 이민자 헬레나 페트로브나 블라바츠키Helena Petrovna Blavatsky로부터 시작되었다. 그녀는 자신과 같이 오컬트 현상을 조사했던 헨리 스틸 올컷Henry Steel Olcott 대령과 신지학 협회를 시작했다. 블라바츠키는 오컬트적 방법으로 뭔가를 물질화하는 것으로 유명했는데, 이에 대해서는 논란이 많았다. 어떤 이들은 이런 물질화를 신성한 것으로 여기는 반면, 어떤 이들은 그것을 단순한 마술 트릭으로 여기기도 했다. 올더스 헉슬리Aldous Huxley는 그녀를 협잡꾼이자 완전한 사기꾼이라고 일축한 바 있다.

그녀는 자신이 히말라야의 신비한 마스터들의 지시에 따라 신지학회를 설립했다고 주장했으며 이 마스터들 중에는 모리야Morya와 쿠투미 랄 싱Kuthumi Lal Singh이 포함되어 있다고 했다. 또, 그녀는 티베트와 카라코람Karakoram 산맥에서 그들과 함께 살았으며 이 둘 중 한 명이 자신의 구루였다고 말했다.

그녀의 화려함과 의심할 여지 없이 방대한 지식, 사람을 끌어당기는 성격은 위대한 연설가인 애니 베산트Annie Besant의 관심을 끌었다. 애니 베산트는 무신론자이자 페이비언 소사이어티Fabian Society*의 회원이었으며, 조지 버나드 쇼George Bernard Shaw의 절친이기도 했다. 그녀는 블라바츠키가 쓴 《비밀 교의》를 읽은 후 그 책에 크게 매료되어 곧 블라바츠키의 제자가 되었다. 애니 베산트는 크리슈나무르티의 삶에

---

* 19세기 말 영국에서 설립된 사회주의 기반의 정치 단체. 시드니 웹Sidney Webb과 조지 버나드 쇼 등이 창립했다. 혁신적인 사회적 변화를 통해 사회와 경제의 불평등을 해소하고 더 공정하고 평등한 사회를 이루자는 것이 목표다.

도 매우 중요한 역할을 했다.

크리슈나무르티의 삶에서 중요한 역할을 한 또 다른 인물은 잉글랜드 국교회(Church of England)의 사제였던 C.W. 리드비터Leadbeater다. 그는 다독가이자 다면적인 성격을 지닌 인물이었다. 오컬트에 대한 그의 글은 매혹적이긴 하지만 그 내용이 사실인지 허구인지에 대해서는 많은 사람들이 의문을 품었다.

성경에 나오는 선지자처럼 긴 흰 수염과 날카로운 이목구비를 가진 리드비터는 블라바츠키를 만난 후 그녀의 제자가 되었고, 곧 걸출한 신지학자로 인정받게 된다. 블라바츠키가 사망한 후 리드비터는 자신이 신지학에 나오는 화이트 롯지White Lodge*의 마스터들과 직접적으로 접촉하고 있다고 주장했으며, 그들을 대신하여 입문을 진행하고 축복을 내려주었다. 애니 베산트는 오컬트적 문제에 관해서는 그에게 크게 의지했다.

리드비터는 신지학자들에게 위대한 주(great lord), 미래의 부처, 시대의 메시아인 미륵불(Maitreya Buddha)이 육체로 강림할 때가 왔다는 아이디어를 퍼뜨렸다. 이 강림은 미륵이 이미 지상에 태어나 있는, 순수하고 고결하며 특별한 훈련을 받은 인간의 몸에 들어온다는 점에서 독특한 것이었다. 이러한 이유로 걸출한 신지학자들은 미륵의 매개체가 되어줄 수 있는, 이에 적합한 젊은이를 찾고 있었다.

블라바츠키가 아직 살아 있었을 때, 신지학회는 첸나이 아디야르Adyar에 위치한 1.2제곱킬로미터 규모의 부지에 신지학회 본부를 세

---

* 대백색 형제단(Great White Brotherhood)으로도 해석할 수 있다.

웠다. 아디야르 강 유역의 이 복합 단지 주변으로는 숲이 우거져 있었고, 건물들은 유럽식으로 웅장하게 지어졌다. 여기에는 심지어 사유 해변까지 포함되어 있었다. 아주 어린 나이였던 크리슈나무르티와 그의 형제 니티야난다Nityananda를 리드비터가 발견한 곳도 이곳의 강 유역에서였다. 리드비터는 소년이었던 크리슈나무르티의 오라를 자신의 투시력으로 보았다고 말했는데, 그의 오라가 순수하고 고결했으며 매우 밝았다고 말했다. 따라서 그는 크리슈나무르티가 미륵불의 도구로 쓰이기에 적합하다고 생각했다.

긴 이야기지만 짧게 줄여서 말하자면, 리드비터는 뻐드렁니가 나고 머리에는 이가 가득한 크리슈나와 그의 남동생 니티야를 은퇴한 말단 공무원이었던 아버지 나라야나이아Narayanaiah에게서 데려왔다. 그러고는 자신이 고른 다른 사람들과 함께 그 둘을 가르쳐 그들이 푸카 사히브가 될 수 있도록 했다. 크리슈나는 신지학자들에게 입양되기 전까지는 바보로 여겨졌었으며 시험에 합격하지도, 케임브리지나 옥스퍼드에 입학하지도 못했다. 반면 그의 동생 니티야는 꽤 똑똑해서 좋은 교육을 받을 수 있었다. 신지학자들은 그들을 서양으로 데려갔고, 이 둘은 신지학의 선전에 힘입어 큰 인기를 얻었다.

미래의 메시아인 크리슈나는 물론 왕자 같은 대우를 받았다. 그는 새빌 로우Savile Row 정장을 입고 고급 자동차를 운전했으며 영국, 유럽 및 미국의 상류층 사교계에서 유명한 인물이었다. 하지만 그런 그에게 비극이 닥쳐왔다. 니티야가 결핵으로 사망한 것이다. 신지학에 나오는 마스터들이 동생을 죽게 내버려두지 않을 거라고 생각했었던 크리슈나는 동생이 죽자 신지학이 추구하는 바 — 적어도 리드비터가 추구했던 — 에 대한 모든 믿음을 잃고 위계적 구조(hierarchical setup)에서 벗어나기 시작했다.

1929년 8월 3일, 결국 크리슈나무르티는 네덜란드 옴멘Ommen에서 열린 국제 신지학자 총회에서 신지학회와 그 사상을 자신과 완전히 단절시켰으며, 자신이 수장으로 있던 별의 교단(Order of the Star)을 해체한 후 "진리는 길이 없는 땅이며 당신은 그 어떤 길로도 진리에 접근할 수 없다"고 말했다.

베산트 여사를 비롯한 청중들은 큰 충격을 받았다. 크리슈나무르티는 그들에게 이렇게 말했다. "내가 이 교단의 수장이 되었기 때문에 나는 이제 교단을 해체하기로 결정했다. 그대들은 또다시 다른 조직을 결성하거나 다른 누군가에게 기대를 걸 수도 있으리라. 나는 그런 문제에 대해서는 전혀 관심이 없다. 새로운 케이지를 만들어내거나 그런 케이지를 꾸밀 새로운 장식품을 만드는 데에도 관심이 없다. 나의 유일한 관심사는 인류를 절대적으로, 무조건적으로 자유롭게 만드는 것뿐이다." 베산트 여사는 이때 받은 충격에서 영영 헤어나오지 못했고, 얼마 되지 않아 세상을 떠났다.

크리슈나무르티는 몇몇 친구들과 함께 크리슈나무르티 라이팅스 주식회사(Krishnamurti Writings Incorporated)를 창립했다. 전 세계에서 이루어지는 그의 강연 및 기타 활동들을 지원하기 위한 회사였다. 이 친구들 중에는 또한 리드비터가 발굴한 인물인 라즈고팔Rajgopal이 포함되어 있었다. 크리슈나무르티의 첫 번째 강연집인 〈삶에 대한 논고〉 시리즈를 전문적으로 편집한 사람도 바로 라즈고팔이었다.

몇 년 후 라즈고팔은 크리슈나무르티와 사이가 틀어졌고, 길고 격렬한 법정 공방 끝에 결국 크리슈나무르티의 곁을 떠나게 되었다. 그 후 강한 정치적 권력을 가지고 있던 새 친구들의 도움으로 인도 크리슈나무르티 재단, 영국 크리슈나무르티 트러스트, 캘리포니아 주 오하이Ojai에 본부를 둔 미국 크리슈나무르티 재단이 만들어졌다. 이 단체들은 크리슈나무르티의 대담을 녹취해 책으로 출간하고, 인도나 해외에서 이루어지는 크리슈나무르티의 모든 활동을 맡아 관리했다.

나는 신지학회 본부와 그리 멀지 않은 바산타 비하르에서, 즉 크리슈나무르티 재단 인도 본부에서 그가 도착하기를 기다리고 있었다.

11월 말쯤, 크리슈나무르티가 첸나이에 도착했다. 그는 자정 비행기를 타고 왔기 때문에 나는 다음 날 점심이 되어서야 그를 만날 수 있었다.

이때는 아크윳 파트와르단 씨의 동생인 파드마카르 파트와르단Padmakar Patwardhan과 그의 아내 수난다Sunanda가 며칠 전 여행을 마치고 돌아온 시점이었다. 수난다는 인도 남부 출신으로, 〈크리슈나무르티 회보〉(Krishnamurti Bulletin)의 편집자이기도 했다. 그들은 나와 같은 평범한 사람들을 미심쩍게 여기면서 그들을 크리슈나무르티에게서 멀리 떨어뜨려 놓으려는 경향이 있었지만 다행히 나는 아크윳의 추천으로 구내식당에서 크리슈나무르티와 함께 식사하는 자리에 낄 수 있었다.

바산타 비하르에서 그의 공개 강연과 회합이 열리려면 아직 며칠 더 남은 상태였고, 당시 내가 지내던 곳에는 사람도 거의 없었다. 점심과 저녁 식사 시간에는 별다른 말이 오가지 않았다. 가끔은 기부금을 내줄 수도 있는 사람이나 재단에 도움이 될, 영향력 있는 VIP가

초대되어 크리슈나무르티와 함께 식사를 하기도 했다. 그럴 때면 나는 크리슈나무르티와 가장 멀리 떨어진 자리에 앉아야 했다. 그가 도착한 지 3~4일쯤 지났을 때, 드디어 수난다 파트와르단 부인으로부터 바라던 소식을 전해 들을 수 있었다. 그가 위층 침실에서 나를 따로 만나고 싶어한다는 소식이었다. 이런 자리를 만들어줄 수 있는 사람은 아크윳밖에 없다는 사실을 나는 잘 알고 있었다.

위층 침실은 극히 신성한 곳으로 여겨졌고, 낯선 사람에게는 그 계단을 오르는 것조차도 허용되지 않았기 때문에 나는 특권을 누리게 되어 정말 기뻤다. 긴장된 마음으로 방에 들어가자, 그가 바닥에 깔린 러그 위에 가부좌 자세로 앉아 있는 것이 보였다. "문은 닫으셔도 됩니다." 이것이 그의 첫마디였다. "이리 와서 앉으시죠." 나는 조심스럽게 러그 가장자리에 앉았다.

"아니, 아니, 이리로 오세요." 그는 내게 앞으로 더 오라고 말하며 손짓했다. 나는 불과 몇 센티미터 떨어지지 않은 거리에서 그를 마주보고 앉아 있었다. 잠시 그는 내 왼손을 잡고 있다가 다시 놓았다. 그와 함께 있는 동안 위압감이나 위축되는 기분은 전혀 느껴지지 않았다. 오히려 친한 친구와 함께 앉아 있는 느낌이 들었다. 그는 80대라는 나이가 무색하리만치 잘생긴 얼굴을 하고 있었다. 물론 이전에도 첸나이 그리고 델리에서 열린 강연에 찾아가 몇 번 그를 멀리서 본 적은 있었지만, 조지 버나드 쇼가 젊은 크리슈나무르티를 만나 "내가 여태껏 본 사람 중 가장 아름다운 사람"이라고 말했을 때 느꼈을 감정을 이해할 수 있었던 것은 이때가 처음이었다.

"〔우파니샤드〕에 '가까이 앉으라'는 말이 있지 않던가요?" 그가 짓궂은 미소를 지으며 말했다. "물론 그걸 많이 읽지는 않았습니다만."

"정말인가요, 선생님?" 내가 말했다. "신지학을 공부하셨던 시절에 분명 〔우파니샤드〕도 공부하셨을 텐데요."

"글쎄요. 그랬을지도 모르겠군요. 기억이 잘 나지 않아요." 그는 이렇게 말하더니 갑자기 대화 주제를 바꿨다. "이제 당신 얘기를 좀 해 보죠. 아크윳에게 듣기로는 구루와 함께 히말라야를 여행한 적이 있다던데, 당신의 구루는 누구죠? 그가 뭘 했나요? 아시다시피, 나는 구루가 필요하지 않다고 생각합니다."

내가 말했다. "선생님, 외람된 말씀이지만 저는 거기에 동의하지 않습니다. 저는 스승이 꼭 필요하다고 생각합니다. 그렇다고 스승에게 완전히 의존해서는 안 되겠지만요. 제가 구루로 모시는 바바지께서는 맨 처음부터 '제자는 스승에게 의존하지 말아야 하며 자신의 두 발로 서야 한다'고 아주 분명하게 말씀하셨습니다. 또, 바바지께서는 그 어떤 조직이나 깃발도 거느리지 않으셨고 거처할 집조차도 없으셨지요. 그분은 이곳저곳을 떠돌아다니면서 주로 동굴에서 지내셨습니다.

저는 선생님께서 '무엇이든 조직화되면 진리조차 그 진실성을 잃는다'고 말씀하신 것을 들은 적이 있습니다. 그런데 그런 선생님께서도 크리슈나무르티 재단이라는 단체를 이끌고 계시지 않습니까? 하지만 바바지에게는 아무것도 없습니다. 그분은 정말로 독립적인 분이셨지요."

이때 크리슈나무르티는 내게 인제 그만 나가달라고 말할 수 있었는데도 진지한 태도로 내 말을 주의 깊게 들어주었다.

"당신 말이 맞습니다." 그가 말했다. "솔직히 말하면 나는 이 모든 드라마에 진절머리가 난 상태입니다. 알다시피 나는 오래전에 입문과 위계가 존재하는 신지학회를 떠났지요. 당신도 한동안 있다 보면 알게 될 겁니다. 더 이상은 힘들다고 판단되면 이 짓도 그만두렵니다. 내가 이렇게 말했다는 건 아무한테도 말하지 마세요. 알겠죠?"
그는 내 어깨를 두드리며 웃었다.

"아, 그런데 그 누구냐… 바바지의 가르침에 만족했다면 여긴 도대체 왜 온 거지요?"

"바바지께서 선생님을 만나보라고 하셨습니다."

"흠, 도대체 왜일까요? 어쨌든 원하신다면 한동안 여기 머무르셔도 좋습니다. 들은 바로는 방랑자인 것 같아서 얼마나 머무르실지는 모르겠지만. 뭐, 그건 문제가 아니지요."

"저도 제가 여기서 얼마나 머무를지는 모르겠습니다만, 미리 그 기간을 정해두고 싶지는 않습니다."

"그래도 괜찮습니다. 참, 그런데 바바지가 당신에게 신지학에 나오는 마스터들이나 화이트 롯지 같은 것들에 대해 말해준 적이 있나요?"

"히말라야에는 위대한 마스터들이 계십니다. 바바지께서도 그중 하나이시고요. 또, 저와 바바지가 스리 구루라고 부르는 바바지의 스승님도 계시고, 그분의 제자 한두 분도 계십니다. 모두 제가 직접 만나 뵌 적 있는 분들이지요. 그러나 바바지께서는 블라바츠키가 마스터들에 대해 약간 과장해서 표현했으며, 그녀를 따르던 다른 사람들이 거기에 과장을 조금 더 보태서 최종적으로는 마스터들이 원래와는 완전히 딴판인 모습으로 묘사되었다고 생각하십니다."

크리슈나무르티는 양 손바닥을 비비면서 생각에 잠긴 표정을 하고 있었다. "내 생각과 똑같군요. 바바지는 꽤 흥미로운 분 같습니다. 참, 그런데 당신은 여기서 무엇을 할 계획이지요?"

"가능한 한 카세트테이프를 많이 들어보려고 합니다." 내가 답했다. "제게 주어진 일이라면 뭐든 할 생각이고요. 아, 저도 강연을 문자로 기록하는 작업을 하고 싶습니다."

"혹시 〈삶에 대한 논고〉를 읽어봤나요?"

"네, 선생님. 한 번 읽어봤습니다."

"《첫 그리고 최후의 자유》(First and Last Freedom)*도 읽어보세요."

"알겠습니다. 참! 선생님, 질문 하나 해도 될까요?"

"그래요, 뭄…. 아, 이름이 뭐였는지 기억이 안 나네요."

"뭄타즈Mumtaz입니다." 내가 말했다.

"아, 그렇지. M이라고 부르는 게 더 외우기 쉬울 것 같네요."

"선생님, 선생님께서는 성적인 관계, 사랑, 질투, 분노 등에 대해 언급하시면서 마치 이 모든 것들을 잘 알고 있다는 듯이 이야기하십니다. 하지만 사람들은 선생님을 독신주의자로 알고 있던데, 그렇다면 도대체 이 모든 걸 어떻게 알고 계신 건가요?"

그는 심각하고 진지한 표정으로 이렇게 말했다. "직접 경험하는 것만이 배움이 될 수 있습니다. 세상이 어떻게 내 사생활을 다 알 수 있겠습니까? 나는 사람들이 나에 대해 어떻게 생각하든 별로 신경 쓰지 않습니다. 분명히 말할 수 있는 건, 나는 내가 모르는 것에 대해서는 이야기하지 않아요. 스스로 결론을 내려보세요."

---

* 한국에는 《자기로부터의 혁명 1》이라는 제목으로 출간되어 있다.

"생각나는 질문이 하나 더 있습니다, 선생님. 선생님께서는 결혼이 영적 성장에 필수적이라고 생각하시나요?"

"솔직히 당신이 말한 영적 성장이란 게 무슨 뜻인지는 모르겠지만, 평생 성에 집착하는 것보다는 결혼을 하거나 성적인 관계를 경험하는 게 낫습니다." 그가 말했다. "욕정에 불타는 것보다는 결혼하는 것이 낫다는 말입니다.*"

나는 이렇게나 중요한 인물의 귀중한 시간을 억지로 빼앗고 싶지 않았기 때문에 합장한 뒤 이렇게 말했다. "나마스테. 더 이상 선생님의 시간을 뺏지 않겠습니다. 정말 감사합니다."

그러자 그도 아주 우아하게 손을 합장하며 이렇게 말했다. "가기 전에 한 가지만 더 말씀드리겠습니다. 여기 있다 보면 '나는 크리슈나무르티를 30년 넘게 알고 지냈다'는 식의 말을 하면서 가르침을 해석해주겠다고 하는 사람들을 만나게 될 건데, 그런 사람들은 가볍게 무시하세요. 그들은 아무것도 모르는 자들입니다."

나는 잠시 당황했다가 예전에 젊은 브라마차리의 신분으로 라마크리슈나 선교회에 합류했을 때 스와미 랑가나타난다에게 들었던 경고를 떠올렸다. "아쉬람은 하나의 작은 세상이네. 그리고 자네는 거기서 온갖 종류의 사람들을 만나게 될 것이네. 그들 모두가 위대한 사다크 혹은 영적으로 진보된 이들이라 착각하며 생고생하지 말게나. 자네는 자네가 할 일만 하고 자네의 사다나sadhana(수행 — 역주)만 제대로 하면 되네. 항상 깨어 있게나."

---

* 고린도전서 7장 9절.

나는 자리를 주선해준 아크윳 씨에게 감사를 드렸고, 호기심 많은 사람들이 크리슈나무르티와의 만남에 관해 내게 이것저것 물어보아도 자세한 얘기는 하지 않았다. 내가 크리슈나무르티와 아무리 개인적인 만남을 갖고 싶어해도 힘 있는 사람들은 그런 나를 막아섰었다. 사실, 내가 크리슈나무르티의 방에 몰래 올라갈까 봐 사람들은 나를 면밀히 감시하고 있었다. 그곳에서 나는 보통 독서, 테이프 청취, 산책 등을 하며 하루를 보냈다. 때때로 아크윳 씨는 내게 함께 산책을 가자고 말했고, 우리는 힌두 철학에서부터 마하트마 간디, 사회주의, 자유 운동, 신지학 그리고 물론 크리슈나무르티에 이르기까지 다양한 주제에 대해 이야기를 나누곤 했다. 곧 파트와르단 부부는 나를 깊이 신뢰하기 시작했고, 나에게 행정 업무를 맡기게 되었다.

강연 시간이 가까워질수록 인도와 해외에서 온 크리슈나무르티 재단 회원들이 본부로 더 많이 몰려들었다. 재단의 공동 부회장인 푸풀 자야카르Pupul Jayakar도 본부를 찾았는데, 그녀는 크리슈나무르티의 오랜 동료이자 친구이기도 했다. 다소 거만해 보이는 태도만 보더라도 그녀가 정치적으로 큰 권력을 지닌 사람임을 짐작할 수 있었다. 당시 국무총리였던 인디라 간디Indira Gandhi와 절친한 친구였던 푸풀은 그 스스로도 연방 각료로서 인도 축제 위원장을 맡고 있었다. 물론 푸풀은 내게 매우 부드럽고 다정한 태도를 보였지만 그녀가 조직 내에서의 내 가치를 평가하고 있는 중이라는 것은 너무나도 분명해 보였다.

푸풀 외에도 재단의 이사들, 여러 학교의 교장과 교사 등 많은 사람들이 본부를 찾았다. 나는 그중 매우 유능한 인물이자 리시 밸리

Rishi Valley 학교*의 교장인 레베카 토마스Rebecca Thomas 여사와 그녀의 남편인 토마스 씨와 친한 사이가 되었다. 토마스 씨는 회계사로, 철저하게 냉소적인 사람이면서도 실용적인 사람이었으며 크리슈나무르티의 이데올로기와 적당한 거리를 두고 싶어했다. 내가 이 두 사람에게 친근감을 느낀 이유 중에는 이들 역시 트리반드룸 출신이라 말라얄람어가 가능한 탓도 있었다. 사람들을 하나로 묶어주는 데에는 언어만 한 것이 없다. 알고 보니 토마스 씨는 우리 가족을 잘 알고 있는 사람이었다.

당시 내가 친해질 수 있었던 몇 안 되는 사람 중에는 푸풀 자야카르의 딸인 라디카 헤르츠버거Radhika Herzburger도 있었다. 캐나다 온타리오Ontario 대학교에서 상징 논리학을 가르치던 한스 헤르츠버거Hans Herzberger 교수와 결혼한 그녀는 불교학 박사 학위를 가지고 있었고, 정말로 진실하고 겸손하며 온화한 사람이었다.

지식인, 사회주의자, 교육자, 불교학자, 신지학자, 사회 엘리트 계층의 사람들이 바산타 비하르를 찾았다. 그 과정에서 나는 재단의 이사들이 완전히 다른 계급, 즉 선택받은 소수이므로 특별한 대우를 받아 마땅하다는 얘기를 들었다. 물론 나중에 만난 이사들 중에는 정말 좋은 사람도 있었지만, 자신이 다른 사람들보다 훨씬 우월하다고 생각하는 이들도 몇몇 있었다.

수많은 사람들이 강연을 들으러 왔다. 무대 위에서 부처님처럼 평온하게 가부좌를 틀고 앉아 있는 크리슈나무르티를 보고 있자니 식

* 크리슈나무르티가 1926년 설립한 학교.

탁에 앉아 농담을 하던 그 사람과 동일 인물이 맞나 싶었다. 강연이 끝났고, 이제 크리슈나무르티는 리시 밸리 학교로 갔다가 다시 첸나이로 돌아와 미국으로 날아갈 예정이었다. 군중들은 뿔뿔이 흩어졌다. 아크윳 씨와 그의 동생 파드마카르 그리고 그의 아내 수난다는 크리슈나무르티와 함께 리시 밸리로 떠났기 때문에 나는 사실상 혼자 남게 되었다. 남은 사람이라곤 사무실 직원과 주방 직원, 그리고 〈인디언 익스프레스Indian Express〉 신문의 부편집장인 K. 크리슈나무르티 씨뿐이었다. 그는 주말마다 바산트 비하르에서 강연을 문자화하고 통신문 쓰는 작업을 도왔다. 그는 크리슈나무르티가 내뱉는 말 하나하나에 골몰하는 사람이었는데, 그런 의미에서 크리슈나무르티의 진정한 신봉자라고 할 수 있는 사람이었다.

크리슈나무르티는 리시 밸리에 열흘간 머무른 후 캘리포니아로 떠났고, 파트와르단 부부는 첸나이로 돌아왔다. 얼마 되지 않아 그들은 내게 행정 업무를 맡겼다. 나와 꽤 친해졌기 때문이었다. 그래서 나는 가끔 그리 멀지 않은 리스 캐슬Leith Castle가에 사시는 부모님을 찾아뵙곤 했다. 그 사이 여동생은 인도 행정 서비스(Indian Administration Service) 공무원이 되었는데, 나중에 양조업자와 결혼하여 방갈로르Bangalore로 이사를 갔다. 막내 여동생은 당시 대학에 다니고 있었고 부모님과 함께 살았다.

그렇게 1년이 지났고, 크리슈나무르티가 다시 첸나이를 찾아왔다. 나는 파트와르단 부부와 함께 그를 마중하기 위해 공항으로 갔다. 크리슈나무르티는 주치의인 파르추르Parchure 씨 그리고 자신의 친한 친구인 메리 짐발리스트Mary Zimbalist 여사와 함께 있었다. 메리 여사는 영화 〈십계명〉(The Ten Commandments)을 제작한 할리우드 프로듀서 샘 짐발리스트Sam Zimbalist의 딸이기도 했다. 이들 외에도 나는 재단과 관련된 국내외의 여러 인물들을 만났다. 크리슈나무르티는 나를 한눈에 알아보았고, 내게 간단히 말을 걸기도 했다. 나는 그와 함께 구내를 산책하며 건물들이 어떤 식으로 개선되었는지를 보여주었다. 그러던 어느 날, 그에게 점심 식사를 하라는 말을 전하러 올라갔다가 무심코 내가 마술에 관심이 있으며 그것에 꽤 능숙하다는 얘기를 한 적이 있었다.

"그럼 공중부양도 가능한가요?" 그가 내게 물었다. 아마 그것까진 못 할 거라고 생각하는 듯했다.

"그것도 가능합니다."

"정말인가요?" 그가 말했다.

"선생님, 괜찮으시다면 내일 점심시간에 구내식당에서 마술을 보여드리겠습니다." 내가 말했다.

"그래요."

다음 날 나는 식탁 근처에 특수한 벤치를 설치했고, 크리슈나무르티와 열댓 명의 손님들이 지켜보는 가운데 천으로 몸을 가리고 벤치에 누워 공중부양을 선보였다. 크리슈나무르티는 큰 소리로 "맙소사, 진짜 할 수 있네!" 하고 외쳤다. 마술에 어떤 트릭이 쓰였는지, 그리고 그것이 얼마나 간단한 트릭인지를 설명해주었을 때 그의 얼굴에 떠올랐던, 믿지 못하겠다는 듯한 표정이 아직도 내 기억에 생생하다. 그는 이 말만을 남겼다. "그렇게 해서 날 깜빡 속인 거군요."

다시 한번 며칠에 걸친 강연이 시작되었다. 오전은 보통 질의응답

시간이었다. 이때 나는 할 일이 꽤 많았는데, 내가 맡은 업무 중에는 외국 손님들을 관리하는 일도 포함되어 있었다. 강연이 끝나자 크리슈나무르티는 영국으로 떠났고 손님들도 뿔뿔이 흩어졌다. 본부는 다시 조용하고 평화로워졌다. 나는 방랑 생활로 돌아가겠다는 계획을 뒤로 미뤘다. 크리슈나무르티가 공항에서 보안 검색을 하러 가기 전 뒤돌아보며 "다시 돌아왔을 때 당신을 또 만날 수 있으면 좋겠네요" 하고 말했기 때문이었다.

나는 수년 동안 바산타 비하르에서 정말 다양한 사람들을 만났다. — 엘리트주의자, 크리슈나무르티를 신과 같이 여기는 신봉자, 아무것도 믿지 않는 사람, 지식인, 예술가 등. 개중에는 미로에 빠져 혼란스러워하는 진정한 구도자들도 몇몇 있긴 했지만 대부분은 권력 있는 높은 사람들과의 연줄이 있는 푸풀 자야카르의 도움을 바라는 사람들이었다. 이들 대개는 별 악의가 없으며 평화를 사랑하는 사람들이었다. 하지만 핵심 그룹이라 할 수 있는 몇몇 사람들은 그렇지 않았다. 좋게 표현해봤자 '극단적 크리슈나무르티파'라고 할 수 있는 이들은 인도의 거룩한 전통을 깊이 공부하지도 않았으면서 고전에 관한 지식이 불필요하다고 생각하는 크리슈나무르티의 말을 인용하여 자신들의 무지를 덮으려 했다. 바바지의 지도하에 심원한 지혜가 담긴 힌두교 문헌들을 깊이 연구한 나는 전통과 규율을 깡그리 무시하는 이들의 태도가 마음 아팠다.

크리슈나무르티 조직과 함께한 10년은 전반적으로 돌아보았을 때 참으로 훌륭한 배움의 경험이었다. 당시 나는 크리슈나무르티의 강연들에서 어느 정도 자극을 받을 수 있었고, 자잘한 업무들을 처리하며 작게나마 그의 강연에 도움의 손길을 보탰었다.

그러다 1985년 4월의 어느 날, 나는 바바지로부터 타의 추종을 불허하는 신비로운 방식으로 일종의 메시지를 전달받게 되었다. 어느 날 저녁, 산책을 갈까 아니면 존 발독John Baldock이 쓴 《루미의 정수》(Essence of Rumi)를 읽을까 고민하며 바산타 비하르 정문 앞에 서 있는데 황토색 로브를 입은 사두 한 명이 길을 걸어오는 것이 보였다. 거리가 좁혀지자 그의 모습이 더 자세히 보였다. 삭발한 머리에 깔끔하게 면도한 얼굴, 맨발의 행색이었다. 그의 젊은 얼굴은 환히 빛나고 있었고, 이마에는 비슈누파 종파의 상징이 백단향으로 그려져 있었다. 그는 내게 곧장 다가와 인사를 건넸다. "라데Radhe 라데.*" 그래서 나도 "라데 라데"라고 대답하며 얼른 그의 발을 만졌다. 엘리트주의에 빠진 크리슈나무르티의 추종자들이 이런 나를 봤더라면 내가 바보 같은 행동을 한다고 생각했을 테지만 다행히 그들은 주변에 없었다.

사두는 거두절미하고 바로 본론만 말했다. "바바지가 나흘 내로 당신을 만나고 싶다고 하십니다. 무니 바바의 동굴에서 그분을 만날 수 있을 겁니다. 최대한 빨리 가보세요. 라데 라데."

그는 말을 마친 뒤 걸어가버렸고, 길모퉁이로 모습을 감추었다. 나는 즉시 떠날 채비를 했다. 가장 먼저, 비서에게 히말라야에 급히 갈 일이 생겨 2주간 휴가를 내야 한다고 알렸다. 휴가를 허락받은 후에는 기차역으로 가서 다음 날 출발하는 델리행 기차표를 샀다.

---

* 인도 일부 지역에서 인사말로 쓰이는 힌디어 표현. 크리슈나의 배우자인 여신 라다Radha와 관련 있는 말이다.

45장 ॐ 바바지가 몸을 떠나다

리시케시에 도착한 바로 그날, 곧장 무니 바바의 동굴을 찾아갔다. 혼자 있던 바바지가 "알라크 니란잔Alakh Niranjan*"이라고 말하며 나를 맞이했다. 나는 그의 발 앞에 절을 했다. "무니 바바는 우타르카시로 갔단다. 오랜만이구나. 좋아 보이는걸?"

"네, 정말 오랜만에 다시 뵙네요. 어쩌면 바바지께서는 제가 당신께 의존하지 않는다는 걸 증명해 보이길 원하셨는지도 모르겠습니다. 어쨌거나 다시 여기로 오니 정말 기쁘네요. 바바지께서도 언제나처럼 눈부시게 빛나십니다."

"그만하렴. 듣기 부끄럽구나. 자, 지금부터 내가 하는 말을 잘 들으렴. 네가 꼭 해야 할 중요한 일이 있단다. 나는 떠나겠다는 결심을 했어."

---

* 알라크는 '인식할 수 없는 이'라는 뜻이며 니란잔은 '투명한(colourless) 이'라는 뜻이다. 주로 나쓰 요기들이 창조주 혹은 형태 없는 신을 부를 때 쓴다. 인사말로도 쓰인다.

"어디로 가실 건가요? 저도 같이 가겠습니다."

"아니다, 얘야. 넌 같이 가면 안 돼. 네게는 해야 할 일이 남아 있잖니. 나는 이제 이 몸을 떠나려고 한다."

바바지의 말은 청천벽력과도 같이 느껴졌다. "바바지…." 충격을 받으니 말도 제대로 나오지 않았다. 나는 그저 눈을 크게 뜨고 그를 쳐다보기만 했다.

"젊은 친구, 정신 차려야지. 요기가 그래서 쓰겠니? 자, 몇 번 천천히 심호흡을 해보렴. 그래, 이제 숨을 내쉬어봐. 그렇지. 이제 기분이 좀 나아졌니?"

"네, 바바지. 훨씬 낫네요. 아까 너무 갑작스러운 말씀을 하셔서 잠깐 마음이 흔들렸습니다. 이제 준비됐습니다. 제가 뭘 해야 하는 건지 말씀해주세요." 나는 눈물을 참기 위해 무진 애를 썼다.

"내 할 일은 다 끝났지만 네가 할 일이 좀 많구나. 먼저, 몇 가지 중요한 것들을 간단히 설명해준 다음 내가 몸을 떠났을 때 시신을 어떻게 처리할지 알려주마. 내가 육신을 떠날 거라는 사실을 아는 사람은 스리 구루와 내 친구 나가라즈 그리고 너뿐이란다. 지금부터 내가 하는 말을 잘 들으렴."

그는 내게 크리야 수행의 세부 사항에 대한 몇 가지 설명을 해주었고, 요기들이 죽을 때 수행하는 최후의 크리야에 입문시켜주었다. — 죽기로 결심한 요기는 최후의 크리야를 수행한 후 신체 기능을 멈추고 조용히 몸을 떠난다. 그리고 그는 내가 선택한 사람이 성실함과 진정성이라는 두 가지 조건만 충족한다면 그를 크리야 요가에 입문시켜도 좋다는 허락을 내려주었다.

그 후 그는 나를 트랜스 상태로 빠트렸고, 나는 다시 한번 전생의 장면을 체험할 수 있었다. 이번에는 더 세부적인 정보들을 알 수 있었다. 스리 구루 바바지와의 인연은 내가 달의 종족(lunar race)*, 즉 야두 왕조(Yaduvamsha)의 용맹한 전사였을 때로 거슬러 올라간다. 달의 종족은 자신들이 스리 크리슈나의 혈통을 이어받았다고 주장하는, 사막 도시 자이살메르Jaisalmer를 세우는 데 일조한 종족이다. 당시 위대한 나쓰 요기의 역할을 맡고 있던 스리 구루 바바지는 그때 처음으로 나의 구루가 되었다.

트랜스 상태에서 깨어나자 바바지는 나의 루나누반다runanubandha, 즉 카르마적 인연 때문에 전생에 인도 왕족이었던 사람들을 내가 훗날에 동료 혹은 제자로 만나게 될 것이라는 말을 해주었다. 또, 전생에 나와 친밀한 사이였던 많은 사람들의 삶을 내가 책임져야 한다고, 그들을 보면 감이 올 것이며 내게 도움을 요청하는 사람을 결코 내쳐서는 안 된다고 말했다.

또한 바바지는 내가 결혼을 해야 하며, 감정적 상황을 능숙히 처리할 수 있을 만큼 성숙하는 데 이러한 결혼 생활이 도움이 될 거라고 거듭 강조했다. 그가 말했다. "결혼을 하지 않는다고 해서 구도자가 영적으로 더 높이 진보하는 것은 아니란다. 어찌 됐든 너는 결혼을 해야 하고 말이야. 앞으로 너를 찾아올 대부분의 사람들이 기혼자일 것일 것인데, 너 스스로 결혼 생활이 어떤 것인지를 모른다면 조언을 해줄 수도, 그들을 도울 수도 없지 않겠니?"

---

* 인도 고대 문헌에 언급되는 전사 지배계급 가문. 달과 관련된 신들의 후손이라는 전설이 있다.

또, 바바지는 카일라시와 마나사로바르Manasarovar 호수로 여행을 떠나기 전에 자서전을 쓰기 시작하라고, 그리고 여행에서 돌아오고 나서는 1년 안에 책을 완성해야 한다고 당부했다. 그는 기밀 사항을 몇 가지 더 알려주었고, 나는 그가 말해준 것들을 비밀에 부치겠다고 맹세했다.

내게 말해줘야 할 것을 모두 알려준 그는 자신이 몸을 떠나면 시신을 어떻게 처리해야 할지 알려주기 시작했다.

"바바지, 정말 진심으로 그러길 원하시는 건가요? 조금만 늦추시면 안 되는 건가요? 제발요…." 내가 말했다.

"얘야, 내가 뭔가를 행할 때는 거기에 확실한 이유가 있다는 것을 너도 잘 알지 않니? 나는 이 몸을 떠나기로 했단다. 앞으로 내 정신력의 80퍼센트 정도가 너에게로 전이될 것인데, 좀 어렵더라도 네 능력을 감추고 평범한 사람인 척하며 살아가렴. 나는 네가 그럴 수 있으리라 확신한단다. 곧 스리 구루께서 오셔서 너를 축복해주실 거야.

내가 떠나고 나면 크리슈나무르티 재단으로 돌아가렴. 크리슈나무르티도 곧 지상을 떠나게 될 거란다. 그의 목적은 성취되었어. 그 후 벌어지는 모든 일들을 예리하게 관찰해보렴. 내가 항상 네 가슴 속에 살아 있다는 것을 기억하려무나. 자, 이제 네가 해야 할 일을 알려주마."

바바지는 내게 무니 바바의 동굴 인근 숲속의 어느 외딴곳을 보여주었다. 닐칸쓰 언덕 기슭이었다. 그는 내게 쇠지레와 삽, 곡괭이를 건네주었고, 나는 정해진 크기의 큰 구덩이를 파야 했다. 그때까지 한 번도 그런 구덩이를 파본 적이 없었는데도 불구하고 나는 혼자 힘으로만 구덩이를 파야 했다. 바바지는 구덩이를 파는 데 필요한 힘과 기술을 내 몸과 마음으로 전해주었다.

손에 굳은살이 박이긴 했지만 이틀 정도 지나자 구덩이를 다 팔 수 있었다. 목요일이었던 셋째 날, 바바지는 내게 몇 가지 개인적인 지시사항을 추가로 알려주었다. 같은 날 밤 우리는 구덩이가 있는 곳으로 걸어갔다. 구름 한 점 없는 밤하늘에 보름달이 밝게 빛나고 있었고 시원한 바람도 불어왔다. "스리 구루를 기다리자꾸나." 바바지가 말했다.

잠시 후 저 멀리서 내가 아룬다티 동굴에서 봤던 것과 비슷하게 생긴 빛의 구체가 보였다. 구체가 보름달과 가까워졌을 때는 마치 두 개의 달이 떠 있는 것처럼 보였다. 우리를 향해 돌진해올수록 구체의 크기도 더 커졌다. 아룬다티 동굴에서와는 달리, 이번에는 빛의 구체가 우리 앞에 내려올 때 천둥소리나 그 어떤 소음도 없이 땅에 부드럽게 착지했다.

빛의 구체가 열리자 거기서 스리 구루가 걸어 나왔고, 그 뒤를 이어 빛나는 푸른 피부를 가진, 대단히 잘생긴 남자가 나체로 걸어 나왔다. 우리의 절을 받은 후, 스리 구루가 내게 말했다. "너는 이전에도 나가라즈를 만난 적이 있지. 이번에는 그의 외관이 좀 달라진 것뿐이란다. 사르파 로카의 존재들은 마음대로 자신의 형태를 바꿀 수 있어. 자, 이제 오늘 일에 대해 얘기해보자꾸나.

우리는 특정 타트바tattva*들을 네 스승의 몸과 마음에서 너의 몸으

---

* 다양한 인도 철학에 따르면 타트바는 원소를 뜻하며 인간의 경험을 구성하고 있는 현실의 다양한 측면을 뜻하기도 한다. 어떤 전통에서는 신성의 한 측면으로 여겨지기도 한다. 타트바의 수는 종파에 따라 다르다.

로 전이시키기로 했단다. 짜여진 계획대로라면 네가 앞으로 해야 할 일이 아주 많기 때문에 이런 작업이 꼭 필요해. 네 스승은 깃발이나 단체 없이 그저 묵묵히 혼자서 할 일을 해왔지만 너는 좀 다른 방식으로 일을 해야 한단다. 1991년까지 너는 스승과 같이 모습을 드러내지 않은 채 조용히 할 일을 하게 될 거고, 그 이후가 되면 점점 더 많은 사람들에게 네 이름이 알려지게 될 거란다. 이를 피하려 하지 말렴. 네가 할 일을 제대로 해내려면 그럴 필요가 있으니까 말이야. 너는 이 축복받은 땅에서조차 인류가 얼마나 끔찍하게 자기중심적이고 폭력적인지를 보게 될 거란다. 마헤쉬, 동의하니?"

"예." 바바지가 말했다. "저도 당신께서 그 말을 해주시길 원했습니다. 이제 때가 되었으니 저를 축복해주시고 또 데려가주십시오."

스리 구루와 나가라즈 그리고 내가 지켜보는 가운데 바바지는 구덩이로 내려가 파드마사나 자세로 앉더니 몇 초 동안 숨을 격하게 들이쉬고 내쉬었다. 그의 시선은 이마 중앙에 고정되어 있었다. 마지막 숨을 가장 격하고 강하게 내쉰 후 그는 침묵에 빠졌고, 그의 몸은 움직임을 완전히 멈추었다.

바바지의 정수리에서 무지개색 빛이 나와 내 가슴 속으로 들어왔다. 그러자 내 내적 정체성이 영원히 변해버렸다. 바로 이때부터 바바지의 에너지가 나를 통로 삼아 일하기 시작했다. 그때 나는 그의 머리에서 하얀 빛이 나와 하늘로 올라가는 것을 보았다. 몇 초 후, 그 빛은 시야에서 사라졌다. 스리 구루가 말했다. "다 끝났단다. 이제 스승이 지시한 대로 하렴. 나는 가봐야 해. 내게 어떻게 연락해야 하는지는 너도 잘 알고 있겠지?" 나는 스리 구루와 나가라즈에게 절을 했다. 그들은 비마나vimana*를 타고 사라졌다.

나는 그 밤 내내 무덤에 흙을 채웠다. 처음 흙을 삽으로 퍼서 구덩이에 넣을 때는 마음이 너무도 아팠지만 딱 그때뿐이었다. 나는 곧 별 감정 없이 냉정하게 흙을 무덤에 채워 넣을 수 있었고, 그런 내가 스스로도 놀라웠다.

곧 나는 바바지의 육신이 들어 있는 구덩이를 흙으로 가득 메웠다. 그리고 그의 지시에 따라 표면을 단단하게 다진 다음 그 위에 잔디를 깔고 물을 부었다. 바바지는 자신이 묻힌 곳을 식별할 수 있도록 무덤을 만들거나 간단히 묘비를 세우는 것조차 금했기 때문에 나는 그저 그 신성한 장소를 향해 절을 한 다음 길을 떠났다.

동굴로 돌아오자 날이 밝고 있었다. 떠오르는 태양이 하늘을 주황빛으로 물들였고 새들이 지저귀는 소리가 들렸다. 바람도 부드럽게 불어왔다. 갑자기 가슴이 슬픔으로 가득 차올라 나는 부끄러운 줄도 모르고 엉엉 울었다. 사랑, 감사, 이별의 눈물이 끝도 없이 흘러내렸다. 담요 위에 누운 후에도 계속 눈물이 났지만 피곤에 절어 있던 나는 울면서 잠이 들었다. 나는 꿈도 꾸지 않는 깊은 잠에 빠졌고, 잠에서 깨어나자 마음이 한결 나아져 평정심을 되찾을 수 있었다. 이제 나는 내게 주어진 책임을 다할 준비가 되어 있었다.

* 힌두 문헌 등에 나오는 신화적인 공중 전차.

46장 ॐ 'K'의 죽음

나는 이틀간 리시케시를 돌아다녔다. 그러다 셋째 날에는 기차를 타고 델리로 갔고, 거기서 또 버스를 타고 암리차르Amritsar로 향했다. 예전부터 항상 암리차르에 있는 시크교 황금 사원을 가보고 싶었기 때문이다. 바바지는 시크교 성서인 〔그란트 사히브Granth Sahib〕를 매우 중요하게 생각했는데, 시크교도들이 신, 구루와도 같이 여기는 이 성서를 숭배하는 중심지가 바로 황금 사원 하르만디르 사히브Harmandir Sahib였다.

시크교의 4대 구루인 구루 람 다스Guru Ram das 때 건축이 시작되어 5대 구루인 구루 아르잔Guru Arjan 때 완공된 이 아름다운 황금 돔 사원은 샘물이 흘러나오는 암리차라스Amritsaras(감로 호수)로 사방이 둘러싸여 있다. 도시 이름인 암리차르도 이 호수에서 이름을 따온 것인데, 이곳은 와가Wagah쪽 파키스탄 국경과 매우 가깝다.

나는 새벽 시간에 사원으로 들어갔다. 하만디르 사히브에서 라기ragi*들이 연주하는, 심금을 울리는 연주는 나를 깊은 황홀경에 빠뜨렸다. 그날 나는 그들이 〔그란트 사히브〕에 나오는 카비르의 노래를 부르는 것을 들었다. "사랑 없는 가슴은 죽은 것, 화장터와 같다네…." 나는 신성한 그란트(성서, 책 — 역주)에 경의를 표한 후 달콤한 카다 프라사드를 먹었다.

버스를 타고 델리로 향했다. 델리에 도착한 나는 곧장 기차역으로 가서 첸나이행 자유석 표를 샀다. 이틀 동안 잠을 거의 못 잤던, 아주 피곤한 여정이었다. 일반 서민, 특히 가난한 지역에 사는 사람들이 어떻게 다른 지역으로 이동하는지 부유하고 힘 있는 사람들이 전혀 모른다는 사실은 정말 악몽과도 같다!

첸나이로 돌아온 나는 다시 바산타 비하르의 일상에 적응해나갔다. 물론 처음에는 마음이 좀 힘들었지만 곧 리시케시로 휴가를 떠났을 뿐이고 아무 일도 없었다고 생각하니 슬픔을 극복할 수 있었다.

그해 10월, 크리슈나무르티가 아프다는 소식이 들려왔다. 하지만 그럼에도 인도에 올 거라고 했다. 그는 인도에 도착한 후 가장 먼저 바라나시로 가서 불교학자들과 일련의 토론을 진행했다. 학자들 중에는 미륵불의 가르침으로 여겨지는 대승 경전 〔칼라차크라 탄트라Kalachakratantra〕의 비평전을 출간한 판디트 자간나쓰 우파댜야Pandit Jagannath Upadhyaya와 현재 티베트 망명 정부의 수장인 삼동 린포체Samdhong Rinpoche도 포함되어 있었다. 크리슈나무르티는 "무언가 신성하

* 〔그란트 사히브〕에 나오는 성가를 연주하는 시크교 음악가들.

고 오래 이어지는 것이 이곳 인도에 존재하는가? 만약 그런 게 존재한다면 이곳은 왜 이렇게나 타락했는가?"라는 질문을 던졌고, 학자들 입에서는 만족스러운 대답이 나오지 않았다.

그러나 병에 걸린 그가 죽음과 죽음 이후에 일어나는 일들을 자세히 생각해보고 있다는 사실만큼은 분명해 보였다. 인도에 오기 전 그는 스위스의 자넨Saanen에서 "계곡이 잘 가라는 인사를 하고 있다"는 말을 했다. 자넨에서 강연을 하던 그는 〔카타 우파니샤드〕에 나온 이야기를 다시금 꺼냈다. 죽음의 신 야마Yama의 집으로 보내진 나치케타Nachiketa의 이야기였다.*

크리슈나무르티가 1929년에 쓴 글은 그의 사상을 가장 잘 나타내고 있다. 그것은 아래와 같다.

"크리슈나무르티의 죽음은 불가피한 일이며 이러한 죽음이 일어났을 때 당신은 마음속에 이런저런 규칙을 세우기 시작할 것이다. 당

---

* 나치케타라는 소년의 아버지는 영적 축복을 바라며 자신의 모든 소유물을 신께 바치겠다고 맹세한다. 하지만 소년은 아버지가 병든 소나 쓸모없는 재산들만을 신에게 바치고 있음을 눈치채고 아버지에게 "당신이 가진 모든 것을 다 바치는 것이 옳다"고 지적하며 자신도 아버지의 것이니 자신을 어떤 신에게 바칠지 말해달라고 한다. 이에 아버지는 홧김에 "너를 죽음의 신인 야마에게 바치겠다"고 말한다. 그러자 소년은 이를 진지하게 받아들이고 야마의 집으로 떠난다. 하지만 야마는 외출 중이라 집을 비운 상태였고, 소년은 집 앞에서 그를 기다린다. 집에 돌아온 야마는 손님이 물도 음식도 없이 사흘 동안 자신을 기다린 것이 미안해서 세 가지 소원을 들어주겠다고 한다. 그러자 소년은 첫 번째 소원으로 아버지와 자신의 평안을 빌었으며 두 번째 소원으로는 신성한 불에 제물을 바치는 법을 배우겠다고 했다. 야마는 두 소원 모두를 이루어주었다. 소년은 마지막 소원으로 육신의 죽음 너머에 어떤 신비가 숨어 있는지 알고 싶다고 했다. 야마는 이를 알려주길 꺼리며 장수, 부, 권력 등을 제안했지만 소년은 물질적인 것은 일시적이고 필멸하는 것이라며 거절한다. 하는 수 없이 야마는 참자아, 즉 육신의 죽음 이후에도 지속되는 자아의 본성에 대해 자세히 설명해준다. 야마로부터 브라만의 지혜를 배운 소년은 살아 있는 동안 영적 자유를 이룩한 사람, 즉 지반묵타Jivanmukta가 되어 아버지에게로 돌아갔다.

신에게 있어 크리슈나무르티라는 인물은 진리의 대변자였기 때문이다. 따라서 당신은 성전을 세우고 그다음엔 의식을 치르고…. 만일 당신이 나라는 인물을 중심으로 거대한 기반을 세운다면 당신은 그 집, 그 성전 안에 갇히게 될 것이므로 자신을 그 성전에서 구출시켜줄 또 다른 스승을 찾아야만 할 것이다. 그러나 그런 스승을 찾았다 해도 인간의 마음은 스승을 중심으로 또 다른 성전을 세울 것이고, 이런 일은 계속해서 이어질 것이다."

크리슈나무르티는 자신을 중심으로 세워진 그 기반을 흔들고, 또 파괴하기 위해 열심히 노력했다. 하지만 사람들은 성전이 제공하는 안전하고 안락한 느낌에 너무도 익숙해져 있었기 때문에 그것을 부술 준비가 되어 있는 사람은 크리슈나무르티 자신을 제외하면 아무도 없었다.

11월, 리시 밸리에 도착한 그는 기력이 쇠해 있었고 건강도 점점 나빠지고 있었다. 놀라우리만치 빠르게 체중이 빠지기 시작했다. 그는 리시 밸리에서의 마지막 강연을 '마지막 쇼'라고 일컬었다. 그는 여러 스승, 제자들과 계속해서 토론을 벌이면서 그들이 몸담은 조직이 어째서 다른 조직들과 다른지에 대한 확고한 이유를 내놓도록 끊임없이 촉구했다. 하지만 크리슈나무르티는 이들이 내놓은 대답이 전혀 만족스럽지 않은 것 같았다.

12월 22일, 그는 강연차 첸나이에 도착했다. 체중이 이전보다 훨씬 더 빠진 상태였고 고열도 나고 있었다. 강연을 진행할 수 있을지 의문이 들 정도의 몸 상태였다. 측근들은 그가 위독한 상태라는 것을 분명히 알 수 있었고, 때때로 그가 주는 힌트를 통해 그의 삶이 끝나가고 있음을 눈치챌 수 있었다.

그가 "오, 맙소사. 이 세대를 어찌할꼬!"라고 표현한 바 있던 사람들, 즉 선입관에 휘둘려 살면서 자기 자신이라는 껍질 밖으로 탈피할 줄 모르는(self-enclosed) 이들의 내적 중심까지 파고들어 가기 위해서는 대중 강연을 하는 동안 그에게 초인적인 에너지가 필요했다. 그건 그렇다 치더라도 그는 자신의 이름을 딴 재단에 속한, 안일하고 가식적인 사람들을 새로운 사람들로 대체해야 한다는 암울한 숙제를 마주하고 있었다. 배후에서는 이미 크리슈나무르티의 후계자 자리를 놓고 떠들썩한 일이 벌어지고 있었다.

재단의 주요 인사들은 권력자의 자리에 그대로 있는 것이 더 안정적이었기에 재단을 해체하겠다는 그의 말에 순순히 따라주지 않았고, 반대에 부딪힌 그는 "나는 그 어떤 단체에도 속해 있지 않다"고 말하며 재단과의 연을 끊었다. 당시 나는 재단의 일원이 아니었지만 크리슈나무르티는 친한 친구를 통해 내게 특별 회의에 참여하라는 말을 전해주었고, 결국 그 회의에서 자신의 이름을 딴 모든 조직과의 연을 끊었다. 3년 전, 처음으로 일대일 면담 기회가 주어졌을 때 그가 했던 말이 떠올랐다. "한동안 있다 보면 알게 될 겁니다. 더 이상은 힘들다고 판단되면 이 짓도 그만두렵니다."

그는 누군가가 자신의 후계자를 자처할까 심히 우려했기 때문에 크리슈나무르티 재단의 규칙과 규정에 다음과 같은 조항을 추가했다. "그 어떤 경우에도 재단이나 재단의 후원을 받는 기관 그리고 그 구성원들은 크리슈나무르티의 가르침에 대한 권위를 내세우거나 그것에 대한 권위자를 자처하지 않는다." 이 조항은 크리슈나무르티가 "그 누구도 나의 가르침에 대한 권위자를 자처해서는 안 된다"고 선언한 것과 맥을 같이한다.

내가 크리슈나무르티와 밀접하게 지내게 된 것도 바로 이 시기였다. 크리슈나무르티가 재단의 사무관을 포함하여 본부의 대행인들을 성공적으로 몰아냈기 때문에 일상적인 재단 운영을 위해서는 내가 대부분의 운영을 맡아 처리해야 했다. 크리슈나무르티가 새로 임명한 사무관은 라자스탄에서 경무관으로 일하다 은퇴한 마헤쉬 삭세나 Mahesh Saxena였는데, 그 역시 임명된 지 얼마 되지 않아 도움이 많이 필요했다. 크리슈나무르티는 나를 매우 다정하게 대해주었으며 자신의 침실을 자유로이 드나들 수 있도록 허락해주었다.

사실, 그는 이러한 개혁 전부터 재단에 속해 있던 사람들을 자기 주변에 두기 싫어했으며 나에게 앞으로 강의가 있을 때는 자신의 침실에서부터 연단까지 함께 걸어가달라고, 그리고 강연이 시작되기 전에는 옷에 마이크를 고정해주고, 강연이 끝난 후에는 다시 마이크를 떼어달라고 부탁했다. 그의 체중은 계속해서 줄어갔고, 체온은 계속 상승하기만 했다. 의사도 병의 뾰족한 원인을 알아내지 못했다. 강연 도중 체온이 40도까지 올라갈 때도 있었지만 대중이 거의 알아차리지 못할 정도로 전달력만 약간 떨어졌을 뿐, 강연은 여느 때처럼 강력하고 기민했다.

마지막 강연은 1986년 1월 4일에 열렸다. 그는 다음의 말로 강연을 시작했다. "지금부터 제가 하는 이야기를 귀 기울여 들어주시겠습니까?" 그리고 다음의 말로 강연을 마쳤다. "이것이 저의 마지막 강연입니다. 함께 앉아 잠시만 고요히 있어볼 수 있을까요? 좋습니다, 여러분. 잠시만 고요히 앉아 계세요."

그날 밤 그는 섬망 상태에 빠졌다. 다음 날 아침, 나는 그가 방에 가만히 앉아 산스크리트어를 챈팅하는 듯한 방식으로 테니슨[Tennyson]의 시를 낭송하는 것을 들었다.

그가 그리 오래 버티지는 못할 것 같다는 느낌이 강하게 들었다. 그의 방 안에는 낡은 의자를 비롯해 관리가 필요한 물건들이 몇 가지 있었다. 나는 다음에 돌아오실 때 그런 물건들을 정비해놓겠다고 말했는데, 그는 자신의 연약한 팔을 내 어깨에 올리고 눈을 맞추면서 "서커스는 끝났답니다. 다시 돌아올 일은 없을 거예요"라고 말했다. 나는 눈물을 흘렸다. 그의 방에서 내려올 때는 계단을 오르는 라디카 헤르츠버거와 마주쳤는데 왠지 그녀도 시간이 얼마 남지 않았다는 것을 알고 있는 듯했다.

그가 오하이로 떠나던 날 밤, 나도 그를 배웅하기 위해 공항으로 갔다. 공항 측은 그의 위중한 건강 상태를 고려해 활주로까지 차를 태워줄 수 있도록 배려해주었다. 그게 내가 마지막으로 본 그의 모습이었다. 차가 움직이기 시작하고 그 자리에 있던 우리 셋이 나마스테 자세로 손을 합장하자 언제나 그랬듯 그도 정중하게 인사했다.

그로부터 약 한 달 후인 1986년 2월 17일, 그는 오하이에서 세상을 떠났다. 의사들의 진단에 따르면 췌장암이라고 했다. 사망하기 며칠 전의 음성 녹음을 들어보면 그는 자신의 시신에 대고 복잡한 의식 같은 건 치르지 말라고, 그저 전기 설비로 운영되는 화장터에 시신을 보내달라고 요청했다. 그 녹음테이프는 대중 공개용이 아니기 때문에 자세한 내용을 말할 수는 없지만 크리슈나무르티가 공식적으로 "얼마나 엄청난 에너지가 내 몸을 통해 작용하고 있는지 아무도 모른다"고 말한 적이 있다는 사실을 여기에 밝히지 않고는 못 배길 것 같다.

47장 ॐ 결혼 그리고 닐 바그로의 이사

크리슈나무르티가 세상을 떠난 후, 재단은 마헤쉬 삭세나 사무관의 지휘하에 새로운 방식으로 한동안 순조롭게 운영되었다. 경찰 간부 출신인 그는 경영 능력이 뛰어났다. 그는 내게 자신의 보좌관이 되어달라고 부탁했고, 몇몇 사람의 반대를 무릅쓰고 나를 공동 사무관으로 임명했다. 나는 크리슈나무르티가 사망한 후 열린 회의에서 이사회에 선출되기도 했다.

하지만 어떤 이유에선지 삭세나 씨는 크리슈나무르티 재단의 분위기에 쉽사리 적응하지 못했다. 그는 전통적인 환경에서 자라온 사람이었고, 사상 최초로 바산타 비하르에는 — 좋게 표현해봤자 — 무릎까지 오는, 갈색 목욕 가운 같은 옷을 입은 장발의 남자가 근무 중인 경찰관 마냥 캠퍼스 곳곳을 거들먹거리며 활보하고 있었다. 바산타 비하르의 거주자들과 방문객들에게 익숙한 "안녕하세요, 선생님" 또는 "좋은 아침입니다" 등의 인사말은 전통적인 인사말인 "나마스테"로 대체되었다.

얼마 지나지 않아 그는 나와 대화를 나누며 일이 잘 풀리지 않는다고 고백했다. 소위 '생각과 행동의 완전한 자유'가 법과 질서 그리고 '부하들'의 절대적인 복종에 익숙해져 있던 그를 괴롭히기 시작한 것이다. 게다가 그는 이따금 강박적 행동과 우울증의 증상들을 보였기 때문에 나는 그에게 인격 장애가 있는 것이 아닌가 생각하게 되었다. 이러한 요인들이 복합적으로 작용하자 그는 몹시 지쳐갔고, 결국 사직서를 내고 바나라스로 떠났다. — 이것은 훨씬 나중에 벌어진 일이다.

크리슈나무르티 재단의 일원으로 선출된 지 몇 달 후, 내 인생의 새로운 장을 여는 사건이 일어났다. 스물다섯 살의 아리따운 여성이 바산타 비하르를 찾아온 것이다. 그녀의 이름은 수난다 사나디Sunanda Sanadi로, 리시 밸리 학교에서 몇 년간 영어 교사로 일한 경력이 있었다. 영문학 대학원생이었던 그녀는 첸나이에서 교사 외의 다른 직업을 갖고 싶어했다. 육군 장교로 근무하다 은퇴한 그녀의 아버지와 어머니는 첸나이 교외의 푸루샤왈캄Purushawalkam에 살고 있었다. 사실, 공식적으로 만난 적은 없지만 나는 리시 밸리에서 그녀를 한 번 본 적이 있었고, 몇 달 전에는 그녀의 이전 제자 중 한 명이 "수난다는 훌륭한 교사이자 좋은 사람"이라고 말한 것을 들은 적이 있었다.

당시 바산타 비하르에서 내가 맡은 일 중 하나는 〈크리슈나무르티 회보〉의 발행을 관리하는 일이었다. 나는 문학을 전공한 수난다가 이 일을 도와줄 수 있을 것 같아 그녀에게 일을 맡기고자 했고, 삭세나 씨도 이에 흔쾌히 동의했다. 처음에 그녀는 주중에는 본부에 머물다가 주말이 되면 본가로 돌아갔고, 이런 생활 패턴은 그녀에게 꽤 잘 맞았다.

젊었을 때 나는 정서적으로 아주 친밀하거나 육체적인 관계는 아니었어도 몇몇 여성과 연애를 해보긴 했다. 하지만 그들에게 그다지 큰 중요성을 둔 적은 없었다. 이제 나는 서른다섯 살이 되었고, 또 끈끈한 인간관계를 맺고 싶은 의향도 없었다. 그러나 결혼을 하는 것이 내게 이상적인 상황이 될 것이며 의식의 진화를 위해서라도 결혼을 꼭 해야 한다는 바바지의 말이 계속 마음속에 맴돌았다. 수난다는 성실하고, 정 많고, 예쁘고, 좋은 집안 출신이었다.

크리슈나무르티와 결혼에 대해 이야기했을 때 그는 "욕정에 불타는 것보다는 결혼하는 것이 낫다"는 사도 바울의 말을 인용했는데, 정확히 말하면 나는 욕정에 불타는 상태는 아니었다. 하지만 함께 일한 지 얼마 지나지 않아 수난다와 나 사이에는 사랑이 싹트고 있었다. 결국 우리는 결혼하기로 했는데, 그 과정이 그렇게 쉽지만은 않았다.

첫째로, 수난다는 우두피Udupi 지역의 사라스와트 브라만Saraswat Brahmin 가문(어머니는 다르와드Dharwad 출신이다)에서 태어났다. 반면 나는 브라만도 아닐뿐더러 수난다와는 달리 비힌두교 태생이었다. 둘째로, 나는 수입도 보잘것없었고 집도 없었다. 그러나 우리 둘은 힌두교식으로 결혼식을 치러야 한다는 장인어른, 장모님의 조건에 응함으로써 문제를 해결했다. 나는 수난다가 만난 지 얼마 안 된, 낯선 사람인 나에게 그토록 큰 믿음을 보였을 뿐만 아니라 여러 상황을 고려했을 때 무척이나 큰 용기가 필요한 결혼을 택했다는 사실에 존경을 표하고 싶다. 또한 이 결혼은 장인어른과 장모님의 열린 마음이 없었다면 불가능한 일이었다는 점도 인정하지 않을 수 없겠다.

이 글을 쓰고 있는 지금, 우리는 23년째 결혼 생활 중이며 장성한 두 자녀도 있다. 결혼 생활을 하면서 의견 차이가 아예 없었다고는 말할 수 없겠지만, 우리는 함께 문제를 해결해나가고 서로를 진심으로 사랑하는, 전반적으로 봤을 때 아주 바람직한 가족이다.

다시 바산타 비하르로 돌아가보자. 당시 우리는 젊고 열정적인 부부로, 2만 제곱미터 넓이의 아름다운 부지에서 함께 일하며 살았다. 하지만 얼마 지나지 않아 일이 조금씩 꼬이기 시작했다. 신체적으로나 정신적으로나 건강 상태가 나날이 악화되고 있던 삭세나 씨는 마침내 자신의 주변 사람들을 병적으로 의심하기 시작했다. 내 개인적인 생각으로는 전통만을 고수하는 그의 마음이 크리슈나무르티 재단 사람들의 사고방식에 적응하지 못하면서 상태가 더 악화되지 않았나 싶다. 또, 그는 나와 수난다의 결혼, 아니 내가 누군가와 결혼하는 것 자체를 썩 좋아하지 않았기 때문에 나에게 점점 더 적대적인 태도를 보이기 시작했다.

이런 와중에 수난다가 임신을 했고, 우리는 바산타 비하르가 아이를 키우기에 적합한 곳인지 진지하게 고민하기 시작했다. 그러던 중 마치 신이 주신 기회처럼 이곳을 떠날 수 있는 기회가 찾아왔다. 어느 날 밤, 나는 바바지가 우리 둘을 축복해주며 이제 떠날 때가 되었다고 말하는 꿈을 꿨다. 다음 날 아침이 되자 우리는 닐 바그 학교(Neel Bagh School)를 리시 밸리 학교가 매입할 예정이며, 그곳에 살면서 학교를 관리할 사람을 찾고 있다는 사실을 알게 되었다.

닐 바그 학교는 깊숙한 시골 지역에 있는 학교로서 초목이 아름답게 우거진 3만 제곱미터 크기의 부지를 가지고 있었다. 학교의 위치는 라얄파드Rayalpad 근처, 그러니까 카르나타카 주에 속하긴 하지만 안드라 프라데쉬 주와의 경계선과도 가까웠고 거기서 안드라 프라데쉬 주에 있는 리시 밸리까지 가려면 한 시간 반이면 되었다. 처음에는 뛰어난 장인이자 목수, 교육자였으며 산스크리트어에 능통했던 스코틀랜드인 데이비드 호스버그David Horsburgh가 이 땅을 사서 진흙 벽으로 된 아름다운 영국식 오두막집을 지었고, 그곳에 정착해 살았었다. 그러다 그의 집 주변으로 학교가 형성되기 시작했다. 이 학교는 인근 마을의 가난한 아이들을 위한 무료 교육기관이었다. 젊은 시절 리시 밸리에서 일하다 영국문화원 교육부에서도 일했던 데이비드는 마을 아이들에게 무료로 교육을 시켜줬을 뿐 아니라 혁신적인 교육기법으로 우수한 교사들까지 배출해냈다.

안타깝게도 데이비드는 60대 초반에 간경변으로 세상을 떠났다. 남은 데이비드의 자녀들은 토지와 학교를 적절히 관리할 수 없었고, 영국으로 가서 살고 싶어했다. 리시 밸리가 나서서 학교를 인수하기로 한 것도 바로 이 때문이었다. 닐 바그 학교는 경치가 대단히 아름다운, 전원적인 곳이었다. 비록 진흙으로 지어지긴 했지만 이곳의 모든 건물들은 데이비드의 건축가 친구인 베이커Baker 씨가 영국식 설계에 맞춰 지은 것들이었으며 나무 시트가 있는 서양식 변기와 욕조까지 갖춰져 있었다.

닐 바그 학교를 인수하는 데 앞장선 것은 리시 밸리의 교장이자 내 친한 친구인 라디카 허츠버거였다. 내가 닐 바그로의 전근 문제를 논의하자 그녀는 뛸 듯이 기뻐했다. 그녀는 우리의 상황을 이해해주었고, 따라서 수난다의 임신과 함께 우리는 닐 바그로 이사했다.

닐 바그에서 보낸 10년은 내게 있어 매우 소중한 추억인데, 여기에는 몇 가지 이유가 있다. 그 첫 번째 이유는 결혼 후 처음으로 개인 주택을 가지게 되었기 때문이다. 우리는 정말 멋진 별채에 살았고, 수난다는 학업으로 바빴기 때문에 학교 운영 업무는 내가 처리했다. 두 번째 이유는 아들 로샨과 딸 아이샤Aisha가 각각 아홉 살, 일곱 살 때까지 이곳에서 자랐기 때문이다. 셋째, 내가 방갈로르에서 첫 공개 강연을 하고 그 후로도 쭉 강연을 이어간 시기도 닐 바그에 머물 때였다. 넷째, 삿상 재단(Satsang Foundation)도 여기서 만들어졌다. 다섯째, 델리에 사는 비베크 마헨드루Vivek Mahendru가 트리반드룸에 사는 내 오랜 친구이자 나중에 바바지의 활동에서 중요한 역할을 하게 된 라다크리슈난과 함께 나를 만나러 온 곳도 닐 바그였다. 또, 내 첫 번째 책《더 큰 만족, 더 행복한 삶을 위한 작은 안내서》(The Little Guide to Greater Glory and a Happier Life)를 집필한 곳도 이곳이었다. 그리고 마지막 이유는, 이곳에서 일하며 지냈던 시기에 내가 크리슈나무르티 재단에서 사임했기 때문이다.

48장 ॐ 닐 바그와 샷상 기차

세속적인 관점으로 보나 영적인 관점으로 보나 닐 바그에서 보낸 10년은 참으로 의미 있었고, 또 어떤 면에서는 보람차기도 했던 시간이었다. 닐 바그는 나무가 많고 사방이 녹지인 시골 지역 깊숙이에 자리해 있어 고요히 사색을 즐기기에 딱 좋은 곳이었다. 결혼 후 첫 보금자리이기도 한 이곳을 통해 수난다와 나는 서로를 이해하며 진정한 관계를 형성해나갈 수 있었다. 우리 아이들은 자연친화적인 이곳의 자유로운 분위기 속에서 자라났고, 또 이곳을 좋아하기도 했다.

나는 일주일에 한 번 리시 밸리로 오토바이를 타고 가서 9학년 문화 수업을 듣고 각종 위원회 회의에 모두 참석했다. 그러다 곧 중고차를 샀다. 그 당시에는 그게 내 주머니 사정으로 감당할 수 있는 최대치였다. 우리는 종종 장인어른, 장모님 그리고 나의 부모님이 살고 계신 방갈로르로 차를 타고 가곤 했는데, 그럴 때면 거기서 멀지 않은 아름다운 호수 옆에 차를 대놓고 하얀 새와 원숭이들을 구경하기도 했다. 우리 가족은 그곳 생활을 정말 좋아했고 교장이었던 수난다는 학교를 많이 아꼈다. 특히 데이비드 호스버그에게 교육받은 인디라 시타라만Indira Seetharaman 선생님은 수난다를 잘 보필해주었는데, 그녀의 남편과 나는 지금까지도 좋은 친구 사이로 지내고 있다.

나는《더 큰 만족, 더 행복한 삶을 위한 작은 안내서》의 원고를 다 써둔 상태였지만 그 원고를 딱히 출판할 생각은 없었다. 아직 사람들에게 가르침을 펼칠 적절한 때가 오지 않았고, 또 내가 겪은 경험과 지식들은 가능한 한 나만의 것으로 남겨두려 했기 때문이었다. 돌이켜 보니 바바지가 내게 신호를 보내지 않았다면 나는 머리 지끈거릴 일 없이 기꺼이 비밀을 지키며 행복하게 살았을 것 같다. 하지만 바바지에게는 나를 위한 계획이 따로 있었기 때문에 나는 그렇게 살 수 없었다.

나는 영적 경험과 모험들을 나 혼자만의 비밀로 지키며 살았으므로 당시 나와 알고 지내던 대부분의 사람들은 그런 내 경험에 대해 아무것도 모르고 있었다. 하지만 오랜 친구들, 즉 학창 시절 사귀었던 친구들 중 몇몇은 내가 영적인 성향이 있다는 것과 영적 모험을 수차례 떠난 적이 있음을 알고 있었다. 프렘 쿠킬라야도 이런 친구들 중 한 명이었다. 프렘은 당시 방갈로르에서 일하고 있었는데, 용건이 있어 보석상 거리에 있는 '마이야 체티와 아들들'(Mangiah Chetty & Sons)이라는 보석상을 방문했다. 이 가게를 운영하던 두 형제 중 동생이 모한쿠마르Mohankumar였는데, 그와 이야기를 나누던 프렘은 탁자 위에 놓여진 스와미 묵타난다Swami Muktananda의 책을 발견했다. 프렘이 책에 대해 묻자 그는 그것이 영적인 책이라며 자신이 영성에 관심이 있다고 말했다.

프렘은 자신의 오랜 친구 중에도 요가를 수련하고 히말라야에 다녀왔으며 마술 같은 것도 할 줄 아는 친구가 있다고, 심지어 그 친구는 힌두교인으로 태어나지도 않았는데 힌두교 철학과 영적인 것들에 깊이 빠져 있다는 말을 별생각 없이 했다. 그러자 모한은 엄청난 관심을 보이며 나를 만나고 싶어했다. 프렘은 모한에게 방갈로르에서 차로 세 시간 거리에 있는 외딴 마을 라얄파드에 내가 살고 있다고, 나의 부모님 댁과 처가 모두 방갈로르에 있기 때문에 가끔씩 내가 그곳으로 온다는 얘기를 해주었다. 당시 닐 바그에는 전화가 없었기 때문에 프렘은 다음에 나를 만나면 모한의 이야기를 꼭 전해주겠다고 약속했다.

3주 후, 나는 처가로 가는 길에 프렘의 사무실에 들렀다가 모한의 이야기를 전해 들었다. 그리고 조금 지나 그 이야기를 까맣게 잊어버렸다. 그러다 또다시 방갈로르를 갈 일이 생겨 번화한 상가 거리에 들러 문구점에서 유성 페인트와 붓을 샀다. 그때, 가는 김에 어머니의 보석을 손봐달라고 아내가 부탁했던 것이 생각났다. 그래서 나는 보석상 거리로 갔고, 곧 '마이야 체티와 아들들' 앞에 도착했다. 프렘이 그 가게 이름을 언급했던 것이 어렴풋이 기억났다. 가게에 들어서자 한 노인과 젊은 남자가 책상 뒤쪽에 앉아 있었다. 노인은 돈을 세느라 바빴기 때문에 나는 젊은이에게 다가가 보석을 손봐달라고 설명한 뒤, 이곳이 트리반드룸에 사는 내 친구 프렘이 방문했던 그 가게가 맞냐고 물었다.

알고 보니 그 젊은이가 바로 모한이었고, 모한은 프렘이 언젠가 이 가게를 방문한 적이 있다고 말하며 내게 프렘의 친구냐고 물었다. 그래서 맞다고 하자 그는 히말라야에 다녀온 프렘의 친구를 알고 있냐고 물었다. 프렘이 말한 그 요가 수행자 친구가 청바지에 빨간 티셔츠를 입은 나일 거라고는 생각하지 못했던 것 같다.

딱히 거짓말은 하고 싶지 않았기 때문에 나는 프렘이 말한 사람이 바로 나라고 말했는데, 모한은 자신이 그 지역 신지학회의 회원이라면서 그곳에서의 강연을 부탁했다. 그래서 나는 내 영적인 삶에 관해서는 한 번도 대중 앞에서 말한 적이 없으며 앞으로도 그럴 생각이 없다고 말했다. 그러자 그는 히말라야 여행에 관한 얘기만 해도 괜찮다고 했다. 나는 생각해보겠다고 했고, 볼일을 마치자마자 가게에서 재빨리 걸어 나갔다.

나는 바바지가 나와 모한의 만남을 조성한 게 아닐까 하는 의심이 들었는데, 이틀 후 벌어진 일로 인해 이 의심은 확신이 되었다. 모한을 만나고 이틀 후, 나는 밤에 잠을 자다가 생생한 꿈을 꾸게 되었다. 꿈에는 아주 오랜만에 바바지가 나왔는데, 그가 너무 웃긴 꼴을 하고 있는 바람에 나는 꿈속에서조차 박장대소하며 웃고 있었다. 꿈속에서 나는 기차 같은 것을 타고 있었는데, 그 기차에는 '삿상'이라고 쓰여진 배너가 붙어 있었다. 바바지는 신발과 모자 없이 차장 제복만을 입고 역 플랫폼에 나타나 계속해서 호각을 불며 출발 신호를 알렸다. 그러자 기차가 빠르게 움직이기 시작했다. 꿈에서 깨고 나서도 나는 여전히 소리 내어 웃고 있었지만 얼마 지나지 않아 꿈의 의미를 깨닫고 나니 얼굴에서 웃음기가 싹 가셨다. 그것은 대중 앞에 나서라는 신호를 주는 꿈이었다. 가족과 함께 지내던 잔잔하고 사적인 삶과는 곧 안녕을 고해야 할 터였다. 대의를 위해 일하라는 윗선의 명령이 내려지면 개인적인 사정은 모두 옆으로 제쳐두어야만 한다는 사실을 나는 너무도 잘 알고 있었기 때문에 마음속에 떠오르는 이런저런 걱정들을 속으로 삭일 수밖에 없었다.

2주 후 맡긴 보석을 찾으러 가자 모한은 신지학회에서 강연을 해달라며 나를 설득했고, 나는 그의 부탁을 승낙했다. 바로 다음 날인 일요일 저녁 5시, 나는 신지학회 건물로 끌려갔다. 그것이 나의 첫 번째 삿상이었고, 삿상이 끝나자 그 자리에 있던 삼십여 명의 사람들은 내게 악수를 청하며 여태껏 들어본 강연 중 최고였다면서 감사를 표했다. 나는 마음속으로 바바지께 감사를 드렸다. 신지학회에서 일하는 나이두Naidu 씨는 이런 프로그램들에 정기적으로 참여해줄 수 있냐고 내게 물어왔다. 출발을 알리는 호루라기 소리가 울렸고, '삿상' 기차가 움직이기 시작했다.

첫 번째 삿상 자리에서 나는 퇴역 전투기 조종사이자 공군 대령인 라트나카르 사나디Ratnakar Sanadi를 소개받았다. 알고 보니 그는 육군 중령으로 퇴역한 수난다의 아버지 라메쉬 사나디Ramesh Sanadi의 친척이었다. 쿠본 로드Cubbon Road에 있는 그의 저택 정원에는 잭푸르트 나무가 있었는데, 그 나무 아래에서 수많은 비공식 삿상이 열렸다. 라트나카르 사나디는 이미 완성되어 있는 나의 원고를 정식으로 출판하라며 나를 설득했고, 또 격려했다.

책을 출판하려면 출판사가 필요했기 때문에 삿상 재단(Satsang Foundation)이 만들어졌고, 이 재단은 삿상을 조직, 편성하는 일을 주로 맡게 되었다. 재단의 회장은 내가 맡기로 했고 라트나카르 사나디가 재무를, 모한이 초대 사무관을 맡았다. 거기에 더해 친한 친구 몇 명이 일원으로 가입했지만 우리에게는 책을 인쇄할 자금조차 없었다. 바로 그때, 자신을 모리스Maurice라고 칭하는 한 이탈리아인 신사가 때맞춰 나타났다. 그는 내 첫 책인《더 큰 만족, 더 행복한 삶을 위한 작은 안내서》의 출판 자금을 지원해주었고, 현재 이 책은 세 번째 판까지 나왔다.

모리스와 라트나카르는 나를 처음으로 'M'이라고 불러주었고, 이 이름은 후에 스리 M 또는 미스터 M으로 변형되었다. 나는 마음속으로 'M'을 스리 구루와 바바지가 내게 지어준 이름인 '마두'와 같은 이름으로 여겼다.

당시 뉴델리 출신의 이방인이었던 비베크 마헨드루를 처음 만난 것도 닐 바그에서였다. 비베크는 잘란다르, 뉴델리, 노이다Noida에 공장과 사무실을 둔 스위치기어switchgear 회사의 임원이었다. 그리고 첸나이에서 그의 영업 매니저로 일했던 사람이 바로, 내가 트리반드룸에 살던 시절에 사귄 오랜 친구, 라다크리슈난 나이르였다. 비베크는 종교와 마인드 파워에 관심이 많았고 그 주제로 영업 사원들과 자주 대화를 하곤 했다. 비베크가 첸나이를 방문했을 때, 나이르는 나를 언급하면서 내 책 한 권을 그에게 선물했다. 그러자 비베크는 그날 바로 첸나이에서 350킬로미터나 떨어져 있는 닐 바그로 가서 나를 꼭 만나봐야겠다고 고집을 부렸다. 그날 오후 방갈로르로 떠날 예정이었던 나는 비베크와 함께 돌아다니며 다양한 영적 주제에 관해 대화를 나눴다. 그 후로도 우리는 자주 만났고, 그는 지금까지도 좋은 친구로 남아 있다.

이런 식으로 나의 책은 많은 사람들에게 전해졌고, 곧 내 주변에는 헌신적인 사람들이 하나둘 모이기 시작했다. 조금씩, 삿상 재단이 계속 커지고 있었다.

49장 ॐ 카일라시-마나사로바르 야트라*

내 책을 우연히 읽게 된 중요 인물들 중 하나가 바로 카슈미르 왕족인 카란 싱 박사였다. 그는 걸출한 정치가이자 저명한 학자였고 또 참된 영적 수행자이기도 한, 굉장히 보기 드문 인물이었다. 그는 많은 영적 스승들과 교류해왔으며, 히말라야 산맥에 위치한 미히르톨라 아쉬람의 스리 크리슈나프렘에게 가르침을 받기도 했다.

방갈로르를 찾아온 카란 싱 박사는 내 책에 나와 있는 정보를 참고해 모한 쿠마르에게 전화를 걸었다. 모한을 통해 내가 방갈로르에 있다는 사실을 알게 된 그는 나를 만나고 싶어했다. 그래서 우리는 그가 머물고 있던 라즈 바반Raj Bhavan에서 정오에 만나기로 약속을 잡았다. 우리는 첫 만남부터 죽이 정말 잘 맞았다. 그는 오랜 전통이 있는

* 야트라yatra는 인도에서 순례를 뜻하는 말이다. 순례길 중에서도 카일라시-마나사로바르 순례가 가장 대표적이다.

유명한 왕실의 후손답게 예의 바르고 매우 정중했으며 또 겸손한 사람이었다. 그는 세속적인 주제뿐 아니라 영적인 주제에 대해서도 학식과 지식이 대단했는데, 그러면서도 품위와 겸손을 절대 잃지 않았다.

카란 싱 박사는 훗날 내가 인도의 왕족 후손들과 방대한 인맥을 형성할 수 있도록 다리를 놔준 첫 사람이 되었다. 그들이 내게 보이는 관심은 아마도 내가 전생에 왕족들과 맺었던 인연 때문이 아닐까 한다. 델리에서의 내 첫 번째 삿상을 주선한 것 역시 카란 싱 박사였다. 그가 소유한 라마야나 교육센터(Ramayana Vidyapith)가 삿상 장소였다. 나중에 그는 내 책《연꽃 속의 보석》(The Jewel in the Lotus)과《리쉬들의 지혜》(Wisdom of the Rishis)에 서문을 써주었고, 지금도 계속 연락하는 사이로 남아 있다. 카란 싱 박사는 내게 있어 특별한 의미를 지닌 사람이기에 델리에 갈 일이 있으면 무조건 그와 얼마간 시간을 보내거나 식사를 한다.

카란 싱 박사를 만났을 무렵 나는 크리슈나무르티 재단의 일을 그만두었다. 여기에는 여러 가지 이유가 있었지만 가장 주요한 이유들은 다음과 같았다. 먼저, 크리슈나무르티 재단과는 다른 계획과 목적을 가지고 있는 삿상 재단이 만들어졌다는 것이 그 이유 중 하나였다. 일단 이 재단이 만들어진 이상 나는 거기에 더 많은 시간과 에너지를 쏟게 될 것이 분명했고, 그렇기에 크리슈나무르티 재단에 계속 남아 있는 것은 공정한 처사가 아니라는 생각이 들었다. 두 번째로, 크리슈나무르티에 대한 나의 관심과 존경심은 여전했지만 그가 세상을 떠난 후로는 재단에 대한 관심이 줄었다는 것이 그 이유였다. 재단 내에서는 크리슈나무르티의 정신을 더 이상 찾아볼 수 없었고, 오로지 껍데기만 남았다는 느낌이 들었다.

나는 먼저 아크윷 파트와르단 씨에게 사직 의사를 밝힌 후 사직서를 제출했다. 듣자 하니, 크리슈나무르티는 나와 처음 대화를 나눈 후 “이 새는 당신의 새장 안에 오래 머물지 않을 겁니다”라는 말을 아크윷 씨에게 남겼다고 한다. 하지만 수난다와 나는 닐 바그에 계속 살면서 일을 했다. 마지못해 사직서가 수리된 지 한 달이 지났을 때, 나는 처음으로 강연을 위해 해외로 떠나게 되었다.

NASA의 연로한 과학자 라마난다 프라사드Ramananda Prasad 박사는 인도 성서공회의 성경 보급과 비슷한 맥락으로 미국 바가바드 기타 협회(Gita Society of America)를 설립하고 〔바가바드 기타〕의 무료 번역본을 배포한 인물인데, 그 역시 나의 좋은 친구 모한 쿠마르를 통해 내 존재를 알게 되었다. 그는 방갈로르에서 나를 만나 나를 미국으로 초대했다. 그는 자신의 거주지가 캘리포니아 주 프리몬트Freemont이긴 하지만 미국 곳곳에서 강연과 토론회를 주최하겠다고 했다.

이번에는 바바지의 신호를 기다리지 않고서 그의 제안에 동의했다. 미국에 갈 때쯤이면 이미 내 사명이 본격적으로 시작되었을 테고, 그러면 ‘M’은 더 이상 평범한 삶을 살 수 없다는 것을 너무나도 잘 알고 있었기 때문이었다. 그래서 나는 2000년에 처음으로 미국으로 떠났다. 나의 오랜 친구 토마스 쿠리엔이 첸나이에서 샌프란시스코로 가는 비행기 표를 사주었다. 생애 첫 해외여행이었다. 곧이어 나의 좋은 친구인 한스 켈리히하우스Hans Kelichhaus — 비베크 가족의 오랜 친구 — 는 나를 그의 고향인 독일 아헨Achen으로 초대했고, 덕분에 나는 거의 매년마다 독일과 미국으로 떠났다.

이렇게 나의 가르침은 개인적이면서도 미묘한 방식을 통해 점점 더 널리 퍼뜨려지고 있었다. 이것은 바바지만의 방식이었다. 그는 중요한 것은 양보다 '질'이라고 강조하면서 이렇게 말하곤 했다. "영적 진화는 개인적인 것이기 때문에 집단적으로 일어날 수 있는 현상이 아니란다. 명상 기법을 알려준다는 프랜차이즈들은 영적 진화에 도움이 될 수 없어. 각 개인은 특별하단다. 네 사명이 본격적으로 시작될 때쯤에는 홍보 전단을 마구 뿌릴 필요도 없을 거야."

나의 가르침은 느리지만 꾸준히 퍼져나가고 있었고, 이에 따라 삿상 재단도 점점 더 커지고 있었다. 우리 아이들도 무럭무럭 자라나고 있었다. 이 시기, 리시 밸리 학교에서는 닐 바그에서 무료 학교를 운영할 자금이 부족해지기 시작했다. 그때 학교를 인수하고 운영하는 데 관심을 보이는 이가 하나 있었고, 그의 연락을 받은 나는 학교를 인계하는 것에 기꺼이 동의했다. 이곳을 떠나 삿상 재단의 활동에 더 많은 시간을 쏟아야 한다는 생각이 이미 오래전부터 강하게 들던 참이었다.

라디카 허츠버거는 수난다에게 리시 밸리에서 수업을 해줄 수 있겠냐고 부탁했고, 우리는 두 아이를 그곳에서 12학년까지 무료로 교육시킨다는 조건으로 그 요청을 수락했다. 나는 바바지 외의 다른 사람을 위해 일하고 싶지는 않았기 때문에 리시 밸리로는 가지 않기로 했다. 따라서 닐 바그가 팔린 다음에는 방랑하던 옛 시절처럼 정처 없이 떠돌아다녀야만 하는 상황이 되었다.

위대한 유대인 스승이자 영적 마스터였던 예수처럼, 나도 "여우도 굴이 있고 공중의 새도 거처가 있으되 오직 인자는 머리 둘 곳이 없다"는 생각을 하며 기뻐했다. — 하지만 이런 기쁨도 그리 오래가지는 못했다. 1년 전, 나는 거의 매주 리시 밸리 학교에 갔다 돌아오는 길에 지나야 하는 작은 마을 마다나팔레Madanapalle 외곽에 1,000제곱미터가 조금 넘는 크기의 땅을 매입했다. 이 땅은 번잡한 마을 중심가에서 떨어져 있었고, 이상적인 이웃 주민으로 여겨지기는 힘든 람바니Lambani 부족의 거주지와 가까운 편이라 꽤 저렴했다. 사람들은 람바니 부족을 도둑, 강도로 여겼다. 하지만 나는 그 땅이 마다나팔레의 상업 중심지에서 벗어나 언덕과 논으로 둘러싸인 골짜기에 자리를 잡고 있다는 점이 아주 마음에 들었다. 이웃 지역에 사는 람바니 부족에 관해서라면, 나는 특정 공동체 사람들에게 그런 경멸적인 꼬리표를 붙이는 것은 잘못된 일이라고 생각했고, 그들과 인접하여 살아도 별문제가 없었다. 아무튼 이렇게 충동적으로 땅을 매입하긴 했지만 그 땅을 가지고 뭘 해야 할지에 대해서는 아무 생각도 없었다. 하지만 1년이 지난 시점인 지금, 그것이 정말로 현명한 행동이었음이 드러났다.

닐 바그가 있는 시골 지역에서 농지 소유권을 넘기고 매매 증서를 등록하는 일과 관련한 온갖 복잡한 절차를 거치는 데만 약 1년이 걸렸다. 그래서 나는 전 재산을 모두 끌어모은 다음 마다나팔레의 대부업자에게도 높은 이자로 돈을 빌려서 내가 매입한 땅에 집을 짓기 시작했다. 1년쯤 지나자 적당한 크기의 집이 완성되었고, 나는 닐 바그가 팔리자마자 히말라야 산맥의 만년설을 추억하는 의미에서 '스노우 화이트Snow White'라는 이름을 붙인 그 집으로 들어갔다.

아내와 아이들은 리시 밸리 학교로 이사했고 나는 스노우 화이트로 이사했다. 곧 마다나팔레의 그 집은 아직 걸음마 단계였던 삿상 재단의 활동이 전 세계로 멀리 뻗어나갈 수 있는 중심지가 되어주었다. 소외계층 대상의 무료 학교인 삿상 비디얄라야Satsang Vidyalaya도 바로 이곳을 기점으로 교실 한 칸, 학생 열다섯 명으로 교사도 없이 소박하게 시작되었다. 이 글을 쓰는 지금, 삿상 비디얄라야는 약 120명의 아이들에게 무료로 우수한 교육을 제공하는 아름다운 배움의 장소가 되었다.

그리고 몇 년 후, ICSE* 기숙학교인 피팔 그로브 스쿨(PGS, Peepal Grove School)이 만들어졌다.** 언덕과 숲, 작은 호수에 둘러싸여 있는 전원적인 분위기의 이 학교는 티루파티Tirupathi와도 가까웠다. 압둘 칼람Abdul Kalam 전 대통령은 방문 당시 학생들과 나눈 대화에서 학교를 이렇게 묘사했다. "매우 아름다운 곳이군요. 여러분이 성장하고 창의성을 키울 수 있는 행운을 누리는 곳입니다." 아이들은 이곳에서 학문적인 지식뿐 아니라 우리가 삶이라 일컫는 다차원적 현실에 대해서도 배운다. 나는 종종 바바지가 보리수나무 아래에 앉아 그 나무의 학명인 피쿠스 릴리지오사Ficus religiosa의 의미를 설명하거나 가지에 앉아 있는 새가 어떤 종인지 말해주는 모습을 상상하곤 한다.

삿상 재단의 다양한 활동은 느리지만 꾸준하게 진행되고 있었다. 인간이라는 공통분모를 통해 사람들을 하나로 묶는 마나브 엑타 미

---

* Indian Certificate of Secondary Education. 인도 학교 수료증 시험 위원회에서 실시하는 시험. 한국의 검정고시와 비슷한 개념이다.

** 피팔나무(인도 보리수나무 — 역주)가 빼곡하게 자란 아름다운 골짜기에 세워진 피팔 그로브 스쿨은 내 친구 라메쉬 레디Ramesh Reddy의 어머니인 바라나시 루크미니 라마사미 레디Varanasi Rukmini Ramasamy Reddy 여사께서 기부하신 곳이다. 저자 주.

션Manav Ekta Mission과 학교가 운영되고 있었고, 나는 모든 현상 이면의 참된 실재를 찾고자 하는 사람들을 직접 안내하기 위해 인도와 해외를 순방하고 있었다. 이 모든 것은 대의를 위해 일할 준비가 된 한 사람 한 사람이 모였기 때문에 가능한 일이었다.

나는 이런 사람들을 표현할 더 좋은 단어가 없을까 해서 이들을 '제공자(provider)'라고 부른다. 이는 위대한 라마크리슈나 파라마한사가 자신의 사명을 완수하는 데 필요한 것들을 제공해준 마투르 바부Mathur Babu와 그 외의 부유한 이들을 부를 때 썼던 말이다. 어떤 사람들은 재단에 자금을 대주었고, 어떤 사람들은 자신의 일시적인 편의와 귀한 시간을 희생하면서까지 자원하여 도움의 손길을 보탰다. 또, '진리'를 찾고자 하는 열의가 두드러지는, 진실한 구도자들 몇 명도 삿상 재단을 찾아왔다. 영적인 관점에서 보자면 이런 구도자들이 내게 가장 중요한 사람들이었다. 물론 카르마적인 문제 때문에 내가 이들에게 갚아야 할 것이 있긴 했지만, 나는 바바지가 자신의 계획을 더 발전시키기 위해 내게 보내준 모든 사람들에게 깊은 감사를 느낀다. 바바지의 계획 속에서 나는 한낱 수단에 불과했다.

이러한 제공자들이 누구인지 하나하나 이름을 밝히지는 않겠다. 그러면 그들이 부끄러워할 것이라는 점을 너무도 잘 알고 있기 때문이다. 사실, 그러려면 언급해야 할 이름들이 너무 많기도 하다. 내가 말할 수 있는 것은 그저 바바지의 축복이 이들에게 엄청나게 쏟아져 내리고 있으며 그 무한한 은혜에 힘입어 이들이 꾸준히 목표를 향해 나아가 그 목표를 마침내 이룰 수 있으리라는 사실뿐이다. 나에 대해 말하자면, 나는 바바지의 종이며 필요하다면 밤낮으로 일할 것이다.

그리하여 힘들지만 영예로운 이들의 여정을 함께 걸어갈 것이다.

나는 몇 년 전 영적 여정의 일환으로 친한 이들과 함께 바드리, 케다르, 고무크, 리시케시, 아즈메르, 닥쉬네슈와르, 칸야쿠마리, 발라크나쓰, 고라크푸르Gorakhpur, 아요디아 등지로 순례를 떠났다. 그중에서 가장 힘들었던 것은 단연 카일라시와 마나사로바르로 향하는 순례길이었는데, 내게는 이것이 매우 중요한 의미가 있는 여행이기도 했다. 나와 동행한 50여 명의 지인들도 과거에 해왔던 여행과 그 순례 여행이 완전히 차원이 다른 수준이라는 것을 느꼈을 것이다.

기억할지 모르겠지만, 나는 오래전에 바바지와 함께 카일라시로 떠난 적이 있었는데 건강이 좋지 않아 여행을 성공적으로 끝맺지 못하고 돌아와야만 했다. 그때 바바지는 나중에 내가 많은 사람들을 데리고 카일라시에 갈 거라고 했고, 그 당시의 나는 '많은 사람들'이 도대체 무슨 의미일까 생각했었다.

그룹원 중 한 명이 이런저런 역경들을 헤치고 솔선해서 여행을 계획했다. 나와 동행한 도시인들이 어떤 문제를 겪었는지, 여정이 어떻게 진행되었는지에 관해서는 이미 내 친구 중 하나가 여행기를 써놓은 것이 있기 때문에 자세히 설명하지는 않겠다. 그렇지만 내가 겪은 몇 가지 경험들은 잠시 짚고 넘어가는 것이 좋을 것 같다.

첫 번째 경험은 마나사로바르 호수가 눈앞에 보일 때쯤 일어났다. 나는 그 신성한 옥색 호수를 보자마자 티베트를 거쳐 인도로 흐르는 브라마푸트라Brahmaputra 강의 발원지를 이전에도 본 적이 있다고 느꼈다. 호수를 바라보고 서 있는 동안 척추를 타고 전율이 흐르는 게 느껴지면서 전생의 장면들이 주마등처럼 스쳐 지나갔다. 전생의 나는 눈 덮인 구를라 만다타Gurla Mandhata 산맥 기슭의 동굴에서 하얀 샅바 하나만 입고 명상을 하는 요기였다. 우측 저 멀리에는 카일라시 산이 우뚝 솟아 있었다.

나는 호수에 몸을 담글 준비를 하고 있었는데, 10대 초반처럼 보이는 어린 수행자가 물 밖으로 나오는 모습이 보였다. 그는 엉킨 머리에 카우핀을 입고, 나쓰 팬쓰의 상징인 침타chimta(부집게)를 가지고 있었다. 굉장히 잘생긴 그의 입가에는 미소가 번져 있었다. 내 옆에서 있는 사람들이 무표정한 것을 보니, 나 말고는 아무도 그를 보지 못하는 것 같았다. 어떤 이유로 인해 나에게만 보이는 특별한 비전이었던 것이다.

나는 공손하고 정중한 자세로 서서 그가 물 밖으로 나오기를 기다렸다. 그는 나를 지나치면서 "나는 잘란드리파Jalandhripa와 구루 고라크의 제자인 싯디나쓰Siddhinath입니다. 스리 구루께서 당신을 기다리고 있습니다. 알라크 니란잔"이라고 말하고는 가버렸다. 그의 말이나 모습을 듣거나 본 사람은 아무도 없었기 때문에 이마를 땅에 대고 엎드려 절을 하자 사람들은 내가 호수와 카일라시 산을 향해 절을 한다고 생각했다. 그 후 나와 일행들은 호수에 몸을 담갔다. 물이 차갑긴 했지만 몸에 생명력이 가득 차오르면서 정화되는 느낌이 들었고, 마치 다른 차원으로 옮겨지는 듯한 기분도 들었다.

그런 다음, 우리는 야마 드와르Yama Dwar에 도착해 힌두교도, 불교도, 티베트의 뵌교도들에게 신성시되는 장대한 카일라시 산을 처음으로 마주하게 되었다. 눈 덮인 거대한 봉우리가 우리 머리 위로 우뚝 솟아 있는 것을 보면서 나는 깊은 명상적 파동에 잠겼다.

우리 일행 중 몇몇은 조랑말과 짐꾼들이 준비될 때까지 기다려야 했다. 나를 포함한 그 외 다른 사람들은 파리크라마Parikrama를 걷기로 했는데, 그래도 일단 야마 드와르에서 30분 정도를 기다렸다. 나는 카일라시를 마주하고 있는 바위 위에 앉아서 명상에 깊이 빠져들었다. 시바 마하데브가 파괴의 춤(탄다바 니리티야Tandava Niritya)을 추면서 작은 북(다마루Damaru)을 치는 소리가 '동동동동' 하고 내 내면의 귀에 들려오는 듯했다. 그러다 곧 이 소리는 내 머릿속에서 터져버릴 듯한, '쿵쿵' 하는 우렁찬 소리가 되었다. 마음의 눈으로 보니 저 멀리서 원뿔형의 강한 회오리바람이 다가오고 있었다. 그 회오리바람은 나를 휩쓸어 가버리겠다고 위협하며 점점 더 가까이 다가오고 있었다. 그런데 갑자기 "알라크 니란잔"이라는 나쓰 종파의 인사말이 크게 들려오면서 태풍이 사라졌다. 소용돌이치던 바람이 멈추고, 절대적인 고요함만이 남았다. 나는 눈을 뜨고 "시보함Shivoham*"이라고 말하며 걸어가기 시작했다. "시보함"은 여행 내내 그리고 여행이 끝난 후에도 내 마음속에 남아 있었다.

세 번째 경험은 파리크라마 순례 두 번째 날에 일어났다. 우리는 해발 5,600미터에 이르는 돌모 라Dolmo La 고개를 Z자형으로 올라 저녁 8시쯤 야영지에 도착했는데, 산소 농도도 매우 낮고 대단히 고된 길을 22킬로미터나 걸었기 때문에 모두가 기진맥진한 상태였다.

텐트에 들어간 후, 나는 일행들에게 저녁 식사 후에는 혼자 조용히 있고 싶다고 말했다. 우리 중 많은 이들이 코피를 흘렸다. 나는 코피

---

* 시바Shiva와 아함Ajam이 결합된 산스크리트어 말. 아함은 'I AM'을 의미하는 말로, 시보함은 '나는 시바(신)이다'라는 뜻이다.

를 깨끗이 닦아내고 바위 근처에 소변을 본 다음, 지퍼를 올려 텐트 문을 닫았다. 그리고 파드마사나 자세로 앉아 아즈나 차크라에 의식을 집중했다. 그러자 피가 머리 쪽으로 쏠리면서 한 줄기 번개 같은 것이 척추를 타고 올라왔다. 몇 초도 안 되어 나는 지복의 은백색 빛에 둘러싸인 채 육신을 빠져나왔다.

이 빛나는 새로운 존재의 상태로, 나는 영광스러운 존재들이 거하는 여러 차원을 순식간에 통과해 은청색의 부드러운 빛으로 가득한 경이로운 영역에 도달했다. 파랗고 커다란 코브라 두 마리가 하얀 크리스털 궁전의 뜰을 지키고 있었는데, 코브라들은 들어가라는 표시로 고개를 흔들었다. 중앙 홀에는 높은 진홍색 의자가 있었고 그 의자에는 위대한 존재인 마하데브*가 광휘로운 공(Luminous Void)의 상태로 현현해 있었다. 그는 시브 볼레나쓰Shiv Bholenath**의 찬란한 모습으로 자신의 모습을 바꾸기도 했다. 그의 머리에는 초승달이 얹어져 있었고 목에는 검은 코브라가 둘러져 있었다. 피부색은 마치 순백과도 같았고 이마에 있는 제3의 눈은 푸른 진주처럼 보였다.

그의 양옆에는 다섯 명이 앉아 있었다. 바바지, 기독교 성경에 나오는 선지자처럼 생긴 이, 침타를 가지고 있는 나쓰 종파의 스승, 내가 여태껏 본 존재 중 가장 자비롭고 평화로운 눈빛을 한, 하얀 터번을 쓴 턱수염 난 남자, 그리고 엉킨 머리를 하나로 묶고 콧수염을 비비 꼰, 헐렁한 빨간 로브를 입은 몽골인 외모의 어떤 남자. 그들은 모두 나처럼 은빛으로 빛나는 몸을 가지고 있었다. 어디선가 재스민 향

---

* 시바의 존칭 중 하나. '크고 위대한 신'이라는 뜻이다.

** 시바의 자비로운 성품을 강조하는 칭호.

기가 풍겨왔다. 나는 여러 번 절을 한 다음 바닥에 가부좌 자세로 앉았다. 바바지가 침묵을 깼다.

"마두, 카일라시에 온 걸 환영한다! 이분은 에사Esa 또는 예수Yesu라고 불리는 위대한 유대인 마스터란다. 나쓰 종파의 이분은 스리 고라크나쓰, 자비로운 눈을 하신 이분은 위대한 나낙데브Nanakdev*, 콧수염을 기르고 붉은 옷을 입으신 이분은 타의 추종을 불허하는 구루 린포체Guru Rinpoche, 즉 파드마삼바바Padmasambhava란다. 여기 모인 우리 모두는 이 왕좌에 앉아 계신 광휘로운 공, 아디나쓰Adinath**, 시브 마하데브이신 스리 구루 바바지의 제자들이지. 위대한 피르 사이나쓰Pir Sainath*** 그리고 가리브 나와즈Garib Nawaz라고도 알려진 존귀한 셰이크, 콰자 모이누딘 치스티는 비록 이 자리에 참석하진 못했지만 네게 사랑과 축복을 전해주고 있단다. 카일라시에 거주하긴 하지만 오늘 이 자리에 함께하지는 못한, 샹케르 바그와드파드Shanker Bhagwadpad****와 같은 위대한 요기와 마스터들 역시 너를 환영하며 네게 축복을 보내고 있고 말이야."

"여기 발을 들일 수 있게 허락해주신 바바지와 스리 구루께 감사드립니다." 내가 말했다. "저는 이제 여기에 머무르려 합니다. 칼리유가의 어둠에 덮여 있는 지상으로 다시 돌아가고 싶은 생각은 눈곱만큼도 없습니다. 제 생각에 저는 지상에서의 사명을 충분히 다한 것 같

---

* 1469-1539. 구루 나낙이라고도 부른다. 시크교의 창시자.

** 산스크리트어로 '첫 번째 주님'이라는 뜻. 시바를 지칭하는 이름 중 하나다.

*** 수피 종파에서는 영적 안내자를 피르라고 한다. 피르 사이나쓰는 쉬르디 사이 바바를 지칭하는 것으로 보인다.

**** 아디 샹카라의 스승인 고빈다 바가바트파다Govinda Bhagavatpada를 지칭하는 것으로 추측된다.

습니다. 당신이 가르침을 위해 제게 보낸 제자들도 이제는 스스로를 돌볼 수준이 된 것 같고요. 그들에게 도움이 필요할 때마다 당신께서 항상 그들 옆에 계실 거라는 것을 저는 잘 알고 있습니다.

제 육신은 이미 예순 살이나 먹었습니다. 중병에 걸리거나 쇠약해지기 전에 육신을 떠나는 것이 낫다는 게 제 생각입니다. 저는 누군가에게 육체적으로 의존하고 싶지 않습니다."

바바지가 말했다. "너는 내가 예전에 '나를 떠나 세상으로 돌아가라'고 말했을 때와 비슷한 상황에 있구나. 다시 한번, 나는 너에게 세상으로 돌아가라고 말해야겠다. 영적인 인연이든 세속적인 인연이든, 네게 의존하고 있는 네 곁의 사람들은 아직까지 스스로 성장할 수 있을 만큼 진화하지 못했단다. 네가 결혼하기를 선택했던 네 아내나 자녀들 역시 아직은 네가 필요하고 말이야. 네가 주변 사람들에 대해 영적으로 그리고 세속적으로 져야 할 책임들은 아직 끝나지 않았단다. 서두르지 말고 조금 더 기다리거라.

또, 너는 네가 지고 있는 그 영적 책임들을 추후 누구에게 물려줄 건지 아직 결정하지 못했다. 그때까지는 지상에 머무르는 것이 좋겠구나. 원한다면 언제든 이 영역을 드나들 수 있단다. 그러니 뭐가 문제겠니? 우리가 보기에, 그리고 스리 구루께서 보시기에는 그대로도 괜찮긴 하다만 언제나 그랬듯 선택은 네 자유란다."

나는 고개를 숙인 채 조용히 서 있었다. 구루 린포체가 말했다. "마두빠Madhupa여, 보디사트바의 길(보살도 — 역주)을 택하십시오. 보디사트바는 다른 이들을 열반으로 인도하기 위해 다시, 또다시 태어날 준비가 되어 있습니다. 아라한(Arahant)은 자기 자신의 해탈만을 추구합니다. 옴 바즈라사트바 훔Om Vajrasattva Hoom."

곧이어 예수가 말했다. "사람의 아들이여, 단 하나의 영혼이라도 도울 수 있다면 그대의 육신을 기꺼이 십자가에 못 박히게 하십시오."

나낙 데브가 말했다. "최고 창조주(The Supreme)께서는 은총이 충만하십니다. 그 은총이 지상으로 내려오는 데 당신이 하나의 도구로 쓰일 수 있기를. 사트남, 하리 하리, 야 랍.*"

시브 고라크가 말했다. "두니는 그 불을 영원히 타오르게 할 수 있는, 믿음직한 누군가를 찾기 전까지는 계속 타올라야 합니다. 알라크 니란잔, 붐 볼레."

내가 말했다. "언제나 그래왔듯, 저는 당신의 순종적인 종입니다. 저는 저 자신의 해탈에만 만족하는 에고가 지금까지 제 마음 깊은 곳에 미미하게나마 남아 있었다는 것을 깨달았습니다. 오늘, 그 에고가 뿌리 뽑혔으며 나쓰의 스승들이 밝힌 두니, 즉 지혜의 불에 그 뿌리가 모조리 타버렸습니다. 자이 볼레나쓰Jai Bholenath 붐 볼레. 자간나쓰, 우주의 주님, 랍-일-알리민께 영광이 있길.** 인제 그만 지상으로 돌아가보겠습니다. 저를 축복해주십시오, 스리 구루시여."

찬란히 빛나는 공으로부터 스리 구루의 감미로운 목소리가 들려왔다. "마두, 스리 마두, 나는 언제나 너와 함께 있단다. 너는 내 내적 불에서 나온 하나의 불꽃이야. 이제 평화와 행복을 향해 가려무나."

나는 절하면서 이렇게 외쳤다. "스리 구루뵤 나마Sri Gurubhyo Namah!"

---

* Satnaam, Hari Hari, Ya Rab.

** 자간나쓰는 신의 이름으로 쓰이는 산스크리트어 단어이며 랍-일-알리민Rab-il-aalimeen은 이슬람교의 경전인 〔쿠란〕에 자주 나오는 아랍어 단어로, 둘 다 '세계의 주님'을 뜻한다.

그 순간, 나는 텐트 안에서 파드마사나 자세로 앉아 있는 내 몸으로 돌아와 있었다. 손목시계를 보니 자정이 막 지나 있었다.

갑자기 찾아온 심한 두통으로 머리가 욱신거렸고, 코에서도 피가 많이 나기 시작했다. 그래서 가지고 있던 수건을 모두 사용해 피를 닦아내야만 했다. 코피가 멈추자 두통도 사라졌다. 마치 머리로 몰렸던 피가 코로 모두 흘러나온 것 같았다. 물병에 담긴 물로 코와 얼굴을 씻고 다리를 스트레칭한 다음, 다시 파드마사나 자세로 앉아 깊은 명상에 들어갔다. 이번에는 주변의 모든 이들에게서, 심지어 야크와 조랑말 속에서도 나 자신을 느낄 수 있었다.

아침에 일행 중 한 명이 조랑말에서 떨어져 갈비뼈와 허리를 다치긴 했지만, 우리는 딱히 큰 사고 없이 파리크라마의 마지막 코스를 걸으며 마나사로바르에 도착했다. 우리와 동행한 의사는 상당히 걱정했지만 나는 스리 구루의 은총으로 그가 괜찮을 것임을 알았다.

50장 ॐ 계속되는 여정

마지막 장인 이번 장은 짧게 끝날 것이다. 나는 하리드와르에 있는 내 텐트에 앉아 이 글을 쓰고 있으며 강가 강의 시원한 물도 여기서 그리 멀지 않은 곳에 있다. 지금 우리는 12년에 한 번 열리는 푸르나 쿰브 멜라 혹은 풀 쿰브 멜라*에 참석하기 위해 약 85명이나 되는 대규모 그룹으로 모여 있는데, 이곳에 모인 우리는 인도 각지에서 온 수백 명의 성자들 그리고 그들의 축복을 받고 신성한 강에 몸을 담그러 온 수천 명의 사람들과 함께 며칠을 보낼 것이다. 우리 그룹의 텐트는 멜라(모임, 축제 — 역주)의 북적북적한 느낌과는 거리가 있는 조용한 곳에 위치해 있지만, 원한다면 도보로 이동해 모든 활동에 참여할

* 푸르나 쿰바 멜라Purna Kumbh Mela는 12년마다 열리는 인도의 대규모 종교 축제다. 이 축제에서 사람들은 강물에 몸을 담가 스스로를 정화하고 기도를 올리는 등 종교적 활동을 한다. 여기서 '푸르나'는 '전체적인, 완전한'을 뜻하기 때문에 풀 쿰바 멜라Full Kumbha Mela라고 부르기도 한다.

수 있을 만큼 축제 장소와 가깝기도 하다.

자서전을 마무리하면서 신께 감사를 드리기 전에 몇 가지 중요한 사항들을 먼저 말하고 싶다. 지금 나는 두니 앞에 앉아 있는데, 내 앞에 타오르는 이 신성한 불과 최고 창조주를 증인으로 세우고 이 말을 하려 한다.

혹시 내가 세상을 뜨고 나서 내 전기문이 만들어진다면, 그리고 그 전기문에 내가 이 책에 적은 것과 일치하지 않는 내용이 포함되어 있다면 그것을 진짜라고 믿지 말라. 특히나 그것이 나를 미화하기 위한 목적으로 왜곡된 것이라면 더더욱.

또 다른 중요한 사항은 다음과 같다. **나는 지금까지 누군가를 내 영적 후계자로 임명한 적이 없다.** 물론 내 주변에는 진실하고 헌신적인 이들이 많지만, 아직 그런 크나큰 책임을 맡을 준비가 된 사람은 보지 못했다. 어쩌면 내 주변의 누군가가 필수적으로 요구되는 자질을 계발할 수도 있고, 우리 그룹의 몇몇 사람들처럼 나와 전생의 연이 있는 성숙한 영혼이 새로 나타날 수도 있다. 나는 인내심을 가지고 기다렸다가 때가 오면 필요한 조치를 명확히 취할 것이다.

영적 후계자 증후군(spiritual-successor-syndrome)으로 인한 혼란을 막기 위해서는 명확히 정해놔야 할, 매우 중요한 사항이 있다. **그것은 바로, 혹시라도 내가 죽기 전에 누군가를 나의 영적 후계자로 지정하지 않는다면 그 누구도 나의 영적 후계자로 받아들이지 말라는 것이다.** 꿈에서 내가 "당신을 영적 후계자로 삼겠다"고 했다고 주장한다든가 자동 기술(spirit writing) 같은 것을 통해 자신의 자격을 증명하겠다는 등 말도 안 되는 주장을 하는 사람들이 종종 생겨날 것이기 때문이다. 선언하건대, 나는 사람들을 가르치거나 내 생각을 표현하기 위해 그 어떤 방편도 사용하지 않을 것이다.

삿상 재단과 삿상 학원의 운영 업무를 맡고 있는 성실하고 유능하며 친절한 영혼들이여, 죽기 전에 내가 소리 내어 분명히 말하지 않는 한 그 어떤 상황에서도 자기 자신을 나의 유일한 영적 후계자로 간주하지 말라.

말은 이렇게 하지만, 사실 나는 바바지의 계획을 실행하는 데 도움의 손길을 보태준 모든 분들께 감사하는 마음이 크다.

가장 먼저, 나는 지상에서의 사명을 다할 수 있도록 나를 이 세상에 낳아주신 어머니와 아버지께 감사드린다. 나는 부모님을 나의 첫 번째 제공자라고 부른다. 그다음으로, 나처럼 정신 나간 남편의 괴팍스러운 성격을 참고 견뎌준 아내와 별난 아버지를 이해하고 지지해준 우리 아이들에게 감사하다. 그리고 영적 제공자든 세속적 제공자든 어린 시절부터 현재까지 나를 도와주고, 자기 일처럼 내 일을 지원해준 모든 제공자들께 감사드린다.

이 모든 이들과 더불어, 침묵하며 세상에 알려지지 않은 위대한 이들에게도 나는 거듭하여 절을 바치고, 철저히 겸손한 마음으로 몇 번이고 고개 숙여 그들의 발가락에 입을 맞추는 바이다. 스리 구루께서 그들에게 무한한 은혜를 베풀어주시기를.

이것으로 이 책은 끝을 맺지만, 이 자서전이 여러분에게 있어 매혹적인 영적 여정의 시작이 되기를 기도한다.

— 사랑과 우정으로, M.

관련 사진들

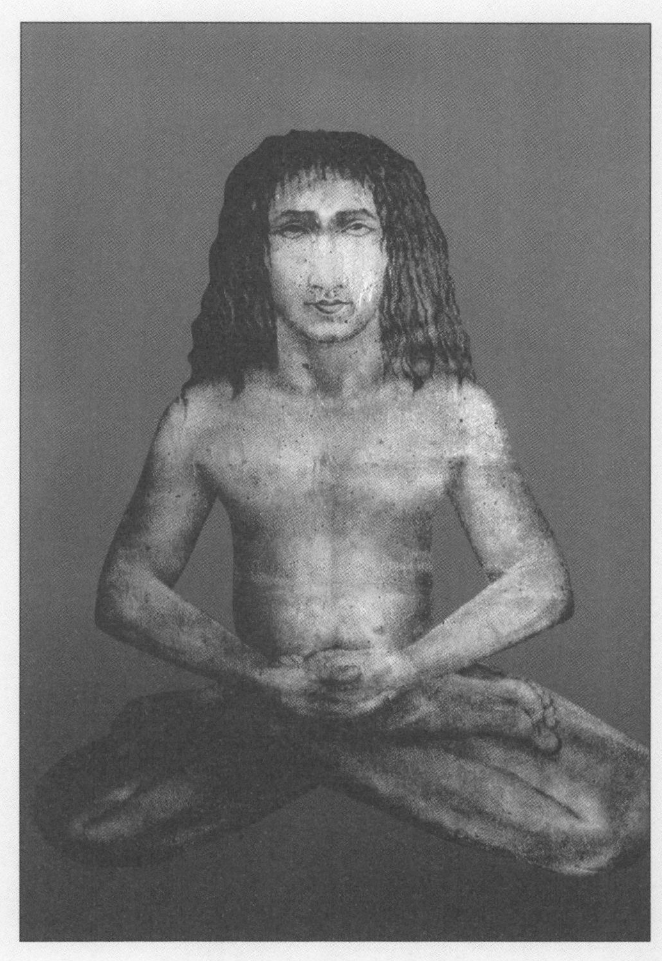

스리 마헤쉬와르나쓰의 구루인 스리 구루 바바지

나의 구루이신 스리 마헤쉬와르나쓰 바바지

외할머니

부모님

두 여동생

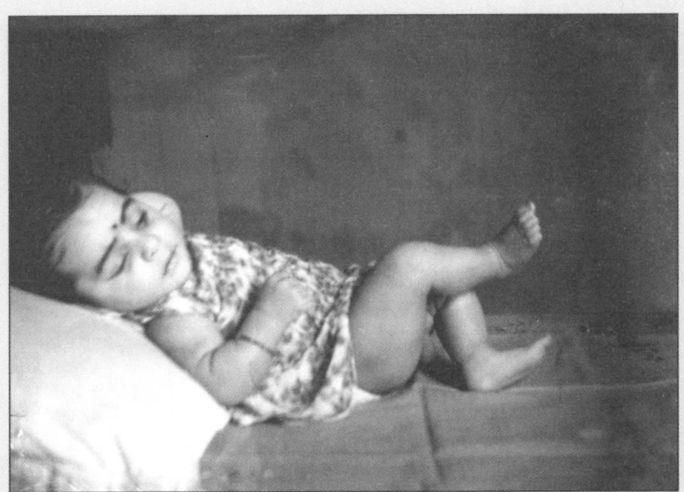

6개월 때의 나

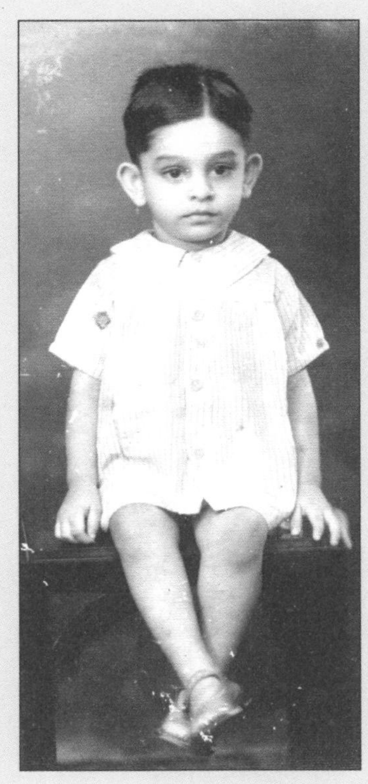

세 살 때의 나

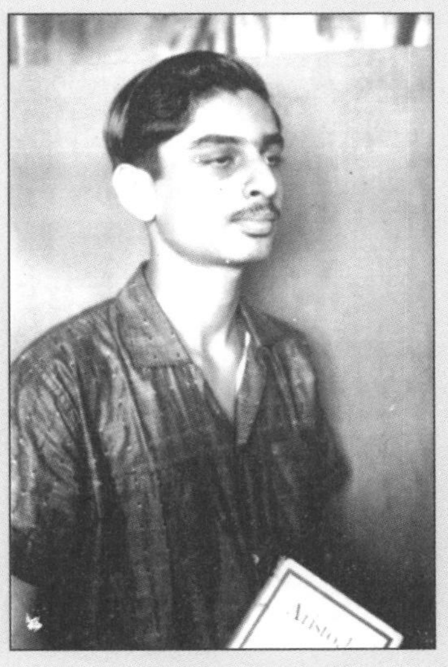

아리스토텔레스를 읽는 열여섯 살의 나

열네 살 때까지 살았던 반치유르의 집

파드마나바 스와미 사원과 신성한 호수, 티루바난타푸람

우리 학교
— 티루바난타푸람 시코드thycaud에 있는 정부 모범 고등학교(Government Model High School)

피르 모하마드 사히브의 무덤, 타밀 나두 주 투칼리

결혼 전의 수난다와 나

텅나쓰Tunganath에서의 가족사진, 왼쪽부터 로샨, 나, 수난다, 아이샤

수난다의 오빠와 부모님 그리고 우리 부부와 아이들

바드리나쓰 사원

케다르나쓰 사원

스리 고팔라스와미Sri Gopalaswamy

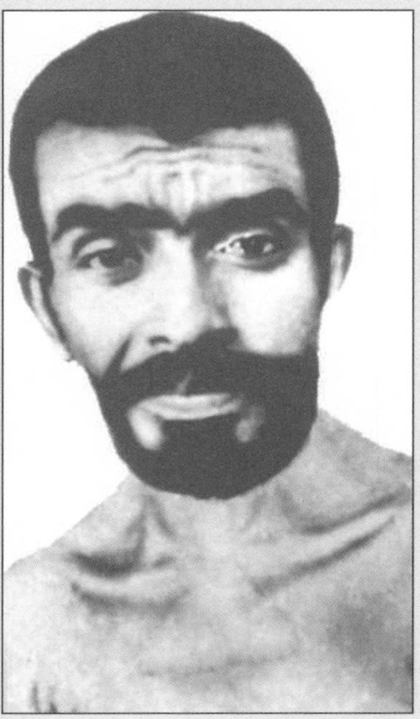

스리 칼라디 마스탄

푼투라의 스와미

스리 나라야나 구루

스와미 아베다난다 구루

쉬르디의 사이 바바

스리 차탐비 스와미

젊은 시절 가네쉬푸리Ganeshpuri의
니티야난다 아바두타

마이 마, 칸야쿠마리의 성녀

스리 라마크리슈나 파라마함사

방랑 수도자 시절의 스와미 비베카난다

동물 친구와 함께 있는 라마나 마하리쉬

위대한 요기이자 스리 구루 바바지의 제자인
스리 시야마 차란 라히리

라마크리슈나 수도회의
연로한 수도자 스와미 타파시아난다

카얀치의 님 카롤리 바바

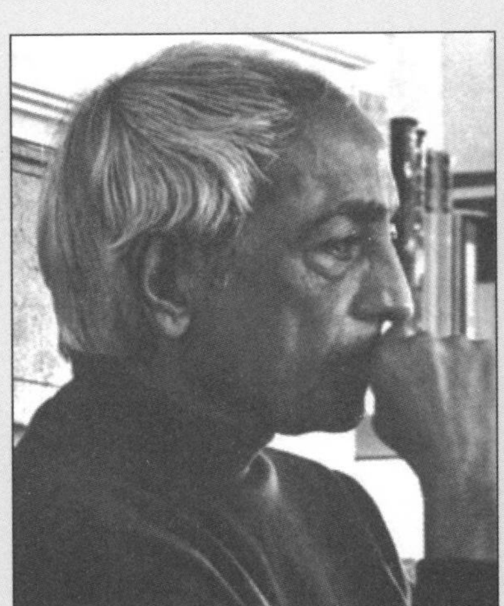

스리 지두 크리슈나무르티

리시케시에 있는 디바인 라이프 협회의
스와미 치다난다

나이나 스와미

스와미 푸루쇼타마난다

눈 덮인 케다르 산맥

바시슈타 구하 근처의 아룬다티 동굴

칸야쿠마리 근처에 있는 마루투바말라이Maruthuvamalai의 동굴

치르바사Cheerbasa의 강가 강

바드리나쓰 사원 뒤쪽 차란 파두카에서

강가 강의 발원지인 고무크

마이 마가 살았던 칸야쿠마리의 해변

리시케시에서 아르다 마첸드라사나Ardha Matsyendrasana 자세를 취한 나

리시케시의 강가 강

미국 첫 방문 때 그랜드 캐니언Grand Canyon에서

독일에 있는 친구를 위해
그림을 그리는 나

독일 프라이부르크Frieburg
대성당 부근의 한 카페에서

바기라티 봉우리들

강고트리 수리야쿤드Suryakund에서
강가 강 폭포

마나 고개 비야사 동굴에서의 삿상
(맨 왼쪽은 프라디프Pradeep, 오른쪽에는 비라즈Viraj와 발라지Balaji)

티루바난타푸람에서 내가 좋아하는 동창 친구들과 함께
(왼쪽부터 란짓 사다시반, 나라야나 프라사드)

내 친구 스리 라마스와미 필라와 신경과 의사가 된 마르탄다 필라

미국 포틀랜드Portland에서 제리 존스Jerry Jones와 함께

방갈로르에 있는
바라티야 비디야 바반Bharatiya Vidya Bhavan에서의
강연

미국 포틀랜드에서의 강연

2000년도 뉴욕 마르 토마 시리아 교회 본당에서 열린 유엔 종교지도자 회의에서
조지프 마르 이레네우스Joseph Mar Ireneus(지금은 조지프 마르 토마Thoma)와 함께

유엔 종교지도자 회의에서 브라마쿠마리스Brahmakumaris교 수장과 함께

사둠Sadum에 위치한 피팔 그로브 스쿨에서 당시 인도 대통령이었던 압둘 칼람과
판사 벤카타찰리아Venkatachaliah, 아제이 쿠마르 싱Ajay Kumar Singh 의원 그리고 수난다와 나

삿상 비디얄라야 학교가 처음 문을 열었을 때 학생들과 함께

마다나팔레에 지은 우리 집 앞에서 친구들과 함께
(왼쪽부터 비자이나라야나 레디Vijaynarayana Reddy, 모한 쿠마르Mohan Kumar, 수리야 데오Surya Deo, 죠티 나랑Jyoti Narang, 키라나 레디Kirana Reddy, 소바 레디Sobha Reddy, 프라바 레디Prabha Reddy)

삿상 비디얄라야의 여성 교장 선생님, 학생들과 함께

카일라시로 가는 길,
야마 드와르(카일라시 파리크라마로 가는 입구)에서

피팔 그로브 스쿨
주변의 호수에서

피팔 그로브 스쿨의 리트릿 때
(왼쪽부터 아제이, 카이저, 기타Geeta, 라디카, 쇼바, 안잘리Anjali, 스리다르Sridharr)

카일라시로 향하는 여행 중 사가Saga에서 구루푸르니마 축제일을 맞은 나

카일라시로의 여행: 사가에 있는 까규파Kargyupa 불교 승원

신성한 카일라시 산의 전경

바바지가 시크교도의 모습으로 나타났던 뭄바이의 타지마할 호텔

황금 사원 암리차르

티루바난타푸람에서 열린,
트라방코르의 왕족
마르탄다 바르마와의 대담회

카란 싱 박사와 그의 집에서

스리 크리슈나다스 지Sri Krishnadas Ji와 함께

2010년 하리드와르에서 열린 푸르나 쿰브 멜라에서 사두들과 함께

마다나팔레의 집에 있는 명상실

카티야이니 라탄Kathyayini Ratan과 디팩 라탄Deepak Ratan

《연꽃 속의 보석》 스페인어판 출간을 기념하며
아르헨티나 부에노스아이레스Buenos Aires에서
페데리코 그란디Federico Grandi와 함께

사진 출처 스리 M.